Susanne Gehrmann, Flora Veit-Wild (Eds.)

Conventions & Conversions

Generic Innovations in African Literatures
Innovations génériques dans les littératures africaines

D1674122

Susanne Gehrmann, Flora Veit-Wild, Tobias Wendl (Hg.)

LuKA

Studien zu Literaturen und Kunst Afrikas

Band 4

Susanne Gehrmann, Flora Veit-Wild (Eds.)

Conventions & Conversions

Generic Innovations
in African Literatures

Innovations génériques
dans les littératures africaines

WVT Wissenschaftlicher Verlag Trier

Susanne Gehrmann, Flora Veit-Wild (Eds.):
Conventions & Conversions.
Generic Innovations in African Literatures /
Innovations génériques dans les littératures africaines. -
Trier: WVT Wissenschaftlicher Verlag Trier, 2012
      (Studien zu Literaturen und Kunst Afrikas; Bd. 4)
      ISBN 978-3-86821-382-9

Cover illustration: António Ole, *Masque.*
With kind permission of the artist. Photograph: Iwalewa-Haus

Cover design: Brigitta Disseldorf

WVT Wissenschaftlicher Verlag Trier
Bergstraße 27, 54295 Trier
Postfach 4005, 54230 Trier
Tel.: (0651) 41503
Fax: (0651) 41504
Internet: http://www.wvttrier.de
E-Mail: wvt@wvttrier.de

LuKA Series – Literatures and Arts of Africa

Editors:

Susanne Gehrmann, Flora Veit-Wild and Tobias Wendl

The academic series LuKA publishes monographs and selected essay collections on African and European-language literatures and oratures, as well as on performing and visual arts in Africa and the African diaspora. The publications in the LuKA series draw on discourses from Literary, Art and Media Studies. They highlight the relevance of Africa's cultural production for contemporary theories and debates. Languages of publication are German, English and French.

LuKA – Littératures et Arts d'Afrique

Editeurs :

Susanne Gehrmann, Flora Veit-Wild et Tobias Wendl

La collection scientifique LuKA publie des monographies et une sélection d'ouvrages collectifs sur les littératures et oralitures en langues africaines et européennes, ainsi que sur les arts performatifs et visuels d'Afrique et de la diaspora africaine. Les contributions dans LuKA s'inscrivent dans les études littéraires, de l'histoire de l'art et des médias. L'importance de la production culturelle d'Afrique pour les théories et les débats actuels se situe au centre de l'intérêt. Les langues de publication sont l'allemand, l'anglais et le français.

LuKA – Studien zu Literaturen und Kunst Afrikas

Herausgeber/innen:

Susanne Gehrmann, Flora Veit-Wild und Tobias Wendl

Die wissenschaftliche Buchreihe LuKA veröffentlicht Monographien und ausgewählte Sammelbände zu Literaturen und Oraturen in afrikanischen und europäischen Sprachen sowie zur performativen und visuellen Kunst Afrikas und der afrikanischen Diaspora. Die Beiträge zu LuKA verorten sich in den Literatur-, Kunst- und Medienwissenschaften. Im Mittelpunkt steht die Relevanz der Kulturproduktion Afrikas für aktuelle Theorien und Debatten. Publikationssprachen sind Deutsch, Englisch und Französisch.

Table of Contents

III. Transgeneric Aesthetics in the Novel / L'ésthetique transgénérique du roman

Generic Innovation in African Literatures: Introduction

Susanne Gehrmann and Flora Veit-Wild, Humboldt-Universität Berlin

By convention, literary texts have been divided into prose, poetry and drama. They have been opposed to and distinguished from oral recital and story telling, from the performing and from the visual arts. By conversion, they have started to ally themselves with each other as well as with the non-literary and not text-based art forms.

By convention, African literature has been seen as a genre of its own kind, a genre configured as anti- or postcolonial, as *littérature engagée*, as concerned with social and political struggles. As such, it has traditionally been relegated to being mimetic, accessible, exuding an 'African' sensibility. By conversion, African literary texts liberate themselves from such generic prescriptions and categorisations. Not only do they participate in the innovations and renovations of literature instigated, inspired and facilitated through multifarious possibilities of crisscrossing literary domains, they rummage in formerly foreign and forbidden fields, daring miscegenation and misalliances.

By doing just that they refuse to be regarded as exotic, defy being labelled as African, deny being read as sources of ethnographic knowledge or being reduced to their expression of social critique and political protest. They demand to be judged by their aesthetic value. "Toute écriture est enceinte de son projet esthétique" [Writing is always pregnant with its aesthetic endeavour] (Nganang 2007: 10), Patrick Nganang affirms at the opening of his essay *Manifeste d'une nouvelle littérature africaine* [Manifesto for a New African Literature], and continues that literary works by African authors "le plus souvent récusent l'engagement, sans exception ne parlent pas de créole, et surtout ne se définissent pas par rapport à l'indigénat ou la colonie, encore moins par rapport au rococo!" [in most cases dismiss commitment, without exception don't speak Creole, and above all do not define themselves in relation to Africa or the colony, even less in relation to rococo!] (Nganang 2007: 10). What he envisions, or rather, demands, is an "ouverture donc à la République de l'Imagination" [an opening up to the Republic of the Imagination] (Nganang 2007: 12).

The contributions in this book show that generic innovation is neither based on or brought about by the arbitrary impulses of individual writers and verbal artists nor by general consent among a group or a generation. The essays dig into the context and the causes of the transformations that are taking place in the multi-fold contexts of modernisation and globalisation. Indeed, the fact that in many cases generational divides go hand in hand with the affinity for stylistic innovation, the breaking away from the canon and the literary norm, testifies that younger generations are growing up under new historical and political conditions and with new insights, linguistic phenomena, knowledges and technological options and crafts. They will more readily break up given literary forms through references to film or television, by mixing words with sounds or by playing with various sorts of new orality: sending "myths and legends […] onto the information highway" (Kaschula 2001).

At the same time, some writers who have their roots in the period of independence perform their own generic conversions by touching on matters arising on the political landscape of Africa that demand a breaking away from hitherto applied forms of novelistic representation. While the forward looking perspective of the independence period gave way to the stance of protest against neo- and postcolonial tyranny and thus grew from realist to surrealist and satirical modes of writing, the traumas of war, genocide, child soldiers or forced migration have generated imaginative works that explode any coherent representation and generic demarcation. The creative response to the great menaces of the 21st century – irony, sarcasm, self-doubt, linguistic and generic playfulness – reflects the deep concern of writers from and beyond the African continent about what can today be deciphered and configured, decoded and encoded as 'truth'.

While intertextuality has long since been established as an important analytical paradigm in the domain of African literatures, especially as regards the postcolonial stance of *writing back* to colonial discourses on Africa and to the European literary canon (Ashcroft et al. 1988, Marx 2004, Riesz 2007), intermediality has only recently informed critical approaches in this field (Gehrmann/Prüschenk 2009). Nevertheless, in the era of rapidly expanding medialisation and digitilisation, interferences between literature and other media and forms of artistic expression are gaining in importance – not to forget that photography and film belonged to the first tools of ethnographic research and were also appropriated by the agents of African modernity together with the skills of writing.

Since the 1990s, research and debates on oral literatures from Africa have undergone decisive changes. While for a long time the analysis of oral forms of art was limited to the transcription of oral sources and their linguistic or ethnographic evaluation, orature is now perceived in its performative and semiotical dimension and analysed accordingly with methods from media, performance and theatre studies. Recent approaches are based on the premise that the appraisal of oral literature cannot take place without the context of performance in which it takes place (Okpewho 1992) and an understanding of it as an event of social interaction (Joubert 2004). The use of digital media and intermedial references to audio-visual or oral-performative arts inside the written text has obliterated the binary distinctions between written/stable/modern and oral/performative/traditional (cf. Kruger 2006; Bartels/Wiemann 2007). Even more so has the introduction of the World Wide Web in the new millennium revolutionised the modes of literary and artistic production, distribution and reception in Africa.

The first part of this volume, **"Intermediality in Prose, Poetry and Drama/Intermédialités et nouvelles dramaturgies"**, presents critical engagements with intermediality and generic hybridity which are each situated at different levels on the scale of transgressing generic boundaries. The opening essay by **Susanne Gehrmann** "Functions of Photography in V.Y. Mudimbe's Autobiographical Essay: *Les Corps glorieux des mots et des êtres* – The Glorious Bodies of Words and Beings " explores the onset of this process. The self-referentiality of Mudimbe's autobiographical text obtains a new dimension through the insertion and implantation of photographs which are not mere visual illustrations, but a meta-narrative which structures and questions his text. He further ironises the classical Western model of autobiography by mixing life writing and essayistic writing, and foregrounds the unreliability of memory even if it is sustained by photographic traces of one's life.

Russell Kaschula has been a pioneer in defining new parameters for the analysis of new forms of orality brought about by medialisation and digitilisation, coining the term "technauriture" for the merging of oral, aural and textual elements through the use of new media in the production and distribution of oral poetry. In his article "Technauriture – Southern African Literature in the Digital Age", he outlines the scope of new research in the field and specifies his own theory based on two case studies, namely Lesego Rampolokeng and Zolani Mkiva. He also directs the reader to points of entry into the intermedial network of blogs and other digital resources.

A different sort of mixing of literary text with new media forms the basis of **Philip Amangoua Atcha**'s essay "Formes d'expression intermédiales et renouvellement du roman africain francophone". Atcha outlines the multiple ways in which different media and visual art forms such as film, television and music are used in the novel by Francophone African writers across the continent and across two generations. The 'translation' of audio-visual modes of perception into written text transforms the novel into a recipient and transmitter of multi-medial expression.

The two last contributions in the section deal with generic innovation in the field of African theatre. Here it is less a question of blending different technologies or media than the mixing of multiple forms of theatrical writing which opens and converts the genre. In "On Generic Innovations in Modern Swahili Drama" **Mikhail Gromov** argues that by incorporating new and unusual forms of theatrical representation into their plays and mixing them with historical allegories, writers of the younger generation are responding to the urgent social and political questions of their times. His essay also serves as an essential resource tool for further research in the field, as it gives a comprehensive synopsis of Swahili theatre from Tanzania and Kenya with a special emphasis on the developments in the new millennium.

What for Gromow is "synthetic theatre" finds a correspondence in **Dominique Traoré**'s definition of "theatre of hybridity". In his "Les théâtres d'Afrique noire francophone entre équilibre et déséquilibre: esquisse d'une dramaturgie de l'hybridité" he analyses how the Francophone African and diasporic theatre scene of the last twenty years has multiplied its innovative, code-mixing and taboo-breaking (both in form and content) qualities. The parallel developments in the novelistic genre as outlined by Atcha –

some authors like Werewere Liking or Kossi Efoui are both playwrights and novelists – prove how aesthetic innovations through intermediality and hybridisation cut across the generic divisions between drama and prose.

A central domain of generic rejuvenation are the various forms of autobiographical and testimonial writing, dealt with in the second part of our book: **"Testing the Testimonial/Les enjeux du témoignage"**.

In "Legacy: Autobiography and Intertextuality in Assia Djebar's *Nulle part dans la maison de mon père*" **Kathryn Lachman** brings to light how the Algerian writer uses multiple forms of auto-intertextual references to write the fourth volume of her Algerian quartet. Interestingly, while Djebar used fiction, rewritings of historical accounts and a collective voicing of Algerian womanhood in the previous parts of her autobiographical project, she now adopts a more direct form of testimony about her family and her coming of age. Nevertheless, her text remains complicated through its use of inter- and metatextuality.

A different sort of generic entanglement can be detected in the works *Écrire en pays dominé* by Patrick Chamoiseau and *Cheminements: Carnets de Berlin* by V.Y. Mudimbe, as **Olga Hel-Bongo** explicates in her "Refléxions sur la notion du genre". The testimonial mode is broken up, enriched and complicated at the same time through transitions into other fictional and non-fictional genres. Such "hybridations", as Bongo argues, enable the African and Diasporic writer to develop new critical takes on colonial and postcolonial domination and alienation.

Vivian Azarian's and **Cécile Bishop**'s contributions address the crucial questions of how to write trauma, war and genocide in the 21st century. In "Renouveau du genre testimonial en Afrique subsaharienne: de la littérature engagée à une littérature d'implication?" Azarian analyses testimonial writing and filming by two Diasporic Rwandan women who lost their families in the genocide. Trauma and the urge to express pain, loss and mourning are no longer limited to the figure of the eye-witness; rather what Azarian calls "une littérature d'implication" [a literature of implication] blends fact and fiction, testimony and a general mode of questioning truth into new forms of representing the unspeakable. The commemorative Fest'Africa project "Écrire par devoir de mémoire" [Writing out of the duty to remember] of 1998 digs into the same epistemological necessity to renegotiate the porous boundaries between the testimonial and the fictional, as Bishop shows in her contribution "Thinking through Literature: Abdourahman Waberi's *Moisson de Crânes* and the Rwandan Genocide". Waberi's text offers an important new perspective on the impossibility of the representation of violence in a fixed generic framework. Testimonial account, fiction, travelogue and essay at the same time, *Moisson de Crânes* questions all existing models of writing, and, as Bishop points out, through its intertextual references to Holocaust literature, it also foregrounds the innate parallels within human history.

Ibrahima Diagne in "Différenciation, hybridation et transposition du Je: Pratiques autobiographiques et écriture interculturelle dans la littérature de l'immigration africaine en Allemagne" takes the discourse on testimonial writing back to Europe. The emerging field of literature of migration by Africans in Germany often privileges a testimonial mode of representation. Experiences of alienation, racial prejudice and discrimination trigger the urge to testify: to speak back to the German public and to alert fellow Africans both in the Diaspora and 'at home'. However, Diagne's overview shows that there is not one unified mode of autobiographical writing in this field. Apart from considerable differences in content and style, the variations in the use of fiction, poetry, philosophical essays and documentary confirm the flexibility of self-referential testimonials.

Part II quite logically concludes with **Ineke Phaf-Rheinberger**'s "From the Vocabulary to 'Typing Politics' on Canibalia: Juan Tomás Ávila Laurel's 'Other' Reflections on Equatorial Guinea", which builds a connecting bridge between writing from and on German history and politics with literary discourse in the only hispanophone African country. Laurel's use of the internet as a platform for political writing in an extremely ironic and playful way revives activist testimony in an exciting new medial form: the blog allows texts to expand, shift, and transform themselves endlessly. With Phaf-Rheinberger's analytical focus on single words and their changing connotations in specific political contexts, she takes the discussion of generic innovation down to its roots, the linguistic basis of literary explorations of reality.

This issue forms an essential part of the third part of the volume, "**Transgeneric Aesthetics in the Novel/L'ésthetique transgénérique du roman**".

In the opening essay "Grammarticalogylisationalism: The Invention of Language in New African Fiction" **Jane Bryce** links the discussion about how "to meet the challenges of representation posed by urban poverty, political corruption, systemic breakdown, violence, sexual abuse, genocide, war and the resulting trauma" with the language debate in African literature. Based on the analysis of a number of recently published novels from the Anglophone and Francophone spheres of Africa as well as the Diaspora, among them Kourouma's *Allah n'est pas obligé*, Patrice Nganang's *Temps de chien* and Brian Chikwava's *Harare North*, she argues that language itself is put under interrogation, that the momentous upheavals of our times require a completely new "grammar"; and that they bring forth the "linguistic trickery" that characterises the mentioned novels.

The end of the apartheid regime has confronted South African writers with fundamental artistic challenges. The Afrikaans writer, poet and translator Antjie Krog has become known for the generic in-betweenness of her texts, a reflection of her own unease as a 'white African'. In "Controversies and Conversations: Linguistic and Generic Translations in/of Antjie Krog's *Relaas van 'n Moord*" **Ksenia Robbe** looks at one of Krog's lesser known works in order to highlight Krog's experimental intertwining of different languages as well as different genres.

Marie-Françoise Bidault's and **Fabrice Schurmans**' essays throw light on how subgenres of the novel, historical and crime fiction, are also undergoing generic changes.

In "Une œuvre hors normes *Ualalapi* de Ungulani Ba Ka Khosa" Bidault analyses the Mozambican author's effort to rewrite history beyond established generic and stylistic codes through the use of short prose forms which are interlinked through a framework of common historical references. Schurmans' investigation into the "Subversion des codes génériques et narratifs dans les romans *policiers* de Pepetela", another case study from Lusophone Africa, deals with Pepetela's popular character Inspector Jaime Bunda. While the Bunda novels follow the patterns of detective stories, they simultaneously undermine this categorisation, which gives them an air of duplicity and generic ambiguity.

Generic transmutations are also at the core of **Antje Ziethen**'s analysis in "Esthétique transgénérique dans *Riwan ou le chemin de sable* de Ken Bugul". Using the 'hymen' as a metonymical marker for what she defines as transgeneric aesthetics ("*Riwan* est donc un texte-frontière, un texte-*hymen*"), Ziethen links the transgression of genre to that of gender – thereby playing on the double meaning of the word 'genre' in French. In her analysis of space in Bugul's novel/autobiography, the tension between a given order and the transgressive acts of the narrator/protagonist are equally pointed out.

Valentina Tarquini cues in with questions raised in the previous sections about the self-referentiality of the author/narrator. In "Par-delà le manichéisme générique: Georges Ngal et Boubacar Boris Diop" she analyses two authors who have contributed immensely to the discussion of the possibilities of 'African' narratives across classical generic definitions through their use of the novel as a lieu of epistemological enquiry. Whilst their own transgressive writing – as a conversion of the conventional socio-realist novel – shows the potential of magical-realist modes of writing as well as of genre mixing, Ngal's and Diop's metatextual and quasi philosophical stances point to the tension between the historic necessity to define African cultures and the need to transcend the label 'African' in artistic production.

In the closing article "Les jeunes voix féminines: ruptures et traces dans le roman féminin africain d'expression française" **Bernard de Meyer** rounds off the discussion by expanding it beyond the category of genre to that of "champs littéraire" (Bourdieu's literary field). He gives an account of the specific place of Francophone African women writers within the realm of the literary marketplace and shows how the writing strategies of younger writers like Calixthe Beyala, Fatou Diome, and Bessora open up an ambiguous space between intertextual and generic affiliation to their elders (Mariama Bâ, Ken Bugul and others) and the subtle conversions of the models these provided. Instead of being static, 'feminine writing' is radicalized by Beyala, ironised by Diome and completely diffused by Bessora. At the same time, their strategic position as 'African women writers' still offers them a specific place in the literary field which is paradoxically marginal and successful at the same time.

Works cited

Ashcroft, Bernth/Griffiths, Gareth/Tiffin, Helen. 1989. *The Empire Writes Back. Theory and Practice in Postcolonial Literatures.* London: Routledge.

Bartels, Anke/Wiemann, Dirk (eds.). 2007. *Global Fragments: (Dis-)Orientation in the New World Order* – ASNEL Papers 10. Amsterdam/New York: Rodopi.

Gehrmann, Susanne/Prüschenk, Viola (eds.). 2009. *Klang, Bild, Text. Intermedialität in afrikanischen Literaturen. Stichproben. Wiener Zeitschrift für kritische Afrikastudien/Vienna Journal of African Studies* 17.

Joubert, Annekie. 2004. *The Power of Performance. Linking Past and Present in Hananwa and Lobedu Oral Literature.* Berlin: de Gruyter.

Kaschula, Russel H. 2001. "Southern African Languages, Globalisation and the Internet". http://www.oulitnet.co.za/seminarroom/12kaschula.

Kruger, Loren. 2006. "Filming the Edgy City: Cinematic Narrative and Urban Form in Postapartheid Johannesburg". In: *Research in African Literatures* 37, 2, 141-163.

Marx, John. 2004. "Postcolonial Literature and the Canon". In: *The Cambridge Companion to Postcolonial Literature,* ed. by Neil Lazarus. Cambridge: Cambridge University Press, 83-95.

Nganang, Patrice. 2007. *Manifeste d'une nouvelle littérature africaine. Pour une écriture préemptive.* Paris: Homnisphères.

Okpewho, Isidore. 1992. *African Oral Literature. Backgrounds, Character, and Continuity.* Bloomington u.a.: Indiana University Press.

Riesz, János. 2007. *De la littérature coloniale à la littérature africaine. Prétextes, contextes, intertextes.* Paris: Karthala.

I.

Intermediality in Prose, Poetry and Drama

Intermédialités et nouvelles dramaturgies

Functions of Photography in V.Y. Mudimbe's Autobiographical Essay *Les Corps glorieux des mots et des êtres* – The Glorious Bodies of Words and Beings

Susanne Gehrmann, Humboldt-Universität Berlin

At first glance, the relationship between autobiography and photography seems to be self-evident. Both are referential forms that allude to extra-textual reality.[1] In photography, the production of a permanent chemical-optical trace of something existing in reality marks this form as an indexical-referential medium per se.[2] But in the literary genre of autobiography, referentiality is produced only through language and is thus far less secure. As Roland Barthes expounded upon in his photo-theoretical works, photography without linguistic mediation remains a semantically empty indexical sign, while language alone cannot mediate a provable reality (Albers 2000: 548, with reference to Barthes 1961, 1980). With this in mind, Lejeune, in 1975, introduced the concept of the autobiographical pact as a prerequisite for classifying a text as autobiography, adding to his previous minimal definition of this retrospective prose genre as a work in which the author, narrator and protagonist are identical and primarily reflecting upon their own personal development (Lejeune 1994: 14). The autobiographical pact refers to an assurance given by the author, within the text itself or in a para-

---

1 Blazejewski mentions a further functional similarity, "denn autobiographischer Text und photographisches (Selbst-)Bild können in unserer ontologisch verunsicherten Zeit der Identitätsfindung und -bestätigung dienstbar gemacht warden" [for an autobiographical text and a photographic (self-) portrait can contribute to the finding and the confirmation of identity in our ontologically uncertain time] (Blazejewski 2002: 16). A combination of the two media thus exponentially increases the possibilities for self-investigation.

2 Roland Barthes' famous "ça a été" in *La chambre claire* (1980), his photo-theoretical essay in which he explains the reference to the principle of photography: "Der Name des Noemas der Photographie sei also: 'Es-ist-so-gewesen'" [May the noeme of photography thus be named: "that-has-been"] (Barthes 1989: 87). Paradoxically, Barthes' autobiographical text *Roland Barthes par Roland Barthes* (1975) combines photography and autobiography, only to question them as guarantors of self-assurance in respect to their referentiality: "In der Kombination von Photographie und Autobiographie werden so einerseits die Instrumente der Identitätssicherung verdoppelt, andererseits bietet sich gerade hier eine Arena für die wechselseitige Dekonstruktion der vermeintlich haltgebenden Wahrheits- und Realitätsrückbindung der beiden Diskursformen" [In combining photography and autobiography, on the one hand the instruments for securing identity are doubled, on the other hand, this very combination offers an arena for the reciprocal deconstruction of the supposedly stabilizing connection to truth and reality of the two forms of discourse] (Blazejewski 2002: 17).

text, of the intention to write about the self and that self's actually lived life. The pact enables the recipient of the text to read it as autobiographical and to trust its referential content. It is otherwise not possible for the reader – using formal, linguistic or content-related criteria – to distinguish between a novel with a first-person narrator, an auto-biographical novel, and an autobiography.

Nevertheless, an autobiography, even when provided with an autobiographical pact, remains in the realm of referential uncertainty. The reproduction of a life is not pos-sible in a text. Fictional portions, even given the best intentions of the author to portray her/his life faithfully, are unavoidable, due to the selectivity of what is told, to hyper-or hypobolising, or to emotionalized modulations of perception. Indeed, paradoxically enough, uncertainty is an inherent characteristic of autobiography: "Autobiography is a form of narrative characterized by a desire both to reveal and to conceal, an attempt of reconciling a life with a self, and as a result its power comes from the paradoxes [...] the indeterminacy of its sense of reference to the world" (Adams 2000: 13). Wole Soyinka used the apt term "faction"[3] for his own autobiographical writings, indicating that a differentiation between facts and fiction should never be an issue since, in an autobiographical text, the two will inevitably flow together.

Furthermore, the snag in Lejeune's otherwise convincing structuralist argumentation is that ultimately his definition of autobiography is based on the Western, especially French, canon. He thus proceeds from an understanding of autobiography that favours the teleological development of an individual subject to a stably positioned identity (cf. Gabara 2006: X). But this model favours the bourgeois, male, white European subjects of the eighteenth to the early twentieth century. It furthermore excludes self-constructions of 'minorities' – whether these be women or non-Europeans – from autobiographical discourse (Wagner-Egelhaaf 2000: 89-99). Thus, in spite of the large numbers of autobiographical texts available, conservative, Eurocentric literary criti-cism, with its essentialist mind-set, quasi denied Africans their autobiographical capa-bility on grounds of their supposed collective identity (cf. Gehrmann 2005: 5f.).[4]

---

3   In the foreword to *Ibadan* (1994), after *Aké* (1981) and *Ìsarà* (1990), the third volume of Soyinka's autobiographical writings, he writes, „Ibadan does not pretend to be anything but faction, that much abused genre which attempts to fictionalise facts and events, the proportion of fact to fiction being totally at the discretion of the author" (Soyinka 1994: IX).

4   In the colonialist-ethnological discourse, as well, the concept of individual personhood in Africa has long been negated through the advancement of simplistic ideas about the collective identity of African people. But more recent anthropological research has especially highlighted the dynamic nature of the concepts of personhood in Africa (Mac Gaffey 1995, Luig 2005), in which the identification with the collective in no way pre-cludes an individual consciousness of the subject. Thanks to the renewed orature research of the last decades, studies have become available that show self-referential, performative

On account of the above, in the twentieth and twenty-first centuries, post-colonial and Western post-modern authors have rejected the conventional paradigm of autobiography in their literary practice.[5] In their self-narrative texts, they far more question the very possibility of referentiality, or even discard it completely. These authors develop alternative concepts of autobiography which they then apply aesthetically in their writing. Thus, the linear narrative concerned with the processes of a unified, referential self's search for identity is frequently subordinated to a subjective, oppositional historiography, a conscious fictionalization of the self, or a focus on the collective dimension of the self.[6]

The functionalization of photographs in autobiographical texts[7] is likewise a phenomenon of the twentieth century and can be observed transculturally. The presence of photographic motifs in an autobiography does not necessarily indicate a return to referential thinking.

From hybrid to intermedial text

Les corps glorieux des mots et des êtres. Esquisse d'un jardin africain à la bénédictine [The Glorious Bodies of Words and Beings. Sketch of an African Garden in the Benedictine Style] (1994), by philosopher, cultural theorist, and novelist V.Y. Mudimbe, is a hybrid text that cannot be described using established genre definitions. In his foreword to the work (Mudimbe 1994: I), he writes that he was inspired to take stock of his life on the occasion of his fiftieth birthday. The author makes an autobiographical pact with his readers and emphasizes first of all the straight-forwardness and truthfulness of his work and its character of "témoignage" [testimony] (Mudimbe 1994: 2).

---

practices existing in African societies independently of the written genre of autobiography imported under colonialism (McKnee 2000, Kabuta 2003).

5   Within the limited framework of this paper, I will not expound on the differences between post-colonial literature and post-modern literature, or on where they overlap (cf. in this regard Appiah 1997). However, it can be noted that, though aesthetically the two paradigms are very close, politically a different position is taken in the post-colonial context. Whereas post-modern authors tend to postulate the subject's intangibility, dissolution, or disappearance within the text in their autobiographical writing, post-colonial authors aim to concretely inscribe the subject into history, a positioning which was denied them under the colonial situation.

6   Different autobiographical strategies by Francophone authors are discussed in Gronemann 2002 and Gehrmann/Gronemann 2006.

7   Adams summarizes the possible functions as follows: "Photography may stimulate, inspire, or seem to document autobiography, it may also confound verbal narrative. Conversely, autobiography may mediate on, stimulate, or even take the form of photography. [...] Because both media are located on the border between fact and fiction, they often undercut just as easily as they reinforce each other" (Adams 2000: XVI).

In doing so, he remains wholly in the tradition of classical representatives of the Western autobiographical canon such as Augustine or Rousseau. But he immediately qualifies this commitment to autobiographical narrative, in that he concedes that "il [ce livre] relève de l'autobiographie sans en être réellement, et de l'essai" [it (this book) participates in autobiography without really being such, and in essay-writing] (Mudimbe 1994: I). Furthermore, if one weighs the different sections of the book against each other, the theoretical-essayistic digressions do indeed make up a large part of the book. Admittedly, there is a first-person narrator at the centre of the text – a character who, however, splits into an abundance of facets and voices (Bisanswa 2000: 46f., Ortner-Buchberger 2004). But the fragments of his memories, told quite unsystematically, are repeatedly interrupted by essayistic passages devoted to a large variety of themes – from the colonial and post-colonial history of Africa to reflections on the effectiveness of psychoanalysis, Marxism and feminism. Not least, in *Les corps glorieux* post-colonial cultures and scholarly discourses are evaluated and analyzed in the context of the personal self-narrative.

Alongside the markedly intertextual make-up of the text, which has been analysed in detail by Bisanswa (2000) and Kavwahirehi (2006), a metatext runs through the work as well: the autobiographical subject reflects repeatedly on the act of writing and consciously transgresses the boundaries of the genre. Mudimbe analyses his own text and its hybrid status between autobiography and essay:

> Si le premier genre me permet d'assumer mon présent, en raison de mon enfance, il est volontairement est systématiquement, partiel pour que cet ouvrage puisse être qualifié d'autobiographique au sens strict du terme. Si le second genre semble relever de l'essai, il est, quant à lui, par trop subjectif, restreint, et même, occasionnellement, doctrinaire pour prétendre être un essai de bon aloi. [If the first genre allows me to understand my present in the light of my childhood, it is voluntarily and systematically too partial for this creation to be qualified as autobiographical in the strict sense of the term. If the second genre seems to be the essay, this one, however, is much too subjective and restrained, and even, occasionally, too doctrinaire. It can therefore not presume to be a well-elaborated essay.] (Mudimbe 1994: II)

But this particular genre crossing actually serves the autobiographical project, since it functions as an expression of Mudimbe's personality: "Ce mélange de genres témoigne, à la fois, d'une expérience et d'une méditation. Il synthétise, en effet, en sa propre logique et en ses contradictions, une intention de déchiffrement des inquiétudes spirituelles et, paradoxalement, d'un confort intellectuel" [This mixture of genres simultaneously testifies to an experience and a meditation. In fact, it synthesizes, in its own logic and with its contradictions, an intention to decipher spiritual uncertainties and, paradoxically, an intellectual well-being] (Mudimbe 1994: II). The metatextuality in *Les corps glorieux* is part and parcel of Mudimbe's greater intellectual project of analysing and critically questioning the discourses and knowledge constructions in African history and cultures (Mouralis 2003: 75), while taking into account his own subjective experience. He does just this in his scholarly works such as *The Invention of*

Africa (1988), *Parables and Fables* (1991), and *The Idea of Africa* (1994). Furthermore, in considering Mudimbe's novels *Entre les Eaux* (1973), *L'Écart* (1979), and *Shaba deux* (1989), one can observe that he has a preference for the self-reflective epistolary novel form and has created protagonists whose personal problems (the critical but still intimate relationship to Catholicism, the role of African intellectuals between cultures) are very similar to his own. In a way, Mudimbe's double writing-practice as an essayist and novelist flow together in his autobiography, a work which many critics regard as the quintessence of his complete oeuvre up to this time (Cailler 1996: 372, Semujanga 1998, Kavwahirehi 2006: 198).

Supplementing the generic heterogeneity of *Les corps glorieux*'s written level, there is a section of illustrations with twenty-four photographs which Mudimbe places at the end of the book. Mudimbe himself can be seen, either alone or together with others, in sixteen of the photos; the rest show (with the exception of a picture of his dog) people who have played a decisive role in his life. The photographs which Mudimbe has chosen are not self-portraits. Whether he himself took any of these pictures or who the photographers were is not mentioned (with one exception). No claims are made for any aesthetic merits of these photos; they are just conventional single or group portraits as are to be found in any family photo album. Also similar to the common photo album is the arrangement of the pictures: chronologically, from his childhood (figs. 1-6) up to his achievement of academic honours as a professor (figs. 15, 19-22), and the representation of his own role as a father (figs. 18, 23). The short captions accompanying each picture usually include the year, the name of the person(s) shown and the occasion of the photograph or a short, one-line commentary.

I will proceed from the assumption that the photographs in Mudimbe's text are nevertheless more than pure illustrations, and that the medial combination (Rajewski 2002: 15f.) of writing and visual imagery contains an intermedial component of the reciprocal permeation of both media. It is thus my aim to elucidate the functions of photography for the autobiographical narrative and to show how the pictorial medium affects and conditions the writing. Conversely, I also pose the following question: keeping in mind the above-mentioned essayistic sections, in what way does Mudimbe's self-reflective act of writing ascribe meaning to the pictures, or expressed differently: in what way does the autobiographical text turn the photographs into speaking signs? Decisive thereby are the factors selection and functionalization. Just as in the telling of a life-story a choice is made selectively out of the abundant material of memory, so the photographs, too, have been consciously chosen from a substantial archive. Through the act of selection, they are already charged with a first level of meaning: the chosen pictures are endowed with a representational power that makes them into icons of the self and the self's relationship to others. As such they are functionalized and made fertile through figurative, narrative and intermedial strategies within the text.

Conspicuous in Mudimbe's text is that a classical ekphrasis in the sense of a detailed analytical description of the photographs is not to be found. The references are rather fleeting, not systematically carried out, and they are often fragmentary, elliptical. Nevertheless, the intermedial dimension of the text and the autobiographical construction of the subject are in dialogue: indeed, it is in this fractured structure itself, in its very omissions, in its uncertainties, that this dialogue is to be found.

Visuality of memory, icons of a life

In an autobiographical narrative, the remembering subject is fundamentally in a relationship of difference to the remembered subject. From the position of a mature adult, the author constructs what is remembered of the child, the youth, or the younger adult. The tension "zwischen Vergangenheit des Erlebnisses und Gegenwart des Erinnerungs-moments" [between the past of that which has been experienced and the present of the moment of remembering] (Blazejewski 2002: 94) is inherent in autobiography as a genre. As is the case with life, remembering as an inner process cannot be textually reproduced: "Erinnern kann nicht wirklich nachgeahmt, sondern es können lediglich verschiedene Erinnerungsprozesse literarisch 'inszeniert' und damit eine Mimesis-Illusion erzeugt werden" [Remembering cannot really be imitated; at most, different processes of remembering can be literarily "staged," thus creating an illusion or mimesis] (Basseler/Birke 2005: 124). Through its essential indexicality, and thus the power of its pictures, photography can trigger processes of remembering, i.e. it can decisively influence them. In principle, photographs can be understood to be arbitrary excerpts from life – literally, captured moments in time. While their material presence and the potency inherent in the reproductive trace, which makes them seem so real, may very well repress a multitude of other memories, they conversely can spur the retrieval of moments in life that would have remained forgotten: "Or la photographie nous donne accès à une image de nous-même indépendante de notre souvenir. Elle offre à la fois un matériau, un foyer d'ancrage et un point de résistance pour le récit d'enfance" [However, photography offers an access to an image of one's self, an image independent of our memory. At the same time it offers a tool, a point of reference and a point of resistance for the narration of one's childhood] (Schaffner 2004: 191).

In French literature the description of childhood photographs as a starting point for processes of remembering in an autobiographical text has become a topos (Schaffner 2004).[8] As a Francophone author[9], Mudimbe places himself in this tradition in so far

---

8   In Western literature the combination of photographs and autobiography is particularly prevalent in the works of French and Canadian authors, as has been shown in the research of Blazejewski (2002). In African literature, the phenomenon of a photographic-(auto) biographical media combination so far has been rare. In the biography of her family, Clémentine Faïk-Nzuji (2005) published a comprehensive photo-section. Manthia Diawara also uses numerous photos in his essay *In Search of Africa* (1998) which includes autobiographical elements.

as, like Sartre and Gide, he searches for those signs in his childhood photographs which point to his personality as an adult. The photographs, arranged physically at the end of the book, but referred to in different ways within the text, prove to be an important aid in giving impetus to the remembering process which at least allows a fragmentary reconstruction of his childhood and of his development as a young adult. The beginning of this life-story is marked by a subtle experience of violence under colonial conditions which, however, is interpreted by the remembered child from its consciousness as a member of a privileged, chosen few.

The autobiographical text of *Les corps glorieux* begins with the description of this decisive phase of Mudimbe's childhood – "Tout s'est joué très tôt. Le plus visiblement entre mes cinq et sept ans" [Everything was decided very early. Most visibly between my fifth and seventh year] (Mudimbe 1994: 13) – in which the boy is recognized by his teachers to be a highly talented student and is chosen for a clergical career.[10] Indeed, Mudimbe allows the memories of this phase of his life to well up when viewing a 1948 photograph of himself as a seven-year-old: "Une photographie de l'époque m'a saisi. Je suis mince, ai des yeux très clairs, une tête immense; en somme, un énorme bouchon mal relié au long goulot qui est mon cou. Je ne souris pas, mais semble m'accorder à des mystérieuses rêveries. Serais-je, par hasard, de la race des conquérants?" [A photograph from this time has moved me. I am thin, have very bright eyes, an immense head; to put it in a nutshell: an enormous cork badly attached to the long narrow part of the bottle that is my neck] (Mudimbe 1994: 13). This terse description – one of the few ekphrastic passages of the whole text – refers of all things to a picture which is not even included in the photo section of the book. Rather it is reserved solely for the eyes of the first-person narrator. The grotesque self-portrayal as an 'immense head' and the reading, though expressed as a question, of the child's far too serious pose as proximity to (colonial) power (cf. "la race des conquérants") already indicate an alienation of the subject, whose ambivalence will be unfolded in the following chapters of the first part of the autobiography.

The photograph which was chosen to represent Mudimbe's childhood in the book, is a 1950 picture taken shortly before his entrance into seminary school, an event which was also to mean a physical separation of the child from its biological family (Mudimbe 1994: 215, fig. 2). The pose of the ambitious schoolboy in his uniform, sitting with his arms folded in front of him, with a direct, serious gaze toward the camera, corresponds to the feeling of superiority which the child developed in the course of these years. Only the autobiographer with his retrospective viewpoint would interpret

---

9   After Mudimbe went into exile, in 1980, to the United States, he changed to the academic language English in his philosophical-theoretical writings; as a novelist, autobiographer, and diarist he has remained faithful to the French language.

10 In the Belgian Congo, education was under the firm control of the missionary schools. The combination of colonial power and a Catholic elite education was especially marked in this colonial model (cf. Kinet 2005).

the selected photo as conveying a colonial conditioning imposed by force. In complete surrender, the child submits to the Catholic, spiritual, and intellectual order, fulfils every expectation: "J'accepte de m'enrouler en une attente et en ses exigences" [I accept wrapping myself in an expectation and its demands] (Mudimbe 1994: 15). This sentence, which is not to be found in the narrative text, appears as a caption under the photograph of the child, whereby the picture gains even more weight and is charged with meaning that otherwise would not be readable. The picture of the docile schoolboy thus appears as a visualization of his surrender to the expectations of his white masters, expectations which are not only accepted by his parents but are even supported by them. For the subaltern colonialized family – the father is a skilled worker at one of the large mining firms – the son's possible rise in rank is grounds for great pride, even if this means separation, both physically and psychologically. Consequently, the socialization of the boy in his African familial context suffers an abrupt break and is replaced by a way of life based on Christian rites, to which in his childish naiveté he completely surrenders in his conviction of him having been chosen (cf. Mudimbe 1994: 25).

Only from the distance of the retrospective observer does the violence of the process become visible. This happens through ironic comments like, "Je suis, en effet, un petit chien doué" [I am, in actuality, a talented little puppy] (Mudimbe 1994: 13) and through the connection of personal experience with the overriding colonial history: "Oui, le christianisme signifie ainsi l'échec de mon passé, de ma tradition, et des croyances de mes ancêtres. Les vaincus adoptent la religion des vainqueurs presque toujours. Nous l'avons fait, j'en suis un exemple" [Yes, Christianity thus signifies the failure of my past, of my tradition, and the beliefs of my ancestors. The vanquished nearly always adopt the religion of the victorious. We did so, I myself am an example of this] (Mudimbe 1994: 25).

Pages 216 and 217 of the "photo album" are devoted to Mudimbe's school years in the 1950s, especially to the Benedictine masters. Fig. 3 shows the three-member teaching staff in 1954, fig. 4 a portrait of Brother Théophanes, who had chosen Mudimbe for admission to the school, fig. 5 a portrait of Brother Maur, the Latin teacher, who had a significant influence on the boy intellectually, and finally, fig. 6, a group photo of Mudimbe with his classmates and Brother Théophanes. The last picture is commented upon in the caption with, "je suis à l'extrême droite, isolé. Depuis aussi loin que je puisse remonter, expérience, donc, de la solitude..." [I am on the extreme right, isolated. As far as I can think back – this experience of solitude...] (Mudimbe 1994: 217). Indeed, it is noticeable that the other boys in the picture have their hands clasped behind their backs or are sitting with their hand relaxed on their knees, whereas Mudimbe is the only one who has his arms folded across his chest – a gesture that expresses distance. Even within the group of select students – only the very best received secondary schooling in the Belgian colonial system – Mudimbe sees himself as exceptional. He projects the introverted nonconformity and the role of intellectual maverick that determine his present existence[11] onto the boy who he once was and who early on chose the Latin slogan, "Etiam omnes, ego non", as his life motto:

> Elle [la devise] justifie, à l'occasion, des options, apparemment, irrationnelles et, en tout cas, me maintient dans la permanence de mon désert. Elle accentuait aussi ma disposition pour un fort individualisme. Avec le temps, cette maxime me sera, dans les contrastes de la vie, une invitation constante à la solitude comme vocation et austérité spirituelle. [It (the motto) occasionally justifies apparently irrational decisions, and surely keeps me in the permanence of my desert. It also encouraged my strongly individualistic disposition. As time went on, this maxim would become, through the vicissitudes of life, a permanent invitation to solitude as a vocation and a spiritual discipline.] (Mudimbe 1994: 20)

The photographs of the Benedictines make visible the admiration which the autobiographical narrator in the text has for these teachers. In spite of his later break with Christianity and his criticism of Catholicism as a colonial institution in the essayistic passages of the text, Brother Théophanes and Brother Maur are invoked numerous times as "Maîtres" [masters], to whom he owes his fundamental classical-intellectual education upon which he built his academic career. Their photographs appear as icons of a particular colonial model the positive aspects of which they embody. As such, the photographs are not given a concrete function in the text as triggers of particular memories. They are not bound to single moments, but rather represent a lasting presence and power in Mudimbe's life and thus appear as icons. In their iconic function, the pictures of the Benedictines make visible the double and paradoxical fatherhood which these men have for the autobiographical self: the symbolic father, who colonized the child mentally and who radically alienated him from the culture of his forefathers.[12]

In the text, the memory of his biological father does not get activated by a photograph, but rather is connected to the psychoanalysis which Mudimbe underwent as a forty-year-old man in Paris. Provoked by the analyst, the memory of his African father – lost

---

11 Fig. 22 (Mudimbe 1994: 226) also shows a photograph in which Mudimbe stages himself in the pose of a solitary thinker. Sitting at the fringes of a large event, he is alone, obviously lost in thought, in a sea of empty chairs, "perdu en une méditation" [lost in meditation], as is stated in the caption. In his writings, this pose is extensively dealt with in Mudimbe's published journal of 2006, *Cheminements*, in which the author stresses his existential solitude as an intellectual who lives intensively immersed in his readings and reflections.

12 During the school vacation, when Mudimbe's parents send him to a traditional instruction camp where he is to be prepared for initiation rites, the child can only perceive this world as alien and devoid of meaning. "L'initiation ne m'exalta point. Elle ne me révéla rien d'important. J'étais bloqué. Ses inversions de mes acquis relevaient d'allégories mystérieuses. Elles m'énervèrent" [Initiation didn't exalt me at all. It didn't reveal anything important to me. I was blocked. Its inversions of my achievements seemed to be mysterious allegories. They made me nervous] (Mudimbe 1994: 82).

under the overpowering presence of the Benedictine fathers – was rediscovered and appears in the text as the protocol of a therapy session:

> Je découvre un père menacé par la semaine à venir. Il est doux, immensément doux. Je suis son premier enfant. Le bon usage de son rôle l'oblige à alimenter les directives de Dom Thomas Nève que je connais par cœur : faire mes devoirs, être sage en classe, réussir les examens, avoir les meilleurs prix à la fin de l'année scolaire, être poli avec tout le monde. Aucune violence, aucune brutalité en ces invitations, mais une insistance con-tenue vers un appel silencieux, le sien plus que le mien. Je ne cherche pas à comprendre : je n'ai pas encore sept ans. Je plie : l'autorité paternelle reflète pouvoir et savoir, et ceux-ci sont blancs. Un infléchissement donc. [I discover a father who feels menaced by the coming week. He is gentle, immensely gentle. I am his first child. To carry out his role properly he is obliged to nourish me with the directions of Dom Thomas Nève, which I know by heart: to do my homework, to be good in class, to succeed in exams, to get the best prizes at the end of the school-year, to be polite to everybody. No violence, no brutality in his demands, but a constant insistence through silent appeal: his more than mine. I don't try to understand: I am not yet seven years old. I submit: the paternal authority reflects power and knowledge, and those are white. A breaking of the will, thus.] (Mudimbe 1994: 27)

Colonial subjugation, thus one might conclude, begins in the generation of the fathers and is perfected on the child. In this way, the relationship between the generations is irretrievably destroyed, for the biological father's position of authority in relation to his son has been weakened. His mildness stands in direct relation to his actual impo-tence, because as a recent convert and an *évoluant*[13] he can only be a weak reflection of white power and white knowledge.

Mudimbe's Catholic socialization culminated in his entrance into the Benedictine monastery in Rwanda and is made visible in illustration 7 (Mudimbe 1994: 218). In the photograph of "Frère Mathieu" [Brother Mathieu] (Mudimbe's ecclesiastic name) the highpoint of his clerical career is manifested. But it is this picture which revives a memory of doubt. The consciousness of playing a role seems to have been already in-scribed in his monastic life:

> Un dimanche de septembre. Un de plus. J'aurais aimé le vivre dans un scénario différent. Il n'inverse rien en cette belle saison. Il sanctionne seulement un effort : me fondre dans la Règle bénédictine. La saison sèche s'étire. Les pluies seront bientôt là. Après la grande messe, Frère Hildebrandt me met en scène : il me prend des photographies. Je me regarde en fait. Plus exactement, je suis conscient du jeu à jouer : les mains sous le scapulaire, la tête humble, le regard droit et le sourire de rigueur. [A Sunday in September. One of

---

13 In the Belgian Congo a small minority of those colonized, upon achieving a certain West-ern educational level, were endowed with the title 'évolué' [evolved person]. In order to achieve this privileged status, conversion to Christianity and the adoption of Belgian habits (gastronomic culture, home furnishings, clothing etc.) were obligatory. Mudimbe's parents did not achieve this status, but were progressing towards it, being not yet 'évo-lués', but 'évoluant' [evolving].

many. I would have liked to live it in a different setting. It doesn't change anything in this beautiful season. It only reaffirms an effort: that of dissolving myself in the Benedictine order. The dry season drags on. The rain will be coming soon. After the High Mass, brother Hildebrandt puts me on the stage: he takes pictures of me. I am looking at myself, indeed. More exactly, I am conscious of playing a game: hands under the scapular, head held in humility, a gaze direct and smile prescribed.] (Mudimbe 1994: 53)

In this description, not only is the supposed embodiment of the pious Benedictine monk in the photograph exposed as a pose, but, in its poetic formulation, even the memory of the Rwandan seasons attains a metaphorical significance. Thus, the dry season implicitly refers to the monotony of life under the Benedictine rule, while the announcement of the approach of the rainy season can be interpreted as a new, fertile period in the life of the autobiographical narrator. Mudimbe lived in the monastery in Gihindamuyaga from 1960 to 1963. The exact reason for his religious change of heart and finally his withdrawal from the order are not explained in detail in the text; however Mudimbe does refer to the faulty political behaviour of the Belgians and the opportunistic stance of the Church in the years following independence. In Rwanda, the Tutsi minority was subjected to the first pogroms, while the Catholic dignitaries did nothing to stop this (cf. Mudimbe 1994: 75).

Still, in the memories evoked by the photograph and the resulting self-reflection, Mudimbe is not so much concerned with the external, political situation of the time as in investigating the riddle of his own personality, still marked by a Benedictine lifestyle. Thereby, he is very much conscious that his remembering does not reproduce the past, but reinterprets the past: "Il est vrai, je ré-invente ce dimanche à présent. Frère Hildebrandt m'a offert un jeu complet de ces photos. Je les parcours, à présent, cherchant les trajectoires de mon regard et de mes rêves au loin" [It is true, I am reinventing this Sunday in the present time. Brother Hildebrandt has offered a complete set of these photographs to me. I am looking at them, now, searching the trajectories of my gaze and of my dreams in the distance] (Mudimbe 1994: 53).

In retrospect, the act of being photographed, the posing, appear almost obscene to the autobiographical narrator, when he calls it "cet exercice douteux d'exhibitionnisme" [this doubtful exercise of exhibitionism] (Mudimbe 1994: 53). The young man in the picture, who has become a stranger to him, seems to be suspended in an identity from which the reflecting observer has radically taken his leave. The photograph can be read as the epitome and iconic embodiment of the perfectly assimilated African Catholic. And from this, there arises uneasiness in the act of reading:

> Et je relis cette photographie avec déplaisir. Ma coupe de cheveu aujourd'hui me paraît plus bénédictine que celle de la photographie ; le port de la tête y est hautain, le sourire conquérant. En somme, la photo indique un symbole : je me crois arrivé, j'ai atteint un but. Seul le regard perdu dans le vague me réconcilie avec ce que je suis devenu : un inquiet et un agnostique. [And I reread this photograph with displeasure. My current haircut seems more Benedictine to me than the one on the photograph; the bearing of the head is arrogant, the smile overpowering. Briefly, the photograph is symbolic: I think I have

made it, I've reached a goal. Only the gaze, which loses itself in vagueness, reconciles me with what I have become: a restless spirit, an agnostic.] (Mudimbe 1994: 53)

In this ekphrasis it becomes very clear how it is through language and subjective perception of details that the photographic reproduction is turned into a semantically speaking sign. An uninvolved observer of the picture is not able to decode either the haircut, the posture of the head, or the smile in the way in which Mudimbe can.

A further iconic photograph in Mudimbe's collection is that of "Maître" [Master] Willy Bal (fig. 10, Mudimbe 1994: 219), Mudimbe's professor during his studies in Europe in the 1960s, after the break away from his life as a monk. After his PhD, Mudimbe became Bal's assistant at the Université Louvain in Belgium. The caption „Monsieur Bal m'a appris l'essentiel sans rien m'imposer. Il a cultivé mes dons sans me coloniser" [Mister Bal has taught me the essentials without imposing anything on me. He has cultivated my talents without colonising me] is a quotation from the text (Mudimbe 1994: 153). In the Bal portrait, a teacher is visualized who was decisive for Mudimbe's life. As previously in the case of the Benedictines, the autobiographical narrator interprets the relationship between teacher and student as a case of selection:

> Monsieur Bal aura été, durant ma formation universitaire, de 1962 à 1970, ma providence. Il m'élut très tôt pour des raisons que j'ignore. Avec patience, il m'introduisit à la philologie comparée et, au fil des ans, m'apprit les techniques de la profession. [...] A présent que je peux, à froid regarder mon parcours, je me dis : l'universitaire international ou, simplement, l'homme que je suis devenu est, pour beaucoup le fruit d'une élection. [Mister Bal would be, during my university studies from 1962 to 1970, my providence. He chose me very early, for reasons which I ignore. With patience, he introduced me to comparative philology, and, over the course of the years, imparted to me the techniques of the profession. [...] Now that I can calmly look at the route that I have travelled, I tell myself: the international academic, or simply the man who I have become, is largely the fruit of a selection.] (Mudimbe 1994: 153)

In contrast to the former relationship with the Benedictine masters, the bond with Willy Bal is without any trace of ambivalence. Though in his studies, in Belgium and France, Mudimbe is delving into the very centres of the colonial powers' knowledge systems, he does not feel coerced to submit his own thinking to predetermined models. The text and the photograph valorise Bal as the epitome of the selfless patron and protector.

The photographic quintessence of Mudimbe's student days in Europe is finally visualized in figure 10 (Mudimbe 1994: 220). Captioned ironically with, "1970 : à Paris. Dérisoire, cette peinture ; n'est-ce pas?" [1970: in Paris. Ridiculous, this painting, isn't it?]. The photograph shows Mudimbe as a young man – who at this point is politically a Marxist – in the existential, intellectual look of the period, with a black sweater and toned glasses. Within the structure of the photographic section, this picture, not commented upon in the text, functions as the counterpart to the monastic "Frère Mathieu" [Brother Mathieu]. In the ten years that lie between the two pictures, the person portrayed has undergone a radical reorientation, a change of identity from monk to world-ly intellectual. The narratively transposed path, presented not chronologically, but through diverse flashbacks in parts II and III of the text, culminates in this photograph. Admittedly, the photograph's iconic character is defused by the ironic tone of the caption.

Considering the above-mentioned photographs as a whole (3-7 versus 10/12), a con-trast can be observed between the festive poses of the gently smiling Benedictines – both teachers and students – and the relaxed demeanour with only traces of smiles in the 1970 pictures of Bal and Mudimbe, who both gaze self-assuredly into the camera. Through the choice and the arrangement of the photographs, a spiritual paradigm has been placed in opposition to a worldly one, whereby the former is connoted as being explicitly colonial, and the latter as liberating.

The filled-in ellipsis as an intermedial textual figure

Photographs are sections, fragmentary traces, of a life at a fractional point in time, that have come into being at the moment of photographic exposure. As such, photographs hardly guarantee a completion of the fragmentary memories of the self. But they do affect the structure of remembering in autobiography, precisely because of their frag-mentation (cf. Blazejewski 2002: 93). My reading of the relationship between Mu-dimbe's description, through language, of his childhood/youth and the photographs selected from this period has clearly demonstrated this. The photograph as a pictorial fragment corresponds to the fragmented style of the narrative text: the story of the self cannot be assembled into a whole. Though in the three parts of Mudimbe's autobio-graphy, three main thematic foci can roughly be made out: I. childhood, II. university career in the USA, and III. studies in Europe and the time as a young professor in Congo-Zaire, no fixed chronology is adhered to. The narrative threads keep breaking off in order to switch over to an essayistic section or to skip without transition to another strand of memory.

But aside from the fragmentation of the narrative, it is also noticeable that many things do not get said. By and large, the text omits anything that is private and stays very vague in regard to other important points (e.g. the decision to leave the monastery). Thus, the ellipsis is an important textual figure in *Les corps glorieux*. I will identify all the noticeable gaps and silences in the text with this rhetorical figure of omission, in-cluding gaps in reference to the life story[14] as well as gaps in regard to the structure of the intermedially arranged text. In the latter sense, there are numerous ellipses, first of all simply due to the fact that not all of the twenty-four photographs in the book are

---

14 Among these omissions are the gaps of the parents as significant persons in childhood, the cultural gap which Mudimbe describes in his negative reaction to the initiation rites, and also the quasi-absence of his personal life story after his marriage to Elisabeth Mudimbe-Boyi.

referred to in the text. The absence of any reference to almost half of the photographs makes these seem as though they were chosen arbitrarily, by chance, and without any deeper significance. In this way, the photographs that do get mentioned in the text gain importance.

But there are also pictures which fill in certain ellipses in the text through their representational power. Of these, the prime example is that of Mudimbe's parents, the photograph with which the album opens. About the symbolic eradication of his parents, Mudimbe writes, "Mes parents naturels n'existent pas. Plus exactement, ils constituent une absence obligée par ma conversion et ma promotion. Leur annulation me brise dans le sens du pouvoir" [My natural parents do not exist. More exactly, they constitute an obligatory absence because of my conversion and of my career. In the sense of power, their annulation breaks me] (Mudimbe 1994: 66). Visually, however, on page 215 of *Les Corps glorieux,* a classical family tree is included, in which the parents are placed above the 1950 photograph of the boy. Though the filiation via a close emotional and spiritual bond to the parents never actually took place in the way suggested here – decisive, as already mentioned, were far more the substitute clerical father-figures that follow in pictures 3-5 – the missed intimate relationship with the parents is reconstructed symbolically. This corresponds to the cautious advances towards the parents which the autobiographical narrator experiences as an adult – most intensely in the face of death. The self-assurance of his love for his parents did not take place until the 1960s in Lubumbashi, in a dialogue shortly before their death (cf. chapter 1 of part II). Since such a dialogue had previously been impossible, it now seems short, unfulfilled and interrupted much too soon.

The photograph of the parents, showing them as relatively young people, associated here with the portrait of the boy, who in the year 1950 already had a special status in the family, represents the increasing alienation between parents and child at this particular time. The autobiographical narrative makes this very clear. The photograph, as well, through its inherent temporality, marks the irretrievable loss of the parents in this important stage of transition from childhood to adolescence, for, as von Amelunxen observes:

> Das photographische Bild ist eine 'Emanation des Referenten' und beerbt unweigerlich auch die Zeit des Referenten. Somit ist in jeder Übersetzung, d.h. in jeder sprachlichen Inbezugnahme auf das Photographische dieser noematische zeitliche Charakter der Photographie als ein Verlust markiert. [The photographic picture is an 'emanation of the referent' and inevitably also inherits the time of the referent. Thus, in every translation, i.e. in every linguistic reference to that which is photographic, the noematic, temporal character of the photograph is marked as a loss.] (von Amelunxen 1995: 218)

The linguistic reference to the picture consists of the caption, "Mes parents, Gustave et Victorine" [my parents, Gustave and Victorine] (Mudimbe 1994: 215), and further, "L'humilité, apprendrai-je plus tard, s'offre comme attitude et, quelquefois, correspond à un état" [Humility, I would learn later, is offered like an attitude and sometimes corresponds to a condition] (Mudimbe 1994: 215). Even the form of address testifies to the unresolved tension between the desired intimacy (my parents) and the real distance: not "Mama and Papa" are referred to, and not the full names of the two, but only the French Baptismal names, thus enrolling the parents in the Christian order to which they had handed over their son. The quality of 'humilité' (humility, modesty) that is invoked is a Christian virtue, whereby it is not clear whether Mudimbe is really valorising it or criticizing it as subjugation to the colonial system.

Ultimately, the special role of chosen first-born son in the family led to a reversal of roles, in which retrospectively Mudimbe sees himself as 'his father's father':

> Je suis son avenir et sa promesse. Il me comble, il m'adore. Je le lui rends. Mes bulletins trimestriels accomplissent, les uns après les autres, son secret. Au quotidien, mes cahiers de devoirs sont collections de compliments dans lesquels il peut retrouver l'espace de ses propres accents vers le succès. Je suis, à ce titre, le père de mon père. [I am his future and his promise. He fulfils my desires, he adores me. I give him back the same. My end-of-term reports accomplish one after the other, his secret. In daily life, my exercise books are collections of compliments in which he can find space for his own accents of success. I am, in this respect, my father's father.] (Mudimbe 1994: 28)

Thus, the ellipsis of the absent parents is filled in by the visual composition in the photo section and by the text, but only to some extent. The fragmented description of a difficult relationship remains paradoxical, as it expresses the complicated irreconcilabilities between generations.

Indeed, the very expression 'filled-in ellipse', which I use here, has a paradoxical quality in accordance with the uncertainties and contradictions that pervade the whole textual composition. However, I see the function of a visually filled-in ellipse as applying to pictures fig. 8, 9, 14, 17, 18, and 19, as well. These are photographs which show Mudimbe with his wife Elisabeth (8, 9) and his two sons Daniel and Claude (18, 23); once, Elisabeth is to be seen alone (14) and once in a circle of friends of the family (17). Whereas in the first part of *Les Corps glorieux*, the personal parts of Mudimbe's childhood and boyhood story are interrupted numerous times in favour of essayistic passages that push back the subjective-individual story, the text concerned with the life story in the second and third part comprise above all the academic career. There is hardly anything 'private' to be found in these parts.

Thus, the marriage and partnership with Elisabeth Boyi, without a doubt one of the most important persons in Mudimbe's life, is covered so cursorily that even his wife becomes an important ellipsis. The first time, she is mentioned in one breath with Marx, whose interpretation of history and plans for society were to become the new credo of the student Mudimbe: "Karl Marx signifiait la vérité de l'histoire et, à demeure, une jeune africaine, Elisabeth, me convertissait à l'ordre pratique de la vie. Un roi et une reine m'obligeaient, à l'orée de mes vingt deux ans, à refaire mes promesses" [Karl Marx signified the truth of history, and a young African woman, Elisabeth, converted me to the practical order of life. A king and a queen obliged me, on the cusp of my twenty-second year of life, to remake my promises] (Mudimbe 1994: 71-72). But while Marxism is treated in long essayistic passages of the book, the queen remains discretely in the background.

One single longer passage is devoted to Elisabeth at the beginning of chapter two of part II of the book:

> En 1963, je rencontrai Elisabeth. Elle revenait de l'Université de Louvain et s'était inscrit à Lovanium. J'étais une année avant elle. L'attrait fut mutuel. Un an plus tard, nous nous fiancions. Trois ans plus tard, exactement le dernier jour de 1966, nous étions mariés. Cette rencontre transforma ma vie. Il me fallut re-évaluer des canons. Dès mon jeune âge j'avais appris que la femme constitue le malheur de l'humanité. Elle était en fait responsable de la chute originelle et demeurait, de manière permanente, l'occasion du péché. [...] Voilà que je rencontrai une jeune africaine intelligente, rationnelle, et, à tous égards, mieux en prise sur le monde que je ne l'étais. [...] Elisabeth s'intégra dans ma vie comme exorcisme. Plus de vingt-cinq ans de vie commune m'ont, progressivement, introduit à la légitimité de la cause féministe. Universitaire de carrière, elle ne m'a pas soumis à ses façons. Elle a, toujours, eu autre chose à faire (Mudimbe 1994: 107). [In 1963, I met Elisabeth. She had come back from the University of Louvain and had registered at Lovanium. I was one year ahead of her. The attraction was mutual. One year later, we were engaged. Three years later, exactly on the last day of 1966, we were married. This encounter transformed my life. I had to re-evaluate my canons. Since my youth, I had learned that woman is the evil of humanity. She was in effect responsible for the original downfall and remained, permanently, the occasion of sin. (…) And now I met a young, intelligent, rational African woman who was in every respect more down to earth than I was. (…) Elisabeth integrated herself into my life like exorcism. More than 25 years of shared life have progressively introduced me to the legitimacy of the feminist cause. An academic by career, she never submitted me to her moods. She always had something better to do.] (Mudimbe 1994: 107)

This laconically summarized love story which, however, is a homage to the strong woman at his side, is seamlessly followed by Mudimbe's Simone de Beauvoir readings. Here he gives a detailed statement of his stance toward feminism in general and the status of African women in both traditional and post-colonial societies in particular. This fifteen-page chapter (Mudimbe 1994: 107-122), on the first page of which Elisabeth Boyi is shortly invoked, develops into an essayistic plea for an African feminism, that he valorises as an immensely important condition for a better future for Africa. Since Elisabeth, through her exemplary life as an emancipated woman, is named as the catalyst for his engagement with feminism, it can be concluded that, in spite of her almost complete absence from the text, she is given a very particular function: while Mudimbe rejects any essentializing fixation of his own person (Kavwahirehi 2006: 212), he is making his wife into an icon of feminism. The photograph fig. 14 (Mudimbe 1994: 221) can be read in this context as a visual confirmation: it shows Elisabeth in the pose of a thinker. She is sitting in the garden at a table, can be seen in half-profile, looking away from the camera and supporting her head lightly on her left hand. The picture visualizes her status as an intellectual, as an independently thinking woman. At the same time, it fills in the ellipsis of the text, which does not allow any personal statements about the relationship of the autobiographical self with his wife. She thus is given a photographic presence through a picture that captures an intimate, thoughtful moment in the life of this meditatively musing woman.

In the third chapter of the second part, Mudimbe devotes himself to his American academic career and explains his research interest, his methodology, and his disciplined workday, still influenced by the Benedictine rule.[15] In this chapter, the significance of his first teaching position in the USA, at Haverford College, is repeatedly brought up: "Haverford fut une charnière. J'y avais repris foi et espérance" [Haverford was a turning point. There, I regained confidence and hope] (Mudimbe 1994: 131), "Haverford m'a permis de mûrir et, à la fois, de prendre distance vis-à-vis de mes propres complaisances" [Haverford allowed me to mature and, at the same time, to gain distance from my own complacencies] (Mudimbe 1994: 139). The one picture showing Elisabeth Mudimbe-Boyi alone, is the above-mentioned fig. 14, interestingly enough a 1983 photograph of her in Haverford. What is only touched upon very briefly is that Elisabeth also functions as a decisive turning-point in the course of Mudimbe's life – one can begin to fathom this in observing this photo. While the location Haverford symbolizes the transition between two academic careers, Elisabeth takes on a transitional, connective function, especially in the transition between monastic and worldly life, and between Africa and America. Few, but significant, words in the text underline this: "Elisabeth, me convertissait à l'ordre pratique de la vie. [...] Elisabeth s'intégra dans ma vie comme exorcisme" [Elisabeth converted me to the practical order of life. (…) Elisabeth integrated herself into my life like exorcism] (Mudimbe 1994: 107).

One very interesting pictorial composition in connection to the ellipsis of his parents and the ellipsis of his wife in the text is fig. 8 of the photo section: the wedding picture, captioned with "Le 31 décembre 1966: Mon mariage. Jacques et Marie-Madeleine-Bassot sont témoins" [December 31, 1966: My wedding. Jacques and Marie-Madeleine Bassot are witnesses] (Mudimbe 1994: 218). In the centre of the picture are not the bride and groom, but the witnesses, a French couple, who are referred to in Mudimbe's narrative as his adoptive parents. During his student years in France he had worked in the Bassot household as a babysitter but gradually became part of the family, so much that he considered the couple to be new, symbolic parents, who, not least, also had helped him to integrate into French culture. In spite of the importance of the relationship, which compensated for the absence of the biological parents and for the loss caused by his break with the Benedictine fathers, the Bassots remain curiously un-delineated in the text. The photograph supplies them with a face and immortalizes their role as witnesses and substitute parents. The bridal pair – in a classic white dress

---

15 Mudimbe applied the Benedictine dictum, Ora et Labora, to his secular life, viewing his dedicated teaching and administrative work at the university as Labora, and his personal research as meditative self-fulfillment in place of Ora, with its focus on the Divine (cf. Mudimbe 1994: 71 and 107).

with veil and in a dark suit – is pushed way to the side in the snapshot as they leave the church, so that two-thirds of Mudimbe's body is cut off. On the far-right edge of the picture, a half-cut-off clergyman in his cassock can be made out turning his head away from the couple which is leaving the church. The fact that Mudimbe chose – out of all of his wedding pictures – this technically failed photograph[16] can be interpreted as a subtle symbolization. Not only are the French 'parents', who have remained ellipses in the text, endowed with an iconicizing homage, but the traditional Catholic wedding appears in the picture as an ironically fractured staging: the priest turns away from the bridal pair, who are 'leaving' the Church. Thus, Mudimbe's prior break with the Church is associatively brought into play, paradoxically in that same moment in which he is submitting to the ritual of the church wedding. The photo thus again takes up the premises of the autobiographical text, in which the encounter with Elisabeth decisively contributed to his questioning of the dogmatism of Catholic teachings.

Photographs 18 and 23, in which Mudimbe is seen, ten years apart (1984 and 1994), with his two sons, Daniel and Claude, can finally also be considered filled-in ellipses. Neither his sons nor any thoughts on his own fatherhood appear in the autobiographical text. This gap is presumably explained by the difficult childhood of the narrator, which even at the conclusion of *Les corps glorieux* has not been finally dealt with, and his ambivalent relationships with his various fathers. His own fatherhood is not a theme in the text, but is displayed in the photographs. They are typical pictures of a proud father, taken in the garden at Haverford and on the occasion of Claude's graduation from college. These selected snapshots support the idea that the ellipsis of the sons in the text does not signify Mudimbe's indifference to his own role as father. Even more so, however, they convey the fact that strong feelings must not or cannot always be expressed in words.

Conclusion

In spite of the album character of the photo section at the end of the book, Mudimbe's photographs in *Les Corps glorieux* function only loosely as a connection between picture and writing. They do actually not fulfil the "Album-Effekt" [album-effect] in the sense of Blazejewski who writes: "der Text ergänzt die fragmentarischen Einzelbilder zu einer sinnvollen Lebensgeschichte, stellt wichtige Bildelemente heraus, liefert die nötigen Angaben zur Identifizierung der abgebildeten Personen und weist damit dem individuellen, photographisch-festgehaltenen Lebensaugenblick erst eine Bedeutung zu" [the text makes a meaningful life story out of the fragmentary single pictures, em-

---

16 A classical couple photo is supplied with the following picture, fig. 9, which shows the pair alone together on January 1, 1967, one day after the wedding. Elisabeth is no longer wearing the white wedding dress, symbol of the Catholic cult of virginity, and is termed "compagne de vie" [life companion] (Mudimbe 1994: 219). Picture and text combined communicate a strong impression of belonging together and partnership.

phasizes important pictorial elements, supplies the necessary information for the identification of the persons shown, and thus endows the individual, photographically captured life-moments with meaning] (Blazejewski 2002: 104). Without a doubt, meaning
which goes beyond indexicality is attributed to the pictures. It would go too far, however, to speak here of a synopsis of text and image comprising a 'meaningful life-
story'.

As I have tried to delineate in my analysis, the intermedial functions of photography
within Mudimbe's text are only those which combine the two media (autobiographical) writing and (photographic) image in order to create meanings that go beyond language and the photographic index. In *Les Corps glorieux*, these are:

a) the visualization as a catalyst or reinforcement of memory, without any guarantee
for completeness in the account of a life. Far more, the excerpt character of the photographs tends to emphasize the fragmentation of the narrative text.

b) the iconicizing function which the representative potency of selected photographs
has for persons associated with the autobiographical narrator or for symbolically significant moments in the narrator's life. Mudimbe only seldom makes use of ekphrasis.
Rather, correlations between text passages and iconizing pictorial compositions can be
established.

c) the function of the filled-in ellipsis. In this intermedial connection, gaps in the text,
above all in regard to private relationships of the autobiographical self, are filled in by
photographs. Although the pictures are not commented upon in the text, it is this very
keeping silent that endows them with even greater significance, as speaking signs for
issues which are otherwise no more than hinted at.

Works Cited

Adams, Timothy Dow. 2000. *Light Writing & Life Writing. Photography in Autobiography*. Chapel Hill & London: The University of North Carolina Press.

Albers, Irene. 2000. "Das Fotografische in der Literatur". In: Barck, Karlheinz/Fon-
tius, Martin/Schlenstedt, Dieter/Steinwachs, Burkhart/Wolfzettel, Friedrich (eds.).
Ästhetische Grundbegriffe. Historisches Wörterbuch, vol. 2, Stuttgart: Metzler,
534-550.

Amelunxen, Hubertus von. 1995. "Photographie und Literatur. Prolegomena zu einer
Theoriegeschichte der Photographie". In: Zima, Peter V. (ed.). *Literatur intermedial. Musik – Malerei – Photographie – Film*. Darmstadt: Wissenschaftliche Buch-
gesellschaft, 209-231

Appiah, Kwame Anthony. 1997. "Is the 'Post-' in 'Postcolonial' the 'Post-' in 'Post-
modern'?" In: McClintock, Anne/Mufti, Aamir/Shohat, Ella (eds.). *Dangerous
Liaisons*. Minneapolis: University of Minnesota Press, 1997, 420-444.

22   *Susanne Gehrmann*

Barthes, Roland. 1993. [1961]. "Le message photographique". In: *Œuvre complète*, vol 1, Paris: Seuil, 938-948.

Barthes, Roland. 1980. *La chambre claire. Notes sur la photographie*. Paris: Seuil.

Barthes, Roland. 1975. *Roland Barthes par Roland Barthes*. Paris: Seuil.

Basseler, Michael/Birke, Dorothee. 2005. "Mimesis des Erinnerns". In: Erll, Astrid/ Nünning, Ansgar (eds.). *Gedächtniskonzepte der Literaturwissenschaft. Theoretische Grundlegung und Anwendungsperspektiven*. Berlin & New York: Walter de Gruyter, 123-147.

Bisanswa, Justin. 2000. *Conflit de mémoires. V.Y. Mudimbe et la traversée des signes*. Frankfurt/Main: IKO.

Blazejewski, Susanne. 2002. *Bild und Text – Photographie in autobiographischer Literatur. Marguerite Duras' "L'Amant" und Michale Ondaatjes "Running in the Family"*. Würzburg: Königshausen & Neumann.

Cailler, Bernadette. 1996. "Interface between Fiction and Autobiography: From *Shaba 2* to *Les Corps glorieux*". In: *Canadian Journal of African Studies*, 30, 3, 371-386.

Diawara, Manthia. 1998. *In Search of Africa*. Cambridge, Mass. & London: Harvard University Press.

Faïk-Nzuji, Clémentine M. 2005. *Tu le leur diras. Le récit véridique d'une famille congolaise plongée au cœur de l'histoire de son pays*. Brüssel: Alice Éditions.

Gabara, Rachel. 2006. *From Split to Screened Selves. French and Francophone Autobiography in the Third Person*. Stanford: Stanford University Press.

Gehrmann, Susanne/Gronemann, Claudia (eds.). 2006. *Les enJeux de l'autobiographique dans les littératures de langue française. Du genre à l'espace. L'autobiographie postcoloniale. L'hybridité*. Paris: L'Harmattan.

Gehrmann, Susanne. 2005. *Vom Entwerfen des Ich im Erinnern des Wir? Überlegungen zur Autobiographik in Afrika*. Berlin: Forschungsabteilung der Humboldt-Universität zu Berlin.

Gronemann, Claudia. 2002. *Postmoderne/Postkoloniale Konzepte der Autobiographie in der französischen und der maghrebinischen Literatur*. Hildesheim: Olms.

Hölzl, Ingrid. 2008. *Der autoporträtistische Pakt. Zur Theorie des fotografischen Selbstporträts am Beispiel von Samuel Fosso*. München: Wilhelm Fink Verlag.

Kabuta, Ngo Semzara. 2003. *Eloge de soi, éloge de l'autre*. Brüssel: Peter Lang.

Kavwahirehi, Kasereka. 2006. *V.Y. Mudimbe et la réinvention de l'Afrique. Poétique et politique de la décolonisation des sciences humaines*. Amsterdam & New York: Rodopi.

Kinet, Ruth. 2005. *"Licht in die Finsternis": Kolonisation und Mission im Kongo, 1876-1908. Kolonialer Staat und nationale Mission zwischen Kooperation und Konfrontation*. Münster: LIT.

Lejeune, Philippe. 1975. *Le pacte autobiographique*. Paris: Seuil.

Luig, Ute. 2005. "Dynamische Konstrukte: Vorstellungen zu Person, Selbst und Geschlecht in afrikanischen Gesellschaften". In: Gabriele Jancke/Claudia Ulbrich (eds.): *Vom Individuum zur Person. Neue Konzepte im Spannungsfeld von Autobiographietheorie und Selbstzeugnisforschung. Querelles – Jahrbuch für Frauen- und Geschlechterforschung.* Göttingen: Wallstein, 29-50.

McGaffey Wyatt. 1995. "Kongo Identity, 1483-1993". In: *South Atlantic Quarterly,* 94, 4, 1025-1037.

McKnee, Lisa. 2000. *Selfish Gifts. Senegalese Women's Autobiographical Discourses.* Albany: State University of New York Press.

Mouralis, Bernard. 2003. "Autobiographie et anthropologie chez V. Y. Mudimbe". In: Kadima-Nzuji; Gbanou/Sélom Komlan (eds.). *L'Afrique au miroir des littératures. Nomen est omen. Mélanges offerts à Valentin Yves Mudimbe.* Brüssel& Paris: AML/L'Harmattan, 74-92.

Mudimbe, V.Y. 2006. *Cheminements. Carnets de Berlin (Avril-Juin 1999).* Montréal: Humanitas.

Mudimbe, V.Y. 1994. *The Idea of Africa.* Bloomington: Indiana University Press.

Mudimbe, V.Y. 1994. *Les Corps glorieux des mots et des êtres. Esquisse d'un jardin africain à la bénédictine.* Montréal & Paris: Humanitas/Présence Africaine.

Mudimbe, V.Y. 1991. *Parables and Fables. Exegesis, Textuality, and Politics in Central Africa.* Madison: University of Wisconsin Press.

Mudimbe, V.Y. 1989. *Shaba deux. Les carnets de Mère Marie-Gertrude.* Paris: Présence Africaine.

Mudimbe, V.Y. 1988. *The Invention of Africa. Gnosis, Philosophy and the Order of Knowledge.* Bloomington: Indiana University Press.

Mudimbe, V.Y. 1979. *L'Écart.* Paris: Présence Africaine.

Mudimbe, V.Y. 1973. *Entre les eaux. Un prêtre, dieu et la révolution.* Paris: Présence Africaine.

Ortner-Buchberger, Claudia. 2004. "Tendances actuelles d'une autobiographie postcoloniale: Patrick Chamoiseau et Valentin Yves Mudimbe". In: Lüsebrink, Hans-Jürgen/Städtler, Katharina (eds.). *Les littératures africaines de langue française à l'époque de la postmodernité.* Oberhausen: Athena-Verlag, 179-192.

Rajewsky, Irina O. 2002. *Intermedialität.* Tübingen/Basel: A. Francke.

Schaffner, Alain. 2004. "L'image de soi dans le récit d'enfance". In: Méaux, Danièle/ Vray, Jean-Bernard (eds.). *Traces photographiques, traces autobiographiques.* Saint-Etienne: Publications de l'université de Saint-Etienne, 191-205.

Semujanga, Josias. 1998. "De l'autobiographie intellectuelle chez V.Y. Mudimbe". In: Crosta, Suzanne (ed.). *Récits de vie de l'Afrique et des Antilles.* Québec: PQ Grelca, Université Laval, 53-99.

Soyinka, Wole. 1994. *Ibadan. The Penkelemes Years. A Memoir 1946-65*. London: Methuen.

Wagner-Egelhaaf, Martina. 2000. *Autobiographie*. Stuttgart: Metzler.

Technauriture: Southern African Poetry in the Digital Age

Russell H. Kaschula, Rhodes University, Grahamstown

Introduction and theoretical position

Literature has been dramatically transformed by the spread of digital media over the last two or three decades. There are few performers in Southern Africa who have not been touched by the influence of secondary orality and technology. This paper partly sets out to explore these dynamics in relation to the work of Southern African poets and literary voice artists, with particular reference to the life and work of two poets, Lesego Rampolokeng and Zolani Mkiva. Possible new analytical paradigms for these performances are also explored.

In this paper it is argued that what is now required is a different theoretical paradigm to fully understand the present-day mixing of genres and technologies in order to build on the seminal works of Walter Ong (1982), Ruth Finnegan (1988), Street (1995) and others. Street critically observes in relation to Ong's work that:

> We would do better to look for more specific relationships between literacy events and literacy practices on the one hand, and oral conventions on the other. In the project of investigating these relationships on a cross-cultural basis and in such a way as to yield fruitful generalizations, Ong's thesis does not provide much help and is, indeed, likely to mislead the unwary researcher. (Street 1995: 158-59)

On the one hand, this article shows that these three forms (orality, literacy and technology) comfortably co-exist as indicated in Finnegan's work (1988). On the other hand, Finnegan's work suggests that Ong's theoretical stance, which defines orality and literacy as separate modes of thought, can be misleading, as supported by Street (supra).

There are new ways in which contemporary orality can be captured, stored, disseminated and aesthetically appreciated. The cellular or mobile phone is just one example where the face of the phone now represents the contemporary 'page', with its own forms of indigenous language writing, especially in Southern Africa where there has been a 'third leap' and a proliferation of cellular phone usage, even amongst the poorest of the poor. The impact of this 'Cell Speak' on isiXhosa is covered elsewhere (Kaschula 2009 a). The Pay-as-you-go communicative environment is impacting on general rules of politeness and spawning new rules for effective communication. These new rules conflict with traditional notions of *ubuntu* [shared humanity] and the type of information which is generally associated with culturally acceptable communication styles in isiXhosa. Nevertheless, the cellular or mobile phone allows for oral performance to be captured and disseminated. This phenomenon of globalization together with the emergence of new media and societal change have fuelled a literary revolution in Africa, which is best encapsulated in the term 'technauriture'.

It is my proposition that this term provides a theoretical paradigm and presents a methodology which may enable researchers to find new ways of interpreting and analyzing the changing oral literary scenario and to build on the works mentioned above. What may be required now (more so than ever before) is a cross-disciplinary approach which includes the arena of Information and Communication Technology (ICT) and contemporary communication forums such as websites, blogs, *Facebook, MySpace,* and *Youtube* etc. These provide a voice to those who were previously voiceless, though it must be stressed that access (and thereby 'literariness') is still determined by class distinctions and upward mobility in Africa, with the wealthy having ready access to ICT, whilst the poor are relegated to the technological wilderness, fighting desperately to come to terms with the proliferation of bank ATMs in South Africa, which require numerical and language literacy, as one of a myriad of examples.

At the same time, the fact that technology is now becoming ubiquitous, and is affecting everyone in some form or another, makes it imperative that education structures support and are developed to ensure that the potential embodied in this access is realised. Some scholars hold contrary perspectives in terms of this potential, when they observe a possible 'deepening divide' and growing inequality in the information age (Van Dijk 2005). Increasingly, at least in South Africa, the digital age is reaching poor and rural areas, for example the Siyakhula Living Lab computer facilities that are being established in remote areas such as Dwesa on the Transkei Wild Coast, with assistance from the Rhodes University Computer Science Department and industry partners such as the Telkom Centre for Excellence (Van Wynegaard 2009). It is this evolving cellular phone and ICT infrastructure which is creating fertile ground, allowing orality to mushroom itself back into contention, alongside the word and the book (Landzelius 2006).

This ICT environment is impacting on all forms of communication, from e-mail through SMS to twitter, and the fundamentals of expression are changing very rapidly. Ong observed that oral cultures have always been studied through their written texts, with supported recordings and the like, with the concomitant loss of context and 'in situ' characteristics (Ong 1982). As technology advances, the scope for effective capture and recreation of context will broaden and the environment for researching oral traditions and orality will become fertile.

By having the oral material digitized and made available in both mother tongue and English, allowing access to the source language, it is possible that counter-narratives will emerge which challenge Western paradigms, and that new approaches will evolve which promote the understanding of and offer opportunities to re-interpret African history and literature. Interpreting African history and literature though the eyes of English monolinguals (in translation) does not necessarily provide an accurate interpretation (Opland 2009).

The early ethnographic research conducted by Dell Hymes, and Vladimir Propp's structural literary analysis are, for example, no longer sufficient as theoretical paradigms which allow us to fully understand what is happening in the contemporary literary/historical arena in Africa. There are now the modern, multitalented cultural practitioners such as 'The Fingo Revolutionaries', 'The Botsotso Jesters' and Lebo Mashile in South Africa. In Zimbabwe the Harare Book Café hosts such spoken word performances where political dissent is expressed. Comrade Fatso, Outspoken or Batsirai Chigama are only a few names of such performers and cultural activists. These artists have also further intellectualised their work through a relationship with contemporary literary/academic journals such as *Chimurenga* in South Africa and *Kwani?* (http://www.kwani.org) in Kenya. This is also true of the on-line journal http://www.Litnet.co.za, which includes material in a number of South African languages and offers literary artists and academics a platform to express and explore their work through these interactive journal websites. This type of interaction represents a new form of academic practice which moves beyond standard research paradigms to more dynamic research structures characterised by interaction with artists on the ground, whilst retaining academic rigor, all of this facilitated through the use of technology. This growing interface which is rapidly developing across a number of areas requires a coherent and flexible academic paradigm which is able to offer a similarly dynamic environment to embrace this changing material production context.

David Coplan stresses the importance of 'auriture' – a component of the term 'technauriture' – in this regard, observing that "[m]any authors [...] pay lip service to the expressive inseparability of verbal, sonic, and visual media in constituting meaning in African genres, but do not address this unity in their analysis" (Coplan 1994: 9). Coplan uses auriture "[...] for these performances as a caution against the application of Western categories of literary analysis to African performance [...]" (Coplan 1994: 8). This term implies the use of a range of senses in one's appreciation of the oral word: hearing, speaking and the more abstract aesthetic analysis of the word.

It is, though, the combination of technology and auriture which offers a fresh perspective on the debate on oral literature, orality, auriture or 'oraural'. The latter, a rather clumsy term, is used by Kishani in his insightful paper linking the effective study of 'African philosophy' with the necessary use of indigenous languages (Kishani 2001: 27). For the purposes of this article, and in recent research (Kaschula 2009 b & c), the term technauriture is introduced and developed, as it captures the essence of the three way interaction between primary and secondary orality (Ong 1982: 68), and technology with regard to contemporary performance poetry. Technauriture as a paradigm offers a coherent analytical framework within which contemporary performance poetry, including rap, dub-poetry, slam and isiXhosa oral poetry can be analysed.

Through the use of web networks together with web platforms, contemporary performers are more visible globally and they are able to market their literary talent. Further to this, intellectual or academic sites that set about discussing, analysing and preserving material electronically are also emerging, the most recent being http://www.oralliterature.org, a site which is based in the United Kingdom. The oral-literature.org platform is managed by Dr Mark Turin, under the auspices of 'The World Oral Literature Project' and was created at the University of Cambridge in 2009. This project aims to publish a library of oral texts and occasional papers, and to make any collections available through new media platforms. The first phase of the project is designed to provide grants to enable the collection of oral literary forms. The project aims to become a permanent centre for the preservation and appreciation of oral forms by providing on-line access to digitized material. Similarly, http://www.poetryinternationalweb.org, offers a professional website. These websites are contributing to a new critical discourse and language awareness, which is within the ambit of technauriture (Kaschula 2004 a & b).

Further examples of groundbreaking work in connection with technauriture would be the *Verba Africana Series* which has been developed at the University of Leiden (Netherlands) as part of the project *Verba Africana; E-learning of African languages and Oral Literatures: DVDs and Internet Materials*. The aim of this project is to document African oral genres (poems, narratives, songs and so on) for both teaching and research purposes. One example of material is a DVD and website which include Ewe stories and storytelling as well as Taarab and Ngoma performances, and also visual and digital material on Ewe stories and storytellers from Ghana. This initiative is a collaborative one between various universities in Europe.

The material being developed at Leiden therefore goes beyond the work of an individual performer and begs the question as to what the future holds for technauriture as an analytical paradigm. One strong possibility is the establishment of various centralised sites in various parts of the world, at selected institutions, which specialise in documenting, preserving and disseminating various aspects of oral material through technauriture. This would facilitate further interaction between local and global literatures within a coordinated system.

In terms of the work that is being done at the University of Leiden it is pointed out that "[n]owadays, the study of African Oral Literatures faces new research challenges due to expanding technologies of audio-video recording and their increasing popularisation and mass-diffusion" (Merolla 2006 onwards, cf. also Beck/Mittmann 2004, Ricard/Veit-Wild 2005). It is also pointed out that there are only a small number of experimental projects where new technological documentation and research methodologies are being explored (Furniss 2006; Merolla 2006 onwards). A further example of this type of research would be the comparative case study on creativity and the adaptation of new media in Southern and East Africa that is currently being undertaken by Veit-Wild (2009), Humboldt University, and by Fendler (University of Bayreuth) and Wendl (Free University, Berlin). In essence, all are investigating the artistic, cinematic and literary practices in the digital age.

The important point that this digitisation makes is that for the contemporary classification of oral literature one is required not only to capture the textual content but also the visual performance in order to classify, describe and comprehend the full aesthetic qualities of the performance.

Selected poets, their importance and performance arenas

In the context of contemporary Southern African spoken word artists, two of the most significant contributors are Lebo Mashile from South Africa and Comrade Fatso from Zimbabwe. Mashile presents a strong and passionate socio-political, gender/identity related commentary in a society where human rights are constantly under threat, though protected under the Constitution. She refers to the post-apartheid 'enemy' as unclear, representing a struggle with many 'dimensions',

> …but the site for that struggle is inside: Coloured by the mutating maze / That is my people / Like hatred kills the feeble / Like hierarchy masks what is evil / Like heartache becomes the beacon / For the heights redefined by a rising people / And when we fly / We reshape the wings of reason / Like treason was the crucible for this freedom […]. (www.kalavati.org)

Mashile is a writer, television presenter, actor, hip-hop artist, oral performer and is widely represented on the Internet, and is thus, like many spoken word artists, fully entrenched within the paradigm of technauriture.

There are also the Botsotso Jesters from South Africa who include the cutting-edge voices of Lesego Rampolokeng, Allan Horwitz, Ike Muila and Siphiwe ka Ngwenya. The work of Rampolokeng will be discussed below; but there are too many artists to include them all in this paper. Many of them take part in numerous poetry projects which support the concept of technauriture, for example the Timbila Poetry Project in Newtown, Johannesburg and the very successful annual spoken word festival Poetry Africa in Durban. The Grahamstown National Arts Festival (held annually in July) in South Africa, is a contemporary example of where the digital, the literary, the spoken word and visual art all come together. Wordfest, one part of the festival, provides a quintessential example of a meeting place for writers and performers in indigenous languages and in English. Wordfest is a celebration of all areas associated with words, from book launches for materials written in all of South Africa's languages to seminars in a number of languages. Festivals such as these rely increasingly on the web for publicity and most artists who participate have a web presence to publicize their material, as discussed later in this paper.

Rustum Kozain, himself an important Southern African anti-apartheid poetic voice, when discussing the poetry of British dub artist Linton Kwesi Johnson (LKJ) points to the similarities in the way that performance artists world-wide make use of contemporary life experiences. Kozain states that, "[i]t is the attention that LKJ pays to everyday life that makes for the quality of his art. The qualitative detail has political implications: he places political value on those experiences by turning it into poetry" (Kozain 1993: 16).

Similarly, African oral performance genres are presently reacting to a multi-faceted influence of factors such as technology, political events, socio-economic conditions and growing cross-cultural interactions. This is reflected in contemporary open mike, spoken word or slam poetry produced by artists ranging from the above-mentioned Zimbabwean performer Comrade Fatso to the South African Lebo Mashile, as well as contemporary *iimbongi* or oral poets such as Zolani Mkiva.

Case studies: Lesego Rampolokeng and Zolani Mkiva

The performers included in the following discussion hail from varied and diverse backgrounds. The point of commonality within their poetry is the use of orality, largely as an interpretation of their contemporary reality. As a result, both now rely heavily on technauriture in the form of websites, compact disc releases, television appearances and oral performance.

Lesego Rampolokeng is a performance poet based in Johannesburg, South Africa, whilst Zolani Mkiva is Chief Executive Officer on the Xhosa Royal Council, acting as an advisor to the Xhosa royal family in the Eastern Cape Province. Unlike Rampolokeng, Mkiva is considered more of a traditional Xhosa oral poet. Much of his poetry is performed in the isiXhosa language, though he does make use of extensive code-mixing in some of his poetry, sometimes performing in English. Neethling has explored Mkiva's six code-mixed 'graduation performances' at the University of the Western Cape, where Mkiva was a student. Neethling concludes that "[o]ne could, of course, query the status of Mkiva as belonging to a primary oral culture. He is an educated young man, and after all, he operated at the graduation ceremonies of an institution of higher learning. But in a culture that still clearly values orality [...]" (Neethling 2001: 210).

Each of these poets is unique, performing in different styles, situated in various social circumstances, yet bound by the continuum on which humanity locates itself in terms of literacy, orality, technology, intercultural communication and globalisation.

As previously mentioned, this continuity between orality and literacy has been discussed by a number of scholars, in particular Ruth Finnegan (1998), who argues in her book, *Literacy and Orality,* for the interrelationship between orality and literacy, insisting that these two forms in fact co-exist, rather than working against each other. This is further proven by the work of all the previously mentioned poets. They write and publish poetry in English, and Mkiva in isiXhosa as well. In agreement with Neethling (2001), it is from their orality that their power stems; it is from their orality that the poetic seed is disseminated into literacy and becomes part of the technauriture paradigm.

Lesego Rampolokeng and Zolani Mkiva are successful poets, yet they remain distinct. Their performances incorporate the use of technology in various ways. Rampolokeng performs widely, and on a global scale. He has published his poetry in book form and much of it is also accessible through various internet platforms.

Both Rampolokeng and Mkiva have taken their poetry one step further by releasing it on compact disc with musical accompaniment. Rampolokeng recorded his work with Warrick Sony and the Kalahari Surfers in 1992, whilst Mkiva has produced his own compact disc, with well-known South African singer, Ringo. In 2007 Mkiva released another compact disc, 'Halala South Africa' on which his poetic voice was set to hip-hop musical accompaniment.

These poets, particularly Rampolokeng, are essentially concerned with making society more critically aware, rather than encouraging a purely aesthetic understanding and appreciation of language. Lesego Rampolokeng, who has been very inspirational for younger poets in South Africa, draws much of his inspiration from the urban setting and he is influenced by the writings of Fanon and Black Consciousness leaders such as Steve Biko. In her work on Rampolokeng, Veit-Wild (2006: 77-87) sees him as an 'anti-realist' who "[...] lashes out at the still prevailing racist image of the African as the 'monkey in the tree'." Although he has published, *inter alia*, a number of volumes of poetry (*Horns of Hondo*, 1991; *Talking Rain*, 1993; *End Beginnings*, CD/MC Shifty Music, Pretoria; *Rap Master Supreme – Word Bomber in the Extreme: Lesego Rampolokeng*, 1996, text and an interview, edited and translated into German by Thomas Brückner), it is his oral performance skills that give weight to his work. He does not see himself as a poet, but as a writer/performer: "The day I do write a poem is the day I die." (http://www.substancebooks.co.za). He refuses to celebrate the sentimental image of South Africa as a united rainbow nation where the rights of citizens are protected in a liberal Constitution. In his latest work, 'The Second Chapter', he again 'rants' in relation to South African society against "[...] knock & lock-down phoney miracle politic-crony-oracles [...]." He continues to rant at "fat arses": "[...] elite renaissance rebirth drama declares no trauma in poverty's dusty veins [...] the sun rises between fat arses sharks descended from high rises [...]" (www.aubstancebooks.co.za). This is how Rampolokeng controversially and unapologetically interprets the new Black economic and political elite in South Africa.

Rampolokeng was born in 1965. He grew up amid the political turmoil that raged through Orlando West in Soweto in the 1970s and 1980s, studied law at the University of the North, performing at the same time at political rallies throughout the 1980s and early 1990s. He makes a living as a writer and performer, and, like Mkiva, he has toured extensively, notably in Germany, Scandanavia, Switzerland, Brazil and the United Kingdom. He performed at the Royal Albert Hall in London to a sell out crowd. He has had an impact on Black Consciousness poets like Madingoane, Caribbean/British dub poets such as Linton Kwesi Johnson and Mutabaruka, Gil Scott-Heron and, even, William Burroughs (Kaschula 2004).

The reality of his urban environment constantly informs his energetic, pacy delivery. Rampolokeng has developed a poetic technique that combines influences from traditional Sesotho oral poetry with the quick verbal delivery of rap and dub poetry. The result is a wildly rhythmical, energetic verse that defies easy categorisation and that easily transports itself through technauriture into various media such as the Internet:

> I'm a poem taking form
> beyond the napalm storm
> a moving mosaic
> a sonic volcano
> while they hop till they drop
> the atom bomb
> cut!

(http://kaganof.com/kagablog/category/films/giant-steps/page/2/)

His poetry responds to the immediate pressures of his environment – "a frenzied fanged shackland experience" (quoted in Kaschula 2004) – with an abrasive honesty and gusto: "[…] but every walk has a price every talk its lies / like talking head-bopping toe-tapping / walking decapitation amputation / that's not rapping that's diarhoecared crapping / that parley in parliament […]" (http://www.cineac.tv/pbcinema/slam/index.php?film_ID=156). In another poem, 'Coptic Cruxed Out (insurge stance)' he refers to society as: "[…] apathy trickle down children bleed / topical waste scrap/crap pile up / dark inside the masoch kist (ball and chain to the brain) / last coffin nail in the phallus (bass-sonic) […]" (*The South Atlantic Quarterly* 2004).

Rampolokeng is a contemporary poet whose critical exposé of present-day South Africa cannot go unnoticed. Take the following example from a post-1990 poem entitled *In Transition*:

> Wailing around the burning tyre
> we raise a sacrificial pyre
> songs of struggle turn quacks in the quagmire
> in transition we wear our hearts
> on the outside in t-shirt fashion trend style
> colourful speeches popular talk
> of hypocrisy
> by the graveside
> in transition
>
> It's an arty farty party
> riding the back of genocide
> somewhere a head cracks full of lead
> & someone cracks a wise aside
> it's all a fart in the wind
> we leave behind

& run to hide with pride, at every stride
in transition

Eating the brains of the dead unborn
how can we mourn the dead
wearing the umbilical cords around the neck
drunk on amniotic fluids
smiles glittering in the night
of chandeliers, of mind control
in transition […]

Thus we rush to the future
unless the wheel of time
gets a puncture (Rampolokeng 1993: 17-18)

Unlike Rampolokeng, Zolani Mkiva draws his inspiration mostly from isiXhosa traditional poetry, or *izibongo*. Mkiva is presently working as the spokesperson for the Xhosa Royal House, allowing him direct access to the nexus of traditional power. Previously he worked in communications for Spoornet, the national rail provider in South Africa. He has degrees from the University of the Western Cape where he was largely known as the poet laureate of that institution (Neethling 2001). He became a national figure when he performed in honour of Nelson Mandela at his inauguration as South Africa's first democratically elected President, hence the auspicious title bestowed on Mkiva, 'The President's Poet', and more recently 'Poet of the Nation'. In this poem, discussed extensively in Kaschula (2002: 96-100), he combines various languages such as Arabic, thereby reaching out to international leaders and placing himself on a global stage:

I heard Colonel Gaddafi saying:
"Karambanini, akuya ta gayi ta fra"
Yes, Sam Nujoma spoke and said:
"Emangulukenenge eso sili" (Kachula 1997: 188)

Both Colonel Gaddafi, the Libyan leader, as well as Sam Nujoma, then leader of Namibia, were in the audience.

Mkiva sees himself as "a traditional praise singer who is dynamic" (Kaschula 2002: 92), and his presence at Mandela's inauguration on 10 May 1994, as well as at that of South Africa's second democratically elected President, Thabo Mbeki, on 16 June 1999, is an indication of his acceptance by the people of South Africa. For many he represents a new era, which requires a 'liberated' oral literature that is not necessarily subsumed within the realms of political protest poetry, but which can provide commentary on national as well as international events as they relate to South Africa. Mkiva states that: "South Africa is not isolated in the globe and the nature of our own struggle has taken an international approach, and my poetry does the same" (Kaschula 2002: 92).

Mkiva continues to point out that: "The praises are inspired, they are not recited. I will never stop that. It is my life. Even if everyone can read and write there will still be a place for the oral. I don't know what gives me that ability. But whether you are educated or not is irrelevant. It is a gift" (Kaschula 2002: 100).

In one of his most recent poems, further proof of his contemporary appeal, performed at the end of 2010, Mkiva praises Tselane Tambo, daughter of the late ANC stalwart OR Tambo as follows:

> [...] Tselane was born to the nation during a time of difficulty
> At a time when her parents traversed the entire world
> At a time of difficulty, when a heavy matter was under discussion...
> Tselane's birth became an oath to return home
> The arrival of this girl became an oath to freedom [...]
> Things of beauty begin with pain [...]. (unpublished poem, translation by R. K.)

Mkiva's most recent performance was on 31 January 2011, at the commemoration of the meeting between English colonial administrator George Cory and the King-Regent to the amaXhosa King Hintsa, i.e. Manxinwa. This performance again shows the contemporaneous nature of this performer in South Africa and his ability to unite South Africans through poetry.

This paper to some extent shows how performers are, through the use of technology, positioning and repositioning themselves as not only continental performers, but also global performers. This is clearly illustrated through Zolani Mkiva and the fact that he has won international awards, including the Die Woche Award from Germany and through the use of his title: 'poet of the nation/Africa'. This implies both continental and global poetic interplay, an interplay largely facilitated through technauriture and the embracing of contemporary technology.

Further comment on selected websites

Zolani Mkiva is a good example of a poet who has enjoyed great financial gain and who is able to work closely with technology through techanuriture. This is also true of spoken word artist Lebo Mashile. Both Zolani Mkiva and Lebo Mashile performed at the World Cup Soccer draw in Cape Town (4 December, 2009 – SABC 1). These artists can be booked for functions where the traditional payment of a cow and a bag of maize by the Chief to the poet have now been replaced by contractual agreements and agents who represent these performers.

This commercialisation of oral art is clearly depicted on performer's websites where one can explore on-line performance bookings, purchase books and related published material as well as hire performers as MCs and compères – http://www.lebomashile. co.za and http://www.poetofafrica.com. This 'genre-crossing' and what Veit-Wild, quoting Gehrmann/Prüschenk 2009, refers to as "transdisciplinary and inter-/trans-medial" is encapsulated in the introduction to Lebo Mashile's site where she is referred to as: "The poet, performer, actress, presenter and producer […]." This forms part of what Veit-Wild et al (2009: 4) refer to as "new global transmediatic culture." These websites all contain an interesting cross-disciplinary approach and technological innovation, from podcasts, visual performances, examples of poetry, information about publications and performances and so on. The website is literally the 'window' through which we now view the poet, his life, history, performances and publications. It is again through the technological page that the poet comes to life and offers himself up to critique through the medium of technauriture, whilst at the same time allowing for their commercial viability.

The global nature of Zolani Mkiva is represented in the awards that he has won and what he lists, on his website, as milestones in his poetic career. These range from performances and awards in Germany, Libya, Ireland, Brazil, Turkey, France and Uzbekistan. In the same way that SEK Mqhayi became known as *imbongi yesizwe jikelele* 'the poet of the whole nation' in South Africa in the early 1900s, Mkiva now refers to himself continentally and perhaps ambitiously as the 'poet of Africa'. This title is also reflected on his website: http://www.poetofafrica.com. One wonders when he will take on the title 'poet of the world' and by what criteria these poets are judged when taking on these titles. Digital performers now have access to a world-wide audience perhaps through a new code-switched language idiom, 'globalese', as represented in Mkiva's Mandela poetry, referred to earlier, in which up to 7 languages are used in a single poem in order to attract and appeal to a global as well as a local audience.

The 'transdisciplinary' and 'transmedial' nature of the work of the Botsotso Jesters, as well as their cutting-edge societal commentary, is encapsulated in the introduction to their website where they refer to speaking the; "art that is of and about the varied cultures and life experiences of people in South Africa as expressed in the many languages spoken […] Botsotso is committed to a proliferation of styles and a multiplicity of themes […] Multidisciplinary art forms and performances are similarly embraced" (http://www.botsotso.org.za/).

They conclude by pointing out that the lesson of Apartheid must still be spoken of whilst the "[…] challenges of the current period throws up […] difficulties […] complexities." Similarly Comrade Fatso refers to his poetry as "Toyi Toyi Poetry, radical street poetry that mixes Shona with English and mbira with hip hop. It's an art form that is an uprising against oppression" (http://www.comradefatso. vox.com/profile/).

Conclusion: summary and suggestions for further research

Many young people today belong to writers groups, whilst also participating in performance poetry, script-writing and film production through the use of inexpensive contemporary digital media. This opens a slew of questions which need to be explored by researchers: How is this 'new' genre-mixed literature produced; how is it circulated and received, and how do scholars propose to disseminate, document and analyse this literature without violating the copyright of artists? What is the impact on social structures? How does this relate to cultural identity and expression? All of these issues and questions now need to come together into a single theoretical paradigm which is informed by various disciplines, including ICT, sociology, anthropology. Which analytical methodologies, for example, ethnography, literary analysis, are appropriate, and which forms of critical theory, eco-literature, narratology, structuralism, post-colonialism approaches will serve to nurture, capture and disseminate this material? They can no longer be seen as separate entities.

It seems now that almost all African countries have their recognised oral artists who are interlinked with each other and the rest of the world through technology. Whether one is using technauriture to research Zolani Mkiva or the Zimbabwean performer Comrade Fatso, this can be done at the click of a button from anywhere in the world.

The need to develop and harness indigenous knowledge systems across the developing world is a central aspect of the maintenance of cultural identity, while widening the exposure to the traditions and customs of indigenous societies through technauriture will ensure that the momentum of globalisation is of benefit to all the world's communities. What is needed now is a model to embark upon the journey that will see the creation of a vibrant and effective open source structure to support the collection, collation and utilisation of historical treasures (Mostert 2010). This will help to bring back to life and to preserve, via technology as well as the written word, the poetry of Africa's great oral poets of the past, as well as contemporary spoken-word artists.

Works Cited

Beck, Rose-Marie/Wittman, Frank (eds.). 2004. *African Media Cultures, Transdisciplinary Perspectives*. Köln: Köppe Verlag.

Coplan, David B. 1994. *In The Time of Cannibals. The Word Music of South Africa's Basotho Migrants*. Johannesburg: Witwatersrand University Press.

Finnegan, Ruth. 1988. *Literacy and Orality. Studies In The Technology of Communication*. Oxford: Basil Blackwell.

Furniss, Graham. 2006. *Research Database on Hausa Popular Literature and Video Film. Electronic Project*. SOAS.

Gunner, Elizabeth. 1989. "Orality and Literacy: Dialogue and Silence". In: *Discourse and its Disguises. The Interpretation of African Oral Texts,* ed. by Karin Barber and Paolo Fernando de Moraes Farias. Centre of West African Studies. Birmingham: University of Birmingham, 49-56.

Gunner, Elizabeth. 1986. "A Dying Tradition? African Oral Literature in a Contemporary Context". In: *Social Dynamics* 12, 2, 31-38.

Kaschula, Russell H. 2010. *The Role of Copyright, Copyleft and Open Source in advancing the Electronic Accessibility of Oral Literature.* Conference Paper. Mombasa: University of Nairobi.

Kaschula, Russell H. 2009 a. *Orality and Innovation: IsiXhosa Cellular Phone 'Speak'.* Paper presented at the SAFOS Orality and Innovation Conference, Grahamstown: Rhodes University.

Kaschula, Russell H./Mostert, André. 2009 b. "Analyzing, Digitizing and Technologizing the Oral Word: The Case of Bongani Sitole". In: *Journal of African Cultural Studies* 21, 2, 159-176.

Kaschula, Russell H. 2009 c. *Technauriture: Multimedia Research and Documentation of African Oral Performance.* Keynote address delivered at the Multimedia Research and Documentation of Oral Genres in Africa – the Step Forward Conference. Leiden: University of Leiden.

Kaschula, Russell H. 2009. "The Influence of Cellular Phone 'Speak' on IsiXhosa Rules of Communication". In: *Spil Plus* 37, 69-88.

Kaschula, Russell H./Matyumza, Mandlakayise/Sitole Bongani. 1996/2006. *Qhiwu-u-u-la!! Return to the Fold!!.* Cape Town/Tshwane: Nasou-Via Afrika Publishers.

Kaschula, Russell H. 2004 a. "Imbongi to Slam: The Emergence of a Technologised Auriture". In: *Southern African Journal of Folklore Studies* 14, 2, 45-58.

Kaschula, Russell H. 2004 b. "Myth and Reality in the New South Africa: Contemporary Oral Literature". In: *Founding Myths of the New South Africa. Alizes. Revue angliciste de La Réunion,* ed. by Claude Feral. Réunion: Université de La Réunion, 103-118.

Kaschula, Russell H. 2002. *The Bones of the Ancestors are Shaking: Xhosa Oral Poetry in Context.* Cape Town: Juta Press.

Kaschula, Russell H. (ed.). 2001. *African Oral Literature. Functions in Contemporary Contexts.* Cape Town: New Africa Education.

Kaschula, Russell H. 1999. "Imbongi and Griot: Toward a Comparative Analysis of Oral Poetics in Southern and West Africa". In: *Journal of African Cultural Studies* 12, 1, 55-76.

Kaschula, Russell, H. 1997. "Exploring the Oral-Written Interface with particular reference to Xhosa Oral Poetry". In: *Research in African Literatures* 28, 1, 173-191.

Kishani, Bongasu, T. 2001. "On the Interface between Philosophy and Language in Africa: Some Practical and Theoretical Considerations". In: *African Studies Review.* 44, 3, 27-45.

Kozain, Rustum. 1993. "LKJ: Reality Poems". In: *Language Projects Review* 8, 1, 16-19.

Landzelius, Kyra. (ed.). 2006. *Going Native on the Net. Indigenous Cyber-Activism and Virtual Diasporas over the World Wide Web.* London: Routledge.

Merolla, Daniela. 2006 onwards. *Verba Africana. African Languages and Oral Literatures: DVD Documentation and Digital Materials.* Leiden: University of Leiden, http://www.let.leidenuniv.nl/verba-africana/swahili/ (10.5.2009).

Mkiva, Zolani. 2010. "Tselane". Unpublished Praise Poem.

Mostert, Andre. 2010. "Developing a Systematic Digital Model for the Capturing and Use of African Oral Poetry: The Bongani Sitole Experience". Unpublished MA thesis. Grahamstown: Rhodes University.

Neethling, Stephen J. 2001. "Praising the Graduates: The repeated phrase in Xhosa Oral Poetry". In: *South African Journal for African Languages* 3, 203-210.

Ong, Walter J. 1982. *Orality and Literacy. The Technologizing of the Word.* London/New York: Methuen.

Opland, Jeff. 2009. *Abantu Besizwe. Historical and Biographical Writings, 1902-1944. S.E.K. Mqhayi.* Johannesburg: Witwatersrand University Press. Paper delivered at the launch of this book at ILAM, Rhodes University.

Opland, Jeff. 2005. *The Dassie and the Hunter. A South African Meeting.* Durban: University of KwaZulu-Natal Press.

Rampolokeng, Lesego. 2004. "Coptic Cruxed Out (insurge stance)". In: *The South Atlantic Quarterly* 103, 4, 813.

Rampolokeng, Lesego. 1993. *Talking Rain.* Johannesburg: COSAW.

Ricard, Alain/Veit-Wild, Flora (eds.). 2005. *Interfaces between the Oral and the Written / Interfaces entre l'écrit et l'oral.* Matatu Series. Amsterdam: Rodopi.

Street, Brian V. 1995. *Social Literacies. Critical Approaches to Literacy Development, Ethnography and Education.* London/New York: Longman.

Vail, Leroy/White, Landeg. 1991. *Power and the Praise Poem. Southern African Voices in History.* Virginia: University Press of Virginia.

Van Dijk, Jan. A. G. M. 2005. *The Deepening Divide: Inequality in the Information Society.* New York: Sage.

Van Wynegaard, Annetjie. 2009. "Scientists Make their Mark". In: *Rhodos* 21, 7, 10.

Veit-Wild, Flora. et al. 2009. "Artistic, Cinematic and Literary Practices in the Digital Age". Working Document.

Veit-Wild, Flora. 2006. *Writing Madness: Borderlines of the Body in African Literature.* Oxford: James Currey.

Internet Sources

http://www.elearning4africa.com (09.11.2009).

http://www.Indigenousknowledgesystems.com (09.11.2009).

http://www.botsotso.org.za (09.11.2009).

http://www.comminit.com/en/node/71816 (09. 11.2009).

http://www.let.leidenuniv.nl/verba-africana/swahili/ (11.11.2009).

http://www.let.leidenuniv.nl/verba-africana/ewe/ (11.11.2009).

http://conversations.nokia.com (09.11.2009).

http://www.oralliterature.co.za (09.11.2009).

http://www.oralliterature.org (09.11.2009).

http://comradefatso.vox.com/profile/ (9.11.2009).

http://poetofafrica.com (11.11.2009).

http://http://www.lebomashile.co.za (9.11.2009).

http://www.kalavati.org/lebo-mashile-poem.html (26.01.2011).

http://www.kalavati.org/lebo-mashile.html (26.01.2011).

http://www.cineac.tv/pbcinema/slam/index.php?film_ID=156 (20.01.2011).

http://www.substancebooks.co.za (20.01.2011).

Formes d'expression intermédiales et renouvellement du roman africain francophone

Philip Amangoua Atcha, Université de Cocody-Abidjan

Le phénomène de la traversée du roman par les médias et les arts se répand de plus en plus dans le champ littéraire africain. À preuve, le numéro thématique de la revue autrichienne *Stichproben : Klang, Bild Text. Intermedialität in afrikanischen Literaturen* [Son, Image, Texte. L'intermédialité dans les littératures africaines] (Gehrmann/ Prüschenk 2009) et le projet d'ouvrage collectif *Écriture camerounaise et intermédialité.*[1] C'est dire que l'intermédialité littéraire, ce nouveau mode d'écriture est une pratique artistique que de plus en plus de romanciers africains adoptent et adaptent pour innover et trouver de nouvelles formes.

La traversée du roman par les médias induit une approche critique nouvelle. En effet, pour Jean Ricardou « la mise en jeu dans une fiction, d'une image, d'une photographie, par exemple, permet des possibilités textuelles nouvelles » (Ricardou 1990 : 101). L'utilisation des médias dans l'écriture romanesque permet à celle-ci d'acquérir une fonction intermédiale. C'est à dire, « un récit matérialisé dans une écriture contaminée par les médias de l'information et par le cinéma est un récit intrinsèquement intermédial » (Mariniello 2003 : 62). Cette intrusion des médias, éléments de prime abord peu romanesques, dans le roman est une violation, une transgression des canons génériques. Par la pratique intermédiale, le roman devient le réceptacle de plusieurs formes de textes au-delà de l'écriture. Quelles sont donc ces formes médiales ? Comment façonnent-elles le texte romanesque ?

Après avoir présenté le paysage médiatique du roman africain francophone, l'article s'attache à montrer que l'intégration d'autres formes de textes exerce une violence sur la forme compositionnelle du tissu romanesque ; ce qui situe l'écriture intermédiale dans une esthétique de la discontinuité et dans la perspective du renouvellement générique.

Le paysage médiatique dans le roman africain

Le roman africain contemporain connaît une véritable révolution copernicienne à notre époque, dominée par les médias. Avec l'invasion médiatique, il s'oriente vers de nouvelles formes d'écriture moderne et fait sa mue. Des auteurs comme Alain Mabanckou, Emmanuel Dongala, Werewere Liking, Kossi Efoui et Diégou Bailly, dont

---

1   C'est un ouvrage dirigé par Robert Mangoua Fotsing qui est sous presse chez L'Harmattan.

nous allons analyser quelques textes dans cet article, utilisent les médias comme des dispositifs stratégiques c'est-à-dire des paramètres qui permettent de donner l'illusion de la forme médiatique au roman. Cette pratique scripturale ou « la référence inter-médiale », pour emprunter l'expression à Rajewsky (2005 : 52), est le fait de retrouver la structure profonde ou les traits caractéristiques d'un média dans un texte littéraire. Concrètement, il s'agit des configurations médiatiques dans le roman. Cette intrusion des médias dans le roman donne à lire des textes protéiformes. L'appareillage théorique, mise en place par Irina Rajewsky, permet de rendre compte et d'étudier différents types de médias insérés dans le tissu romanesque. La référence intermédiale prend en compte la reprise de la forme ou de la représentation d'un média dans le roman. Dans ce qui suit, nous allons présenter les stratégies d'écriture intermédiale se référant à trois médias : télévision, cinéma et musique. Les affinités des auteurs africains contemporains à ces trois modes d'expression sont particulièrement prononcées.

Roman et télévision

Par le discours produit et l'illusion créée par le narrateur, le lecteur a l'impression de regarder la télévision dans *African psycho* (2003) d'Alain Mabanckou. La référence à ce dispositif est sous-tendue par un vocabulaire propre au milieu de l'audiovisuel et par la typographie. L'émission télévisée marque sa différence par l'emploi des guillemets et des tirets de dialogue. Elle commence à la page 69 avec l'ouverture des guillemets et prend fin à la page 75 avec les guillemets fermants. En guise d'illustration, notons quelques questions du journaliste :

> Et alors, comment ça deux visages? [...] Répondez en regardant la camera A [...]
>
> [...] Quel est celui qui est devant et quel est celui qui est derrière? Répondez en regardant la camera B [...]
>
> [...] Comment ça se passe pour faire l'amour? [...] Répondez en regardant surtout la camera C [...]
>
> [...] Restez avec nous pour commenter l'actualité de la journée après cette courte page de publicité... (Mabanckou 2003 : 69-75)

Au niveau genrologique, *African psycho* est certes un roman, mais aussi un récit bâti sur le modèle d'une émission de télévision. Une telle configuration du roman s'apparente à la représentation d'un plateau télévisé. Un journaliste interroge un homme qui prétend avoir vu le visage d'Angoualima. Par le fait des chansons populaires en son honneur et la fameuse émission télévisée « Et alors? Croyez-moi! », il devient un être insaisissable et mystérieux, se changeant à loisir comme un caméléon. Critique déguisée de la société mass-médiatique, *African Psycho* plonge le lecteur dans la préparation à la fois psychologique et matérielle du crime parfait. Il raconte l'histoire de Grégoire Nakobomayo, un criminel raté qui depuis sa toute petite enfance rêve d'égaler les exploits de son « idole » Angoualima. Il révèle : « En fait, l'idéal pour moi serait de bénéficier d'une couverture médiatique aussi large que celle qu'avait eue mon idole Angoualima, le plus célèbre des assassins de notre pays » (Mabanckou 2003 : 12). Selon Gabor et Weimann, la presse donne une image déformée du crime et du criminel. Dans cette perspective ils écrivent que, « l'emphase qui est mise sur des choses qui sortent de l'ordinaire ne peut que rendre inévitable une fausse représentation de la réalité dans le domaine du reportage judiciaire» (Gabor/Weimann 1987 : 81).

Ainsi, l'obsession de Grégoire d'avoir une grande audience médiatique est due au fait qu'il est en quête de popularité. La presse est pour lui le passage obligé pour accéder au rang des êtres extraordinaires. Or, ce qui sort de l'ordinaire, ce sont les crimes violents et spectaculaires qui soulèvent l'intérêt de l'opinion. Les médias, en mettant l'accent sur le « sensationnalisme » (Gabor/Weimann 1987 : 95), surreprésentent les crimes qui impliquent la violence. Ils façonnent l'auteur du crime en lui donnant une certaine image à partir d'un vocabulaire stéréotypé : le monstrueux, le sadique, le violent, l'agressif, le dangereux, le sinistre criminel… Les médias étant des lieux de victimisation, « le journaliste diffusera […] l'image que se fait du criminel et de la victime son lecteur-acheteur, avec ses stéréotypes, ses préjugés et son ignorance » (Parent 1990 : 57). Conscient du pouvoir des médias qui ont transformé son idole Angoualima en un être extraordinaire, Grégoire accorde une grande attention aux informations diffusées par la presse. Normal donc si le *black out* de la presse, après l'agression de l'infirmière, l'a froissé et couvert d'avanie (cf. Mabanckou 2003 : 17) !

Dans *Les petits garçons naissent aussi des étoiles* (1998) d'Emmanuel Dongala, la télévision est également utilisée comme un dispositif stratégique. Le narrateur construit son récit en ayant recours à la structure de base d'un média audiovisuel. Des pans entiers du roman prennent la forme d'une émission de télévision. Ce procédé fictionnel intervient dans le roman de Dongala lors de la célébration de l'indépendance et du procès des détenus politiques. Par exemple, le procès de Boula Boula est retransmis en direct à la télévision; mais la version romancée est un enregistrement que le narrateur regarde pour relater fidèlement l'épisode du procès. Il écrit à ce propos :

> Le procès dura plusieurs jours et allait jusqu'à tard dans la nuit. J'ai enregistré au magnétoscope les épisodes les plus dramatiques et, au moment où je vous raconte cette histoire, je suis en train d'en visionner quelques passages, afin que mon récit soit le plus fidèle possible même si je ne restitue pas l'ordre chronologique exact. (Dongala 1998 : 202-203)

Les stratégies scripturales adoptées par le narrateur (guillemets, vocabulaire technique en vogue dans le milieu audiovisuel, présentation matérielle du texte) font que le texte romanesque apparaît comme un donné à voir. À la page 157 du roman, la retransmission en direct des festivités de l'indépendance est interrompue pour diffuser un important message. La speakerine introduit Boula Boula qui est porteur d'un communiqué du Guide suprême : « Chers téléspectateurs, ne quittez pas votre petit écran, dans quelques instants vous sera lu un communiqué très important à l'occasion de cette journée historique » (Dongala 1998 : 157).

En gros plan, Boula Boula lit *in extenso* le communiqué. Sur la page, le lecteur a sous les yeux le texte (avec une graphie particulière) du communiqué lu par Boula Boula.

L'invasion de l'espace textuel par l'image de la télévision induit une « écriture-ca-méra » (Marson 2001 : 65), une écriture de la retransmission et de la monstration de l'image ainsi qu'on le voit aussi avec le cinéma.

Roman et cinéma

La référence intermédiale, telle que conçue par Irina Rajewsky, offre l'avantage de dé-busquer la structure profonde ou les traits caractéristiques d'un média dans un texte littéraire, tout en restant consciente que l'opération intermédiale si situe au niveau mi-métique. Voilà pourquoi elle écrit:

> Intermedial references, then, can be distinguished from intramedial (and thus intertextual) ones by the fact that a given media product cannot use or genuinely *reproduce* elements or structures of a different medial system through its own media-specific means; it can only *evoke* or imitate them. Consequently, an intermedial reference can only generate an illusion of another medium's specific practices. (Rajewsky 2005 : 55)

Ainsi, l'évocation ou l'imitation de certaines techniques filmiques permet de parler de roman cinématographique, car le langage romanesque s'accommode de procédés nar-ratifs qui sont associés à une technologie de l'image. Dans *La mémoire amputée* (2004) de Werewere Liking, l'illusion de média est générée par l'emploi du voca-bulaire cinématographique. Par l'utilisation du lexique spécialisé du monde du cinéma ainsi que des techniques de montages, l'auteure crée l'illusion d'un film.

Halla Njokè, racontant un épisode de la vie de sa mère et face à l'infidélité de sa mé-moire, révèle : « ma mémoire ne me restitue que de brefs plans fixes » (Liking 2004 : 130). À cette terminologie médiatique, s'ajoute une présentation matérielle de la page qui plonge le lecteur dans l'univers cinématographique, précisément de la technique du script. De gros points, comme pour marquer les différents plans ou séquences, sont placés au début des phrases :

> Sous une véranda immense que je ne connais pas, des gens sont assis autour du petit corps enveloppé dans un drap et posé sur un lit immense […].

> Des hommes gesticulent auprès du commandant de gendarmerie qui se lève et sort en courant suivi des autres sans que personne d'autre ne bouge. (Liking 2004 : 130)

La disposition matérielle et le vocabulaire médiatique donnent l'impression qu'on regarde des séquences du film de la vie de Halla Njokè. Tout le texte est traversé par cette écriture cinématographique qui permet de restituer les réminiscences d'Halla Njokè en accéléré ou au ralenti (cf. p.e. Liking 2004 : 136). Le cinéma se présente dans le roman de Werewere Liking comme un dispositif de cadrage. La mémoire ayant été amputée, la meilleure façon de la restituer pour lui donner un sens est de la pré-senter comme des séquences d'un film. Ainsi, pour arracher à sa mémoire quelques oublis dramatiques Halla Njokè « pris la résolution d'écrire au gré de [sa] mémoire, sans lui imposer un ordre ou une préséance, et encore moins, un rythme extérieur… »

(Liking 2004 : 22). La conclusion à laquelle aboutit Sylvère Mbondobari dans son étude sur *Rêves portatifs* de Sylvain Bemba s'applique en tout point à *La mémoire amputée* : « Le film introduit une innovation esthétique de taille qui se matérialise d'une part dans un permanent changement de perspectives, d'autre part dans l'amplification du discours critique» (Mbondobari 2009 : 74). Chez Liking, la réflexion métatextuelle sur la mémoire, difficile à reconstruire, va de pair avec l'écriture filmique.

Dans sa volonté de pousser à l'extrême ce phénomène d'innovation générique, Kossi Efoui construit *La fabrique des cérémonies* (2001) comme une œuvre cinématographique. Au-delà du mimétisme de la technique du réalisateur, c'est surtout le vocabulaire et les techniques du cinéma qui situent le lecteur dans un décor de film. Le dernier chapitre (XII) intitulé « Générique » (249), en est un exemple frappant. La présentation du roman avec la transcription *in extenso* de la musique de José Angel Valente (Chartreuse du Busca, janvier 1999 – Hôpital Tenon, juin 2000) qui se présente comme la bande sonore du livre crée l'illusion d'un film. *La fabrique des cérémonies* est bâti sur l'ossature du noyau générique du « road movie » (Moser 2008 : 7-30). En effet, la trame principale met en scène Edgar Fall qui effectue un voyage de repérage d'événements insolites en Afrique pour le compte de *Périple Magazine*. Le roman est une « prolifération de cérémonies projetées sur un écran aveugle [...] un long film solidaire » (Garnier 2001 : 41).[2]

L'utilisation du genre cinématographique comme dispositif de cadrage offre aux écrivains une grande liberté de création et des pratiques discursives novatrices. Par exemple, dans *La traversée du guerrier* (2004) de Diégou Bailly, le roman est l'écriture d'un scénario à peine élaboré. En effet, dans ce texte, Paul, professeur de lettres, est chargé d'écrire un roman à partir d'un film à réaliser. Face à la complexité de la tâche, le réalisateur du film tente de le rassurer. Selon ce dernier, loin d'être de la sorcellerie, le projet est tout à fait réalisable. Il explique:

> Le texte que vous allez entendre n'est que la forme romancée du scénario. En effet, bien que le cinéma et le roman fassent, tous les deux, partie de ce qu'on pourrait appeler les arts du récit, ils n'ont pas la même approche narrative. On pourrait, par exemple, comparer le récit cinématographique à de l'archéologie; quant au récit romanesque, il ressemble plutôt à de la poterie. L'une et l'autre créent ou ressuscitent des vases. Mais, la première y parvient en raccollant des tessons et la seconde en pétrissant de l'argile... (Bailly 2004 : 6)

Le roman se constitue donc par un raccollement des genres issus de la littérature et du cinéma. La technique scripturale de ce roman est très originale. Il s'agit d'une histoire dans une histoire. Il permet de voyager entre les séquences filmiques et le texte narratif. Les séquences filmiques racontent l'histoire amoureuse de Felix et Chantal Lorca

---

2   Pour des analyses approfondies de roman de Kossi Efoui concernant l'écriture filmique et télévisée, nous renvoyons également aux travaux de Fendler (2009) et Prüschenk (2008).

et la chute d'Ibrahim Foussam. Le texte narratif retrace l'histoire du tournage du film et des commentaires des acteurs sur les différentes séquences du film :

> Dès cinq heures ce matin, le jour a jeté son voile fétide et noirâtre sur Gouagor-Sud … Voilà le texte de la première séquence. Qu'en penses-tu, le gars ? …Au fait, le mot *péter,* tu ne trouves pas que c'est grossier dans la bouche d'Ibrahim Foussam ? Après tout, c'est un président de la République, tu lui dois du respect. (Bailly 2004 :7-9)

Ce roman écrit à partir d'un scénario à peine élaboré est un fait réel. Pour la petite histoire, le cinéaste Jean Louis Koula en 1994 invite Diégou Bailly à co-écrire un scénario de film avec lui. Lors de la rédaction du scénario, Diégou Bailly décide d'écrire un roman à partir du scénario du film. C'est de là qu'est née la *Traversée du guerrier.* Le titre du film, qui n'est pas encore sorti, *La fille au diamant* existe dans le roman (Bailly 2004 : 68). La couverture du livre est illustrée par une image de guerre qui a été prise lors du tournage du film.

Comme on le voit à travers ces quelques exemples, sous différentes formes, le cinéma est inséré dans le tissu romanesque avec ses propres lois de fonctionnement. Cela donne des textes hybrides où sont à l'œuvre le donner à voir et le simulacre; en un mot, un univers installé « dans une logique de la monstration et où se creuse un écart de plus en plus grand entre l'image fabriquée et le réel » (Coulibaly 2007 : 61).

Roman et musique

L'insertion des formes médiales dans le roman impose des pratiques discursives novatrices qui orientent désormais le genre romanesque. Par exemple, *La mémoire amputée* de Werewere Liking est un « chant-roman ». Ce genre situe le texte dans l'inter-artialité. Roman de 415 pages, le texte de Werewere Liking est composé de temps (0 à 13), de chapitres chiffrés sans titre (1 à 48) et de chants (1-18). Par son organisation matérielle même, l'œuvre apparaît comme une mosaïque de textes. Le chant-roman est un mot composé qui signifie ce qu'il veut dire : une superposition ou, mieux, une conjonction de chansons et de récits. Il convient donc de dire que cette œuvre composite est un tissage genrologique. Le roman, sous la forme chantée, sied à la narratrice Halla Njokè qui, pour exprimer sa compassion, a senti qu'elle ne pourrait y parvenir plus émotionnellement qu'en chantant (Liking 2004 : 23). Les différents chants du roman ont un rapport très étroit avec le récit. La narratrice débute son récit par des chants qui sont des mises en abyme de l'histoire racontée. Elle chante d'abord le pan d'histoire puis en donne la version romancée. Le chapitre 39 débute par le chant 15. Il a pour thème l'errance et invite à marcher en tournant en rond. Après ce chant, Halla Njokè révèle ce qui lui arrive :

> Je ne me suis même pas rendu compte que j'avais fait le tour de la ville par la petite ceinture intérieure et je crus venir d'un autre monde en entendant une voix m'apostropher :
>
> - Halla Njokè, c'est quel jogging en plein zénith ! Puis-je te déposer quelque part ma fille. (Liking 2004 : 335)

Roman chanté ou chant romancé, l'œuvre de Werewere Liking est une véritable partition musicale qui est donnée comme une fiction à écouter, mais qui invite aussi à ajouter l'écoute de la musique narrée à la lecture, car on retrouve dans le texte des chants tirés de son album « Les reines mères ». Il s'agit par exemple d'une vraie chanson, composée en 1999, intitulée « Oh là là ! » qui se trouve à la page 399 du roman. La musique, en intégrant le roman, lui confère les traits de « l'écriture jazz » que Robert Fotsing définit ainsi :

> l'écriture jazz peut se caractériser d'abord par le fait qu'elle transforme le texte en un objet à écouter plus qu'à lire, par les nombreuses références musicales qui situent l'acte d'écriture et de lecture dans le cadre d'une discothèque où écrivain et lecteur se donnent du plaisir. (Fotsing 2009 : 132)

La musicalisation du roman est une pratique scripturale moderne qui explore de nouvelles possibilités de création. *Cola Cola Jazz* (2002) de Kangni Alem s'inspire de la musique jazz. Le titre (allusion au célèbre groupe africain Cola Jazz) et l'épigraphe (titre d'un album de Duke Ellington (1899-1974) arrangeur de jazz) plongent le lecteur dans une ambiance musicale. Les instances narratives dans ce roman (le narrateur, Héloïse et Parisette) sont structurées sur le modèle du trio jazzistique. Musicalement, il se compose de trois personnes et de trois instruments. Sur le plan de la forme compositionnelle, le lecteur doit recomposer ces différents solos improvisés pour arriver à une harmonie narrative. Pour Raphaël Lucas, « le style [de *Cola Cola Jazz*] reflète différentes écritures du jazz : ragtime, swing, be-bop, free jazz, rapprochant la démarche de l'auteur d'une véritable écriture inspirée de toutes les formes du jazz » (2004 : 13).

L'intrusion des arts et des médias dans le roman donne aujourd'hui une « litéracie de la différence » (Mariniello 2007 : 163-187). Pour Jean Verrier « l'écriture contemporaine, dans son alliance avec les médias, agit comme un révélateur qui, loin de nous éloigner de la problématique de l'écriture « d'avant McLuhan », nous y installe plus radicalement » (Verrier 1986 : 43). La traversée du roman par les médias induit de fait des productions inédites : roman-télévision, roman-cinéma et roman-musique. Ces palettes de formes médiales offrent des possibilités nouvelles, des stratégies d'une écriture novatrice dont nous allons synthétiser les procédés dans la partie suivante.

Médias et roman : stratégies d'une écriture novatrice

À lire les écritures intermédiales, on note que de grands changements s'opèrent sous nos yeux. Le roman, du fait de sa grande capacité d'adaptation, est de plus en plus envahi par les médias et les arts comme le cinéma et la musique. En effet, avec la nouvelle génération d'écrivains francophones tels que Kossi Efoui, Alain Mabanckou, Sami Tchak, Koffi Kwahulé etc., le roman africain contemporain connaît un changement au niveau scriptural. Le renouvellement de la pratique romanesque est tel que Pierre N'da, au terme d'une réflexion sur les nouvelles écritures romanesques africaines, a écrit que « les libertés que ces écrivains prennent et la hardiesse voire l'effronterie dont ils font preuve sont parfois déconcertantes » (N'da 2009 : 9). Le caractère osmotique du roman permet à ce dernier d'intégrer en son sein d'autres genres littéraires et de se laisser contaminer par les médias de l'information et par le cinéma. La rencontre entre le roman et les médias produit une constellation de formes médiatiques dues au « pouvoir de virtualisation » de l'écriture qui fait que « le roman contemporain [tend] à se construire en rhizome » (Hayat 2002 : 173). Le caractère rhizomatique du roman africain est le fait d'auteurs qui optent pour de nouvelles formes génériques. Par l'adaptation ou l'adoption d'éléments étrangers ou de maté-riaux endogènes, les romanciers africains offrent des productions inédites : le « conte romanesque » de Maurice Bandaman (*Le fils de-la-femme-mâle* 1993), les « contes citadins » d'Alain Patrice Nganang (*L'invention du beau regard* 2005), le « roman n'zassa » de Jean Marie Adé Adiaffi (*Les naufragés de l'intelligence* 2000) ou encore le « chant-roman » de Werewere Liking (*Elle sera de jaspe et de corail* 1983 et *La mémoire amputée* 2004).

Le roman africain de la nouvelle génération connaît un renouveau certain. Selom Komlan Gbanou le révèle ainsi:

> Avec la nouvelle génération d'écrivains […], il se joue, au niveau de l'écriture, une révo-lution pacifique de déstructuration qui, en même temps qu'elle brouille l'identité africaine des textes, fait éclater les frontières des genres et, surtout dans le roman, procède à un émiettement continu du récit et à une implacable violence exercée sur la forme. (Gbanou 2004 : 84-85)

L'intégration de l'univers médiatique dans le roman entraîne différentes configurations du texte romanesque; ce qui permet de « parler d'une intermédialité de l'écriture » (Huglo 2007 : 136). En effet, du fait de l'irruption dans le tissu romanesque de la structure profonde d'un média, le « récit se disperse en plusieurs hypotextes entre-tenant des rapports plus ou moins discontinus entre eux » (Gbanou 2004 : 86). Par le caractère polymorphe et les textes hybrides qu'elle produit, l'écriture intermédiale se situe dans la droite ligne de l'écriture baroque qui préfère « le mouvement, le désordre, l'exubérance, la nouveauté, la fantaisie, la diversité, bref une plus grande liberté dans la création et dans l'expression » (N'da 2001 : 48).

À partir de matériaux endogènes relevant du récit oral traditionnel et de l'adoption d'éléments étrangers, Werewere Liking crée une œuvre d'un genre nouveau. L'esthé-tique du chant-roman choisie par l'auteure permet d'inscrire au centre de sa pratique scripturale le fragmentaire : « Je pris la résolution d'écrire au gré de ma mémoire, sans lui imposer un ordre ou une préséance, et encore moins un rythme intérieur… » (Liking 2004 : 22). Cette écriture au gré de la mémoire a donné la forme achevée qu'est *La mémoire amputée*, un roman qui est métaphoriquement chanté et qui intègre en plus, comme nous l'avons montré ci-dessus, des références cinématographiques. L'écriture intermédiale, du fait de son caractère discontinu, apparaît souvent comme une écriture fragmentaire. Au plan formel, les dix-huit chants numérotés sont présentés avec une graphie particulière. L'utilisation de la forme versifiée et de l'italique entraînent une rupture formelle avec le reste du texte. La division du texte par des astérisques (38 au total) donne une image fragmentée du roman.

Genre élastique, le roman incorpore en son sein toutes sortes de genres, comme l'explique Bakhtine :

> Le roman permet d'introduire dans son entité toutes espèces de genres, tant littéraires (nouvelles, poésies, poèmes, saynètes) qu'extra-littéraires (études de mœurs, textes rhétoriques, scientifiques, religieux, etc.). En principe, n'importe quel genre peut s'introduire dans la structure d'un roman, et il n'est guère facile de découvrir un seul genre qui n'ait pas été, un jour ou l'autre, incorporé par un auteur ou un autre. Ces genres conservent habituellement leur élasticité, leur indépendance, leur originalité linguistique et stylistique. (Bakhtine 1978 : 141)

Cette capacité du roman de dévorer toutes les formes est exploitée dans les *Naufragés de l'intelligence* (2000) par Adiaffi qui a créé ce qu'il a appelé lui-même le style n'zassa. Le sous-titre du livre est clair : *Roman n'zassa*. Ainsi, dès la première page de couverture, le lecteur est informé qu'il a affaire, certes, à un roman, mais un roman d'un genre particulier. L'explication du terme « Agni »[3] dans la préface en dit long sur le contenu du roman. Il écrit :

> Le 'N'zassa' est un pagne africain, une sorte de tapisserie qui rassemble, qui récupère des petits morceaux perdus chez les tailleurs pour en faire un pagne multi-pagne, un pagne caméléon qui a toutes les couleurs. Voici donc le 'N'zassa', 'genre sans genre' qui tente de mêler harmonieusement épopée, poésie et prose, donc essai *voire media*. (Adiaffi 2000 : 5 [C'est nous qui soulignons])

Cette licence créatrice permet à Adiaffi d'incorporer plusieurs genres dans sa production. Les *Naufragés de l'intelligence* mélange des genres qui étaient traditionnellement séparés : roman, poésie, chanson, conte, épopée. Tous ces genres se mêlent et s'entremêlent harmonieusement dans le roman ; ce qui donne une œuvre hybride à la croisée de plusieurs genres. Texte hétéroclite, le roman d'Adiaffi l'est aussi par les différentes formes de médias qui sont incorporés dans le tissu romanesque. L'œuvre d'Adiaffi est donc un creuset de formes. Les dispositifs narratifs en gigogne donnent à son roman certaines formes : roman-brochure, roman-journal, roman-radio, sans imposer une seule forme comme dominante. L'avantage d'une telle pratique, c'est que sa production est très hétéroclite et échappe à la forme classique du roman qu'elle déconstruit allégrement. Par cette pratique, tout porte à croire que la forme compositionnelle du roman d'Adiaffi a une structure concentrique et qu'il est construit sur le modèle d'une boîte chinoise. Les encarts de journaux, les conversations téléphoniques, les brochures, le texte radiophonique induisent une lecture fragmentaire.

Texte n'zassa, par ailleurs, le roman d'Adiaffi est un mélange, un dialogue des médias. L'insertion de médias dans le roman participe du renouvellement de l'écriture roma-

---

3   Groupe ethnique de la Côte d'Ivoire. L'agni parlé par les originaires de l'Est de la Côte d'Ivoire est l'une des langues du groupe akan.

nesque. Avec ce genre particulier (roman n'zassa), le roman ivoirien fait sa mue ; confirmant du coup ce que Jean-Marie Adé Adiaffi disait : « La renaissance littéraire en ce qui nous concerne est la finalité ultime de nos recherches. Partir de la spécificité de la littérature africaine pour innover, trouver de nouvelles formes… » (Adiaffi 1983 : 20).

L'hybridité genrologique dans les œuvres analysées impose aussi une lecture fragmentaire au texte. L'émiettement et l'éclatement chers à l'esthétique postmoderne sont au cœur de l'écriture intermédiale. En effet, pour Jan Baetens

> de plus en plus, on a l'impression que toutes les pratiques artistiques se mélangent et qu'on évolue rapidement vers une structure à la fois, et paradoxalement peut-être, *hybride* et *globalisée*. Hybride, puisque les frontières entre les arts, les médias, les genres, les registres se brouillent. (Baetens 2006 : 1)

Pour tout dire, on peut constater qu'aujourd'hui nombre d'écrivains africains francophones adoptent une écriture intermédiale, multigénérique et fragmentaire : outre les écrivains camerounais (Werewere Liking, Eugène Ebodé), la pratique intermédiale s'observe chez des auteurs ivoiriens (Jean Marie Adiaffi, Diégou Bailly), guinéens (Williams Sassine, Tierno Monénembo), congolais (Alain Mabanckou, Emmanuel Dongala) et togolais (Kossi Efoui, Kagni Alem) pour ne citer que ceux-là. En un mot, disons avec Robert Fotsing que :

> L'écrivain africain recule les bornes de son inspiration et sa pratique de l'écriture par l'exploration de territoires comme [les médias]. Ceci lui permet non seulement de partager avec jubilation un savoir et une passion mais en outre d'offrir à la littérature mondiale, en toute liberté, des productions inédites. (Fotsing 2009 : 145)

Conclusion

Le roman africain contemporain est un tissage textuel, un conglomérat de différentes formes médiales mis en texte. Roman composite, récit hybride, l'œuvre des romanciers « [part] de la spécificité de la littérature africaine pour innover, trouver de nouvelles formes… » (Adiaffi 1983 : 20), pour reprendre le dicton de Adiaffi. Ce renouveau de la pratique romanesque entraîne un travail d'invention et d'intervention sur l'ossature du roman. L'effondrement des frontières entre le roman et les médias et le croisement des deux permettent de « créer en toute liberté tout en cherchant à rénover » (N'da 2006 : 71). L'intrusion médiatique dans le tissu romanesque permet de créer des formes hybrides de roman (roman-télévision, roman-cinéma, chant-roman…), des textes qui appartiennent à la fois au monde des médias et au genre romanesque. Ces genres hybrides, cette innovation générique introduit « le spatio-visuel dans le texte » (Hayat 2002 : 175), modifiant ainsi notre rapport au texte par la création de formes nouvelles.

Ouvrages cités

Adiaffi, Jean Marie. 2000. *Les naufragés de l'intelligence. Roman n'zassa*. Abidjan : CEDA, 19-22.

Adiaffi, Jean Marie. 1983. « Les maîtres de la parole ». In : *Magazine littéraire* 195, 20.

Alem, Kangni. 2002. *Cola Cola Jazz*, Paris : Dapper.

Atcha, Amangoua Philip. 2009. « Pratique intermédiale et création romanesque chez Williams Sassine ». In : *En-Quête* 21, 49-65.

Baetens, Jan. 2006. « La novellisation contemporaine en langue française », dans « Ce que le cinéma fait à la littérature (et réciproquement) ». In : *Fabula LHT (Littérature, histoire, théorie)* 2, http://www.fabula.org/lht/2/Baetens.html (30.7.2010).

Bakhtine, Mikhaël. 1978. *Esthétique et théorie du roman*. Paris : Gallimard.

Bailly, Diégou. 2004. *La traversée du guerrier*. Abidjan : CEDA.

Bandaman, Maurice. 1993. *Le fils de-la-femme-mâle*. Paris : L'Harmattan.

Coulibaly, Adama. 2007. « Mobilité des objets culturels, intertextualité et postmodernisme littéraire dans le roman africain francophone ». In : *En-Quête* 17, 45-65.

Dongala, Emmanuel. 1998. *Les petits garçons naissent aussi des étoiles*. Paris : Le Serpent à plumes.

Efoui, Kossi. 2001. *La fabrique des cérémonies*. Paris : Seuil.

Fendler, Ute. 2009. « Mediatisiertes Schreiben als (Alp)Traumfabrik : Kossi Efouis *Fabrique de cérémonies* ». In : *Klang, Bild, Text. Intermedialität in afrikanischen Literaturen. Stichproben. Wiener Zeitschrift für kritische Afrikastudien* 17, éd. par Susanne Gehrmann et Viola Prüschenk, 35-55, en ligne: http://www.univie.ac.at/ecco/stichproben/Nr17_Fendler.pdf (10.01.2011).

Fotsing, Mangoua Robert. 2009. « L'écriture jazz ». In : *L'imaginaire musical dans les littératures africaines*, éd. par Robert Mangoua Fotsing, Paris : Harmattan, 131-146.

Gabor, Thomas/Weimann, Gabriel. 1987. « La couverture du crime par la presse : un portrait fidèle ou déformé? ». In : *Criminologie* 20, 1, 79-98.

Garnier, Xavier. 2001. « Kossi Efoui : le montreur de pantins ». In : *Notre librairie* 146, 38-41.

Gbanou, Selom Komlan. 2004. « Le fragmentaire dans le roman francophone africain ». In : *Tangence* 75, 83-105.

Gehrmann, Susanne/Prüschenk, Viola (éds.). 2009. *Klang, Bild, Text. Intermedialität in afrikanischen Literaturen. Stichproben. Wiener Zeitschrift für kritische Afrikastudien* 17, http://www.univie.ac.at/ecco/stichproben/nr17_english.htm (10.01.2011).

Hayat, Michaël. 2002. *Représentation et anti-représentation : des beaux-arts à l'art contemporain*. Paris : L'Harmattan.

Huglo, Marie-Pascale. 2007. « Un projet monstre : Lieux de Georges Perec ». In : *Appareil et intermédialité*, éd. par Jean-Louis Déotte. Paris : L'Harmattan, 121-138.

Liking, Werewere. 2004. *La mémoire amputée*. Abidjan : NEI.

Lucas, Raphaël. 2004. « Littérature afro-caribéenne : ‚musicaliser' la langue ». In : *Notre Librairie*, 154, 8-13.

Mabanckou, Alain. 2003. *African Psycho*. Paris : Le Serpent à plumes.

Mariniello, Silvestra. 2007. « La litéracie de la différence ». In : *Appareil et intermédialité*, éd. par Jean-Louis Déotte. Paris : L'Harmattan, 163-187.

Mariniello, Silvestra. 2003. « Commencements ». In : *Intermédialités* 1, 47-62.

Marson, Magali Nirina. 2001. « Madagascar ou l'insularité paradoxale ». In : *Notre Librairie* 143, 62-69.

Mbondobari, Sylvère. 2009. « Dialogue des arts dans le roman africain. La fiction cinématographique dans *Rêves portatifs* de Sylvain Bemba ». In : *Klang, Bild, Text. Intermedialität in afrikanischen Literaturen. Stichproben. Wiener Zeitschrift für kritische Afrikastudien* 17, éd. par Susanne Gehrmann et Viola Prüschenk, 57-75, http://www.univie.ac.at/ecco/stichproben/Nr17_Mbondobari.pdf (10.01.2011).

Moser, Walter. 2008. « Présentation. Le road movie : un genre issu d'une constellation moderne de locomotion et de médiamotion ». In : *Cinéma* 18, 2-3, 8-30.

N'da, Pierre. 2009. « Les nouvelles écritures romanesques africaines ». In : *En-Quête* 21, 8-14.

N'da, Pierre. 2006. « Le roman africain moderne : Pratiques discursives et stratégies d'une écriture novatrice. L'exemple de Maurice Bandaman ». In: *Ethiopiques* 77, 63-84.

N'da, Pierre. 2001. « Le baroque et l'esthétique postmoderne dans le roman négro-africain : Le cas de Maurice Bandaman ». In : *Nouvelles écritures francophones. Vers un nouveau baroque?* éd. par Jean Cléo Godin. Montréal : PUM, 47-63.

Nganang, Alain Patrice. 2005. *L'invention du beau regard*. Paris : Gallimard.

Parent, Georges-André. 1990. « Les médias : source de victimisation ». In : *Criminologie* 23, 2, 47-71.

Prüschenk, Viola. 2008. « Televisives Schreiben im afrikanischen Kontext : Kossi Efouis *La Fabrique des cérémonies* ». In : *Kontakte, Kovergenzen, Konkurrenzen. Film und Literatur in Frankreich nach 1945*, éd. par Dirk Naguschewski/Sabine Schrader. Marburg : Schüren, 216-229.

Rajewsky, Irina. 2005. « Intermediality, Intertextuality and Remediation : A literary perspective on intermediality ». In : *Intermédialités* 6, 43-64.

Ricardou, Jean. 1990. *Le nouveau roman*. Paris : Seuil.

Ripoll, Ricard (dir.). 2002. *L'écriture fragmentaire. Théories et pratiques*. Perpignan : PUP.

Verrier, Jean. 1986. « La traversée des médias par l'écriture contemporaine ». In : *Etudes françaises* 22, 3, 35-43.

On Generic Innovations in Modern Swahili Drama

Mikhail D. Gromov, United States International University, Nairobi

Playwriting in the Swahili language, both in Kenya and Tanzania, although initiated as late as 1950s, has so far provided its viewing and/or reading audience with a considerable number of names, titles and dramatic forms. However, we dare state – and this statement could be considered as the first prerequisite necessary for attaining the objective of this work – that the bulk of Swahili drama written in the mentioned period, from 1950s to present, consists of what can be called 'conventional' drama, represented by such forms as comedy (farce) (e.g., 'social comedies' by Tanzanian authors Mobali Muba and Henry Muhanika), moralistic, or didactic, drama (we can also call it *drama-a-these*; e.g., plays by Tanzanian playwrights glorifying the ideals of *ujamaa*, such as Ngalimecha Ngahyoma), 'drama of manners' (e.g. plays by Tanzanians Hassan Liyoka and Malingumu Rutashobya) and some others; the lesser part of Swahili drama consists of the plays of social-critical nature, in essence also very much 'conventional' (e.g., works of Kenyan playwrights David Mulwa and Chacha Nyaigotti Chacha) (for more detailed research on Swahili drama see, for example, Bertoncini et al. 2009, Hussein 1986, Wafula 1999). Under the word 'conventional' we mean the dramatic forms that demonstrate the structural, stylistic and other features characteristic for these forms – e.g., social-critical drama realistically presents life-like characters and situations, didactic drama uses the simplification and hyperbole in order to teach the desired lesson etc. – and whose generic belonging is therefore more or less easily definable; the plays that we can more or less easily categorise, in other words, as 'didactic comedy', 'political satire', 'farce', etc., etc.

At the same time, even the 'conventional' drama in Swahili in essence is of synthetic nature – for every play in Swahili, including the above mentioned forms, combines at least three main elements: drama *per se*, as a literary type borrowed from European literature, is combined in these plays with local substrate, namely – oral literature, that has been the main source of both general inspiration and practical dramatic aspects ever since the Swahili drama began. Oral tradition of various communities of East Africa until now provides the Swahili playwrights with characters, plots, situations and stylistic devices. Moreover, most of these 'conventional' plays include the third element – that of a parable, since many of these authors want to more or less openly convey to their audience a worldly helpful message. In most of these plays the synthesis of these three elements does not seem to be very conscious – the authors merely merge those features that are supposed to guarantee their plays tangible success with the public. Moreover, even this essentially synthetic nature does not put most of these lays beyond their formal borders – they remain 'conventional' comedies, farces, didactic plays, etc.

However, some Swahili playwrights have been concerned with creating new forms of drama, the forms with multiple layers of comprehension, presenting varied messages, whose 'decipherability' largely depends on the background of the audience. For that purpose, these authors consciously synthesize in their plays various, sometimes heterogenic, elements, borrowed – or, we would rather say, appropriated – from various forms of modern world theatre, as well as from other sources. This synthesis is largely stipulated by the fact that these authors are highly conversant with the classical and especially modern forms of drama – for example, many of these playwrights have graduated from theatrical faculty of Dar es Salaam University. In fact, we dare state that this consciously applied synthesis of heterogenic elements (and further we will use the term 'synthetic' in this very sense) is more characteristic for Tanzanian Swahili playwriting (Kenyans, as we will try to show later in this study, use other methods of innovation), therefore we will start this survey with the brief discussion of some plays by Tanzanian writers featuring, as we perceive it, innovative traits compared to the 'convention' of Tanzanian drama in Swahili, such as farcical, comic, didactic and political/satirical plays.

Tanzanian Drama: 'Matching the Unmatchable'

The first serious diversion from the conventional drama was made in the early 1970s by the outstanding Tanzanian playwright Ebrahim Hussein. In his play *Mashetani* [Demons, 1971] Hussein for the first time in Swahili playwriting introduced Beckettian stylistic features – lacking the plot as such, the whole play is a dialogue between two characters, Juma and Kitaru, haunted by the demons from their families' past. The motif of guilt without crime, also characteristic for 20th century Western drama, was also introduced by Hussein – neither of the characters is in fact guilty of anything, but they, two young university students and friends, belong to two opposite social classes of Tanzania of the socialist times, and this finally leads to their painful split. We see thus that Beckettian style is combined in the play with urgent political message, and, moreover, this message is elevated by the author himself to the philosophical level – the prologue of the play is an enactment of an almost biblical parable, showing the fight between Man and Devil. The Devil is killed by Man, but afterwards he himself is likely to turn into Devil. Some critics interpret the parabolic prologue of the play as an allegory of colonialism and neo-colonialism in Africa, but it seems that the meaning actually lies deeper, showing after all the futility of humans to kill the demons inside. The conflict presented through the stylistic means of the 20th century Western playwriting and viewed from both political and philosophical aspects – this combination has become prominent in synthetic Swahili drama. According to Alain Ricard,

> Hussein has understood this hard but powerful message before many others: political reality calls for other forms of figuration, closer to psychodrama, when facing the double inappropriateness of Victorian theatre (an outmoded colonial heritage) and epic theatre (an outrageous revolutionary dream). (Ricard 2000: 33)

Political message occupies the central place in the play *Kaptula la Marx* [Short Pants of Karl Marx] by another outstanding Tanzanian author Euphrase Kezilahabi. Written in the mid-70s but published only in 1996 for political reasons, the play tells the story of Kapera, the president of an unnamed African country, who is looking for the 'new way of life' for his people, proclaiming 'total non-alignment', but being gradually seduced by the advisers from the Eastern bloc, who gift Kapera with ill-fitting garments – short pants previously belonging to Karl Marx and the shirt of Mao Tse Tung. Wearing these dubious donations, Kapera and his ministers undertake a long journey 'in search of the true way'. In their quest, in the best traditions of oral literature, they encounter various obstacles and supernatural creatures, until finally they meet a mysterious giant named Korchnoi-Brown – a symbolic figure embodying the 'eastern' and 'western' models of development that were followed, equally unsuccessfully, by newly-independent African countries. Korchnoi-Brown imposes himself as a guide for Kapera and his ministers, and disappears after leading them to a dead-end. Meanwhile, in Kapera's country the political prisoners, lead by Mwangaza Africanus – Africanus the Enlightener – organise the political rebellion, and Kapera's rule is put to an end. In this play, as it can be seen, the author combines elements of political satire, oral literature, satirical parable, and the realistic descriptions of inhuman conditions into which the Kapera's government put the oppositionists.

Satirical mode serves as the main means in Farouk Topan's play *Aliyeonja Pepo* [The Taste of Heaven, 1973] – although in this play the action is set nor in Tanzania, neither in Africa or anywhere else on earth, but in heaven. The play revolves around a bureaucratic mistake made by the angel of death, Asrael, and his colleague and friend Gabriel. Due to the error in their ledgers, a Swahili fisherman, Juma Hamisi from Bagamoyo, has been prematurely put to death instead of an Englishman, John Houghton from Bournemouth – in real sense it was his time to die. The 'Great Lord', the boss of the heavenly office, is very upset and orders Asrael and his colleagues to return Juma Hamisi back to life. It turns out, however, that Juma's body has already been buried by his relatives, and he can be returned to earth only in the body of John Houghton and, therefore, become an Englishman. Juma, who wants to be returned only to his native Tanzania, out of desperation uses his last persuader – he tells Asrael, that "I am Tanzanian, and therefore socialist in essence; for that reason I cannot be returned to England, for my Tanzanian socialist soul will never become used to their damned English capitalism" (Topan 1973: 18 – all the translations from Swahili are ours, MG). Eventually the angels offer to return Juma to Bagamoyo in the body of a cat – to which Juma agrees, not forgetting, however, to inquire, will it be a he-cat or a she-cat. But this is not the finale of the play – in the epilogue the Devil himself appears on the stage with a long soliloquy about his necessity in this world and his relationship with the Almighty. As we see, the play, founded on the writings of the Holy Scriptures, combines it with typical political rhetoric of socialist Tanzania, produced both by Juma and the angels, who are depicted as also very typical functionaries of CCM, the Tanzania's ruling party. This, in its own turn, is combined with Juma's mindset of a Tanzanian villager, through which he assesses everything that he sees, and all of a sudden this multi-coloured discourse of the play breaks in the ending part into semi-theological, semi-satirical soliloquy of the Devil. In other words, the play gives one more example of skillful synthesis of heterogenic elements leading to the emergence of the new artistic whole of synthetic nature.

In the 1980s and 1990s, as well as in the first decade of the 21st century, synthetic Swahili drama has developed two parallel tendencies. On the one hand, the dramatists started to employ actively well-known epic and mythological stories. Amandina Lihamba in her play *Mkutano wa pili wa ndege* [The Second Congress of Birds, 1992] uses well-known story about the "parliament of birds", known not only in the oral tradition of many African communities, but also widespread elsewhere, for example, in Central Asian mythology (not forgetting the classical comedy by Aristophanes). However, in Lihamba's play the birds represent the predicament of present-day Africa – in the world of the birds they gather for a congress to find a way of saving the poor birds of the South from the threat of famine; at the congress, the rich birds of the North and the West give advices like: "The least we can do is send our experts to the South, the most we can do is ban all birds of the South from laying more than one egg" (Lihamba 1992: 46). Not only does the author use the world of the birds as an allegory of contemporary world of the humans, but the allegorical plan of the play is interwoven with the realistic one, showing the predicament of a family in an unnamed African country suffering under tyrannical rule.

Emmanuel Mbogo's play *Sundiata* (1994) to a certain point follows the famous epic of the Mande people, but generally not only the motivation and the personalities of the characters, but even the finale of the play changes – for the author once again wants to tell us a parable hinting at the political and, on a wider scale, human reality of modern times. The play, rather than reproducing the plot of Mande epic, uses it to pose a major ethical problem – are the good intentions of a powerful ruler appreciated by his closest ones and by his people in general? The answer given by the author is not very comforting – after his successful defeat of the enemy kingdom of Sumaoro powerful, good-hearted and honest Sundiata dies at the hand of his unscrupulous and scheming stepmother Sassouma Berete.

On the other hand, some playwrights tend to use more openly – but at the same time more creatively – methods and devices of modern Western drama. The play *Amezidi*, written in 1995 by major Tanzanian author and scholar Said Ahmed Mohamed, revolves around only two main characters – Ame and Zidi (respectively), who live in a cavern near the city dump, starving, but imagining themselves residing in a luxurious palace. In the course of the play Ame and Zidi change many faces, reflecting all the typical features of present-day African reality; in the end both die, being poisoned by damaged 'food aid' from the EU, arrived 'out of nowhere'. Here we also see Beckettian devices – the characters themselves much resembling Vladimir and Oram from *Waiting for Godot* – mixed with satirical reflections of present-day African reality; at the same time, the play features a parabolic and philosophical level; in our view, it allegorically presents the pauperisation of the entire continent, initiated both from outside world, looking at Africa as a 'stepdaughter of globalisation' and corrupting it from outside – the continent is still 'waiting for Godot' in the shape of new donor money, new foreign investments into its economy. According to Elena Bertoncini, the author "criticises the conviction, wide-spread among the Africans, that all their present problems are caused by colonialism and neo-colonialism, whereas much of the responsibility lies on themselves" (Bertoncini 1997: c.131). It looks like the author himself has an ambivalent attitude towards his characters: on the one hand, he criticizes their inactivity and inertness, on the other he understands that the conditions, into which the characters are put by the world order of the late 20th century, leave them with very narrow choice.

The list of plays by Tanzanian dramatists in which similar method of synthesis is used can be continued, and this list will feature both well-known and newly emerged names – such as those of Farouk Topan (previously mentioned in this paper), who in his play *Siri* [The Secret], published in the year 2000, attempts to combine an African legend with the principles of Shakespearean tragedy, or Ali Mwalim Rashid with his play *Mazonge* [Overworked Minds, 2004], that features, among others, traits similar to 'conventional' Kenyan drama of the current decade (see below). In our opinion, with all the above mentioned plays the very method of synthesis used by the writers makes the generic placement of these plays rather difficult. In fact, is Hussein's play *Mashetani* a social-critical drama cum parable cum political play? Or has Topan written a political-cum-religious satirical comedy cum philosophical parable? Or can Lihamba's play be deemed as a political parabolic tragicomedy? And is Mohamed's play a mere transplantation of Beckettian stylistic devices or does it represent a highly original work? And is the play by Emmanuel Mbogo the simple re-rendition of a well known epic? In view of this we assume, that exactly this *synthetic* trend in Swahili (mainly Tanzanian) drama – i.e., the works where different, sometimes seemingly incompatible elements are consciously merged by the authors into a new artistic whole – actually has not only been a major source of generic innovations since the early 1970s, but also became a cradle of new forms of drama, to which it is so far very difficult to choose or even to create a proper generic name – the term *synthetic drama*, which we have been using throughout the above section of this study, can only be deemed as provisional. Moreover, this synthetic trend in Swahili drama seems to go well in line with similar trends in Swahili prose and poetry, which currently have put Swahili literature ahead of even the English-language literary tradition in East Africa in terms of – exactly – generic innovativeness and creativity. It also seems that this trend may remain one of the most productive ones in the 21st century Swahili literature, for exactly because of its synthetic nature it allows the authors to create new generic forms.

Kenyan drama: The development of 'convention'

Swahili playwriting in Kenya emerged in fact earlier than its Tanzanian 'branch' – the first Kenyan plays in Swahili appeared in the late 1950s (although, by the quirk of fate, these first plays in colonial Kenya were written by a British-born author Graham Hyslop – see Bertoncini et al. 2009: 175-77). In the subsequent decades, from 1960s up to the last decade of the 20th century, Kenyan Swahili playwriting was characterised by lower emergence of new authors and titles than in Tanzania. In Kenyan Swahili drama, mostly orientated towards the school curriculum, the 'convention' was formed by the works of such playwrights as Zakariah Zani, Jay Kitsao, Mwanyegela Ngali, Chacha Nyaigotti Chacha and David Mulwa, mainly representing the same 'conventional' dramatic forms, from didactic drama and farce (plays by Kitsao, Zani, Boukheit Amana, Khaemba Ongeti and others) to a skilfully written social-critical drama, realistically portraying the urgent problems of Kenyan society, from the mistreatment of the intellectuals (e.g., *Mkimbizi* – The Fugitive – by David Mulwa and Athman Yahya, 1988) to the workers' struggle for their rights (*Kilio cha haki* – Cry for Justice – by Alamin Mazrui, 1981).

The picture seems to have changed, at least in terms of the quantitative growth, in the first decade of the present century, when Kenya, due to the changes in the governmental policy towards Swahili language and general elevation of the language's status in the eyes of the people has become the centre of literary work in Swahili, with Tanzania losing considerably its former reputation as the centerfield of Swahili writing. While Tanzanian playwrights have greeted the coming of the second decade of the new millennium with only four new titles in their active, the production of their Kenyan colleagues was five times more – since the year 2000, about 20 new titles by Kenyan Swahili playwrights saw the light of the day.

In terms of generic traits, however, one would observe that Kenyan Swahili drama of the recent years stays very much within the confines of the 'convention', which, in our view, can still be explained to a considerable extent by the fact that Kenyan Swahili drama remains by and large school oriented. In fact, Kenyan plays in Swahili published in this period can be broken into two major generic categories. The first one can be tentatively defined as 'drama of manners', based on 'scenes from family life'; it portrays in a conventional realistic mode episodes from the everyday life of Kenyan families and correspondingly tries to cover the burning problems of this life, the central problem being that of the generation gap – the misunderstanding, or even a conflict, between the urbanised younger generation and the older one, largely rooted in the patriarchal rural tradition. *Dunia hadaa* [Deceitful World, 2007] by Catherine Kisovi speaks about a conflict between a virtuous young lady Nora and her vicious sister-in-law Hasada; *Chamchela* [Whirlwind, 2007] by Timothy Arege portrays a relationship crisis between a 'prodigal son' – Mayaka, who leaves for town and finds there an older woman Bisase, whom he intends to marry, and Mayaka's disapproving family; *Migogoro* [Crises, 2006] by Mwenda Mbatiah is centred around a strife between a young girl Rukia, a school graduate in search of personal freedom, and her loving but 'mildly conservative' family. We are far from stating that the above mentioned plays are not featuring any innovations – for example, *Chamchela* has an open finale, untypical for the plays of this kind, *Migogoro* fascinates with artful use of speech traits and characterisation, and in *Dunia hadaa* the author inventively weaves religious postulates into the monologues of the characters. However, the very fact that these plays are oriented towards the school audience and actors stipulates their characteristic features – pronounced didacticism, deliberate typification of characters ('strict but loving father', 'intelligent but rebellious daughter', 'prodigal son', 'reasoning mother', etc.), constant use of proverbs. Moreover, even the innovative features found in these plays are mostly of stylistic character – otherwise the plays remain very much within the frames of 'conventional' generic categorisation.

Another group or, rather, generic category is comprised by the plays that can – also tentatively – be defined as 'school political drama', represented by the works written by both already established and newly emerged authors, such as *Pango* [Cave, 2003], *Sumu ya bafe* [Poison of the Puff-adder, 2006] and *Seserumbe* [Marionette, 2009] by Kyallo Wadi Wamitila; *Kifo kisimani* [Death by the Well, 2004] by Kithaka wa Mberia; *Zilizala* [Earthquake, 2006] by Kimani Njogu; *Vitanzi vya tamaa* [Nooses of greed, 2009] by Lamin Omar; *Mnada wa sokomoko* [Auction of confusion, 2007] by Mungai wa Mutonya; *Kosa si kosa?* [Mistake is not a mistake? 2009] by Nyeyo Kenga Mumbo, and some others. The action in these plays is centred around largely one and the same plot – an unscrupulous politician (trader Ngwese in *Pango*, government minister in *Seserumbe*, city mayor in *Zilizala,* member of parliament in *Mnada wa sokomoko,* supreme judge in *Kosa si kosa?*, village chief in *Vitanzi vya tamaa,* heads of state – Bokono in *Kifo kisimani,* Mapepe in *Sumu ya bafe*), who establishes or supports a tyrannical rule in his country, oppresses the masses, terrorises the patriotically minded compatriots and sells the country's resources to foreign plunderers and his local yes-men, is finally defeated by rebellious masses led by patriotic intellectuals and youth, frequently headed by a young educated woman, the character that embodies the authors' vision of the better future for their people. The villainous characters of politicians and their accomplices in these plays also symbolically represent three common enemies of modern Africa – *tamaa* or *ulafi* [greed], *ubinafsi* [selfishness] and *utandawazi* [globalisation]. Again these plays are characterised by a considerable number of common stylistic and structural features – the use of proverbs, folktales and songs, similar system of characters, allegorical names (such as Mlafi – The greedy one, Mkweli – The truthful one, etc.), largely realistic (apart from some few deliberate exaggerations and over-generalisations) portrayal of social environment; again quite a few of them are innovative in their own way, and again these innovations are mostly of stylistic nature – like, for example, monologues in both free and traditional Swahili verse in *Seserumbe* and *Vitanzi vya tamaa,* the skilful use of repetitions in the dialogues in *Seserumbe*, allegorical plays-within-a-play in *Zilizala*, and others; and, in our view, again these dramatic forms actually form the convention of Kenyan Swahili playwriting in the first decade of the 21st century. Our labelling of these plays as 'school political drama' does not, definitely, bear any derogatory meaning – it is rather our attempt to show, through a 'generic label', that these plays are bearing an important social message targeted at the widest possible audience in order to educate this audience about the urgent social issues; and even this, in our opinion, confirms the conventional nature of these forms – for in order to attain this objective, i.e. in order to appeal to a wide audience, the playwrights have to use exactly the *conventional* means, 'tested and approved' by the previous generations.

The very existence of convention pre-supposes the attempts to diverse from it, and truly some Kenyan dramatists have already made such attempts. In some cases, the authors are trying to avoid the generalisations and simplifications, characteristic for the above-mentioned plays, and thus try to boost up the realistic aspect of their works – which leads to the appearance of none the less conventional social-critical drama. For example, Kithaka wa Mberia's play *Maua kwenye jua la asubuhi* [Flowers in the morning sun, 2004], one of the real recent blockbusters on Kenyan stage, highlighting the ever-urgent theme of ethnic clashes, in its stylistic and structural aspects is quite reminiscent of the works of the 'pillars' of Kenyan social-critical drama of the 1970s and 1980s, such as Nyaigotti Chacha and David Mulwa. Same could be said about Njiru Kimunyi's play *Pesa* [Money, 2008]; the story of a cunning conman Mkoko allows the author to draw a caustically satirical and realistic picture of educational establishments and religious institutions in Kenya (presented in the play as an unnamed African country). Thus the mentioned plays, bearing in mind all their obvious artistic merits and the authors' tangible intention to depart from the convention established in the last decade, still develop the traditions of conventional (which term in this context can well be interpreted as 'well-established and appreciated') Kenyan Swahili drama of the previous times.

Generic innovations in Kenyan drama in the first decade of the twenty-first century

We would like to finish this study with a survey of a few works by Kenyan dramatists writing in Swahili which, in our opinion, can be considered as innovative exactly in terms of their generic traits – i.e., these plays actually present the authors' attempts to create new generic forms in Swahili drama. In our opinion, all these plays can (also conditionally and tentatively) be gathered under the name of 'political/historical allegory' or 'political/historical parable'; in fact we would rather prefer the latter term – for the level of allegorical generalization in these plays is so high that it actually brings them to a higher, parabolic level, where the symbolic meanings of the events and characters are generally applicable and referable to fundamental aspects of African history, present-day reality and, on a wider scale, African mentality in the modern globalised world.

Ironically, the first play that we would like to highlight as a generically innovative one was written in the late 1990s by Njiru Kimunyi, whose later play *Pesa* we considered above as a development of previously established conventional dramatic forms. His play *Upotovu* [Decadence, 2000] may well be considered the 'first stone' of Kenyan playwriting in the 21st century. The play demonstrates, among others, some traits that bring it close to the above-mentioned 'synthetic' works of Tanzanian playwrights – it also features two Beckettian figures, Kombo and Nimo, who live on a garbage dump in Nairobi (feeding on the remnants of foreign-made products) and comment on the events of the world 'outside'; and the Beckettian elements are combined with political and historical drama. Kombo's and Nimo's 'garbage world' is one of the three spatial-temporal settings of the play, the other two being a modern Kenyan village, where elections for a local MP are being held, and Central Kenya in the 1950s, during the Mau Mau period. However, all these elements form the foundation for a higher, symbolic or, rather, parabolic level of the play – put together, the three spatial-temporal plans of the play form a historical perspective of the country's (and, on a wider scale, the continent's) 'development' from the liberation fervour of the freedom fighters, through the efforts of the cunning politicians – to a life on the heap of foreign-origin garbage, which in itself acquires the allegorical meaning of present-day African states, frequently dependent on 'crumbs' from industrialized countries. Similar meanings are also acquired by the main characters of the play – Kubukubu, the leader of the Mau-Mau detachment, Mbunge, the proposed member of parliament, and Kombo and Nimo, the 'have-nots', are not only representing, on the symbolic level, the conflicting social forces, but, parabolically, stand for the 'vicious triangle' that runs through the entire African and, on a wider scale, human history.

African history, both distant and modern, also works as the main theme of the play *Ningekuwa na uwezo* (If I could, 2009) – the only, and posthumously published, play by one of the brightest figures in Kenyan Swahili writing – Katama Mkangi (1944 – 2004). The play is in fact a general survey of late pre-colonial, colonial and modern history of Africa, presented in the form of sermons (each sermon correspond to a certain specific period – or aspect – of African history and, length-wise, to one scene of the play), delivered by two main characters – Sauti [Voice], representing "African-ness" [*Uafrika*] as a positive revitalising force, and Mhubiri [Preacher], an epitome of destructive forces of non-Africanness and colonialism – over the bed of Elala, a sleeping beauty symbolising Africa. In the course of the play the characters change their faces depending on the context of a scene – Mhubiri turns into a Mtalii [tourist], who plunders, according to the author, the African continent in the present times, and Sauti also appears as Mlumbaji [orator], Msimulizi [storyteller] and Umbo [shape] (Umbo is also the one who addresses Elala – "ningekuwa na uwezo ningekuamsha na kuku-fufua" [If I could I would wake you up and revive you], (Mkangi 2009: 72). Secondary characters also change their roles from Jitu [Giant – symbol of imperialism] to Mwa-nasesere [Marionette] and Mzungu [European], from students to prisoners, and so on. Not only the characters, but the very fabric of the play is very flexible, freely flowing in time and space; in the end Sauti and his followers manage to wake Elala up, but in a few seconds she falls asleep again; Sauti only manages to express his last message: "Uafrika wenu ni bora kuliko mnachong'ang'ania... Wajibikeni!" [Your Africanness is better that what you are chewing... Act responsibly]!" (Mkangi 2009: 74). The play is apparently an allegorical presentation of the several centuries of African history, but the level of allegorical generalization in many scenes is so high, that the play acquires a parabolic meaning of the battle between the forces of life and the forces of destruction for the future of the humankind.

Recent African history is also allegorically portrayed in the play *Sudana* (2005), co-authored by two prominent names in Kenyan playwriting – Alamin Mazrui and Kimani Njogu. The story revolves around the eponymous heroine (who symbolizes Africa, all black people and, on a wider scale, the entire former 'third world') and her family are shipwrecked on an island where they encounter two characters symbolizing colonialist and imperialist forces – Amerigo and his accomplice Muzungu (European), who are driven by the desire to control the island (symbolizing the world) and therefore would not tolerate any opposition. Sudana's struggle to fight for her children as well as to resist the sexual advances made to her by the lecherous Amerigo is symbolic of the postcolonial challenges faced by the developing countries. In the end Sudana dies, but her brothers and sons, enslaved by Amerigo and Muzungu, swear to fight for the liberation of all her descendants. As put by Kyallo Wadi Wamitila, distinguished Kenyan writer and scholar,

> the setting of *Sudana* is much wider... The action is not confined to Africa but actually broadens to include the global stage, examining issues of race and postcolonial identity. It can therefore be said to be one of the few Swahili plays that engage themselves in global political-economic debates... The central action hinges on the journey motif, which is crucial in articulating the fact that freedom is an ongoing process in the lives of the exploited. (Bertoncini et al. 2009: 187)

In other words, the play, apart from presenting in an allegorical way the African history of several centuries, also features a parabolic meaning, posing the struggle against oppressive forces as painful, but the only possible way to preserve human dignity, freedom and to establish a better future.

We deem it worth noticing that this method of allegorical presentation of African and world history seems to become rather deeply rooted in modern Swahili playwriting – as another example we could name the play *Posa za Bi Kisiwa* (Marriage suits of Ms. Island, 2009), authored by two other prominent Swahili writers of the older generation, Said Ahmed Mohammed and Kitula King'ei. In that play, similar method is used in the narrower historical and cultural setting – to show the complicated history of relationship between the island of Zanzibar (symbolised in the play by the bride – Ms. Island) and its numerous 'suitors', trying throughout its history to appropriate the island for their own benefits – King SS [Seyyid Said – the Arabs], Bwana Biss [Bismarck –

the Germans], Bwana Chachi [Churchill – the British], Sogoramaneno (Nyerere). In the end, Ms. Island rejects all the suitors and decides to cater herself for her life.

The above-discussed examples of 'political parable' in Swahili playwriting were created by already established and prominent Kenyan writers; however, talented newcomers are also making their tangible contribution, synthesizing various methods and devices in order to create a new generic entity. Humphreys Omwaka in his play *Safari* [Journey, 2004] uses the plot scheme that we outlined above as being typical for "conventional" Kenyan drama of this decade – an unscrupulous politician punished by his more virtuous compatriots. However, this assessment is quite likely to dissolve at a second glance, for the play seems to pose much wider ethical and philosophical questions – the gullibility of the masses and their own responsibility for their actions and their fate, the motivation behind what we call human meanness, and others. Mahiri [The sly one], the main character of the play and a ruler of a certain community (whose neither origin nor nature are indicated – it could be a country, town or even village in Africa or elsewhere in the world) stands rather far from the one-dimensional character of an unscrupulous politician from the 'conventional' Kenyan drama mentioned above; he is a person whose mean instincts and greed for power are invoked in him by the words of Sauti [Voice], that constantly incites Mahiri to prove his superiorrity over the others – and this idea is also instilled into his mind by Sauti, who can be assumed as an allegory of destructive external forces (neo-colonialism, etc.,), but in a wider sense – as a destructive, non-human part of Mahiri's ego. Sauti is opposed, in Mahiri's mind and outside it, by Nafsi [Soul, Self, Essence], who tries to put him on the right track of humaneness and empathy – and whose character (both Sauti and Nafsi appear on stage physically throughout the play) can also be interpreted (see Wamitila's interpretation below) as that of an opposition leader in a community (mis)led by Mahiri, but in a wider sense – as another part of his ego, the reasonable one. Being torn between the two, but obviously more seduced by the promises of Sauti, Mahiri, by Sauti's advice, decides to take his people to a sea voyage in a wretched ship (allegory of both wrong social course and wrong spiritual orientation). Nafsi, after a long struggle, washes his hands and even urges Mahiri to go – hoping that their miserable experience in the journey will teach him a thing; the fact that Nafsi does not care much about the fate of the people on board of the ship seems also to prove that Nafsi is rather an aspect of Mahiri's personality than the opposition leader (moreover, one can assume that Nafsi is reasonable, but also not very humane in attaining his good purposes – in one of the episodes, trying to dissuade Mahiri, Nafsi himself uses quite 'Mahirian' methods by threatening him with a pistol). However, the opposition does not hesitate to emerge in the figure of Mahiri's wife Salma, an angel-like women creature, also seemingly quite similar to the brave women characters in 'conventional' Kenyan plays, but who can also be interpreted as Mahiri's 'better part' in all the meanings possible. Salma at first tries to persuade her spouse in the futility and harmfulness of his intentions – which only results in Mahiri chasing her away and divorcing her (and thus symbolically parting with the better part of his personality). Salma, however, does not lay down her arms – she appears at the port on the day of the ship's scheduled departure, and tries to persuade the people not to tale a journey, stating that the ship is really wretched. She is harshly opposed by ignorant and gullible masses, but in the end her persuasion calls from inside the ship some specialists who were preparing it for the departure – Mhandisi [Engineer], Daktari [Doctor], Kasisi [Clergyman] and Mwalimu [Teacher], who confirm that the ship is a wretch and Mahiri is a liar and, refusing to go for the journey, disappear from the stage. Mahiri's attempt to drive the people on board by force also goes in vain – Jemedari [Commander], the leader of the army forces, refuses to shoot at people and brings the soldiers back to the barracks (it even turns out that their guns were not loaded for the safety of the populace). Mahiri obviously feels a kind of relief – on the road to the port, taken by Sauti in his car, he saw a pitiful state of his community and was even more frightened to know that all these atrocities were committed by himself and is full of doubt about the feasibility of his plans; only a harsh reaction of Sauti makes him go on. Therefore, when his plans flop, Mahiri asks for pardon, reunites with Salma and retires, leaving the community in the hands of the people led by Doctor (i.e., even the most prodigal souls can be healed by repentance). However, the play's finale is far from being optimistic: the last scene shows the first sitting of the Reconciliation commission, headed by the Doctor, taking place in a luxurious hotel, at the tables of sumptuous food and drinks – it is obvious that greed and inequality again are to triumph over reason and humaneness. The last hope, however, is given by a large parrot (*kasuku*), apparently a magic bird, who, appearing in the hall out of nowhere, in a human voice accuses the gathering of forgetting about their past and future and, reminding them that the journey is still ahead, disappears out of the sight of the stunned audience.

The play, in our opinion, can be interpreted as a political allegory, but on the higher level it can also be perceived as a parabolic presentation of the never-ending struggle of dark and light aspects of human personality – both being presented with high degree of artistry, skillfully using a wide variety of means. As noted by Kyallo Wadi Wamitila,

> the play makes use of theatrical devices associated with experimental theatre, like psychological introspection. This highly poetic psychological drama reminds one of S. A. Mohamed's Amezidi, both in terms of structure and use of language. Nafsi can be seen as the leader Mahiri's conscience/super-ego that questions his intentions. There is an instance in the play when Mahiri and his cohort embark on a magical journey, reminiscent of the theatre of the absurd, to inspect nonexistent developments in their society, a journey that serves as a pointer to the rift that exists between the ruler and the ruled. The author employs effectively the device of play-within-a-play as well as structural use of parallels. (Bertoncini et al. 2009: 189)

Conclusion

Although Swahili playwriting did not make such a huge qualitative leap which was no-
ticed in the early 1990s in the development of Swahili prose, which 'sprang' from the
well-established conventional realism to the so-called 'new' or 'experimental' novel,
containing the elements of post-modernism, magic realism and other modern artistic
methods, Swahili drama had nevertheless shown considerable developments, which,
among other purposes, lead to the emergence of new generic forms, the brief survey of
which was the purpose of this work. Of course it would be difficult, at least at the moment, to coin more or less precise definitions of these forms, for their appearance is
unprecedented in the history of Swahili drama. It is obvious that these forms are essentially of synthetic nature, combining various traits, aspects and devices of modern
drama in the ways which were the most suiting the tasks set by the authors – and these
tasks, as we tried to show in the study, were stipulated by the needs of East African
society, especially the younger generation, the society whose rapidly growing consciousness, its growth being enhanced by recent social and political developments on
East African scene, demands answers to urgent questions, and East African playwrights are eager to deliver these answers through the means of their art, which is also
growing with the demands of the public. It is easy to notice that all the plays mentioned in this study have a rather high 'social charge' – but such is East African playwriting all through, from the early plays by Ngugi wa Thiong'o and Francis Imbuga to
the recent works of John Ruganda, J. Sibi-Okumu and Okoiti Omtatah. In our view,
this 'social vector' of East African playwriting (and playwriting in Swahili as its integral part) is unlikely to change or disappear in the foreseeable future, and we hope
that this study also demonstrates, that high level of social commitment and aspiration
to meet the demands of the audience not only does not prevent the authors from their
search for new forms, but in fact frequently serves as a stimulating factor of artistic
development.

There is one more thing that we may name as a reason that moved us towards writing
this work. It actually may seem a bit surprising, why deciding to write a survey about
new forms in Swahili drama of East Africa, while such forms have long been in existence in other African literatures, in creative work of such outstanding authors as Wole
Soyinka, John Pepper Clark, Ola Rotimi, Wale Ogunyemi and others, or even East
African playwrights like Nuwa Sentongo, Francis Imbuga or John Ruganda. It is definitely so – but one may notice that all these great names that have just been mentioned
belong to African literatures in European languages. In case of synthetic trends in
Swahili writing we are speaking of a literary tradition in African language – and here it
is worth referring to the assertion made by famous Nigerian playwright Femi Osofisan
in his key-note speech at the opening of the international conference in Berlin in
March 2010. In that speech he said, that, contrary to the idealistic views of Ngugi wa
Thiong'o (and Ngugi, as it is known, has been calling to increase the production of literature in indigenous languages), for African writers the most pragmatic option is to

continue with the languages inherited from colonial times, and to convert them into local idiolects and thus the languages of African literatures. We believe that the experience of Swahili drama and, on a wider scale, Swahili literature – and hopefully literatures in other major African languages – testifies that in the long run Ngugi does not seem to sound so much idealistic, and there is yet another option – to evolve African languages into the languages of high-breed literature, at least major languages, which, like Swahili, can 'serve' dozens of millions of readers. And, in our view, the generic innovativeness shown by modern Swahili literature throughout its history confirms that the potential for such an evolution is quite existent.

Works Cited

Arege, Timothy. 2007. *Chamchela*. Nairobi: Jomo Kenyatta Foundation.

Bertoncini Elena/Gromov, Mikhail/Wamitila, Kyallo Wadi/Mohamed, Said Ahmed. 2009. *Outline of Swahili Literature. Prose fiction and Drama.* Leiden-Boston: Brill.

Bertoncini, Elena. 1997. "New Tendencies in Swahili Drama". In: *Swahili forum* IV, 128-135.

Hussein, Ebrahim. 1986. *Development of Theatre in East Africa.* Dar es Salaam: Dar es Salaam University Press.

Hussein, Ebrahim. 1971. *Mashetani*. Dar-es-Salaam: Oxford University Press.

Kezilahabi, Euphrase. 1996. *Kaptula la Marx.* Dar-es-Salaam: Dar es Salaam University Press.

Kimunyi, Njiru. 2008. *Pesa*. Nairobi: Vide Muwa Publishers.

Kimunyi, Njiru. 2000. *Upotovu*. Nairobi: Phoenix Publishers.

Kisovi, Catherine. 2007. *Dunia hadaa*. Nairobi: Jomo Kenyatta Foundation.

Lihamba, Amandina. 1992. *Mkutano wa pili wa ndege*. Dar-es-Salaam: Dar es Salaam University Press.

Mazrui, Alamin/Njogu, Kimani. 2005. *Sudana*. Nairobi: Longhorn Publishers.

Mazrui, Alamin. 1981. *Kilio cha haki*. Nairobi: Longman.

Mbatiah, Mwenda. 2006. *Migogoro*. Nairobi: Jomo Kenyatta Foundation.

Mberia, Kithaka wa. 2004. *Kifo kisimani*. Nairobi: Marimba Publications.

Mberia, Kithaka wa. 2004. *Maua kwenye jua la asubuhi*. Nairobi: Marimba Publications.

Mbogo, Emmanuel. 1994. *Sundiata*. Kisumu: Lake Publishers.

Mkangi, Katama. 2009. *Ningekuwa na uwezo*. Nairobi: Oxford University Press.

Mohamed, Said Ahmed/King'ei, Kitula. 2009. *Posa za Bi Kisiwa*. Nairobi: Sasa Sema.

Mohamed, Said Ahmed. 1995. *Amezidi*. Dar-es-Salaam: East African Educational Publishers.

Mulwa David/Yahya, Athman. 1988. *Mkimbizi*. Nairobi: Longman.

Mumbo, Nyeyo Kenga. 2009. *Kosa si kosa?* Nairobi: Oxford University Press.

Mutonya, Mungai wa. 2007. *Mnada wa sokomoko*. Nairobi: Jomo Kenyatta Foundation.

Njogu, Kimani. 2006. *Zilizala*. Nairobi: Longman.

Omar, Lamin. 2009. *Vitanzi vya tamaa*. Nairobi: Jomo Kenyatta Foundation.

Omwaka, Humphreys. 2004. *Safari*. Nairobi: Jomo Kenyatta Foundation.

Ricard, Alain. 2000. *Ebrahim Hussein. Swahili Theatre and Individualism*. Translated from the French by Naomi Morgan. Dar es Salaam: Mkuki na Nyota Publishers.

Topan, Farouk. 2000. *Siri*. Nairobi: Jomo Kenyatta Foundation.

Topan, Farouk. 1973. *Aliyeonja pepo*. Dar es Salaam: Tanzania Publishing House.

Wafula, Richard M. 1999. *Uhakiki wa Tamthilia*. Nairobi: Jomo Kenyatta Foundation.

Wamitila, Kyallo Wadi. 2009. *Seserumbe*. Nairobi: Vide Muwa Publishers.

Wamitila, Kyallo Wadi. 2006. *Sumu ya bafe*. Nairobi: Vide Muwa Publishers.

Wamitila, Kyallo Wadi. 2003. *Pango*. Nairobi: Focus Publishers.

Les théâtres d'Afrique noire francophone entre équilibre et déséquilibre : esquisse d'une dramaturgie de l'hybridité

Dominique Traoré, Université de Cocody-Abidjan

Depuis le début des années 1990, ont émergé sur la scène théâtrale, des œuvres produites par des auteurs africains qui refusent toute convention générique et toute forme d'identité collective. Qu'il s'agisse du Congolais Caya Makhélé, de l'Ivoirien Koffi Kwahulé, du Tchadien Koulsy Lamko et du Togolais Kossi Efoui, tous ces écrivains de la post-indépendance revendiquent leur individualité créatrice. Dans leur travail d'imagination, ces exilés – à l'exception de Koulsy Lamko qui habite actuellement au Mexique, ils vivent tous en France – se singularisent à travers leur capacité à transcender la logique binaire instaurée par la colonisation. Les rapports auxquels ils invitent leurs lecteurs-spectateurs ne sont plus de type colons/colonisés, oppresseurs/opprimés, eux/nous. Ils mettent en scène, par des modes d'expression iconoclastes, des lieux et des situations complexes, échappant aux codes traditionnels. Ce sont des écritures-carrefours qui, parce qu'elles ont vocation à mettre en contact des genres divers, fécondent les catégories dramatiques que représentent le dialogue, la fable, le personnage, l'espace-temps. Elles paraissent osciller de façon permanente entre un équilibre non satisfaisant et la quête d'un déséquilibre nécessaire ; une sorte d'hérésie permettant de se reconstruire, de se recréer. Inscrites dans une perspective postcoloniale, de telles écritures semblent s'édifier autour d'un principe commun : la violation des canons théâtraux conventionnels et leurs mutations en éléments nouveaux, parfois 'monstrueux'. Il s'instaure, par ce processus, une dramaturgie de l'hybridité que nous analyserons à travers la transgression du mythe, genre narratif qui est à la base de la tragédie classique.

Aperçu sommaire des écritures dramatiques contemporaines d'Afrique noire francophone

Les écritures dramatiques contemporaines d'Afrique noire francophone ont pour la plupart été révélées par plusieurs manifestations culturelles d'audience internationale. Dès leur éclosion dans les années 1990, les œuvres contemporaines ont bénéficié du soutien de plusieurs structures européennes : une chaîne de radio comme RFI avec son Concours Théâtral Interafricain, le festival de Limoges, la maison d'édition Lansman, l'association Ecritures Vagabondes. Bien évidemment, pour des raisons historiques et économico-politiques bien connues, l'Europe et principalement la France regroupent ces institutions qui semblent centraliser l'émergence et la diffusion des théâtres africains francophones. Cependant, il existe sur le continent africain des organisations notamment des festivals qui participent à l'épanouissement des dramaturgies africaines.

On pourrait citer les deux plus grands, initiatives publiques que sont le Marché des Arts du Spectacle Africain (M.A.S.A.) créé en 1993 en Côte d'Ivoire et le Festival International de Théâtre du Bénin (F.ITHE.B.) qui existe depuis 1991.[1]

L'un des textes symboliques les plus forts de ces écritures, la pièce *Le carrefour* du Togolais Kossi Efoui, publiée en 1989, connaît un engouement particulier pour avoir remporté, la même année, le Concours Interafricain de RFI. Cette pièce semble ouvrir la voie à des théâtres différents de par leurs modes d'expression. Ces théâtres se situent largement après les indépendances et leurs auteurs paraissent tirer parti des ouvertures multiples rendues possibles par l'avènement de la mondialisation technologique et culturelle. Nous les considérons comme relevant de la troisième génération des dramaturges africains francophones. Bien entendu, cette classification n'est pas rigoureuse et prend pour repère les écrivains de la Négritude qui, dans notre échelle taxinomique, constituent la première génération. Ce qui distingue les auteurs de la troisième génération des 'négritudiens' et des 'post-négritudiens' tient dans leurs démarches respectives.

On se rappelle que les auteurs de la Négritude ont fondé leur courant littéraire sur le retour aux sources, postulé en tant qu'essence idéologique et esthétique. Dans le domaine spécifique du théâtre, il s'est agi pour eux de ,tropicaliser' le dispositif dialogique des pièces.[2] Pour preuve, les énoncés n'y ont d'objet que la réalité négro-africaine. Les personnages qui les assument sont en phase avec cette réalité. Leur fonction est certes d'assurer aux répliques un enchaînement sans encombre mais surtout de dénoncer d'une part les méfaits du colonialisme et de faire ressortir d'autre part les contradictions des sociétés négro-africaines en pleine mutation. Ils tiennent des discours militants, usant de tirades produites dans la plupart des cas à l'intérieur d'un espace-temps en lutte permanente : lutte contre les forces dominatrices extérieures, lutte contre les dictatures locales et enfin lutte pour la survie. De façon générale, sur fond d'humour, le dialogue parfaitement monté s'apparente à une sorte de propagande politique visant une prise de conscience immédiate du lecteur-spectateur face à des situations de plus en plus insupportables. Ainsi donc, sous le registre de la tragédie ou de la tragi-comédie, chacune des œuvres participe d'une communication théâtrale traditionnelle,

---

1   Cf. le rapport *Les festivals de théâtre en Afrique subsaharienne : bilan, impact et perspectives* de 2003, en ligne : http://www. Passeursdimages.fr/kyrnea/pole/AFRIK/edition/ theatrafrical.pdf (10.8.2011), pages 91 et 85. Dans ce même rapport, on trouve des informations sur les autres festivals et manifestations culturels « nés de l'action d'une ou plusieurs compagnies de théâtres désireuses de montrer leur travail, de provoquer des rencontres et des échanges internationaux » (2003 : 23).

2   Exemples : *La tragédie du roi Christophe* (1963) du Martiniquais Aimé Césaire, *Îles de tempête* (1973) et *Les Sofas* (1983) des Ivoiriens Bernard Dadié et Bernard Zadi Zaourou, *La mort de Chaka* (1971) du Malien Seydou Badian, *Sikasso ou La dernière citadelle* (1976) du Guinéen Djibril Tamsir Niane, *L'exil d'Albouri* (1967) du Sénégalais Cheick Ndao, *Kondo le requin* (1969) du Béninois Jean Pliya.

porteuse des grandes idées chères à la Négritude (esclavage, colonisation, lutte pour la liberté).

C'est également au nom de cet enracinement dans les cultures endogènes africaines qu'une deuxième génération des écrivains comme les Ivoiriens Bernard Zadi Zaourou et Dieudonné Niangoran Porquet, le Guinéen Souleymane Koly, l'Ivoiro-camerounaise Werewere Liking et la Française Marie-Josée Hourantier ont voulu remettre la Négritude sur ses pieds. Pour eux, la réhabilitation africaine prônée par les pères fondateurs paraissait un vœu pieux tant qu'elle ne se concrétisait pas, sur le plan esthétique, par des inventions endogènes. En 1969, quand Niangoran Porquet pose les jalons d'un nouveau théâtre à travers son concept de *Griotique*, il suppose avoir débarrassé le genre de ses éléments d'extranéité jugés trop aliénants. Le théâtre s'intégrerait désormais à l'intérieur d'une structuration traditionnelle africaine dont le noyau central est le griot. Sa pièce *Soba ou Grande Afrique* (1978) qualifiée en sous-titre de *Griodrame* est le symbole de cette nouvelle tendance poétique. Dans la même perspective, s'inscrit Souleymane Koly dont le *Kotéba*, créé en 1974, s'inspire du Kotéba, genre traditionnel[3] tel que promu par des artistes comme Fodéba Keita. Si le Kotéba garde ses parentés esthétiques avec son modèle traditionnel d'emprunt, il a une spécificité qui en fonde l'originalité. Il est, à travers ses jeux, ses musiques, ses danses, ses rythmes un concentré de l'Afrique urbaine en pleines mutations. Au moyen d'un mélange de genres et de langues, (le français, le dioula et le nouchi se côtoie et s'entremêlent), le Kotéba de Souleymane Koly se distingue par un théâtre en phase avec les réalités contemporaines d'une Afrique mutante. Sur cette base, de 1974 à aujourd'hui, cette compagnie de théâtre compte de nombreuses créations inédites dont : *L'Appel du tamtam*, *La Cour*, *Commandant Jupiter & ses Blacks Nouchis*, *Eh, Didi Yako*, *Adama Champion*, *Funérailles Tropicales*, *Waramba*, *Opéra mandingue*, *Navetanes*, *Dozo, la colère de la brousse*. Werewere Liking et Marie-José Hourantier ont développé ensemble le Théâtre-rituel dans les années 1980. A titre de rappel, leur démarche esthétique est fondée, on le sait, sur les rituels Bassa, pratiqués par le peuple du même nom, situé dans le Sud du Cameroun. Des pièces comme *Le chant de la colline* (1980) de Marie-José Hourantier et *La puissance de Um* (1979), *Une nouvelle terre* (1980) suivi *Du Sommeil d'injuste* (1980), *Les Bâtards* (1979) de Werewere Liking sont le produit de ce ressourcement culturel que revendiquent les deux écrivaines. De même que le

---

3   Le Kotéba traditionnel vient du Mali. C'est une forme de spectacle total fait de théâtre, de musique et de danse. Essentiellement comique, il constitue un puissant art de critique social. Kotéban signifie en Malinké 'histoire qui ne finit pas' ou suivant une traduction de Koffi Kwahulé, « situation sans dénouement » (Kwahulé 1993 : 196). Soro Solo, dans un article consacré à Souleymane Koly définit ce mot comme suit : « "Kotè-ba" veut dire grand escargot, faisant ainsi allusion aux spirales de la coquille d'escargot, ou à la procession-mise en condition qui précède chaque représentation et qui elle aussi se développe en spirale sans fin ; et là se trouverait peut-être le sens profond du "kotè-ban", littéralement : "rien ne finit jamais". Autrement dit : on arrive jamais au terme du savoir » (Solo 2003 : 101).

Théâtre-rituel, le Didiga moderne de l'Ivoirien Bernard Zadi Zaourou procède de la logique du retour aux sources africaines.[4] Il émane du Didiga traditionnel Bété, ethnie d'origine de l'auteur. On pourrait considérer cette esthétique comme étant le versant artistique du combat idéologico-politique, véritable colonne vertébrale du corps littéraire et théâtral auquel l'auteur a donné naissance. Cet « art de l'impensable »[5] prend des formes diverses à travers *Le Secret des dieux* (1999), *La Guerre des femmes* (2001), *La Termitière* (2001).[6] C'est un théâtre du corps qui consacre l'héroïsme d'un être d'exception appelé *Djergbeugbeu*. Des instruments de musique (l'arc et le pédou), des éléments de la nature notamment la termitière y acquièrent une valeur symbolique. Ils deviennent des personnages à part entière.

Il s'ensuit que ces dramaturges de la deuxième génération ont plus œuvré dans le sens d'un rejet des canons occidentaux que dans celui d'une écriture de l'hybridité. C'est l'un des critères par lesquels ils se distinguent de leurs cadets de la post-indépendance. A l'inverse du sacro-saint retour aux sources, ces auteurs de la troisième génération proposent le départ vers un ailleurs inconnu, incertain, une création audacieuse au-delà des genres classiques occidentaux ou africains. Les conséquences de cette rupture de principe sont importantes. Elle signifie un renouveau dramaturgique ainsi que des défis idéologiques et politiques.

Pour une poétique de l'hybridité théâtrale: les fondements théoriques

En établissant que les dramaturgies contemporaines africaines sont surtout celles du voyage, de l'exil[7], on peut se poser la question de savoir d'où elles partent et où elles

---

4   Ces deux courants artistiques nés des traditions africaines ont été plus longuement expliqués dans notre ouvrage intitulé *Dramaturgies d'Afrique noire francophone, dramaturgies des identités en devenir* (Traoré : 2008). Les pièces qui en résultent sont simplement citées ou survolées pour avoir été suffisamment abordées dans ce livre.

5   C'est ainsi que Bernard Zadi Zaourou définit le concept de Didiga dans la postface de *La Guerre des femmes* intitulée justement « Qu'est-ce que le Didiga ? » (Zaourou 2001 : 132).

6   Nous l'avons montré dans un article intitulé « Bernard Zadi Zaourou dans la chaîne générationnelle ivoirienne et africaine : synopsis d'une dramaturgie du lien », à paraître dans les actes du colloque international « Zadi Zaourou, un écrivain éclectique: Enracinement et ouverture au monde » organisé les 5 au 8 novembre 2008 par l'U.F.R. Langues, Littératures et Civilisations de l'Université de Cocody-Abidjan.

7   Quand nous parlons de dramaturgies contemporaines africaines, nous désignons les théâtres d'une génération d'auteurs dont les parcours sont caractérisés par l'exil, voire le nomadisme : Koffi Kwahulé, Kossi Efoui, Koulsy Lamko, José Pliya, El Tayeb El Mahdi. Cet exil est dans la plupart des cas celui de l'auteur. Mais il est forcément doublé d'un exil poétique qui s'entend d'une mise en aventure des catégories dramatiques. Celles-ci, en perpétuelle transmutation, connaissent une inventivité toujours renouvelée. Bien évidem-

vont. Et quand on sait que la plupart des auteurs vivent et écrivent en Occident, il semble facile de répondre que ces dramaturgies s'expatrient d'Afrique en Europe. Elles se considéreraient simplement comme des écritures déracinées, occidentalisées dont l'africanité serait à démontrer. On peut même penser que ce sont des dramaturgies suspectes et opportunistes au sein desquelles les auteurs se renieraient. Et pourtant, elles s'inscrivent dans le champ de la complexité telle que l'entend Edgar Morin :

> la complexité coïncide avec une part d'incertitude, soit tenant aux limites de notre entendement, soit inscrite dans les phénomènes. Mais la complexité ne se réduit pas à l'incertitude, c'est l'incertitude au sein de systèmes richement organisés [...]. La complexité est donc liée à un certain mélange d'ordre et de désordre, mélange intime [...]. (Morin 2005 : 49)

Les écritures contemporaines procèdent par des formes qui, justement, fécondent le système dramatique classique, mais avec l'intention de les dépasser, de les transformer. On n'ignore pas le caractère normatif de l'architecture des pièces 'traditionnelles' africaines. Elles relèvent pour la plupart de la vision aristotélicienne où chaque compartiment de l'œuvre tient rigoureusement sa place et correspond à un objectif précis. La structure dialogique de type binaire est faite d'une succession de répliques par laquelle les personnages dont les identités sont clairement déterminées, font progresser la trame vers un dénouement inéluctable. Il s'agit d'un édifice théâtral qui consacre le renforcement de l'action et de la situation au service desquelles est mise la parole. Il est vrai que d'autres auteurs africains francophones – l'Ivoirien Bernard Dadié avec *Iles de tempête* (1973) ou le Congolais Sylvain Bemba avec *Tarentelle noire et diable blanc* (1976), par exemple – empruntent à Brecht la forme épique. Toutefois, malgré les phénomènes de distanciation et d'éclatement de l'espace-temps ainsi que du récit théâtral, les catégories dramatiques demeurent facilement saisissables. Tous ces dispositifs qui régissent encore les créations africaines sont effectivement redynamisés par les auteurs de la post-indépendance. En effet, les personnages, la fable, l'espace-temps, l'action, la situation et le dialogue n'ont en rien disparu des œuvres contemporaines. Cependant, ces articulations théâtrales y sont constamment déréglées, traversées par des éléments hétérogènes. On convoque des mythes, des bribes d'histoires, des personnages historiques qui appartiennent à plusieurs cultures et qui souvent se trouvent transformés, voire travestis au sein du texte. Il en résulte un mélange iconoclaste correspondant à ce que certains spécialistes des littératures francophones, Xavier Garnier notamment, appellent des « formes monstrueuses » (Garnier 2002 : 54).

Ces formes ne sont en réalité que la traduction d'une dramaturgie de l'hybridité. De fait, les écrivains contemporains de la troisième génération auxquels nous nous intéressons procèdent d'un imaginaire pluriel qui, s'il s'appuie sur un certain équilibre,

---

ment, il existe d'autres auteurs africains contemporains installés sur le continent et qui produisent des pièces locales. Leurs créations ne relèvent pas toujours des mêmes modes de construction que celles des écrivains de l'exil.

n'a d'intérêt que par une quête inlassable du déséquilibre. Ils ne sauraient s'inscrire dans des règles génériques préétablies. Au-delà de leurs engagements esthétiques respectifs, ceux-ci semblent s'investir dans une démarche philosophique. A ce propos, Koffi Kwahulé affirme :

> Etant issu de la communauté noire et en raison de l'histoire qu'implique une telle réalité, il m'est philosophiquement impossible de partir d'un savoir préétabli. Car toute mon histoire me dit qu'il n'y a rien de définitif ; tout est à reconstruire. En tant que Noir, je sais dans mon esprit et dans ma chair qu'il n'y a rien de définitif. La tour Eiffel disparaîtrait demain que cela ne me surprendrait pas. Qui aurait pu imaginer qu'un jour les tours du World Trade Center deviendraient poussière en un clin d'œil ? Je pars de l'idée que pour que les choses tiennent, il faut qu'elles ne reposent sur rien. Je préfère ce qui se 'confie' à l'improvisation, au flottement, sans assise repérable. Mon écriture est une écriture du déséquilibre. (Chalaye 2004 : 40)

L'hybridité caractéristique des écritures de la post-indépendance tire ses fondements de cette philosophie du tout-possible dont les jalons semblent posés par Koffi Kwahulé. Aussi, s'apparente-t-elle à celle qui, plus généralement, relève des nouvelles formes littéraires mises en œuvre par les écrivains de la diaspora. Comme l'explique Anne-Marie Laidet, « L'hybridité dans ce cas, n'est plus la zone de contact entre deux cultures, elle devient exposition complexe d'un enchevêtrement de valeurs, de fragments d'expérience, l'hybridité devient alors source d'une esthétique » (Laidet 2001 : 18).

A la lumière de ce qui précède, l'hybridité dramaturgique procède des passerelles génériques et de l'instabilité poétique. Sous son empire, la pièce théâtrale devient un domaine où tout est brassage et aventure. La tragédie, le mythe, la comédie, l'épopée, le récit qui s'interconnectent et s'interpénètrent sans cesse à travers des organes théâtraux en déconstruction/reconstruction permanente, sont autant de foyers où opère l'hybridité théâtrale.

Dans le cadre de cette réflexion, nous en proposerons une manifestation concrète, analysée sous l'angle de la réécriture du mythe. Précisément, les textes ou fragments de textes abordés apparaissent comme un ensemble hétéroclite de mythes désagrégés.

L'hybridité dramaturgique par la déconstruction du mythe

Caya Makhélé recycle deux mythes : ceux d'Œdipe et de la descente d'Orphée aux enfers. Il se réapproprie ces mythes respectivement à travers *L'étrangère* (1994) et *La Fable du cloître des cimetières* (1995). La première pièce citée pourrait laisser apparaître des affinités avec *Œdipe roi* de Sophocle. En effet, la fable retrace le parcours tragique de Balikoul. Ce personnage qui incarne l'autorité politique (c'est le chef du gouvernement) est châtié par Yémanja pour avoir refusé de reconnaître les pouvoirs divins de cette déesse du Vaudou. En plus d'être condamné à coucher avec sa mère, il est contraint à l'errance :

tu seras docker à Marseille, éboueur à Amsterdam, mendiant à Manhattan, clandestin à Paris, cireur de chaussures à Bahia, pêcheur à Harlem et dealer à Bogota. Tu vivras l'opprobre, tes enfants traîneront ta malédiction à travers le monde, personne ne les reconnaîtra comme des humains [...]. (Caya Makhélé 1994 : 43)

Cet extrait fait écho à la malédiction biblique frappant Cham, coupable, lui, d'avoir vu la nudité de son père Noé (*La Bible*, Génèse 9, versets 18-25). Ce transfert du mythe au théâtre permet d'expliquer autrement l'histoire de la diaspora noire. Caya Makhélé, à travers *L'étrangère*, fait apparaître en sourdine la responsabilité historique de l'Afrique. C'est la figure du dirigeant africain qui est mise en cause. Et comme cette figure a presque toujours été incarnée par l'homme, c'est à lui de répondre de cette sorte de péché originel qu'il aurait commis : avoir été complice de la transplantation d'autres africains en Europe et aux Amériques. Ainsi pourrait s'expliquer la vengeance de Yémanja, déesse antillaise « de tous les exilés » (King 2001 : 43), qui rappelle bien la légende des bacchantes : « Yémanja s'allie aux femmes africaines métamorphosées en touloulous – des femmes de légende guyanaise, possédées qui s'échappent de la société dominée par les hommes » (King 2001 : 42).

La Fable du cloître des cimetières est également une autre façon de travestir le mythe. Le parcours de Makiadi, personnage important de l'œuvre, s'apparente à une véritable initiation : la perte de son emploi (« il était colleur de timbre au Ministère de la santé publique » (Makhélé 1995 : 10), la recherche périlleuse de la femme aimée qui lui envoie une lettre après s'être suicidée (à la morgue au fond du cercueil), sa vie de travesti, sa rencontre avec Ogba (un dieu-diable qui l'habille en moine) enfin sa vie de gardien de la morgue, entre le monde des vivants et celui des morts. Les épreuves qui jalonnent un tel parcours constituent les éléments de comparaison permettant de rapprocher l'histoire de Makiadi de celle d'Orphée. Si le héros du mythe grec est motivé par l'idée de récupérer Eurydice, pour la créature de Caya Makhélé, la quête de l'amour n'est qu'un prétexte. En réalité, Makiadi engage une espèce de descente au plus profond de soi afin de se retrouver, de parvenir à une tranquillité intérieure. Ainsi, le mythe d'Orphée, sous le prisme de l'imagination de Caya Makhélé, se mue en un mythe de la quête de soi ou peut-être de l'Autre.

De même, Ariane, dans *Les travaux d'Ariane* (2006), est une déformation du personnage grec. Elle ne correspond pas du tout à cet être dont le fil dirigeait Thésée ou Pénélope, à la recherche d'Ulysse. C'est l'incarnation de la combattante féminine des temps modernes qui hurle sa révolte contre la promotion d'une société phallocratique tendant à réduire la femme à sa plus simple expression : « Je n'ai jamais aimé cette manière qu'ont les garçons de penser qu'il suffit de te mettre la main entre les jambes pour que tu sois au paradis. C'est loin le paradis. Et ce n'est pas sur cette terre » (Makhélé 1994 : 16). Le mythe grec mettant en exergue la figure traditionnelle de la femme à travers une Ariane vertueuse et soumise, sert de subterfuge pour construire un personnage féminin insaisissable et imprévisible qui décrie l'hégémonie de l'homme.

Dans la même perspective, le Tchadien Koulsy Lamko convoque un autre mythe : celui de l'enfant-messie attendu par la communauté pour accomplir un destin christique. Dans *Tout bas...si bas* (1995), la venue de l'enfant pyrogravé qu'on attendait, ne parvient pas à sauver 'les accroupis' que rien ne viendra sortir des bidonvilles. Cette histoire qui s'écrit comme un revers de celle du Christ-sauveur, rappelle avec force et violence que le messianisme n'est qu'un leurre. L'auteur explique les enjeux de ce mythe avorté :

> Mais il ne se réalise pas non plus parce qu'il faut que la société ne se complaise pas dans l'attente d'un messie, d'un "deus ex machina" qui par sa baguette magique transformerait le monde et le rendrait meilleur : une véritable leçon de prise en main de ses responsabilités et de son propre destin. (Chalaye 2001 : 71)

Tout porte à croire que le mythe est récupéré au sein des écritures de la nouvelle génération pour être dénaturé. L'hybridation du mythe devient alors un moyen de battre en brèche l'uniformisation de la pensée, des croyances et des comportements. Le mythe cesse d'être ainsi la source commune ou « la figure exemplaire initiale » (Mouëllic 2001 : 60). Plutôt que d'aider à construire des histoires collectives permettant de fédérer les peuples notamment les Africains (un vieux rêve de la Négritude), le mythe recyclé conduit à la singularisation des récits au sein d'un théâtre qui ne correspond plus aux schémas connus.

Outre les mythes littéraires classiques, ce procédé s'étend également aux mythes populaires. A ce propos, les auteurs semblent s'engager dans la même perspective que Roland Barthes quand il écrivait *Mythologies* (1957). Avec ce texte, l'intellectuel français mettait ses contemporains en garde contre l'uniformisation de la pensée et des comportements. Il dénonçait la façon dont des systèmes de valeurs, des clichés de la vie quotidienne étaient construits et imposés en tant que modèles par le biais de la surconsommation et de la publicité à outrance qui en est un des leviers essentiels.

Sur cette base, les héros mythiques noirs de la boxe américaine qui apparaissent sous des formes référentielles ou non dans les œuvres, deviennent problématiques. Ils montrent l'impossibilité pour un individu de porter la charge d'un destin collectif. *Cette vieille magie noire* (1993) de Koffi Kwahulé, par exemple, une rémanence du mythe de Faust, met en scène la tragédie de Shorty, un personnage qui rêvait de devenir le plus grand boxeur de l'histoire des Etats-Unis afin d'incarner l'espoir de 'la race noire'. Malgré le pacte de sang scellé à cet effet avec Shadow, son parcours s'achève dans une sorte d'asile de fous. Dans *L'entre-deux rêves de Pitagaba* (2000) de Kossi Efoui, le mythe imaginaire de Pitagaba, ne peut se réaliser que dans le souvenir de ce grand champion de la boxe puisque depuis dix ans, un tel héros éponyme se trouve dans le coma. Et peut-être, pour conjurer l'attente interminable de cet illustre absent, il ne reste plus aux autres personnages que la voie du carnaval propice à commémorer l'idéal-impossible que représente Pitagaba.

Dans une autre œuvre intitulée *Io* (2006), l'écrivain Togolais pousse plus loin l'hybridation théâtrale à travers la subversion du mythe. Si dans cette pièce qu'il sous-titre *tragédie*, l'auteur remonte aux personnages mythiques grecs (Zeus par exemple), s'il utilise quelques éléments fondateurs du genre tragique, notamment le chœur, l'écriture en vers, tout ce corps constituant l'hypotexte antique est réinvesti dans une contemporanéité de l'écriture théâtrale. Il s'ensuit une espèce de « transmythicité »[8] définie comme le produit de plusieurs fragments de mythes qui s'articulent autour de la figure imaginaire déifiée, symbolisée par le personnage éponyme. *Io* devient alors un véritable carrefour où se frottent, le temps d'un récit, des bribes de l'histoire du Jazz faisant partie du riche patrimoine culturel afro-américain. De ce point de vue, *Io* n'est plus une tragédie au sens classique du terme. Si l'auteur la désigne en sous-titre comme telle, ce ne peut être que de façon ironique pour indiquer une fausse piste. En tout état de cause, cette pièce apparaît comme une tragédie dévoyée par le mécanisme de la transmythicité. Au cours du colloque récemment organisé à Paris sur son œuvre théâtrale les 12 et 13 février 2010, Kossi Efoui, expliquait son affection pour le monde du jazz et précisait que la présence du personnage dénommé *Le Hoochie-koochie-man* à l'intérieur de son texte ne répond pas d'une signification particulière. Il disait avoir récupéré ce personnage mythique en raison des sonorités, de l'acoustique que lui renvoyait son nom. Au-delà de l'attachement de l'auteur à cette 'musicalité' du nom, l'histoire du personnage semble avoir quelques conséquences sur le plan dramaturgique. On sait que *Le Hoochie-kouchie-man* est cette espèce d'être mystique à qui les faiseurs de jazz vendaient leurs âmes en échange du talent. En le convoquant, le dramaturge semble faire le choix de vendre ce qu'on pourrait considérer comme l'âme du texte théâtral – souvenons-nous de l'édifice dramatique conventionnel qui n'a de cesse régit la construction des pièces. Ainsi, *Io* procède d'un éclatement de l'espace-temps où Io, transformée en icône du voyage transcontinental, parcourt l'Europe, l'Afrique et l'Amérique.

Les enjeux idéologico-politiques de la nouvelle esthétique

L'hybridation des écritures contemporaines à travers la récupération et le recyclage du mythe n'est pas sans impliquer des enjeux d'ordre idéologique et politique. La subversion des édifices dramatiques notamment par la réécriture du mythe est en soi un acte de révolte. Il s'agit là d'une initiative qui crée des mutations dans la vision du théâtre en général et du théâtre africain en particulier. Désormais, le genre n'est plus un lieu normatif où s'exercerait une autre forme de dictature (fusse-t-elle douce) que traduit un conditionnement idéologico-artistique. Les dramaturges de la post-indépendance

---

8   C'est un néologisme que nous proposons et qui est construit sur le modèle de transculturalité. En la matière, la transmythicité théâtrale s'entend d'un éclatement du mythe constitutif de l'œuvre en plusieurs morceaux qui affectent les organes dramaturgiques et créent par ce fait même, une transgénéricité de la pièce. L'hybridité naît en cela et se matérialise par le produit de chaque fragment de récit, d'épopée, de drame, de conte qui donne forme à chaque texte ci-dessus étudié.

semblent avoir conquis un espace de liberté, véritable bastion de la lutte pour l'émancipation de l'Homme, y compris de l'homme africain. C'est à partir de ce cadre en
perpétuel chantier qu'ils déploient leurs stratégies d'attaque contre les citadelles classiques. Ce positionnement qui implique des enjeux de pouvoir trouve ses fondements
dans l'histoire d'une génération africaine sacrifiée à l'autel des coups d'Etat. Kossi
Efoui par exemple, est originaire d'un pays comme le Togo et qui a été le premier à
ouvrir le ballet des coups de forces politiques trois ans après l'avènement des indépendances africaines en 1963. Répondant à une question que lui posait Sylvie Chalaye
concernant la façon dont il se réapproprie l'oralité, Kossi Efoui fit la lumière sur les
liens que sa génération établit avec son continent d'origine :

> Nous les enfants des indépendances. Nous avons connu toutes sortes de dictatures, dures
> ou molles. Et qu'est-ce qui a structuré, profondément, ces systèmes de pouvoir ? Une
> référence constante à la tradition, à une identité intemporelle, à une histoire qui n'a pas
> suivi son cours, qui a été subitement décapitée par l'esclavage et la colonisation. Bref, nous
> avons appris qu'il y a une histoire qui a commencé avant nous et que nous sommes sommés
> de continuer en fermant la parenthèse… Alors qu'est-ce qu'on fait ? On considère de façon
> radicale que le passé est une altérité et qu'on construit un rapport à l'altérité. (Chalaye
> 2004 : 35-36)

Kossi Efoui 'libère' là un mot clé qui sert à comprendre l'aventure de ces écrivains de
la troisième génération dans le champ de ce que nous avons appelé les dramaturgies de
l'hybridité : altérité. A partir du moment où les auteurs eux-mêmes n'ont connu que
l'Afrique du viol et de la violence et ont vécu sur un continent où les discours politiques sont systématiquement contredits par un quotidien invivable, il paraît impossible de déterminer des repères auxquels s'identifier. La problématique de l'altérité
se complexifie davantage et devient envahissante. L'Autre n'est plus seulement en
dehors de l'Afrique. Il peut être à l'intérieur du continent. Aussi, se sent-on étranger
partout et doute-t-on de tout. Dès lors, l'urgence de reconstruire et se reconstruire
s'impose.

Ainsi donc, cette altérité appelle nécessairement le déplacement vers un ailleurs inscrit
à la fois au sein même de l'Afrique et en dehors de ce continent. Cet ailleurs qui a
plusieurs versants – notamment culturels, philosophiques, politiques et idéologiques –
prend d'abord forme sur le plan géographique à travers un parcours singulier à chaque
auteur.

Parti du Tchad son pays d'origine, Koulsy Lamko a d'abord séjourné successivement
au Burkina Faso et en France avant de s'installer au Mexique. Il en est de même pour
Koffi Kwahulé. Comédien de formation à Abidjan (Institut National des Arts – I.N.A.)
puis à la Rue Blanche (Paris), l'Ivoirien vit en France où il a participé à la création de
l'association Ecritures Vagabondes. Quant au Béninois José Pliya, il est nommé à la
tête de l'Alliance Française du Nord-Cameroun en 1996 avant de prendre la direction
de l'Alliance Française de la Dominique en 1998.

Tous ces déplacements vers ces espaces étrangers influencent fortement les dramaturges et déteignent naturellement sur leurs œuvres comme on a pu s'en rendre compte. Les résidences d'écriture dont ils ont presque tous bénéficier ainsi que les festivals internationaux sont autant de carrefours, lieux de rencontres interculturels servant au désenclavement physique, artistique et idéologique. Ce sont donc de véritables laboratoires où cohabitent et s'interpénètrent plusieurs expériences, plusieurs savoirs, plusieurs vérités et incertitudes qui finissent par susciter des formes hybrides. Celles-ci témoignent de brassages culturels et sont l'expression manifeste des identités multiples. La diversité des sujets abordés et des structures dramatiques qu'ils recouvrent traduit l'omniprésence des mouvements migratoires au sein des pièces par lesquels s'opère la 'déracialisation' des écritures d'aujourd'hui. Ce qui est en jeu pour les auteurs du déracinement, c'est de voir comment au-delà de l'acte individuel de création, ils inscrivent le destin particulier de l'Africain dans le devenir collectif de l'homme, qu'il soit noir, jaune, rouge ou blanc.

Somme toute, à travers l'écriture théâtrale, l'Afrique est interrogée, problématisée. Elle se met en scène à partir des zones d'incertitude puisque les auteurs assument les vides d'une mémoire africaine morcelée. Ils invitent au décentrement des formes et des esprits. Leurs pièces sont celles de la remobilisation, non pas autour d'un projet politique commun mais pour la désinhibition des consciences. Tout se passe comme si les écrivains semblaient tirer les leçons de l'échec lié aux schémas collectifs précédents : idéologie fédératrice de la réhabilitation, des indépendances, de l'endettement etc. Ils semblent préconiser la capacité qu'a chaque individu de se libérer d'une pensée unique pour produire sa propre pensée, comme si le produit des libertés singulières peut constituer une alternative aux impasses vers lesquelles l'Afrique est menée. L'option du voyage permanent est une invite à s'émanciper des pesanteurs socio-culturelles pour aller voir et s'enrichir ailleurs, même si l'enrichissement ailleurs passe par un appauvrissement nécessaire. En tout cas, l'essentiel serait de diversifier les points de vue. Pour défendre son individualité et sa liberté créatrice, Kossi Efoui affirme souvent et à raison, qu'il n'est l'ambassadeur de personne. Mais cela n'empêche pas que ces « enfants de la postcolonie » comme Waberi (1998) se plaît à nommer les auteurs de la post-indépendance, soient des ambassadeurs clandestins. En effet, ils sont porteurs d'une parole furtive qui proscrit le messianisme ainsi que son corollaire d'héroïsme spectaculaire. Ce qu'ils semblent prôner, c'est plutôt le réveil individuel c'est-à-dire le retour à une idée de l'homme en tant que sujet capable de devenir par lui-même, un pôle de réussite.

Conclusion

Les écritures contemporaines d'Afrique noire francophone sont des dramaturgies du bouleversement. Elles procèdent d'une hybridation des formes notamment du mythe qui, sous ses facettes recyclées, engendre un éclatement des catégories dramatiques ainsi que des genres comme la tragédie. Ainsi donc, en dépassant les conventions théâtrales, les écrivains africains de la troisième génération réalisent une conversion des modes de création. Par une démarche inverse, ils mettent en travail une parole théâtrale complexe dont les centres d'émission et de réception semblent multiples et difficiles à cerner. De ce point de vue, les enjeux politiques de l'Afrique ne se jouent plus dans un retour aux sources. Ils sont désormais envisagés à l'échelle mondiale, au prisme d'une interaction sans cesse renouvelée entre les peuples. Le postulat du tout-collectif classique semble remis en cause et chaque pièce représente un espace de liberté que s'offre l'auteur pour dire sa singularité.

En définitive, les écrivains contemporains dont les œuvres sont en mouvement sur l'axe équilibre/déséquilibre ne renient pas leurs origines. Ils les transcendent pour rendre possible l'émergence d'une dramaturgie de l'hybridité. L'objectif étant peut-être de proposer au lecteur-spectateur africain ou non une réinvention de sa propre histoire en vue de reconstruire un nouveau rapport à l'Autre.

Ouvrages cités

Pièces de théâtre

Badian, Seydou. 1961. *La mort de Chaka. Pièce en cinq tableaux.* Paris : Présence africaine.

Bemba, Sylvain. 1976. *Tarentelle noire et diable blanc.* Paris : Pierre Jean Oswald.

Césaire. Aimé. 1963. *La Tragédie du roi Christophe.* Paris : Présence africaine.

Dadié, Bernard. 1973. *Iles de tempête.* Paris : Présence africaine.

Efoui. Kossi. 2006. *Io. Tragédie.* Limoges : Le bruit des autres.

Efoui, Kossi. 2000. *L'Entre-deux rêves de Pitagaba.* Paris : Acoria.

Efoui, Kossi. 1990. *Le Carrefour.* Théâtre Sud 2. Paris : L'Harmattan.

Hourantier, Marie José. 1980. *Le Chant de la colline.* Abidjan : NEA.

Koly, Souleymane. 1988. *Canicule.* Abidjan : CEDA.

Kwahulé, Koffi. 1993. *Cette vieille magie noire.* Morlanwelz : Lansman.

Lamko, Koulsy. 1995. *Tout bas...si bas.* Carnières-Morlanwelz : Lansman.

Liking, Werewere. 1980. *Une nouvelle terre* suivi *Du Sommeil d'injuste.* Abidjan : NEA.

Liking, Werewere. 1979. *La Puissance de Um.* Abidjan : CEDA.

Liking, Werewere. 1979. *Les Bâtards.* Paris : Nizet.

Makhélé, Caya. 2006. [1994]. *Les Travaux d'Ariane.* Paris : Acoria/Asphalte.

Makhélé, Caya. 1995. *La Fable du cloître des cimetières.* Paris : L'Harmattan.

Makhélé, Caya. 1994. *L'Étrangère.* Manuscrit inédit.

Ndao, Cheik Aliou. 1967. *L'Exil d'Albouri.* Paris : Oswald.

Niane, Djibril Tamsir. 1971. *Sikasso ou La dernière citadelle*. Paris : Oswald.

Pliya, Jean. 1969. *Kondo le requin*. Paris : ORTF.

Porquet, Dieudonné Niangoran. 1978. *Soba ou Grande Afrique*. Abidjan : NEA.

Zaourou, Bernard, Zadi. 2001. *La Termitière*. Abidjan : NEI.

Zaourou, Bernard Zadi. 2001. *La Guerre des femmes*. Abidjan : NEI.

Zaourou, Bernard Zadi. 1999. *Le Secret des dieux*. Turin : Editions La Rosa.

Zaourou, Bernard Zadi. 1983. *Les Sofas*. Paris : L'Harmattan.

Littérature secondaire

Barthes, Roland. 1957. *Mythologies*. Paris : Editions du Seuil.

Chalaye, Sylvie. 2004. *Afrique noire et dramaturgies contemporaines : Le syndrome de Frankenstein*. Paris : Editions Théâtrales.

Chalaye, Sylvie. 2001. « Entretien avec Koulsy Lamko ». In : *Théâtre/Public*. Gennevilliers, Théâtre de Gennevilliers, 158, 68-71.

Hanquart-Turner, Evelyne (éd). 2001. *L'Hybridité*. Ivry-sur-Seine : Editions A3.

s.n. 2003. *Les festivals de théâtre en Afrique Subsaharienne : Bilan, impact et perspectives*. BICFS/KYRNEA international/ODAS Africa : http://www.passeursdimages.fr/kyrnea/pole/AFRIK/edition/theatrafrica1.pdf (10.8.2011).

King, Adèle. 2001. « Caya Makhélé : mythes, enfers et damnation », in *Théâtre/Public* 158, Gennevilliers, Théâtre de Gennevilliers, 41-43.

Laidet, Anne-Marie. 2001. « La notion de l'hybridité dans la critique postcoloniale ». In : Hanquart-Turner, Evelyne (éd.) : *L'hybridité*. Ivry-sur-Seine : Editons A3, 9-21.

Morin, Edgard. 2005. *Introduction à la pensée complexe*. Paris : Editions du Seuil.

Mouëllic, Gilles. 2001. « Entretien avec Koffi Kwahulé » In : *Théâtre/Public.*, 158, 57-59.

Scherer, Jacques. 1986. *La Dramaturgie classique en France*. Paris : Nizet.

Solo, Soro. 2003. « Souleymane Koly, résolument urbain ». In : *Africultures* 56, *Côte d'Ivoire : le pari de la diversité*, Paris : L'Harmattan, 85-91.

Traoré, Dominique. 2008. *Dramaturgies d'Afrique noire francophone, dramaturgies des identités en devenir*. Paris : Editions Le Manuscrit.

Traoré, Dominique. 2005. *Pour une poétique du dialogue dans le théâtre négro-africain d'expression française*. Thèse de doctorat. Paris : Université de Paris 3 Sorbonne Nouvelle.

II.

Testing the Testimonial

Les enjeux du témoignage

Echo's Legacy: Autobiography and Intertextuality in Assia Djebar's *Nulle part dans la maison de mon père*

Kathryn Lachman, University of Massachusetts Amherst

As I contemplated his tragic-comic failure to create a dwelling place, to ever find A House for Mr. Biswas, I wrestled with the wisdom of Iris Murdoch's laudable pronouncement, "A novel must be a house for free people to live in." Must the novel be a house? What kind of narrative can house unfree people? Is the novel also a house where the unhomely can live?   --- Homi Bhabha

J'en reconstituais le texte avec un entêtement de bravade. Comme s'il me fallait désormais m'appliquer à réparer tout ce que lacéraient les doigts de mon père. [I pieced the letter back together with a show of stubbornness. As if I had to devote myself, from then on, to fixing everything that my father's fingers had torn apart.][1]   --- Assia Djebar

This essay addresses the question of generic innovation in Assia Djebar's *Nulle part dans la maison de mon père* [Nowhere in the House of My Father, 2007], a novel that poses simultaneously as fiction and autobiography, as a work of mourning and an act of betrayal. Recently appointed to the prestigious Académie française, Djebar is the recipient of numerous international literary awards for works translated into twenty-three languages, making her indisputably the most widely read Algerian woman writer today. With *Nulle part dans la maison de mon père,* the author completes her Algerian Quartet, an autobiographical project she began more than two decades ago with the publication of *L'amour, la fantasia* in 1985.[2] In each of the four volumes of the quartet, Djebar experiments with different strategies to write the self in relation to community and history. In *L'amour, la fantasia,* Djebar alternates autobiographical narration with multiple accounts of the history of Algeria, placing the unrecorded experience of Algerian women in counterpoint to a plethora of French written accounts and foregrounding voices previously excluded from both fiction and history. In her latest work, by contrast, she dispenses with collective and national history in order to privilege autobiographical narrative.[3] *Nulle part dans la maison de mon père* extends

---

1   All translations are mine, unless otherwise noted.

2   In Daniel Simon's "A Brief Conversation with Assia Djebar," Djebar designates *Nulle part dans la maison de mon père*, then still a work in progress, as the fourth volume of her Algerian Quartet: "It should serve as the final movement in the quartet I started with *L'amour, la fantasia* (1985; English translation: *Fantasia: An Algerian Cavalcade*, 1989), *Ombre sultane* (1987; English translation *A Sister to Scheherazade*, 1987), and *Vaste est la prison* (1995; English translation *So Vast the Prison*, 1999)" (Simon 2006: 15).

3   Djebar explicitly refers to the plight of other Algerian women once in the novel: "Je n'ai plus de 'maison de mon père.' Je suis sans lieu, là-bas, non point seulement parce que le

Djebar's autobiographical project in four important ways: through the recycling and revision of material from her prior texts; through the intermeshing of autobiography with the mourning of her father; through her unswerving critique of the patriarchal objectification of women; and through her dedication of the novel to postcolonial critic Gayatri Spivak.

My title, Echo's legacy, links Djebar's deployment of citation and revision to Spivak's feminist reading of Ovid's tale of Echo (*Metamorphosis* 2009: 3.351-3.401). In an essay published in 1993, Spivak recuperates Echo, a figure she claims that critics have overlooked in favour of Oedipus and Narcissus, and whose plight provides an allegory for feminine subjectivity in the Global South. Echo is deprived of the ability to speak in her own terms, and condemned to perpetually "give back" (Spivak 1993: 23), to "repeat the end of another's statement" (Spivak 1993: 27). Echo's speech is thus fragmented, derivative, and not her own. But Echo, in turn, enacts a counter-violence: she subjects the other's discourse to fragmentation, repetition, and difference. Like Echo, Djebar seeks to articulate feminine subjectivity against and within a patriarchal system that would deny women such agency, using a language she inherits from the French imperial presence in Algeria but ultimately transforms through creative appropriation. In Djebar's fiction, French has come to represent not merely the language of colonial oppression, but also the language of the father: the father who would never veil nor cloister her, and who took her hand to lead her to school (Djebar 1998: 46). In *Nulle part dans la maison de mon père,* Djebar reassesses the role of the father and confronts her own mediated relationship to language, a task which leads her to reconsider scenes from her previous novels.

Revision: Autobiography as an intertextual project

The revision of key passages from the author's literary corpus constitutes the most striking aspect of *Nulle part dans la maison de mon père*. Djebar revisits sections of *L'amour, la fantasia* and *Ombre sultane,* thereby producing a palimpsest text, in which passages of already published works reappear, albeit displaced and transformed.[4] The strategy of textual production through self-citation, repetition, and revision can be understood as a form "bricolage", which Spivak (following Derrida) identifies with a radical "questioning of all ideologies" (Spivak 1985: 88) of authority, identity, origi-

---

    père est mort, affaibli, dans un pays dit libéré où toutes les filles sont impunément déshéritées par les fils de leurs pères" [I no longer possess the "house of my father". I have no place, over there, not only because my father is dead, diminished, in a country considered free, where all girls are routinely disinherited by their fathers' sons] (Djebar 2007: 386). See also Mildred Mortimer's 1997 study of fragmented autobiography in Djebar's Algerian Quartet.

4   See Anne Donadey's insightful discussion of palimpsest and colonial history in *Recasting Postcolonialism* (2001).

nality and legitimacy. Such a technique is particularly unsettling in a first-person text that announces itself as autobiography, as it blurs the generic boundaries separating fiction and autobiography, as between author, narrator and character. Djebar's return to earlier writing is motivated by a desire for unprecedented clarity and directness with respect to the past. It entails a shift in narrative voice, as the author reclaims anecdotes previously attributed to a fictional character and recounts them in the first person. Djebar asserts, "J'y reviens de front, et non pas allusivement par le biais de quelque personnage" [I return to it head on, and not allusively through the means of some character] (Djebar 2007: 362). Despite her claims to adopt a transparent approach to the material of her childhood, the text is thoroughly mediated by Djebar's intertextual engagement with her prior novels. The prevalence of intertextual echoes in a text that positions itself as unmediated autobiography recalls Marguerite Duras's *L'Amant* [The Lover, 1984], a work that, as Leah Hewitt has shown, similarly poses as "a true confession", while anchoring "itself in the continual resumption of [the author's] fiction" (Hewitt 1992: 97). *L'Amant* has been read as "an elucidation of other texts from [Duras's] own corpus", and as "a tease… because it moves in and out of the frontiers of [Philippe] Lejeune's definition" of autobiography (Genova 2003: 50-51). There is a remarkable affinity between the highly intertextual and self-referential autobiographical practice of the two authors, especially in these two late novels. Duras considered herself an "echo chamber" who transforms "the material of others and her surroundings […] as they pass through her" (Hewitt 1992: 92), much as Djebar likens her own writing to a heightened listening, "un silence qui écoute" [a silence that listens] (Djebar 1999: 17), thus placing her writing in explicit relation to others. It is important, however, to acknowledge that Djebar's strategies for writing the self respond to a specific interdiction against writing in the first person faced by Arab and Muslim writers.

Throughout two decades of autobiographical writing, Djebar has addressed the difficulties of saying "I" as an Algerian francophone woman writer. The author adopted a pseudonym prior to publishing her first novel, *La Soif* [Thirst, 1957], to mask her identity and avoid bringing shame to her father. As Mildred Mortimer maintains, "uneasiness with autobiography led Djebar to autofiction and collective autobiography" (Mortimer 1997: 103). In *L'amour, la fantasia,* Djebar discusses the cultural imperative to privilege collective experience over that of the individual, an obligation that makes the autobiographical endeavour extremely difficult: "Comment dire 'je' puisque ce serait dédaigner les formules-couvertures qui maintiennent le trajet individuel dans la résignation collective?" (Djebar 1985: 177) [How could she say "I" since that would be to ignore the blanket formulas which ensure that each individual journeys through life in a collective resignation?] (tr. Blair 1985: 156). Writing in the French language, moreover, entails the translation of a complex, multilingual experience, a process that inevitably distances the writing subject from herself and her material: "l'autobiographie pratiquée en langue adverse se tisse comme fiction" (Djebar 1985: 243) [autobiography practised in the enemy's language has the texture of fiction] (tr. Blair 1985:

216). French alienates her from entire sectors of the national audience, including the rural women in solidarity with whom she writes. Djebar notes that articulating desire and love in the French language presents an additional challenge, as doing so entails a dual betrayal of the nation and the father. In *Nulle part dans la maison de mon père,* Djebar adopts the first-person voice exclusively, but is careful to highlight the disjuncture between author, narrator and subject. She calls attention to the inevitable gaps in the text, by describing the narrative as a series of "éclats" [shards] (Djebar 2007: 239) of experience.[5] Like all writing on the self, she recognizes her text as an "écriture en fuite" [writing in flight] (Djebar 2007: 403), in the sense that any attempt to bring back the past inevitably produces a breach between the "moi qui écris" [the self who writes] and "celle qui est écrite" [the written self] (Djebar 2007: 374). In taking up and extending passages from her prior novels, Djebar confronts this written self and interrogates its silences, specifically in relation to the father.

Mourning the father/writing the self

Djebar's strategy of reworking existing texts can also be seen as an attempt to forestall the 'freezing' or 'statufying' of stories and voices (Djebar 1999: 148).[6] The imperative to keep the past alive is all the more urgent in this text, as it is a work of mourning for the author's father who passed away in October 1995 and whose death she has not previously addressed in writing (Djebar 2007: 403). When the project was still underway, Djebar revealed she was writing "'the father's book'; about my father, my father's father, and a fair number of my Algerian ancestors" (Simon 2006: 15).[7] The novel in-

---

5   Djebar also uses the word "flashes" to describe her broken recollections of her paternal great grandmother, like the momentary, blinding light of a camera in the act of seizing a photograph: "l'aïeule de mon père m'est restée dans sa voix à lui, inoubliable, évoquée en quelques flashs seulement" [my father's grandmother lived on in his voice, unforgettable, conjured up in only a few instants] (Djebar 2007: 38).

6   Djebar's project here recalls Maurice Blanchot's efforts to resist codification and statufication in *L'arrêt de mort* [Death Sentence], a novel that evokes the death of a beloved woman called J. Blanchot and similarly used revision to avoid closure. The author returned to his novel in 1971, twenty-three years after its initial publication in 1948, thus maintaining the text in a dynamic of incompleteness and transformation. In *Teaching for the Times*, Spivak cites a passage from *L'amour, la fantasia* that demonstrates Djebar's struggle to write the voice without killing or imprisoning it anew: "If only one could cathect 'investir' that single spectator body that remains, encircle it more and more tightly in order to forget the defeat!... But every movement that might recall the collective fury ('la furia') of the ancestors immediately freezes ('se fige'), redoubling the immobility that makes of woman a prisoner..." (Spivak 1992: 78).

7   In this sense, *Vaste est la prison* could be called "the mother's book" as Djebar writes the history of her mother's family. For an excellent recent analysis of *Vaste est la prison*, see Joyce Lazarus (2010).

scribes the father around two distinct axes, "Le père et la mort" [the father and death] and "Le père qui condamne à la mort" [the father who sentences death] (Djebar 2007: 354). It addresses not only the father's death, but also the absolute authority Algerian culture accords fathers over their daughters. Djebar thus mourns the father even as she exposes his rigorous policing of her body and desire. This constitutes a significant shift in her representation of the father. Whereas her previous novels celebrate the father's modern stance on women's education and credit him for having given her access to French schooling and ensured her mobility in a society in which women are often sequestered, this text qualifies her mobility as subject to tight paternal control and "encombrée avec une responsabilité ambigüe qui me dépasse" [burdened with an ambiguous sense of responsibility beyond my understanding] (Djebar 2007: 16).[8] Although her father encouraged her to study Western literature and philosophy, he expected her adherence to a traditional Muslim code of modesty, purity, and self-effacement. Djebar exposes the radical incompatibility of these paternal demands with the freedom and "exaltation" [elation] (Djebar 2007: 375) she experienced in reading philosophy and poetry. Her freedom of movement distanced her from her Algerian 'sisters' who remained cloistered and veiled, while an unspoken vow of fidelity to her father separated her from her French peers (Djebar 2007: 375). She found herself in what Bhabha has termed the "halfway between and not-defined" (Bhabha 1992: 149) interstices between worlds, an experience of dispossession and otherness that figures in the novel's title, "nulle part dans la maison de mon père" [nowhere in my father's house].

We turn now to consider four passages in *Nulle part dans la maison de mon père* where Djebar reworks elements of her prior autobiographical fiction: first, the opening of the novel echoes (and transforms) the beginning of *L'amour, la fantasia;* secondly, the description of her paternal grandmother's death recycles and modifies material from *L'amour, la fantasia;* the father's interruption of her attempts to ride a bicycle is a variation of a scene previously recounted in the third person in *Ombre sultane;* and

---

8   On this issue, see also Alison Rice's study of movement in Djebar, which considers several of the author's novels and interviews alongside Khatibi, Derrida and Cixous. Rice points to several passages in *Vaste est la prison* and *Ombre sultane* where the young girls' mobility is already problematic (Rice 2004). The one domain where Djebar continues to portray her father as exceptionally progressive is as a spouse: he supported her mother's gradual Westernization and accorded her remarkable autonomy. "Malgré ses idées et sa foi en la Révolution française [...] en qualité de 'père'– en particulier vis-à-vis de la première fille – il redevient malgré lui ou sans le savoir 'gardien de gynécée'. Comme époux, il évoluera progressivement, rapidement même pour l'époque. Comme père, c'est sa fille qui va d'abord le devancer" [Despite his ideas and his faith in the French Revolution [...] as a father – especially towards his eldest daughter – he reverted, despite himself or without realizing it, to being the "guardian of the gynaeceum". As a spouse, he was to evolve progressively, even rapidly for the time. As a father, his daughter was first to outpace him] (Djebar 2007: 381).

finally, the detailed account of an adolescent suicide attempt revisits a scene the author briefly and elliptically included in *L'amour, la fantasia*. We can also discern a distinct pattern in Djebar's revision of material: all of these scenes are newly inflected with the absence of the father in one of three ways. Djebar either erases the father from scenes in which he had been present in another novel, or she elides the father's death but writes in detail about another death, or finally, she claims the first-person voice and writes with unprecedented clarity about herself precisely in light of the father's absence.

While the father's death authorizes Djebar to claim the first-person subject position and address her experience more directly, the novel maintains an uneasy silence on the subject of the father's death, which transpired in a Parisian hospital while the author herself was in Toronto. The author conspicuously removes the father from well-known scenes of her fiction. The novel's incipit, for instance, immediately makes palpable the trace of the absent father, through a deliberate partial echo of the beginning of *L'amour, la fantasia*. The opening passage of the 1985 novel intimately links the portrait of the little girl to that of the father:

> Fillette arabe allant pour la première fois à l'école, un matin d'automne, main dans la main du père. Celui-ci un fez sur la tête, la silhouette haute et droite dans son costume européen, porte un cartable, il est instituteur à l'école française. Fillette arabe dans un village du Sahel algérien. (Djebar 1985: 11) [A little Arab girl going to school for the first time, one autumn morning, walking hand in hand with her father. A tall erect figure in a fez and a European suit, carrying a bag of school books. He is a teacher at the French primary school. A little Arab girl in a village in the Algerian Sahel.] (tr. Blair 1985: 3)

We see their complicity not only in their joined hands, but also on a structural level, as the description of the girl embraces that of the father, both preceding and immediately following it. In interviews, Djebar has explained this inaugural image of father and daughter as an illustration of how the involvement of fathers has been absolutely crucial to the emancipation of women in North Africa: "Le féminisme chez nous s'est passé par l'intercession des pères [...] J'ai voulu évoquer cela. C'est ce qui m'a amenée à commencer ma propre histoire 'main dans la main' avec le père" [For us, feminism happened through our fathers' intercession. [...] I wanted to evoke that. It is what led me to begin my own story 'hand in hand' with my father] (Ringrose 2006: 57). By contrast, *Nulle part dans la maison de mon père* opens with the solitary image of the little girl: "une fillette surgit: elle a deux ans et demi, peut-être trois" [a little girl emerges: she is two years old, maybe three] (Djebar 2007: 13). This little girl stands alone, without paternal protection. As the text unfolds, moreover, the mother takes the place of the father. The first chapter, "la jeune mère" [the young mother], privileges the connection between mother and daughter, a poignantly ironic gesture in a novel whose title evokes the father, even as it places him under the sign of negation (Djebar 2007: 13).

In an even more striking instance of effacement and displacement, the novel includes a sensual description of the narrator's wild, uncontrolled grief for her paternal grandmother who passed away when she was a young child, while leaving the father's death virtually unmentioned. The narrator claims she has been unable to grieve for her father, although her grandmother's death, which Djebar already recounted in *L'amour, la fantasia*, still brings her to tears so many years later: "moi qui écris, qui regarde et qui pleure à nouveau – moi qui n'ai pas pu pleurer, hélas, pour finir, le père tombé d'un coup dans la métropole du Nord, sur la terre des Autres" [I, who write, watch and weep anew I, who was unable finally to cry, alas, for the father who died suddenly in the northern metropolis, on foreign soil] (Djebar 2007: 35). In writing about the grandmother's death in both novels, Djebar adopts an interminable present tense. Whereas the earlier version in *L'amour, la fantasia* focuses on the terrifying silence of the grandmother and the narrator's desire to recuperate that silence, the later version emphasizes her own exhilarating flight through the city streets, liberated from the confines of her father's house where her elders are preoccupied with the rituals surrounding death:

> Dehors, dans la rue descendante d'Aïn-Ksiba, je cours, je sanglote, je crie à demie ou j'étouffe mes sanglots, des nœuds en moi se dénouent, s'exhalent par ma gorge, deviennent cours sauvage et débondé, sanglots mués en fleuve... mon corps de fillette est en train de bondir hors de la maison paternelle. [Outside, in the sloping street of Aïn-Ksiba, I run, I sob, I half-cry or I stifle my sobs, knots inside me come unknotted, waft from my throat, become a wild unbridled flight, sobs transformed into a river...my little girl's body is bounding outside the father's house.] (Djebar 2007: 23)[9]

---

9   I cite here, for the purposes of comparison, the related passage from *L'amour, la fantasia*: "Je rêve à ma grand-mère paternelle; je revis le jour de sa mort. Je suis à la fois la fillette de six ans qui a vécu ce deuil et la femme qui rêve et souffre, chaque fois, ce rêve... Mon corps dégringole la ruelle, car j'ai surgi de la demeure paternelle où la mort a frappé. Je cours, je dévale la rue cernée de murs hostiles, de maisons désertées... Tout au long de ma course, ma bouche s'élargit, béante... Rêve pourtant au son coupé. Propulsion interminable, s'étirant dans mes membres, se gonflant de ma poitrine, écorchant mon larynx et emplissant mon palais, un cri enraciné s'exhale dans un silence compact. [...] Ce rêve me permet-il de rejoindre la mère silencieuse ? Je tente plutôt de venger son silence d'autrefois..." (Djebar 1985: 271-273). [I dream of my paternal grandmother; I relive the day of her death. I am at once the six year-old child who experienced this loss, and the woman who dreams and suffers, every time, from this dream. [...] I have rushed out of this house where death has come knocking, and go tearing down the narrow alley. On I run, I tear down the street hemmed in by hostile walls, empty houses... During all the time I am running, my mouth gapes wider... The sound in my dream however is switched off. I am driven relentlessly onward. A scream is implanted within me; it shoots up through my limbs, swelling in my chest, rasping my larynx, fills my mouth and is exhaled in a dense silence [...] Does this dream allow me to find the silent (grand)mother again? I seek rather to avenge her former silence...] (tr. Blair 1985: 193-4).

As grief propels the narrator into the street, she leaves behind her father's house and runs aimlessly toward the sea (mer/mère). The unbounded emotion and lack of control of the scene is structurally replicated in the novel's subsequent account of an adolescent suicide attempt where the narrator flees the scene of a lover's quarrel in a similarly untamed, desperate race through the city towards the sea, this time, however, culminating in her abrupt decision to throw herself onto the rails of an approaching streetcar. The structural resemblance between the two scenes suggests a more fundamental relation between the death of the paternal grandmother – the narrator's first major experience of loss, which she describes as the deepest grief she ever felt and in which she roots her desire to write – and her later suicide attempt. The grandmother's silence haunts the narrator in recurring nightmares well after the grandmother's death; in these dreams, the narrator is a little girl, who in turn tries to cry out, but her cry makes no sound. In *L'amour, la fantasia,* Djebar presents writing as a way to "avenge that former silence" (Djebar 1985: 273), to inscribe the silence of the grandmother whose voice no one can restore. Likewise, the suicide attempt is an impulsive, spontaneous act of revolt against a patriarchal value system that negates her. The inscription of wild emotion, uncontained grief, and uncontrolled movement in both scenes is a mode of textual resistance against patriarchal repression and containment. In this sense, once again, Djebar demonstrates an affinity with Duras, as both authors write feminine revolt as madness, silence, self-destruction, even while they recognize that these forms of rebellion "do not liberate the subject from her contradictions" (Hewitt 1992: 107).

Metonymy and the father

As critics have noted, Djebar often represents women through synecdoche, the substitution of the part for the whole: women figure in her novels as a hand, an ankle, a voice.[10] In *Nulle part dans la maison de mon père,* for instance, the mother appears as a series of separate parts: her eyes, her ankle, and her jewels emerge from beneath the long silk veil. Anjali Prabhu has also commented on the "incomplete, fragmented, and static" images of Hajila in *Ombre sultane,* whose "physical presence is often reduced to that of a part of her body, dissociated from the rest, through the use of synecdoche in the representation... Hajila enters the text as a hand that is 'inerte'" (Prabhu 2002: 16), and "her hands are at times separated from her thought, making them seem like those of a marionette, being controlled by an exterior force" (Prabhu 2002: 75). Prabhu argues that this strategy of representation is ambivalent. On one hand, metonymy reproduces – even as it reveals – the negative impact of a patriarchal, reductive gaze on women. Focusing on a part of the woman's body deprives the feminine subject of

---

10 Both Spivak and Katherine Gracki have remarked on the violence that autobiographical writing entails for Djebar, "since it amounts to submitting oneself to the vivisector's scalpel" (Prabhu 2002: 83).

agency by reducing her to a partial, fractured object of desire. Metonymy, however, also exposes the trace of patriarchal violence, thus fulfilling what Spivak posits as an ethical requirement for postcolonial writing: "the recovery of a woman's voice is useless in autobiography and equally anthropologistic if it does not acknowledge that the woman-in-culture may be the site of internalized phallocracy" (Spivak 1993: 30). On the other hand, it can be argued that metonymic representation preserves the alterity and opacity of the feminine subject, because it does not attempt to totalize her. The ambivalent status of synecdoche is symptomatic of a broader tension between part and whole in Djebar's fiction, and in postcolonial writing more generally. A major concern of Djebar's autobiographical project has been to ward off the substitution of her singular voice for that of other Algerian women by positioning herself "in relation and obligation" to others.[11]

As has been widely observed, Djebar uses the metonymic figure of hands to represent affiliations across time and space: hands suggest the narrator's special relationship to her father, who holds her hand on the way to school; they convey her connection to her paternal grandmother who puts her to sleep by cradling her little feet in her warm hands; hands also symbolically assert her claims to the inheritance of painter Eugène Fromentin and other Europeans who witnessed and documented the 19th-century colonial conquest of Algeria. In *L'amour, la fantasia*, Djebar announces that she holds the pen in solidarity with women who have been written out of history:

> Eugène Fromentin me tend une main inattendue, celle d'une inconnue qu'il n'a jamais pu dessiner [...] Fromentin ramasse, dans la poussière, une main coupée d'Algérienne anonyme. Il la jette ensuite sur son chemin. Plus tard, je me saisis de cette main vivante, main de la mutilation et du souvenir et je tente de lui faire porter le 'qalam'. (Djebar 1985: 225) [Eugène Fromentin offers me an unexpected hand, the hand of an unknown woman he was never able to draw. Fromentin picks up out of the dust the severed hand of an anonymous Algerian woman. He throws it down again in his path. Later, I seize on this living hand, hand of mutilation and of memory and I attempt to bring it the 'qalam'.] (tr. Blair 1985: 226)

Djebar has also called attention to the cramped position that writing in French imposes on the body: one has to contort the hand awkwardly inwards, while the written words run away from the body. Through these diverse references to hands, the author brings the body into her texts and theorizes the relationship between the body and writing, and between the writing body and others. The repetition of such motifs has been seen as a mode of ekphrasis (Al-Nakib: 2005), a musical way of giving coherence to texts that move incessantly between autofiction and collective history, as between colonial history, the struggle for independence, and the present. But, we should also note that the metonymic status of these hands is emblematic of the violent fragmentation that

---

11 I borrow the phrase from Sara Murphy's discussion of Drucilla Cornell's project of mourning and autobiography, in which Murphy describes the "autobiographical subject as constituted in terms of a relation and obligation to another" (Murphy 2004: 157).

the female subject undergoes under the patriarchal authority of male figures. The metonymic violence of Djebar's textual practice responds to the repressive violence directed towards women in Algerian society. Her fiction records this violence, even as it uses repetition and recombination to join the atomized, detached hand into a chain of hands, creating community and coherence across time and space.[12]

Whereas Djebar generally links the image of the hand to writing and affiliation, in *Nulle part dans la maison de mon père,* she focuses particularly on legs as emblematic of individual freedom and mobility. She addresses the violence exerted by metonymic representation most explicitly through her account of her aborted efforts as a six year-old girl to ride a bicycle. As mentioned above, the bicycle incident is a variation of a similar passage in *Ombre sultane* that involves a little girl named Isma, who is innocently playing on a swing at a street fair, when her father angrily points to her short skirt and forbids her to expose her legs to the male gaze. The name Isma, as Spivak notes in "Echo" (Spivak 1993: 28) means simply 'She is called' in Arabic, and thus potentially can stand in for any woman – even for the author herself.[13] In *Nulle part de la maison de mon père,* Djebar transforms the scene so that it no longer concerns a fictional girl called Isma, but the narrator/author herself. A neighbour is teaching her to ride a bicycle in the courtyard of the family home. She is just at the point of being able to balance, when her father abruptly intervenes and orders her never again to display her legs on a bicycle. The author's return to this formative scene of prohibition underscores its significance as a traumatic event, a wound that she compares to an indelible tattoo or being branded by a hot iron: it is "la seule blessure que m'infligea jamais mon père, comme s'il m'avait tatouée, encore à cette heure où j'écris" [the only wound that my father ever inflicted on me, as though he had tattooed me, even now as I write] (Djebar 2007: 51). The scene is nearly identical to the earlier version: the age of the protagonist (five or six), the public setting, the abrupt paternal interdiction, the father's metonymic focus on the young girl's legs. And yet, the discrepancies between the two versions of the scene – the shift from first to third person narration, the swing to the bicycle, the public fair to the courtyard – are enough to destabilize the borders between fiction and autobiography. The author's claim to confront the past directly, "de front" [head on] (Djebar 2007: 362), in *Nulle part dans la maison de mon père* invites us to read the later version of the scene as the authoritative one. If this is the case, the differences between the two accounts expose the workings of self-censorship in Djebar's previous writing, a deliberate veiling of the self that she explicitly links to the father: "Voici que l'auteur se met à nu… Seulement parce que le père est mort? Le père aimé et sublimé? Le père juge, quoique libérateur…?" [All of a sudden the author bares herself… Only because the father died? The father she loved and sublimated? The father judge, however liberating…?] (Djebar 2007: 384).

---

12 Brenda Cooper argues that Djebar converts the "accidental of metonymy" into "the meaningfulness of metaphor" (Cooper 2007: 144).

13 See also Nathalie Sarraute's play, *Isma: ou ce qui s'appelle rien* (1970).

In her analysis of the scene, Djebar recalls that the father addressed the prohibition not to her, but to her mother, verbally negating her presence: "Je ne veux pas – non, je ne veux pas – je ne veux pas que ma fille montre ses jambes en montant à la bicyclette." [I don't want – no, I don't want – I don't want my daughter to expose her legs while riding a bicycle] (Djebar 2007: 51). His statement, moreover, asserts his authority in terms of possession; four of the five pronouns in the sentence refer to the father (je, *ma fille*, etc.), while only one refers to the narrator herself. The father's assertion traumatizes the author/narrator because of its dissonance with the liberal, humanistic values her father promotes in all other spheres; in the daughter's eyes, the father has suddenly become a stranger. The scene is all the more traumatic in that she receives neither support nor explanation from her mother, who stands in silent solidarity with the father. The narrator interprets their sudden irrationality as a disease, "Que leur arrivait-il: une maladie contagieuse? Puisque ma mère, elle non plus, ne m'expliquait rien." [What was happening to them: a contagious sickness? Because my mother, too, gave no explanation] (Djebar 2007: 51). The father's focus on her legs violates the wholeness of her body: "J'étais froissée de sentir qu'il avait ainsi délimité ma personne, retranché de moi quelque chose qui n'était pas à lui; or, c'était moi! Mes jambes, et alors! Il faut bien que je marche avec: chaque enfant a des jambes!" [It hurt to think that he had defined me in that way, he'd taken something from me that was not his, that was me! What about my legs? I needed them in order to walk: every child has legs!] (Djebar 2007: 51). The little girl's legs come to stand metonymically for her entire body, a body that must be contained, concealed and controlled because of its capacity to incite desire. In recounting the scene more than fifty years later, the narrator dreams of an encounter with her father in which he would see not "jambes" [legs], but simply "moi" [me] (Djebar 2007: 51). After the father's death, she seeks to remedy the metonymic dislocation that the paternal law inflicted upon her, by reclaiming her wholeness through writing. Although she will never realize the dream of making this wholeness visible to the father, she calls upon the reader to witness in his place.

Djebar emphasizes that the father issued his decree in French, but used the Arabic word *arjulha* for legs: "ces deux lambeaux de phrase se mirent à danser en moi. Sans cesse je souffrirai de cette incongruité de la voix paternelle prononçant les deux mots: 'ses jambes.'" [these two sentence fragments started to dance inside me. I will always suffer from the incongruity of my father's voice pronouncing the two words: 'her legs'] (Djebar, 2007: 56). The Arabic word interrupts his otherwise seamless French, performing a semantic violence to his speech parallel to the metonymic fragmentation that his authority enacts on her body. This bilingual enunciation contains a "metonymic gap" (Ashcroft 2001: 75) that conveys the divided structure of colonial Algeria: the father's abrupt shift from French to Arabic marks the dissonance between the Muslim tradition that assigns a father "uncontestable" authority over his daughter's body (Djebar 2007: 90) and the values of their French neighbours:

> Cela m'a ensuite empêchée de tenter d'apprendre à monter à vélo, même mon père une fois disparu, comme si ce malaise, cette griffure, cette obscénité verbale devait me para-

lyser à jamais tout en m'éloignant d'eux – eux, un couple acceptant, admirant néanmoins
la société de leurs voisins, leurs écoles, qu'ils sacralisaient, leur religion... [That kept me
from trying to learn how to ride a bicycle, even once my father died, as though this uneasiness, this scratch, this verbal slur would paralyze me forever, all the while alienating
me from them – them, a tolerant couple, nonetheless admiring their neighbours' society,
whose schools they sacralised, their religion...] (Djebar 2007: 51)

Djebar does not reproduce the Arabic word in her account of the incident; through a
counter-violence, she blanks it out and refers to it only as an "obscénité verbale"
[verbal slur] (Djebar 2007: 51). Her authorial voice thus subsumes her father's speech.
Just as he verbally excised a part of her body, she cuts out his offensive word.[14] This
scene of prohibition dispossesses the narrator on multiple levels: her legs are ex-
propriated and suddenly made alien to her; the very part of her that guarantees her mobility is tainted as obscene; the mere sight of her legs, moreover, provokes an irruption
of extreme irrationality in her father, a man she regards as a distinctly rational being.
The incident powerfully embodies the deracination and displacement expressed in the
novel's title, "nulle part dans la maison de mon père". And significantly, Djebar represents paternal authority as a form of writing that indelibly marks the body: it is a
wound, a tattoo, a burn, a scratch.

The destructive impact of patriarchal authority figures again in a final scene: the narrator's suicide attempt at age 17 in October 1953, a year before the outbreak of the
Algerian war. Djebar recounts the incident rapidly in *L'amour, la fantasia* (Djebar
1985: 161-163), but now returns to examine it in detail and to assess how the impo-
sition of patriarchal 'Law' affects her control of language at the most basic level. The
narrator is in the midst of her first romantic friendship, as yet strictly platonic, with a
young student called Tarik. The couple discusses pre-Islamic poetry during long walks
throughout Algiers. Nonetheless, she is petrified that her father will discover the
friendship and call into question her virginity. The terrifying hold of paternal authority
is evinced in her constant internal repetition of the sentence, "Si mon père le sait, je me
tue" [If my father knows, I'll kill myself] (Djebar 2007: 355).[15] In the course of a

---

14 The author's gesture here can be contrasted to a related scene in *L'amour, la fantasia*,
    where she deliberately inscribes the Arabic word for pen, qalam: "Fromentin ramasse
    dans la poussière une main coupée d'Algérienne anonyme... Plus tard, je me saisis de
    cette main vivante, main de la mutilation et du souvenir, et je tente de lui faire porter le
    'qalam'" (Djebar 1985: 255). [Fromentin picks up out of the dust the severed hand of an
    anonymous Algerian woman... Later, I seize on this living hand, hand of mutilation and
    of memory, and I attempt to bring it the *qalam*] (tr. Blair 1985: 226).

15 At five, she is incapable of revolt and simply internalizes the father's law, "J'ai scrupu-
    leusement respecté l'interdiction paternelle. [...] Comme si j'avais gravé en moi que je ne
    monterais jamais de ma vie à vélo [...] fût ce sur ordre de la maîtresse!" [I scrupulously
    respected the paternal law. [...] As if I had engraved inside of me a vow never ever to
    mount a bicycle, even if the school teacher were to order me to do so!] (Djebar 2007: 52-
    3).

trivial quarrel, Tarik stubbornly tries to impose his authority over her. This unjust, narcissistic assertion of male privilege triggers an uncontrolled metonymic fragmentation and recombination within the sentence, "Si mon père le sait, je me tue." The syntax comes unhinged, breaking into semantic units which recombine into a series of different formulations: "Mon père... me tue" [My father is going to kill me] (Djebar 2007: 354), progressively gives way to "je me tue" [I'll kill myself] (Djebar 2007: 354). Like Echo, the narrator can only repeat and fragment the paternal dictum. "Je me tue" is the partial, distorted metonymic echo of the phrase she had obsessively internalized. It is an accidental, contingent, and non-motivated phrase, but nonetheless causes her to flee the scene, to seek "aveuglément, obstinément, une échappée" [blindly, obstinately, a way out] (Djebar 2007: 365) and to throw herself in front of an approaching streetcar.

Djebar presents the suicide attempt as the product of momentary aphasia, a sudden inability to manipulate language beyond repetition and recombination: "cette phrase obsessionnelle, agiss[ait] comme seul moteur" [this insistent phrase acted as the only motor] (Djebar 2007: 369). The drive for self-determination propels her to desperate action, as it does so many of the female protagonists across Djebar's fiction.[16] Whereas the suicide attempt is an inadequate and ineffective response to patriarchal constraints (the narrator ultimately marries the very same young man who provoked her desperate revolt, only to divorce him some years later), Djebar subsequently makes writing into a powerful vehicle of resistance to patriarchal 'Law' – and colonial 'History' – through a poetics and politics of difference and mobility. The text calls to mind the Haitian writer Edmond Laforest who committed suicide by jumping off a bridge with a Larousse dictionary tied around his neck, about whom Henry Louis Gates, Jr. writes: "While other black writers, before and after Laforest, have been drowned artistically by the weight of various modern languages, Laforest makes of his death an emblem of this relation of overwhelming indenture" (Gates 1985: 13). As Françoise Lionnet argues, in the case of marginalized women writers,

> the situation is compounded by the double stigma of race and gender. This stigma, imposed in a more or less devious way by the social structures of the colony, is then internalized by individuals and groups in their efforts to conform to the idealized images that society upholds as models. (Lionnet 1989: 3)

Djebar miraculously survives her suicide attempt, and does not subsequently try to enact Laforest's solution. Instead, she works through the traumatic metonymic violence of patriarchal prohibitions through writing and re-writing. A decade after her father's death, the author revisits her autobiographical narratives to re-examine both the generosity and violence of the father's legacy. The novel's title, *Nulle part dans la*

---

16 "Depuis, dans mes fictions, tout personnage féminin entravé finit par chercher aveuglément, obstinément, une échappée, comme sans doute je fis moi-même, dans mon passé juvénile." [Ever since, in my fictions, every female character who is constrained finally seeks blindly, obstinately, an escape, as undoubtedly I did myself in my childhood] (Djebar 2007: 365).

maison de mon père, makes reference to the father's *house,* as a space from which her subjectivity and desire was banished. Homi Bhabha, taking up Iris Murdoch's idea of the novel as "a house for free people", asks whether a novel has to be a house, and whether it can house "unfree people", give shelter to the unhomely (Bhabha 1992: 142). How might it do so for feminine subjects without appropriating or circum-scribing them; how can a novel mourn a father without performing closure? These are the questions that inhabit Djebar's latest novel, as the text ardently works against closure by reopening published works and submitting them to variation and revision. It is impossible, furthermore, especially in a text that so explicitly plays with homonyms – that explores, for instance, the oscillations between an "écriture sur soi and an "écriture sur soie" [writing on the self and writing on silk] (Djebar 2007: 403) – not to note the resonance between "je me tue" [I'll kill myself] and "je me tus" [I silenced myself]. To silence oneself is akin to a kind of death. Djebar's initial veiled attempt in *L'amour, la fantasia* to recount her near suicide failed to confront what lay behind it, or to examine why this drive surged up in her like an irrational impulse. In *Nulle part dans la maison de mon père,* by contrast, the author undertakes a "spiritual quest" (Djebar 2007: 402) for self-knowledge, a painful process in which writing and re-writing are essential to averting silence and containment.

In closing, I turn to the novel's dedication to Gayatri Spivak. This dedication is part of the rich paratextual material that frames the novel, including an afterword and multiple italicized *intermèdes* throughout the narrative. In the afterword, Djebar describes her writing practice as a quest for self-knowledge, "un itinéraire spirituel ou intellectuel" [a spiritual or intellectual journey] (Djebar 2007: 402). She claims to write for herself. And yet, the dedication of the novel to Spivak complicates this assertion. The dedi-cation is exceptional, considering the history of paratexts in Maghrebi works, whereby famous male, hexagonal (and often white) critics were called upon to validate the work of a new writer or a politically controversial text. Notable examples of this legitimiz-ing practice include Albert Camus's preface to Albert Memmi's *Statue de sel* (1953), the preface offered by the editors at Seuil to Kateb Yacine's *Nedjma* (1956), and Jean-Paul Sartre's preface to Henri Alleg's *La Question* (1958).

Djebar's dedication reads simply, "à Gayatri, avec mon affection". By mentioning only Spivak's first name, Djebar attests to a friendship that dates back to the 1980s when Spivak sought her out in Passy, France. Spivak frequently cites Djebar in her work – in *Other Asias* (2008), in *Harlem* (2004), in *Acting Bits/Identity Talk* (1992), in *Echo* (1993). She consistently gives Djebar as the example of a feminist postcolonial writing, and praises both the author's ethical commitment to position her own story within a collective history, and her care not to usurp the place/voice of others. Spivak has even called Djebar an Algerian 'sister' (Spivak 1992: 773), claiming kinship despite their different national backgrounds. As one scholar notes, Djebar's "work has been adopted by the Marxist feminist critic [...] who hails its engagement with the gendered subaltern as of particular value to the autobiographical project" (Ringrose 2006: 16). Djebar's dedication to Spivak is not only a mark of friendship, but also as an indication of the novel's far-reaching political and aesthetic engagements. Djebar stakes out an affiliation to transnational feminism, at the very same moment that she confronts, with unprecedented candor, her own struggle against patriarchal constraints. The dedication to the feminist deconstructionist critic is thus all the more remarkable in that it comes in 'the father's book'. Through her revisionary treatment of the father, Djebar exposes how feminine subjectivity in Algeria has been caught between both "imperialist object-constitution" *and* "patriarchal subject-formation" (Spivak 1999: 235). Djebar offers an unflinching investigation of how patriarchal values have shaped her language and played a mediating role in all of her writing. If she is able to confront her childhood much more directly after her father's death, she makes it clear that her father's passing was not enough to emancipate her writing; she herself had long internalized the father's censorial law and has to work through her own inhibitions through a difficult process of revision, repetition, and rewriting. With this final volume of the four-part autobiographical project (The Algerian Quartet) initiated in 1985, Djebar examines the traces of patriarchal authority on her previous writing, locating the silences and opening them anew.

Works Cited

Alleg, Henri. 1958. *La question.* Lausanne: La Cité-éditeur.

Al-Nakib, Mai. 2005. "Assia Djebar's Musical Ekphrasis". In: *Comparative Literature Studies* 42, 4, 253-276.

Ashcroft, Bill. 2001. *Post-colonial Transformation.* London and New York: Routledge.

Bhabha, Homi. 1992. "The World and the Home". In: *Third World and Post-Colonial Issues,* Special Issue of *Social Text* 31/32, 141-153.

Blanchot, Maurice. 1980 [1948]. *L'arrêt de mort.* Paris: Gallimard.

Cooper, Brenda. 2007. "Banished from Oedipus? Buchi Emecheta's and Assia Djebar's Gendered Language of Resistance". In: *Research in African Literatures* 38, 2, 143-160.

Derrida, Jacques. 1967. *De la grammatologie.* Paris: Minuit.

Djebar, Assia. 2007. *Nulle part dans la maison de mon père.* Paris: Fayard.

Djebar, Assia. 1999. *Ces voix qui m'assiègent: en marge de ma francophonie.* Paris: A. Michel.

Djebar, Assia. 1996. "Neustadt Prize Acceptance Speech", tr. Pamela A. Genova. In: *World Literature Today* 70, 4, 783-4.

Djebar, Assia. 1995. *Vaste est la prison.* Paris : Albin Michel.

Djebar, Assia. 1987. *Ombre sultane.* Paris: J. C. Lattès.

Djebar, Assia. 1985. *L'amour, la fantasia.* Paris: J.C. Lattès.

Djebar, Assia. 1993. *Fantasia: An Algerian Cavalcade.* Translated by Dorothy S. Blair. Portsmouth: Heinemann.

Djebar, Assia. 1980. *Femmes d'Alger dans leur appartement.* Paris: Des femmes.

Djebar, Assia. 1957. *La Soif.* Paris: Julliard.

Donadey, Anne. 2001. *Recasting Postcolonialism: Women Writing Between Worlds.* Portsmouth, NH: Heinemann.

Duras, Marguerite. 1984. *L'Amant.* Paris: Editions de minuit.

Gates, Henry Louis, Jr. 1985. "Writing 'Race' and the Difference it Makes". In: *Critical Inquiry* 12, 1-20.

Gauvin, Lise. 1996. "Assia Djebar: territoires des langues: entretien". In: *Littérature – l'Ecrivain et ses langages* 101, 73-87.

Geesey, Patricia. 1997. "Algerian Fiction and the Civil Crisis: Bodies under Siege". In: *World Literature Today* 71, 3 , 485-494.

Hewitt, Leah. 1990. *Autobiographical Tightropes: Simone de Beauvoir, Nathalie Sarraute, Marguerite Duras, Monique Wittig, and Maryse Condé.* Lincoln: University of Nebraska Press.

Hiddleston, Jane. 2006. *Assia Djebar: Out of Algeria.* Liverpool: Liverpool University Press.

Kateb, Yacine. 1956. *Nedjma.* Paris: Seuil.

Lazarus, Joyce. 2010. "Writing as Resistance: Assia Djebar's *Vaste est la prison*". In: *Journal of International Women's Studies* 11, 4, 83-96.

Lionnet, Françoise. 1989. *Autobiographical Voices: Race, Gender, Self-Portraiture.* Ithaca: Cornell University Press.

Livescu, Simona. 2007. "(Im)possible Representations: the Place of Negativity in Autobiographical Representations". In: *The Comparatist* 31, 50-66.

Memmi, Albert. 1966. *La Statue de sel.* Préface d'Albert Camus. Paris: Gallimard.

Mortimer, Mildred. 1997. "Assia Djebar's Algerian Quartet: A Study in Fragmented Autobiography". In: *Autobiography and African Literature,* Special Issue of *Research in African Literatures* 28, 2, 102-117.

Murphy, Sara. 2004. "Mourning and Metonymy. Bearing Witness Between Women and Generations". In: *Hypatia* 19, 4, 142-166.

O'Riley, Michael F. 2004. "Place, Position and Postcolonial Haunting in Assia Djebar's *La femme sans sépulture*". In: *Research in African Literatures* 35, 1, 66-86.

Ovid. 2009. *Metamorphosis.* Transl. by Charles Martin. New York: Norton.

Prabhu, Anjali. 2002. "Sisterhood and Rivalry in-between the Shadow and the Sultana: A Problematic of Representation in *Ombre sultane*". In: *Research in African Literatures* 33, 3, 69-96.

Rice, Alison. 2004. "Translations and Transpositions: Travel (And) Writing in the Work of Assia Djebar". In: *Pacific Coast Philology* 39, 69-85.

Ringrose, Priscilla. 2006. *Assia Djebar: in Dialogue with Feminisms.* Amsterdam/New York: Rodopi.

Sarraute, Nathalie. 1970. *Isma, ou ce qui s'appelle rien.* Paris: Gallimard.

Simon, Daniel. 2006. "A Brief Conversation with Assia Djebar". In: *World Literature Today* 80, 4, 15.

Spivak, Gayatri Chakravorty. 2008. *Other Asias.* Malden, Oxford: Blackwell.

Spivak, Gayatri Chakravorty. 2005. "Learning from de Man: Looking Back". In: *boundary 2* 32, 3, 21-35.

Spivak, Gayatri Chakravorty. 1999. *A Critique of Postcolonial Reason: Toward a History of the Vanishing Present.* Cambridge, MA: Harvard University Press.

Spivak, Gayatri Chakravorty. 1995. "Ghostwriting". In: *Diacritics* 25, 2, 65-84.

Spivak, Gayatri Chakravorty. 1993. "Echo". In: *Culture and Everyday Life*, Special Issue of *New Literary History* 24, 1, 17-43.

Spivak, Gayatri Chakravorty. 1992. "Teaching for the Times". In: *Oppositional Discourse*, Special Issue of *The Journal of the Midwest Modern Language Association* 25, 1, 3-22.

Spivak, Gayatri Chakravorty. 1992. "Acting Bits/Identity Talk". *Identities,* Special Issue of *Critical Inquiry* 18, 4, 770-803.

Spivak, Gayatri Chakravorty. 1985. "Scattered Speculations on the Question of Value". In: *Marx after Derrida,* Special Issue of *Diacritics* 15, 4, 73-93.

Réflexions sur la notion de genre dans *Écrire en pays dominé* de Patrick Chamoiseau et *Cheminements. Carnets de Berlin* de V.Y. Mudimbe

Olga Hél-Bongo, Université Laval, Québec

Dans *Écrire en pays dominé* (Chamoiseau 1997), le lecteur observe un va-et-vient entre essai et roman. Dans *Cheminements. Carnets de Berlin (Avril-Juin 1999)* (Mudimbe 2006), Mudimbe se situe au carrefour de plusieurs genres : le carnet de voyage ou de notes, le journal de bord et le journal intime, l'essai, le roman, le récit de vie. Nous aimerions réfléchir sur le sens de la mobilité chez ces auteurs afin de voir si, au sein de leur trajectoire d'intellectuel africain et antillais, et au-delà des frontières génériques, le recours à des modes d'écriture communs aux auteurs ne cache pas deux enjeux importants des livres : rendre visible le cheminement de l'acte créateur, comme cela a été montré par la critique (Bisanswa 2000 ; Semujanga 2003) au sujet de l'autobiographie intellectuelle de Mudimbe (Mudimbe 1994) ; et susciter un malaise à la lecture grâce au phénomène d'hybridation. Par ce terme, nous entendons, avec Heidi Bojsen (2002), un processus dynamique de rencontre entre plusieurs entités hétérogènes dont le collage volontairement cocasse donne à voir la vanité de l'esprit d'étiquette. Dans l'écriture de Mudimbe et de Chamoiseau, en effet, le *je* se double d'un sens du jeu. Une parole intermédiaire s'immisce dans le langage. Elle crée une perturbation de l'ordre d'un déplacement, au croisement de l'écriture et de la lecture. La perturbation procède d'un acte de « résistance » (Bojsen 2002 : 230) à la séparation des binarismes dont les genres n'échappent pas. Dans la *nouvelle critique* (Barthes 1966) des auteurs, les mots ne sont pas à prendre au mot. De même, le genre ne doit pas être pris trop au sérieux, car ce qu'il convient d'appeler 'genre', depuis *La Poétique* d'Aristote jusqu'aux théories contemporaines de la transfictionnalité (Gefen/Audet 2001) repose sur des prémisses épistémologiques et historiques autres que celles qui président au contexte d'émergence des deux textes. De fait, la critique de Mudimbe et de Chamoiseau à l'égard d'une raison coloniale venue fausser les discours longtemps tenus sur l'Afrique et les Antilles réapparaît ici, non pas sous forme d'essais à dominante théorique, comme dans *L'Odeur du Père*, par exemple (Mudimbe 1982), mais sous forme de fiction ludique venue se frotter à la matière de l'essai. Il y a donc entrelacement générique dont nous ne saurions dire s'il s'agit, à proprement parler, d'autobiographie, de journal, de roman ou d'essais, sinon tout cela à la fois.

Dans le cadre d'une réflexion sur le genre, il serait donc prudent de partir de la pratique des textes africains et antillais et de ce qu'ils disent ou font, puis voir d'éventuels recoupements théoriques d'ordre générique ou autres, susceptibles de nourrir leur composante, au lieu de s'intéresser à des phénomènes d'appartenance ou de non appartenance à une classe générique. Car à quel genre appartiennent ces textes ? Quelle

en est la dominante générique ? Est-il encore pertinent de parler de genre à leur propos ? S'il est une méthodologie à suivre concernant la pratique de ces textes, elle se
situerait davantage, selon nous, dans la mouvance de la généricité (Schaeffer 1989).
Partant de ce concept ainsi que des recherches actuelles sur les frontières de l'essai
(Pavel 2001 : 3-13) et la « fiction à l'essai » (Audet 2001 : 133-157), nous voudrions
montrer que la fictionnalité de l'essai se cache au cœur des deux autobiographies
intellectuelles que sont *Écrire en Pays Dominé* et *Cheminements. Carnets de Berlin*.
Nous allons souligner la dimension ludique des œuvres, qui prennent appui sur le
procédé de la tresse dans une intention subversive et ironique. L'effet d'hybridation
déclenche un arrêt sur les mots. Il invite le lecteur à envisager l'essai argumentatif
comme indissociable de l'historiette, de l'anecdote, de la chronique, de l'énigme, du
jeu, de la fiction coloniale, littéraire et historique.

La fiction ludique ou la vérité du mensonge

Au seuil de *Écrire en pays dominé*, Patrick Chamoiseau s'interroge :

> Comment écrire alors que ton imaginaire s'abreuve, du matin jusqu'aux rêves, à des
> images, des pensées, qui ne sont pas les tiennes ? Comment écrire quand ce que tu es
> végète en dehors des élans qui déterminent ta vie ? Comment écrire dominé ? (Cha-
> moiseau 1997 : 17)

Questions invitantes pour le lecteur, qui n'en demeurent pas moins problématiques. Il
faudrait sans doute interroger l'écrire, ou le « comment écrire », avant de poser la
question du sujet « dominé » qui écrit. Le thème de la domination précipite le lecteur
dans un déjà-dit, selon lequel le texte francophone se lirait à la lumière de sa relation à
l'histoire. Il aurait pour mission de dénoncer les affres de l'esclavage, de la colonisation, de souligner les dangers de l'imitation, et par extension, de l'aliénation culturelle,
comme il se ferait un plaisir de relater le fantasme de la différenciation culturelle ou de
l'originalité de l'écrivain sur le ton de l'engagement ou du manifeste poétique. L'entrée en matière du livre propose une grille de lecture figée qui commence à s'activer à
la vue de ces trois mots : « Comment écrire dominé ? »

De même, dans *Cheminements. Carnets de Berlin*, les lectures effectuées par l'auteur
au cours de son voyage en Amérique et en Allemagne masquent l'enjeu du livre recélé
« dans la discrétion du journal » (Mudimbe 2006 : 99) : le procès intenté à l'Allemagne et à Berlin, ville métaphorique et métonymique d'un procès plus vaste intenté à
l'Histoire de la rencontre manquée entre l'Europe et l'Afrique, pour des raisons de
domination. Mudimbe choisit supposément une date au hasard, l'an 1890, pour la
soumettre à l'épreuve des coïncidences, telle la publication en 1902 du roman de
Joseph Conrad, *Heart of Darkness*. Par le procédé du collage, l'auteur suggère une
réalité littéraire et historique venue supplanter la doxa. L'« Américain » est d'origine
polonaise, et se nomme Jóseph Teodor Konrad Korzeniowski. Dans le même ordre
d'idées, le tracé des frontières de l'Afrique couvre l'essentiel de *l'esprit* de Berlin, la

conquête. Mudimbe retient ainsi de Conrad 3 vignettes (sorte de pense-bête ludique adressé à soi-même et à l'autre) : l'Européen a inventé l'Afrique à partir de trois faits historiques commençant par la lettre C : civilisation, christianisation et commerce. Le palimpseste procède d'une surimposition d'inventions, où se dire en passant par l'autre mais en l'absence de l'autre se greffe à un texte critique dénonçant avec humour le paradoxe de l'histoire : demander à des écrivains voyageurs, maîtres de l'imaginaire, de nous parler d'Afrique sur un mode réel. Le collage devient fable, ironie historique, à la fois sérieuse et loufoque dont il conviendrait de sourire. De même, l'autre dans le récit autobiographique, critique et parfois fictionnel de Mudimbe, devient un être de papier dévidé de tout ethos sérieux. S'il est réel, il reste personnage malgré tout par le nom, réduit au statut de sigle ou au signe – « Justin B. appelle » – (Mudimbe 2006 : 77). Un fait analogue se produit donc dans l'écriture de Mudimbe et de Chamoiseau : la fabulation historique, présentée comme réelle, se voit tout à coup démantelée, au cœur de l'énoncé, sous le repli de l'énonciation. Preuve qu'il existe un *avers* et un *revers* du langage (Barthes 1966 : 28) où l'écriture paraît en reste, jouant le rôle d'amorce puis de relais vers des termes plus accrocheurs, en apparence plus essentiel, tels les trois mots de Chamoiseau et les 3 C de Mudimbe.

Comparativement aux œuvres antérieures (romans, autobiographies et essais inclus), un changement de stratégie discursive s'opère dans *Ecrire en pays dominé* et dans *Cheminements*. Les narrateurs-auteurs brouillent l'acte de lecture en supplantant la « mise-*sous*-relations » d'énoncés contradictoires par une « mise-*en*-relations » d'énoncés complémentaires.[1] En d'autres termes, il n'y a plus de relation dominant/dominé entre des binarismes tels le je poète et le je penseur, le je et le tu, le signifiant et le signifié, l'Afrique ou l'Occident, Baudelaire ou Senghor, l'esclave et le Maître, le français et le créole, le mythe et la science, le journal et l'essai. Car ce ne sont pas les mots en tant que tels qui soulèvent des problèmes d'interprétation. Ce sont les présupposés le plus souvent imaginaires sur lesquels ils se fondent – représentations et stéréotypes inclus –, qui faussent la communication et génèrent des conflits.

Pour illustrer l'idée de jeu dans l'écriture, Patrick Chamoiseau, prétexte le martèlement du thème de la domination pour y cacher des intentions de libération dans le repli de l'énonciation. L'invisibilité énonciative est programmée dans le paratexte de *Écrire en pays dominé*, qui contient l'énigme ou le mystère du livre, disséminé et en partie

---

1   « En empruntant le concept de « relation » à Édouard Glissant, Chamoiseau ne s'interroge non pas sur ce qu'est telle ou telle culture, mais sur le rapport d'une culture quelconque à son altérité interne aussi bien qu'externe, sur ses négociations de valeurs collectives, enfin, sur sa narration. Dans *Écrire en Pays dominé*, la « mise-sous-relations » fait donc référence à l'absence de l'égalité sociale dans les structures qui dirigent la négociation des rapports de pouvoir. Premier exemple : la primauté de la langue française au détriment de la langue créole » (Bojsen 2002 : 233). Heidi Bojsen souligne de suite en notes infrapaginales que « Chamoiseau et Glissant espèrent une 'mise-en-relations', impliquant des rapports d'égalité pour remplacer la 'mise-sous-relations' » (Bojsen 2002 : 233).

résolu dans le corps de l'écrit et dans la relecture du texte. La stratégie du verbe 're-prendre' est aussi familière à Mudimbe. Là où le *je* écrivant chez Chamoiseau énonce au premier sous-titre du livre : « où l'enfant qui lisait va devoir tout relire » (Chamoiseau 1997 : 15), le *je* intellectualisant de Mudimbe reprend les livres lus, les conversations entendues pour les passer au peigne fin de l'analyse. Tout se passe comme si l'accès au sens caché ou allégorique des deux textes exigeait de devoir « Lire et relire, lire encore. Lire-triste. Lire-joie. Lire-sommeil. Lire gober-mouches. Lire-sans-lire. Lire-réflexe. Lire-obligé. Lire-sauter-pages. Lire-relire encore » (Chamoiseau 1997 : 35). Plus sobre, Mudimbe utilise un seul verbe, *reprendre*, qu'il applique de façon systématique à des sujets importants et triviaux. Comme si tout, par la médiation symbolique du langage, devenait d'un seul coup signifiant et tragique.

Dans le paratexte de *Écrire en pays dominé*, Chamoiseau joue autour d'un vocabulaire biblique, savant, opérant des variations sur la racine *ana*, signifiant un « recueil de pensées, de bons mots d'un auteur, d'une personnalité, d'anecdotes relatives à sa vie » (Robert/Rey-Debove/Rey 2010 : 88). Dans le corps du texte, le narrateur nous livre ses pensées sous forme d'anecdotes, de fragments de vie axés sur l'enfance. La première partie du livre s'évertue à souligner le processus de la domination engendré par des lectures passionnées de l'enfance. La seconde, « Anabase en digenèses selon Glissant » annonce, dans son lexique, la domination des maîtres (Glissant et Perse) sur le disciple. Le narrateur continue à se mettre en scène dominé par la pensée de Glissant au vu du troisième titre de chapitre de *Écrire en pays dominé* : « Anabiose sur la pierre-monde », anabiose désignant la « Reprise d'une vie active après une phase de dormance prolongée » (Robert/Rey-Debove/Rey 2010 : 89). Pris dans leur ensemble, les titres indiquent une progression dans l'acte de lecture et dans le travail d'écriture, allant du sommeil à l'éveil, de l'enfance à la vie adulte, de la lecture naïve et dominée à l'écriture créatrice, maîtresse de son imaginaire.

Les carnets de Mudimbe se lisent, de même, par fragments, involution et sinuosité. L'auteur chemine en boucles et pratique le détour mais surtout le « retour », la reprise d'une note de lecture, d'une conversation, d'une idée, d'une période historique.[2] Une tension paradoxale se fait sentir entre le déséquilibre d'un neurasthénique en dépha-

---

2   Justin Bisanswa parle de « défocalisation » au sujet de la digression dans l'écriture de Mudimbe. La stratégie narrative consiste à révéler des informations par systèmes d'« amorces diégétiques » où « le narrateur se convainc de taquiner des notes (ramassées) dont aucune ne semble lui offrir de prise sur la matière du récit. [...] Coquetterie ou perversité, le scripteur se plaît à donner l'impression de brouillon, lors même que, dans le concret, le texte élabore sa véritable focalisation par l'éparpillement du récit, du fait d'incessants surgissements de radiances diégétiques » (Bisanswa 2006 : 74-75). Nous pensons que l'essai, dans *Cheminements. Carnets de Berlin*, occupe le statut de la digression. Il apparaît sous forme de brouillon épars dans lequel l'auteur dissémine avec force discrétion son commentaire critique, son « métatexte », ou son « auto-métatexte », sous le couvert du journal de voyage.

sage avec son quotidien et la recherche d'un équilibre dans les lectures thérapeutiques que sont les sciences humaines, sociales, le traité de psychanalyse et la littérature. Les signes de dépression ouvrent souvent les journées de l'auteur qui raconte ses levers en sursaut, ses moments de solitude et d'insomnie. Le disparate et le dérisoire qui composent ses journées tourne autour d'un noyau : la lecture. Elle cimente l'anecdotique (l'évocation d'un souvenir, d'un instant, d'un fait singulier de la vie quotidienne) et le discours réflexif. Le tressage des composantes implique une absence de domination de la réflexion sur l'anecdote, où l'anecdote joue le rôle de catalyse, élément essentiel au fonctionnement de tout récit (Barthes 1966b). La catalyse a pour corollaire le noyau – l'essai argumentatif – dont la position stratégique au milieu du livre souligne la critique de la raison coloniale par le mythe. La critique reste savoureuse de par la dérision de l'auteur autour des sujets qui l'accompagnent : la prédestination, la réincarnation, le cannibalisme chinois. Lepen s'offusque, par exemple, qu'on lance des bombardements pendant Pâques, mais quid des autres jours ? se demande Mudimbe, caustique (cf. Mudimbe 2006 : 32-33). Le Dalai Lama dit avoir compris le marxisme « par osmose» (Mudimbe 2006 : 22), et Yeltsin se plaint de subir l'expérience marxiste : « Au lieu d'un quelconque pays d'Afrique, ils commencèrent par expérimenter sur nous » (Mudimbe 2006 : 22). Mudimbe feint le choc (« La référence de Yeltsin à l'Afrique m'avait choqué » (Mudimbe 2006 : 22) pour entrer dans un dialogue allusif avec soi-même, laissant le lecteur dans l'inconfort d'une énonciation elliptique.

Stratégies de résistance dans le corps de l'écrit

L'humour fait donc partie intégrante de la stratégie de résistance des auteurs dans leur lutte contre la domination du préjugé, de la doxa, de la bêtise. Le *je*-écrivant voudrait trouver l'archéologie de sa parole, non entachée de mots colonisés susceptibles de violer son imaginaire (Traoré 2002).[3] Dans *Écrire en pays dominé*, le vieux guerrier agit en tant que double de la conscience écrivante. Il met son interlocuteur (le narrateur) en garde contre toute forme de domination, brutale et silencieuse. Il demeure présent pour l'accompagner et le rassurer dans sa recherche, quitte à interrompre sa rêverie (ainsi que la linéarité du récit). Pour le je, l'écriture de la rêverie est un moyen de fuir un déjà-dit littéraire et historique afin de renouer avec un moi profond et individuel. Ce que le je recherche, au fond, est une guerre des mots dans l'amour des mots qui s'entrechoquent dans un élan soudain, furtif, brutal mais poétique, faisant entrevoir, au terme du parcours, un authentique moi créateur. La guerre des mots supplante

---

3 Dans son essai *Le viol de l'imaginaire* (2002), Aminata Traoré aborde les mêmes thèmes et poursuit les mêmes objectifs que Chamoiseau dans *Écrire en pays dominé*, bien que son champ d'étude (économique, sociopolitique er culturel) et son lieu (l'Afrique) diffère du romancier et essayiste martiniquais : elle y traite de l'aliénation culturelle, de la dépossession de soi par le langage de la mondialisation, et considère la recherche d'une voie intérieure comme remède aux affres de l'histoire.

la guerre tout court, soit la prose engagée, à condition que le je reste au plus près de sa rêverie. C'est donc en déléguant le discours historique et littéraire au vieux guerrier et en procédant à une écriture pour soi-même, lyrique et ludique, que le je parvient à autographier l'inconscient (Conley 2000), signe à ses yeux d'un imaginaire retrouvé.

Dans les *Carnets*, Mudimbe ne cherche plus à situer sa propre parole. Il veut que le lecteur se situe avec lui ou sans lui dans la pensée émise, qui est partage, communion, invitation à prendre position de manière éclairée. Mais la lumière n'est pas toujours présente à notre esprit, si l'on en juge par les énigmes que l'auteur se plait à clairsemer dans son texte. Si Chamoiseau joue autour de la racine biblique, Mudimbe se complait dans les chiffres et dans leurs symboles. Il voit le monde en double ou en triple. Deux sentiments prédominent dans son livre, la gratitude et la gêne. Il aborde le jeu de deux manières, aime confronter deux ouvrages, rapprocher deux symboles (Saint Benoît et Sartre), affirme avoir deux consciences, « l'une, directe, réflexive », « l'autre, indirecte, une distance pré-réflexive » (Mudimbe 2006 : 43). Il relève deux atmosphères, deux sensibilités, en passant d'un restaurant chinois à un restaurant turc. Le sémantisme de deux verbes, « faire la lessive » et « repasser » (Mudimbe 2006 : 61), l'oppressent. Le fait banal côtoie la profondeur du sentiment. Nous passons alors au chiffre 3 avec les trois expériences que Mudimbe retire de la situation interculturelle de Paul Lozano, un fils d'immigrant mexicain qui se serait suicidé à cause de son psychanalyste, le Dr Bean Bayog. Mudimbe défait, à force d'arguments, la responsabilité du psychanalyste dans cette affaire tout en manifestant des signes de compassion envers la trajectoire du patient qui ressemble à sa propre trajectoire.

> La première [expérience de Paul Lozano] est celle du déracinement d'un transfuge culturel. La deuxième, celle du désespoir face à la compétition intellectuelle – et non pas seulement celle-ci, mais toutes les autres, dicibles ou non – en un milieu où l'on se sait minoritaire et, à tort ou à raison, où l'on se sent minorisé ; cette expérience débouche tout à fait normalement sur une question : sous quelles conditions, puis-je être, dans le groupe de mes pairs, le meilleur ou, tout au moins, parmi les meilleurs ? Et, à quel titre ? Dernière expérience, généralement assumant les précédentes, celle de l'isolement dans une maturité, presque toujours et pour n'importe quel jeune adulte, malhabile. (Mudimbe 2006 : 49)

Au sortir d'une réflexion théorique complexe en matière interculturelle, Mudimbe schématise sa pensée en la simplifiant en images d'Épinal : du débat sur a) les mythes fondateurs, b) la doxa versus l'épistème et c) les conflits d'interprétation, il retient a) la patience du philosophe Kwasi Wiredu dans sa méthodologie de recherche, b) la position inconfortable de Jean-Paul Sartre, Allemand, Français et Alsacien d'origine, à la fois « porte étendard de la Négritude » et « "philosophe nègre" » (Mudimbe 2006 : 69) dans *Orphée noir*, c) la leçon de Fabien Eboussi-Boulaga qui, reprenant Kierkegaard, a su critiquer l'aliénation de l'Afrique au travers du christianisme. La pensée systématique sur l'interculturalisme ainsi que la symbolique des chiffres 2 et 3 nous ramène tout droit aux vignettes de Conrad.

Les carnets, une forme d'essai, selon Yolaine Tremblay (1994), semblent servir de prétexte à l'essai critique et argumentatif sur le discours de l'histoire. Avec les vignettes de Conrad, en effet, l'auteur remet en question les stéréotypes du discours ethnologique sur l'Afrique, certes, mais plus encore, le tracé arbitraire des frontières et des genres. Des frontières en tous genres. Il suffit de se remémorer l'avertissement du roman *L'Écart* (Mudimbe 1979) pour s'en rendre compte. Le narrateur de la préface, éditeur du journal tenu par Ahmed Nara, rapporte les propos de Salim sur l'étrangeté de Nara. Sous le masque d'une parodie de l'étrangeté et du stéréotype sur l'homme noir, Mudimbe dissémine une critique de l'esprit d'étiquette de type générique ou racial :

> *Curieux garçon..., l'intelligence d'une vivacité rare..., une sensibilité inquiétante... Face à lui, on avait l'impression qu'il lisait vos pensées... En tout cas, il avait l'art des réactions imprévisibles... C'était un peu notre enfant chéri à la bibliothèque...* (Mudimbe 1979 : 11, italiques dans l'original)

Après l'image du nègre enfant, singulier, redoutable, les voix de Salim et du narrateur confondues ajoutent : « *C'est qu'il tenait une espère de journal, curieusement [...]. Entre le journal et le roman... Va savoir ce qui est vrai, là-dedans* » (Mudimbe 1979 : 11-12, italiques dans l'original).

Ainsi, Mudimbe nous conterait fleurette avec ses promenades sur Clayallee, ses discours humanistes sur la maltraitance des animaux. Il promène son lecteur dans les méandres de la fiction de l'essai, comme lui se promène dans Berlin et dans ses imageries mentales. Mais tout bascule à partir de l'an 1890, moment où le récit anecdotique agence une rupture, écarte « des crochets et des préjugés » (Mudimbe 1979 : 117), pour reprendre les mots d'Ahmed Nara. Ce tiers-espace, dirait Homi Bhabha, est invisible dans la lettre. Toutefois, ce qui ne s'exprime pas s'imprime. Dans notre esprit, Mudimbe remplit un pacte de l'essai, celui de penser avec l'autre, dans un jeu spéculaire.

Conclusion

Chamoiseau recèle au cœur de son énonciation une écriture en quête d'elle-même. Malgré une lutte apparente et constante contre la domination, l'écriture demeure floue quant à la définition même de la domination. Non content de nommer le mot, Chamoiseau préfère nous montrer la chose. L'hermétisme d'une parole parfois conceptuelle, créolisante, verbeuse, cache une visée toute pragmatique : montrer la domination par la citation des modèles. À l'instar du je pédagogique, critique et pragmatique de Mudimbe, celui de Chamoiseau nous invite à ne pas suivre le modèle du je-écrivant, qui feint l'imitation : l'auteur n'accuse-t-il pas son engouement pour les poètes symbolistes ou romantiques occidentaux et les poètes de la Négritude, dépendance qui n'est pas sans rappeler celle de Nara pour Sartre et Cioran, ou son psychanalyste freudien, le Dr Sano ? Tous deux finissent par s'en libérer.

Le je écrivant, chez Mudimbe et Chamoiseau, se donne pour mission de renouveler un discours suranné sur le monde et le moi qui ne passe plus par la voie du roman engagé. Les narrateurs privilégient, certes, la voie de l'essai, mais dans une vision étymologique du mot et de la chose. L'essai signifie davantage, chez Chamoiseau, l'''essaim' verbal. Chez Mudimbe et Chamoiseau, la signification de « tentative » (Starobinski 1985) et la démarche « méthodiquement non méthodique » (Adorno 2003 : 66) du tâtonnement se prêtent mieux à l'entreprise sollicitée par le moi. Que cherche le je dans l'écriture ? Le bon mot, le bon son mais surtout, la bonne combinaison de mots dans l'essaim verbal qui compose le langage d'*Écrire en pays dominé* ; la résolution d'un mystère sur le moi, toujours pendant, chez Mudimbe. La juxtaposition des contraires procède d'un éclatement du foyer discursif bien supérieur à une simple relation de dédoublement. Car ce sont toutes les voix qui se chevauchent dans l'esprit du *je* qui commente, qui écrit et qui rêve : celle des auteurs lus, commentés, celle des personnages de dialogue dans le récit, celle des moi qui se démultiplient, celle des lecteurs impliqués dans le récit.

La stratégie romanesque de Chamoiseau s'avère en somme ludique, et sa recherche, esthétique, même si le livre cache son drame sous les mots, dans l'inconscient graphique qui part en quête d'une mémoire trouée, fragmentée. La dénonciation puis la démonstration de la domination glorifie la conscience lucide, mais cette conscience ne finit-elle pas par échouer, à trop vouloir totaliser le moi dans les différents moi qui composent le peuple antillais ?[4] Nous l'avons vu à propos d'une sanctification de l'écriture par le biais de l'allégorie ou de l'énigme. Nous retrouvons ce phénomène à la fin du livre, lorsque le poète exalté chante la langue et son ouverture à tous les possibles :

> L'Écrire ouvert, en n'importe quelle langue, c'est l'Écrire langages, mener en sa langue l'émoi des autres langues et de leurs possibles-impossibles contacts, supputer ces adhérences qui distinguent, ces rejets qui fécondent, ces gemmations inattendues d'où le chant peut s'élever, la merveille des significations qui convergent, s'étagent, dans des mots inconnus, ce chaos dont l'alphabet submerge notre entendement mais connive en belle aise avec l'imaginaire. (Chamoiseau 1997 : 294)

Si Chamoiseau échoue volontairement dans une lutte contre la domination, il réussit dans la mission de 'mener joie' dans L'Écrire. Le livre peut se lire comme un roman-essai ouvert à tous les possibles narratifs de l'autobiographie, du poème et du chant. La diversité des formes se soutient pour couvrir le drame de l'esclavage. Le roman de Chamoiseau postule une identité trouble que le moi écrivant tente de réparer dans la recherche d'un ancrage littéraire et sociologique. L'image de la dérive assure la jointure entre l'historique et le poétique, voire le générique, où l'essai favorise le laisser aller dans l'écriture qui se cherche sans avoir nécessairement à se trouver. L'essai offre ainsi la commodité de sa forme, devenant le lieu-dit de l'errance. L'essai prête aussi au

---

4   Le moi-colons, moi-amérindiens, moi-africains, moi-indiens, moi-chinois, moi-syro-libanais, moi-créole.

roman son étymologie d'"essaim', sa soif de liberté. Le roman mudimbien pratique plutôt la concision, le détour, l'ironie dans l'implicite. L'essai joint au roman témoigne d'une poétique esthétisante de la relation qui est mise-en-relation et hybridation de trois instances, le monde, le moi et l'histoire, et, au niveau diégétique, l'écriture et l'Écrire, parmi lesquels le je, soucieux de ne plus se tenir à l'écart du monde, tente de se forger une place.

Ouvrages cités

Adorno, Theodor. 1958. « L'essai comme forme ». In : *Approches de l'essai. Anthologie*, ed. by François Dumont. Québec : Éditions Nota Bene, 66.

Audet, René. 2002. « La fiction à l'essai ». In : *Frontières de la fiction*, éd. Alexandre Gefen and René Audet. Québec : Nota Bene, 133 -157.

Barthes, Roland. 1966b. *Communications 8. L'analyse structurale du récit*. Paris : Seuil.

Barthes, Roland. 1966. *Critique et vérité*. Paris : Seuil.

Bisanswa, Justin. 2006. « La traversée du métatexte dans l'œuvre romanesque de Valentin-Yves Mudimbe ». In : *Tangence* 82, 75-102.

Bisanswa, Justin. 2000. *Conflit de mémoires. V. Y. Mudimbe et la traversée des signes*. Frankfurt am Main : IKO- Verlag für Interkulturelle Kommunikation.

Bojsen, Heidi. 2002. « L'hybridation comme tactique de résistance dans l'œuvre de Patrick Chamoiseau ». In : *Revue de littérature comparée* 302, 230-242.

Chamoiseau, Patrick. 1997. *Écrire en pays dominé*. Paris : Gallimard.

Conley, Tom. 2000. *L'Inconscient graphique. Essai sur l'écriture de la Renaissance (Marot, Ronsard, Rabelais, Montaigne)*. Traduit de l'anglais (*The Graphic Unconscious in Early Modern French Writing*). Saint-Denis : Presses Universitaires de Vincennes.

Gefen, Alexandre/Audet, René (éds.). 2001. *Frontières de la fiction*. Québec : Nota Bene.

Glissant, Édouard. 1993. *Tout-monde : roman*. Paris : Gallimard.

Glissant, Édouard. 1981. *Le discours antillais*. Paris : Seuil.

Glissant, Édouard. 1969. *L'intention poétique*. Paris : Seuil.

Mudimbe, V. Y. 2006. *Cheminements. Carnets de Berlin (Avril-Juin 1999)*. Québec : Humanitas.

Mudimbe, V. Y. 1994. *Les corps glorieux des mots et des êtres. Esquisse d'un jardin africain à la bénédictine*. Montréal-Paris : Présence Africaine.

Mudimbe, V. Y. 1982. *L'Odeur du Père. Essai sur des limites de la science et de la vie en Afrique noire*. Paris : Présence Africaine.

Mudimbe, V.Y. 1979. *L'Écart*. Paris : Présence Africaine.

Pavel, Thomas. 2001. « Comment définir la fiction? ». In : *Frontières de la fiction*, éd. par Alexandre Gefen/René Audet. Québec : Nota Bene, 3-13.

Robert, Paul/Rey-Debove, Josette/Rey, Alain (éds.). 2010. *Nouveau Petit Robert. Dictionnaire analogique et alphabétique de la langue française*. Bruxelles : Maison Van Dijk. CD-ROM.

Schaeffer, Jean-Marie. 1989. *Qu'est-ce qu'un genre littéraire?* Paris : Seuil.

Semujanga, Josias. « De l'ordre du savoir à l'ordre du discours dans l'œuvre de V.-Y. Mudimbe ». In : *L'Afrique au miroir des littératures, des sciences de l'homme et de la société : mélanges offerts à V. Y. Mudimbe*, éd. par Mukala Kadima-Nzuji/ Sélom Komlan Gbanou. Paris-Bruxelles : L'Harmattan- Archives et Musée de la littérature, 13-54.

Starobinski, Jean. 1985. « Peut-on définir l'essai ? ». In : *Pour un temps / Jean Starobinski*. Paris : Centre Georges Pompidou, 185-196.

Traoré, Aminata. 2002. *Le viol de l'imaginaire*. Arles : Actes Sud.

Tremblay, Yolaine. 1994. *L'essai : unicité du genre, pluralité des textes*. Sainte-Foy : Le Griffon d'Argile.

Renouveau du genre testimonial en Afrique subsaharienne : de la littérature engagée à une littérature d'implication ?

Viviane Azarian, Universität Bayreuth

La littérature de témoignage sur les violences extrêmes en Afrique tend à se constituer en corpus et me semble révélatrice du passage d'une littérature d'engagement à une littérature d'implication, invitation au dialogue dans une perspective intersubjective. Il ne s'agit plus d'une littérature de dénonciation dans le sens d'une intention préventive ou invitant à l'action sociale, mais bien d'une littérature de l'après, de l'expérience vécue, visant la transmission. Cet article vise aussi à interroger les modalités génériques adaptées dans ces textes, sont-elles renouvelées par l'écriture et au niveau de la réception, peut-on parler d'un nouveau genre du témoignage spécifique aux violences postcoloniales ? La littérature africaine écrite en langues européennes a souvent été étudiée dans une perspective sociologique et thématique qui a mis en avant sa dimension d'engagement, son réalisme formel, ou insisté sur une mission d'éveil politique et de dénonciation propre à l'écrivain africain. Si depuis la critique postcoloniale a pris en charge une lecture poétique des écritures africaines, et en particulier sur les 'écritures de violence' dans les fictions africaines, il s'agit maintenant, comme Josias Semujanga (2008) invite à le faire, de prendre la mesure de la diversité des relations qui, selon les cas et les traditions littéraires et culturelles, se nouent entre ces diverses pratiques discursives et attitudes pragmatiques : analyser comment le témoignage et le document s'opposent à la falsification idéologique, comment le roman se configure par rapport au discours qui l'entoure naturellement (le dire des archives, le témoignage), mais aussi comment le témoignage se constitue en rapport intertextuel tout à la fois avec les écritures fictionnelles de violence dans le champ littéraire africain francophone et les discours médiatiques produits sur la région des Grands Lacs qui est selon Alain Ricard un « des lieux de l'événement, du conflit, des formes d'irruption de l'inédit en Afrique qui tout à la fois engendre d'étranges monstres et de nouvelles énergies » (Ricard 2002 : 4). Josias Semujanga propose d'analyser les procédés intertextuels mis en œuvre par les récits fictifs produits sur le génocide au Rwanda, et d'y lire, non pas seulement l'intertexte de la Shoah, mais aussi de décrire : « les rapports entre ces récits et d'autres modes d'écriture comme l'histoire, la mémoire, le reportage ou l'essai, modes de discours qui traversent le discours social » (Semujanga 2008 : 28), qui, précise-t-il en citant Marc Angenot doit être « entendu comme une connexion intertextuelle généralisée à une époque donnée » (1983 : 121-125). Josias Semujanga remarque ainsi « la même tendance à construire la fiction du génocide sur la base de la relecture des récits antérieurs à l'événement de 1994 » (2008 : 29).

Ces récits de témoignage répondent également aux discours sociaux, et médiatiques notamment, produits en amont et en aval de l'événement ; ils les prennent en charge de manière réflexive. Enfin, les témoignages se réalisent dans de multiples formes et en recourant à divers médias et genres littéraires, ils sont alors aussi à analyser à l'intérieur d'un réseau transmédiatique et transgénérique qui fait dialoguer les productions textuelles et visuelles. Matthieu Letourneux parle à ce propos de « culture transmédiatique globale », et invite à repenser les frontières génériques et médiatiques dans le cadre d'une « théorie des transferts culturels » qui s'intéresse aux « interactions et aux identités à l'œuvre dans la relation image-écrit » (2004 : 246). Les témoignages écrits et filmés sont ainsi complémentaires, ils se répondent en s'inscrivant dans un réseau et deviennent une référence dans un système multimédia d'accès à la connaissance.

Ces procédés intertextuels et intermédiaux non seulement brouillent les frontières génériques et médiatiques, mais ils invitent également à repenser les frontières entre récits fictionnels et factuels et posent de manière réflexive la question de la représentation et de sa possibilité.

S'interrogeant sur un possible 'pouvoir spécifique' de la littérature et partant du constat de deux tendances contradictoires de la critique actuelle entre un panfictionnalisme hérité des théories poststructuralistes qui proclament 'le tout est fiction' de Lacan et le débat sur 'la mort de la littérature', plus précisément de la fiction, déplorant l'inflation des formes référentielles et biographiques de la littérature et des médias, Dominique Maingueneau rappelle que ces alternatives polémiques reconduisent une opposition binaire entre fiction et document sans l'invalider, ignorant ainsi la porosité des frontières telle qu'elle apparaît dans les pratiques d'écriture, je cite :

> Nous sommes aujourd'hui submergés de fictions. L'un des problèmes qui se pose alors est de savoir si le concept traditionnel de fiction, très marqué par la littérature, est adéquat pour rendre raison d'un phénomène de cette ampleur. Une vision plus anthropologique du phénomène serait peut-être plus productive. C'est d'ailleurs la voie que commence à emprunter même la théorie littéraire. Si l'on ajoute que la notion de fiction prend également un tour spécifique selon qu'il s'agit d'un film, d'un dessin animé ou d'un jeu vidéo, que par ailleurs la publicité, la téléréalité et l'autofiction prospèrent, on voit qu'il se pose un ensemble de problèmes qui vont bien au-delà de la théorie littéraire et qui engagent la construction même de l'identité sociale dans le monde contemporain. (Maingueneau, entretien avec Baroni, 2006)

Il s'agit pour Maingueneau, de montrer :

> En quel sens la configuration qui résulte de l'entrecroisement entre fiction, document et témoignage pose nombre de questions concernant la caractérisation et la fonction sociale des récits, les rapports, équilibres et conflits entre les genres discursifs et littéraires, ou encore comment elle interroge la séparation de la fiction et de l'histoire comme la difficulté d'y parvenir et soulève ainsi la question de savoir à quelles conditions une pratique littéraire peut aussi être une pensée de l'histoire. (Maingueneau, entretien avec Baroni, 2006)

Je voudrais partir de ces réflexions sur les procédés intertextuels qui caractérisent les récits de témoignage et les effets de brouillage qu'ils induisent pour proposer une lecture de deux œuvres sur le génocide au Rwanda en 1994 : le film documentaire de Jacqueline Kalimunda *Homeland* et le récit de témoignage de Scholastique Muka-sanga, *Iyenzi ou les cafards*, tous les deux sortis en 2006. Je voudrais en particulier analyser trois motifs qui travaillent des formes précédentes des écritures de soi afri-caines : le récit d'enfance, le récit de voyage et la représentation de l'altérité qui re-prend les discours de haine qui ont conduit à la construction d'une altérité radicale dans le sens d'une « pragmatique de l'altérité » (au sens où l'entend Bessière 2002 : 215).

Récit d'enfance et filiation

Un des rapprochements que l'on peut établir entre le contexte de la production de *Homeland* de Jacqueline Kalimunda et *Iyenzi ou les cafards* de Scholastique Muka-sanga, c'est que les deux femmes étaient absentes du Rwanda pendant le génocide et sont revenues dix ans après pour accomplir un voyage mémoriel. A propos de ceux qui ont 'vécu' le génocide depuis leur exil, Catherine Coquio parle d' « expérience in-directe du génocide, même si l'héritage d'une telle destruction relève bien lui aussi de l'expérience vécue » (2004 : 147). Les témoignages de Kalimunda et de Mukasanga relèvent de cette catégorie du 'récit du témoin absent' qui vise la reconstitution d'un passé non vécu directement. On peut ainsi remarquer qu'il prend la forme de la rétro-spection et de l'évocation nostalgique des souvenirs d'enfance, il s'agit de réinscrire le sujet dans son rapport filial, rétablir un lien. L'écriture de soi, ici l'histoire familiale, se fait alors messagère d'une autre parole qui a besoin de cette médiation pour être pro-noncée et entendue. C'est bien la position énonciative de la réalisatrice dans le film *Homeland* : position d'écoute et de relais, de médiation. Kalimunda assume d'une part la « tâche restitutrice et créatrice de l'historien » dont parle Janine Altounian dans son article sur « Le soi des survivants dans l'écriture des descendants » (2002 : 67) et d'autre part s'approprie cette histoire par un mouvement de subjectivation en retour, la voix off maintenant le fil de la narration personnelle. Le témoignage est rendu possible par le système d'échos dans lequel l'histoire personnelle est inscrite : elle devient 'narrable' parce qu'elle est mise en relation ; elle concerne la réalisatrice, mais elle est aussi une histoire qui est arrivée à d'autres.

Homeland est le récit d'un retour au Rwanda après le génocide. En 1994, Jacqueline Kalimunda a vingt ans et vit à Paris, son père est enlevé par des hommes devant chez lui, au Rwanda, il est depuis porté disparu. Dix ans plus tard, la réalisatrice entreprend un voyage à travers le Rwanda jusqu'à la région de naissance de son père. C'est ce voyage à travers 'Homeland' qu'elle filme, sous forme d'une quête personnelle ponc-tuée de rencontres, avec des survivants que la réalisatrice interroge. La réalisatrice[1] ex-plique le choix d'un registre intime :

---

1   Dans un entretien qu'elle m'a accordé : « Ma quête consistait à essayer de comprendre ». Entretien de Viviane Azarian avec Jacqueline Kalimunda, à propos de son film *Home-*

Je filme des images en super 8 : elles s'inscrivent dans le registre de l'intime, ce sont des images de rêves, du passé. Je voulais filmer la terre, les paysages, aussi pour me réapproprier cet espace, y retrouver des souvenirs d'enfance. (Kalimunda, entretien avec Azarian 2006)

Dans le film, la narration complexe crée le lien entre l'histoire personnelle de la réalisatrice, son voyage en quête de réponses, l'histoire de sa mère et celle des gens qu'elle rencontre.

Le texte de Mukasanga s'ouvre sur le temps de la narration : le récit des souvenirs est stimulé par une photo de famille qu'elle regarde et quelques objets qu'elle touche comme des reliques du passé, seules traces restantes, pieusement conservées, elle annonce : « ils vont mourir » (2006 : 10). L'utilisation du futur proche pour évoquer un fait passé souligne à la fois le caractère rétrospectif du récit et l'inéluctabilité de la catastrophe. Les informations historiques sont alternées avec les informations personnelles, selon une technique propre au genre des mémoires. Ce procédé permet en outre au lecteur de suivre le fil de la vie de la narratrice en se rendant compte à quel point l'histoire y interfère. Mukasanga s'attarde finalement très peu sur l'expérience de l'exil, concentrant son effort de rappel sur la période de l'enfance dans une écriture qui 'invoque' la relation familiale, et rend hommage aux parents disparus. Cette reprise de la forme du récit d'enfance qui connaît ses classiques dans la littérature africaine me semble fonctionner à plusieurs niveaux : l'écriture mémorielle et mémoriale réinscrit le sujet et les victimes dans une histoire personnelle et familiale.

Le témoignage de Mukasanga accorde en effet une part importante au récit d'enfance (voir 2006 : 34-35), elle raconte la journée d'un enfant entre école, cueillette et jeux, elle propose une description nostalgique de l'atmosphère bucolique que l'on retrouve dans les récits d'enfance comme *L'enfant noir* (Laye : 1953) ou *Amkoullel, l'enfant peul* (Bâ : 1991). Cette 'nostalgie du paradis perdu' est propre au récit d'enfance, avec ici de surcroît, une rupture radicale, une absence qui continue de hanter le présent, une perte irréparable. Elle décrit des scènes heureuses dans un 'climat de peur' (pour reprendre le titre de Soyinka : 2005), les souvenirs heureux sont en effet ponctués du souvenir des visites nocturnes d'un léopard qui les terrorisent, elle et sa sœur, métaphore, ici, de la peur omniprésente qui s'insinue jusque dans l'intimité du foyer et de la conscience ne laissant aucune place au sentiment de sécurité. Cette alternance entre souvenirs heureux et évocation de la peur est un procédé narratif qui complexifie la situation et renforce l'impression d'enfermement et d'étouffement, l'impression d'envahissement par une menace qui ronge l'espace privé progressivement, mais de manière inéluctable.

Toutefois, elle se remémore aussi les « jours de bonheur » (Mukasanga 2006 : 58) passés dans les champs en compagnie de sa mère qui lui raconte des histoires : celle du

---

land, Festival Vues d'Afrique, 22° journées du cinéma africain et créole, du 20 au 30 avril 2006, Montréal, 21.09.2006.

roi Rugunzu et de l'arrivée des Blancs. Le récit d'enfance sert de cadre aux récits oraux rapportés et assure la transmission d'un patrimoine oral menacé de disparition. Elle rapporte et consigne les paroles de sa mère à l'intention aussi de ses enfants, pour maintenir le fil d'une mémoire familiale. Ces souvenirs permettent également l'évocation de la relation d'intimité qu'elle entretient avec sa mère. Mukasanga, qui rapporte les récits de sa mère, ne fait pas que transmettre sa mémoire, elle témoigne de son existence et de ses paroles ; elle lui redonne la parole dans l'espace de l'écriture, la rétablissant dans ses droits de sujet parlant, dans son humanité.

Traitement de l'espace : motifs de l'errance, de l'exil et du retour

La notion de 'rebours' est liée dans ces récits de témoignage, au niveau du traitement du temps, au caractère rétrospectif de la narration et au niveau du traitement de l'espace, au motif du retour. Au chapitre X, Mukasanga dit s'éloigner du Rwanda : géographiquement, temporellement et parce que sa vie continue ce qui accentue la distance avec ceux qui sont restés, distance qu'elle n'aura plus jamais la possibilité de franchir. Impossible 'retour chez soi' en premier lieu parce que ce 'chez soi' n'est plus, impossible retour en arrière. L'écriture mémorielle comme 'détour' nécessaire pour rendre compte de cet écart, est aussi chez Mukasanga une écriture qui cherche à remonter la généalogie de l'événement au niveau collectif et à réinscrire le sujet dans la continuité d'un récit de vie. Cette remontée du temps par le souvenir se lit à l'échelle de l'œuvre puisque Mukasanga publie en 2008 un second volume *La femme aux pieds nus,* qui reprend et approfondit le récit d'enfance en focalisant sur la figure maternelle. C'est au chapitre XII que Mukasanga décrit son retour au Rwanda en mai 1986 accompagnée de son mari et de ses deux fils. Les lieux appellent les souvenirs : elle se souvient de la dernière fois où elle a vu ses parents, et 'revoit' sa mère : « une petite silhouette qui s'efface au tournant de la piste » (Mukasanga 2006 : 113). Le genre du récit de voyage est ici brouillé, dans la mesure où il ne s'agit pas pour le narrateur de découverte, mais de reconstitution, à la dimension spatiale s'ajoute une dimension temporelle essentielle. Il s'agit pour la narratrice de reconstituer, d'imaginer les événements qui ont eu lieu, sur le mode de l'enquête, il s'agit de mesurer l'ampleur de la défiguration des lieux, l'écart qui fait de l'espace connu un espace autre. Le retour est impossible parce qu'il ne s'est pas seulement agi d'un déplacement géographique, mais d'une rupture sociale et temporelle. Il y a perte des repères parce que la terre natale ne fonctionne plus comme un espace endogène mais s'éprouve paradoxalement à la fois exogène et familière. J'emprunte ces termes à Bertrand Westphal qui explique que :

> Dans une logique géocritique, la multifocalisation s'exprime dans une taxinomie à trois variantes de base. Le point de vue est relatif à la situation de l'observateur ou de l'observatrice à l'égard de l'espace de référence. Il/elle entretient avec cet espace une gamme de rapports allant de l'intimité ou de la familiarité à une extranéité plus ou moins absolue. Cela s'explique par le fait que le point de vue est tour à tour endogène, exogène ou

allogène. Le point de vue endogène caractérise une vision autochtone de l'espace. Normalement réfractaire à toute visée exotique, il témoigne d'un espace familier. Le point de vue exogène marque en revanche la vision du voyageur ; il est empreint d'exotisme. Le point de vue allogène quant à lui, se situe entre les deux autres. Il est le propre de tous ceux et toutes celles qui se sont fixés dans un endroit sans que celui-ci leur soit encore familier, sans non plus qu'il demeure pour eux exotique. (Westphal 2007 : 208)

Dans *Homeland*, le motif du retour au pays natal est le fil conducteur du film : la réalisatrice entreprend ce voyage à travers le Rwanda comme une quête des origines. A propos du choix de la forme du récit de voyage, Kalimunda établit un rapprochement entre son film et le texte de Véronique Tadjo, *L'ombre d'Imana* (2000) :

> Tadjo cherche à aborder le Rwanda sans certitudes. Pour le choix de la forme il lui a été impossible de faire un roman, elle raconte donc des impressions en utilisant la forme du récit de voyage et en décrivant ses étapes, ses points d'arrêt. J'ai cherché également à rendre compte de ces points intermédiaires de mon voyage en utilisant la carte qui permet de suivre mon parcours et en utilisant des travellings avec la super 8. Je voulais souligner cette idée du trajet pour montrer qu'il s'agissait d'une démarche personnelle, et qu'il est possible de faire des trajets différents, s'ils restent ouverts. (Kalimunda, entretien avec Azarian : 2006)

Le recours à la forme du récit de voyage pour dire non pas seulement un mouvement de découverte, mais de réappropriation d'espaces intimes me semble particulièrement intéressant dans la mesure où il répond aussi à toute une littérature produite par des auteurs européens sur l'Afrique des grands Lacs, depuis les récits d'explorateurs, Alain Ricard souligne à ce propos « un silence sur l'histoire dans la littérature des Grands Lacs qui contraste violemment avec la présence massive de la littérature d'exploration et de colonisation » (2002 : 8), jusqu'aux récits journalistiques et littéraires sur le génocide au Rwanda qui sont majoritairement le fait d'auteurs étrangers. Au niveau de la composition du film, le motif du voyage avec un personnage guide fonctionne comme un viatique spatial et sociologique en ce qu'il permet de rencontrer différentes personnes et de proposer un panel de témoignages. Ce motif de l'itinéraire est également un procédé de cohésion narrative : un trajet se dessine qui donne cohérence au divers des témoignages et à la multiplication des voix. L'espace du récit de témoignage est un espace fluide, constitué de déplacements de rencontres, et d'échanges, il crée un espace de la parole, il réalise une mise en dialogue. L'espace intime du témoignage intègre le spectateur dans l'espace communicationnel de la confidence. Les plans serrés sur les visages soulignent cette relation privilégiée de face à face et participent d'une interpellation intensifiée du spectateur et de son implication.

Témoignage comme communication

Si le témoin, parce qu'il inscrit « l'inimaginable dans une narration de l'advenu », est sollicité pour aider à chercher un « sens à rebours du non sens génocidaire », selon Coquio (2004 : 279), il se réserve le droit, d'une part, de refuser toute mission de réconciliation de l'humanité avec elle-même, d'autre part d'interpeller et d'impliquer en retour celui qui devient le dépositaire du témoignage. Je voudrais citer Isabelle Favre qui parle d'un schéma ternaire propre à l'écriture et à la lecture du témoignage :

> Lorsque je lis un témoignage, je suis témoin du témoin et donc en position tertiaire par rapport à l'objet du témoignage. [...]. Ce qui me paraît important dans ce schéma, c'est que même si le lecteur occupe cette position tertiaire, donc éloignée par rapport à l'objet, il s'intègre néanmoins dans la structure. L'acte de lire un témoignage signifie donc une forme de participation, ce qui est capital à une époque où l'être humain se trouve si souvent bombardé d'informations à structures fermées, qui l'agressent tout en le maintenant hors jeu, dans une position qui induit précisément au sentiment d'être superflu ou inutile, et ceci au sein même des systèmes démocratiques actuels. Le témoignage permet donc au lecteur contemporain d'entrer dans la réalité du monde dans lequel il vit à travers la spécificité de la lecture testimoniale qui défie deux grands discours institutionnels : tout d'abord, le discours historique, chargé de véhiculer la vérité factuelle, et ensuite le discours littéraire auquel incombent le choix de la forme et l'originalité de la facture discursive. (Favre 2007 : 18-19)

Nous comprenons ainsi que le témoignage peut-être plus que tout autre texte littéraire s'inscrit de manière essentielle dans un schéma de communication, une communication modélisée par l'écriture. La dimension pragmatique du témoignage réside dans cette intention de communication et dans les stratégies argumentatives que l'énonciateur ne déploie pas seulement pour attester ni convaincre mais pour favoriser un dialogue avec le récepteur.

Associant les termes de « Littérature, fiction, témoignage et vérité » dans le titre d'un colloque qui s'est tenu à Paris III en 2003, Jean Bessière justifie cette formulation en apparence oxymorique qui lie témoignage et fiction en proposant une réflexion sur un 'jeu' entre fiction et témoignage, au sens de double déplacement : « déplacement de l'hypothèse de la fiction » et « déplacement de l'hypothèse du témoignage » (Bessière 2005 : 7). Pensée oxymorique qui rend compte précisément selon Bessière de la spécificité de la rencontre contemporaine entre littérature et témoignage :

> *Nouveau statut de la fiction* : si la fiction ne doit pas être vue sous le seul signe de la feinte, si elle doit être considérée comme ce qui ne contredit pas la vérité, si elle apparaît cependant comme ce qui ne s'allie pas nécessairement avec les discours convenus de la vérité, elle a alors pour fonction de dire cela qui ne peut être dit selon les régimes usuels des discours de vérité – la fiction est ce discours qui porte une vérité d'exception.
> *Nouveau statut du témoignage* : le témoignage consiste à faire reconnaître la vérité d'un fait ; il suppose une communauté des témoins et la communauté de ceux qui entendent et enregistrent les témoignages. Sans ces deux communautés, il n'est pas de témoignage.
> (Bessière 2005 : 8)

Jean Bessière avance ainsi l'idée que le témoignage contemporain, dans ses conditions extrêmes n'est possible que par la littérature (élargissons par des formes artistiques d'expression) : celles-ci sont l'invention de la communauté de ceux qui peuvent parler et de ceux qui peuvent entendre ; elles sont, je cite encore : « le moyen de figurer une

Viviane Azarian

pragmatique de l'altérité alors qu'elle témoigne d'événements et d'actions qui défont cette pragmatique » (Bessière 2005 : 9).

Le témoignage appelle une situation d'interlocution, il n'est pas seulement un contenu mais un acte qui engage aussi ceux qui reçoivent le témoignage. Dans son article « Dire l'infime ou la langue du témoin », Ghislain Lévy parle de « la co-implication qui invente de l'être-ensemble entre les deux interlocuteurs du témoignage d'une expérience aux limites, dont la spécificité a été d'anéantir précisément toute possibilité de l'être-ensemble » (Lévy 2003 : 277). Il rappelle que :

> Cette invention d'une société à deux, là où l'expérience catastrophique a aboli toute société humaine, Walter Benjamin en a donné à travers l'acte narratif lui-même, la forme quand il écrit : « qui écoute une histoire forme société avec qui la raconte, qui la lit participe lui aussi à cette société. » (Lévy 2003 : 277)

En conclusion : réflexion sur le statut, la fonction et les usages du récit de témoignage

Si l'on pose l'émergence du témoignage comme genre nouveau, dont l'originalité résiderait dans son caractère hybride et dont les modalités d'écriture remettent précisément en question les frontières entre document et fiction ; il convient de se demander en quoi le témoignage littéraire apporte un nouvel éclairage sur l'idée même de littérature dans ses conceptions et usages, sur son statut et sa fonction, en faisant écho à la question posée par Thiphaine Samoyault lors du colloque : « Ce que le témoignage fait à la littérature... et la littérature au témoignage».[2] Samoyault rappelle que « l'acte de témoignage est tel que ces textes ont un statut particulier au sein de la littérature ; par là même ils la débordent et l'interrogent ».[3] Je laisserai la question de 'ce que peut la littérature' ouverte, mais je poserai seulement une hypothèse sur ce qu'on peut attendre à mon sens de ces nouvelles pratiques artistiques : qu'elles nous donnent accès à l'autre et que par cette « pragmatique de l'altérité » (Bessière 2002 : 215-216), elles nous impliquent. C'est bien un des enjeux de la littérature de témoignage de donner non pas seulement une représentation de l'altérité, mais accès à une altérité réfléchie en ses diverses manifestations par l'écriture. Retour réflexif sur le chemin qui mène de l'expérience à l'écriture de cette expérience, retour réflexif sur une écriture du réel en train de se faire ; les récits de témoignage, parce qu'ils réalisent un travail d'écriture pour transmettre une expérience intime et singulière plus qu'ils ne visent la représentation de cette expérience, sont peut-être précisément à même d'inviter à repenser

---

2 Colloque organisé par l'Équipe de recherche « Littérature et histoires » à l'Université Paris 8 en avril 2008.

3 Voir l'argumentaire du colloque en ligne sur le site Fabula : http://www.fabula.org/ actualites/ce-que-le-temoignage-fait-a-la-litterature-et-la-litterature-au-temoignage_ 23276.php (13.12.2009).

les catégories génériques et à mettre en lumière la dimension poétique et non pas seulement documentaire des écritures référentielles.

Ouvrages cités

Altounian, Janine. 2002. « Le soi des survivants dans l'écriture des descendants ». In : *L'Écriture de soi peut-elle dire l'Histoire ?*, éd. par Jean-François Chiantaretto. Actes du colloque organisé par la BPI les 23 et 24 mars 2001. Paris : BPI en actes, 57-70.

Angenot, Marc. 1983. « L'intertextualité : enquête sur l'émergence et la diffusion d'un champ notionnel ». In : *Revue des sciences humaines* 189, 1, 121-125.

Bâ, Amadou Hampâté. 1991. *Amkoullel, l'enfant peul.* Arles : Actes Sud Babel.

Baetens, Jan/Lits, Marc (éds.). 2004. *La novellisation/Novelization, (Du film au livre/From Film to Novel).* Louvain : Presses Universitaires de Louvain.

Bessière, Jean. 2005. « Roberto Bolano : témoigner de ce dont on ne peut témoigner ». In : *Littérature, Fiction, Témoignage, Vérité*, éd. par Jean Bessière et Judith Maàr. Actes du colloque organisé par l'Université Paris III et le Centre Interuniversitaire d'Etudes Hongroises, 25-27 mai 2003. Paris : L'Harmattan, 31-38.

Bessière, Jean. 2002. « Critique littéraire et philosophie morale ». In : *Savoirs et littérature. Literature, the Humanities and the Social Sciences*, éd. par Jean Bessière. Paris : Presses de La Sorbonne Nouvelle, 216-238.

Coquio, Catherine (éd.). 2004. *L'Histoire trouée : négation et témoignage. Actes du colloque tenu à la Sorbonne, en septembre 2000.* Nantes : L'Atalante.

Favre, Isabelle. 2007. « Maggy Corrêa : passer le témoin, avec ou sans le feu sacré ». In : *Le témoignage d'un génocide ou les chatoiements d'un discours indicible, Présence francophone* 69, 17-31.

Halen, Pierre/Ricard, Alain (éds.). 2003. *La littérature des grands lacs. Etudes Littéraires Africaines* 14.

Kalimunda, Jacqueline. 2006. *Homeland.* Rwanda 2006, 90', documentaire, vidéo, couleur, kinyarwanda, français, st. français.

Kalimunda, Jacqueline. 21.09.2006. Entretien avec Viviane Azarian à propos de son film *Homeland.* Festival Vues d'Afrique, 22° journées du cinéma africain et créole, du 20 au 30 avril 2006, Montréal.

Laye Camara. 1953. *L'Enfant noir.* Paris : Plon.

Letourneux, Matthieu. 2004 : « Un cas limite de narrativité, la novellisation des jeux vidéo ». In : *La novellisation/Novelization, (Du film au livre/From Film to Novel)*, éd. par Jan Baetens et Marc Lits. Louvain : Presses Universitaires de Louvain, 244-246.

Lévy, Ghislain. 2003. « Dire l'infime ou la langue du témoin ». In : *Témoignage et écriture de l'histoire*, éd. par Jean-François Chiantaretto/Régine Robin. Paris : Harmattan, 277-288.

Maingueneau, Dominique. 2006. Entretien avec Dominique Maingueneau, par Raphaël Baroni autour de la sortie de son ouvrage : « Contre Saint Proust ou la fin de la littérature ». In : *La fin de la littérature ? Vox Poetica*, http://www.voxpoetica.org/entretiens/maingueneau.html (13.12.2009).

Mukasonga, Scholastique. 2008. *La femme aux pieds nus*. Paris : Gallimard.

Mukasonga, Scholastique. 2006. *Inyenzi ou les cafards*. Paris : Gallimard.

Ricard, Alain. 2002 : « La littérature des Grands Lacs ». In : *ELA* 14, 4-8.

Semujanga, Josias. 2008. *Le génocide, sujet de fiction ? Analyse des récits du massacre des Tutsi dans la littérature africaine*. Montréal : Nota Bene.

Soyinka, Wole. 2005. *Climate of Fear: The Quest for Dignity in a Dehumanized World*. New York : Random House.

Tadjo, Véronique. 2000. *L'ombre d'Imana, voyages jusqu'au bout du Rwanda*. Arles : Actes Sud.

Westphal, Bertrand. 2007. *La géocritique : réel, fiction, espace*. Paris : Les éditions de Minuit.

Thinking through Literature: Abdourahman Waberi's *Moisson de Crânes* and the Rwandan Genocide

Cécile Bishop, King's College London

"On ne peut plus écrire aujourd'hui en Afrique, comme si le génocide de 1994 au Rwanda n'avait jamais eu lieu" [We cannot continue to write in Africa as if the 1994 genocide in Rwanda had never happened] argues Patrice Nganang in his *Manifeste pour une nouvelle littérature africaine* [Manifesto for a New African Literature], one of the most thorough reflexions on the role of literature after the Rwandan genocide (Nganang 2007: 24).[1] In Nganang's view, the genocide defines a new historical moment and consequently "appelle un nouveau langage de l'intelligence pour exprimer cette nouveauté" [calls for a new language of the intellect to express this newness] (Nganang 2007: 27). For Nganang, the specificity and radicalism of the historical event demands an equally specific and radical renewal of literature, which, according to him, African writers have failed to bring about:

> jusqu'à présent, les réponses me semblent peu satisfaisantes, les réactions des écrivains africains s'alignant souvent trop rapidement, par précipitation intellectuelle, je dirais, sur les attitudes génériques qui sont né[e]s dans l'ombre de l'Holocauste, ou alors sur les gestes idéologiques communes de la littérature africaine – par exemple quand un Boubacar Boris Diop retrouve les racines du nationalisme dans son retour public à la langue maternelle. [The responses so far do not seem very satisfactory to me: African writers have often been too prompt to align themselves – due, I would say, to intellectual hastiness – with the generic attitudes that emerged from the shadow of the Holocaust, or with the usual ideological grand gestures of African literature – for instance, when somebody like Boubacar Boris Diop rediscovers the roots of nationalism in a public return to his mother tongue.] (Nganang 2007: 288)

Implicit in this assessment is the notion that former models, inspired by Holocaust literature and anticolonial nationalism, necessarily fail to convey the significance of the genocide and risk conflating it with these other periods. This article would like to question this assumption and offer a more nuanced account of the relation between the reproduction of older discourses and the emergence of a new one, through a reading of Abdourahman Waberi's *Moisson de crânes* (2000) [Harvest of Skulls].[2]

Moisson de crânes was written as a contribution to the 1998 operation 'Rwanda: écrire par devoir de mémoire'. This operation, led by the organiser of the cultural festival Fest'Africa, Nocky Djedanoum, consisted in sending ten African authors to Rwanda,

---

1 All translations are my own, unless otherwise indicated.
2 Further references to this book are indicated in the text in parentheses.

with a mission to write about the 1994 genocide.[3] At first sight, *Moisson de crânes* seems to lend itself particularly well to Nganang's criticism, as it conspicuously borrows from other writers and makes abundant references to previous texts and contexts. It is interspersed with quotations from a wide range of genres and origins, including the Bible, Noam Chomsky, Paul Celan, Wole Soyinka, Aimé Césaire, Joseph Nsengimana (the current Representative of Rwanda to the United Nations), Mia Couto, Antjie Krog, and Primo Levi. This profusion of references, combined with the short length of the text, may produce the impression that in the face of the horror of the genocide, Waberi is tempted to substitute the words of others for his own. However, as this article will show by examining the two main points of reference in the text, Aimé Césaire and the Holocaust, the effects of these borrowings are far more complex.

My reflexion will build on recent works in the field of cultural memory, which have attempted to think history in and through literature, focusing notably on the problematic connections between the Holocaust and colonisation (Silverman 2008; Rothberg 2009). For instance, in a discussion of the relation between the Holocaust and Empire in George Perec's *W ou le souvenir d'enfance* (1975) [W or the Memory of Childhood] and Patrick Modiano's *Dora Bruder* (1997), Max Silverman argues that the interconnections between modern forms of violence

> can be more clearly exposed in imaginative works (rather than historical or sociological works) because these blur the frontiers between the literary imagination, memory and history. Repetitions, substitutions and transformations – the very substance of the literary imagination – open up an alternative history [...] which challenges the compartmentalized narratives that we habitually receive. (Silverman 2008: 426)

As Silverman emphasises, "the literary imagination", or at least a certain understanding of it, can establish different relations between elements or events, relations which are not subject to the same rules and categories that govern history or the social sciences, and can perhaps accommodate more easily overlapping and contradictory meanings. Following this perspective, this paper would like to examine the specific contribution literature can make to a reflexion on the Rwandan genocide and its place in history. My argument will notably insist on the importance of Waberi's destabilisation of generic conventions and expectations in opening up new interpretations of the past in relation to the present. Indeed, by borrowing from heterogeneous sources, Waberi not only blurs the generic boundaries of his own text, but also isolates these sentences from the very generic conventions which guaranteed their intelligibility, thus creating new meanings and interrogations.

---

3   Created in 1992, Fest'Africa is an African arts festival (including dance, music and drama), which takes place every two years in Lille.

Moisson de Crânes's generic ambiguities

Moisson de crânes is perhaps the text which bears the uneasiest relation to the different imperatives that defined the Fest'Africa operation, as revealed by its preface, in which Waberi pictures himself as plagued by doubt and self-consciousness. The preface starts with these words: "Cet ouvrage s'excuse presque d'exister" [This book almost apologizes for its own existence] (13). This sentence is actually less rhetorical than it may seem: *Moisson de crânes* does seem to have fulfilled few of the demands that were placed upon it, as revealed by the diverging views of the text offered by Waberi and his publisher. The text is indeed introduced by two paratextual devices: Waberi's preface and a succinct presentation by his publisher, which offer two conflicting representations of the book, and especially of its genre. The publisher's presentation emphasises the text's direct link to the reality of the genocide, by downplaying the importance of Waberi's imaginative reconstruction. For instance, it is claimed that Waberi

> a vu cette horreur qu'il évoque dans *Moisson de crânes:* les massacres à la machette, à la grenade, les émasculations, les viols, la mutilation de corps encore vivants, le désarroi, la peur, le dénuement… Une vérité historique quasi indicible dont il restitue les échos avec la force de l'écrivain et du poète. [has seen the horror he depicts in *Moisson de crânes:* people massacred with machetes or grenades, emasculations, rapes, the mutilation of live bodies, helplessness, fear, distress... an almost unspeakable historical truth, whose resonance is rendered by the power of the writer and poet.] (7)

This is of course not entirely accurate since Waberi visited Rwanda four years after the genocide, in 1998 and 1999, and cannot have actually 'seen' any of the horrors mentioned in this enumeration. What he indeed saw were the sanctuaries which were installed on the sites of the main massacres, such as Murambi or Nyamata, where the mutilated skeletons of the victims have been left in the open, as a reminder of the violence that took place. But contrary to what the publisher suggests, Waberi was not a witness of the genocide.

This misunderstanding about the text's testimonial value is not the only one: Waberi's motivations do not seem to match the publisher's expectations either. Already in the second sentence of his preface, Waberi claims that had it been up to him, he would not have written this book at all, at least not yet: "Sa rédaction a été très ardue, sa mise en chantier différée pendant des semaines et des mois. N'était le devoir moral contracté auprès de divers amis rwandais et africains, il ne serait pas invité à remonter à la surface aussi promptement" [The writing was arduous, I delayed getting underway with it for weeks and months. If it weren't for my moral obligations to various Rwandan and African friends, I would not have made it come to the surface so quickly] (13). According to him, all he felt was "le désir ardent de s'effacer, de se faire oublier, de ne pas en rajouter dans le pessimisme ambiant, de faire le mort à mon tour" [a burning desire to fade away, to lie low, to stray away from that all-embracing pessimism, to play dead too] (13-14). This reluctance can be opposed to the picture offered by the publisher, who describes Waberi as consumed by the urge to write: "Saisi par l'ur-gence de rendre compte, en artiste, du génocide survenu au Rwanda, [Waberi] a choisi l'essai, le témoignage mâtiné de fiction" [Seized by the urge to report, as an artist, on the genocide that happened in Rwanda, [Waberi] chose the genre of the essay, of the testimony infused with fiction] (7).

This sentence is also revealing because it suggests that what follows is primarily a non-fictional work. The use of the derogatory expression "mâtiné de" reinforces the idea that fiction only plays a minor role, while the choice of non-fictional genres ("l'essai, le témoignage" [essay, testimony]) is implicitly motivated by the gravity of the genocide itself.[4] Having read this, one may be surprised to find out, after barely two paragraphs, that Waberi's preface describes the book by saying: "la fiction en occupe la part centrale" [fiction constitutes the main part of it] (14). In fact, besides the preface, the book is composed of two distinct parts, one entitled "fictions" and the other "récits" [narratives]. But in spite of its apparent neatness, this division does not actually clarify the generic nature of the text. The first part, 'fictions', comprises a col-lection of short narratives, poetic fragments, or portraits, which seem difficult to sub-sume under any precise generic category, while the second part is composed of ex-tracts from the author's desultory travel notes. It is perhaps worth underlining that this composition itself seems to have been the result of complex pressures regarding liter-ary conventions and generic affiliations. Indeed, according to Waberi the second, non-fictional part did not figure in his initial project but was added at the request of his friends and collaborators: "j'étais essoufflé. Je voulais faire deux ou trois petites nouvelles. Et c'est à la demande des uns et des autres que j'ai décidé de rallonger tout cela – pas à la manière d'un café rallongé (Rires) – mais en y ajoutant mes notes qui provenaient de mon carnet de route..." [I was running out of steam. I wanted to write two or three little short stories. And it was only at the request of various others that I decided to fill it all out – not in the way you turn an espresso into an americano (laughter) – but by adding my travel notes] (Brezault, 2001). The 'récits' of the third part would thus be an addition to the text, designed to stand in for something which was considered to be missing, perhaps to anchor Waberi's writing more solidly in the Rwandan reality.

But in fact, these nonfictional musings are nearly as puzzling as the fictions. The notes are not organised around topics, nor are they in any chronological order, and never offer general conclusions about Rwanda's situation. Here again, the text deliberately frustrates the reader who might be in search of a journalistic account of post-genocide Rwanda. An emblematic passage is the one in which the narrator describes the neck of his taxi-driver:

---

4   Initially, "mâtiné de" was used to describe the impurity of a dog's pedigree. The 1994 re-edition of the Littré dictionary defines "mâtiné" as: "Chienne couverte par un matin, par un chien qui n'est pas de sa race" [A bitch which has been impregnated by a mongrel, by a dog from a different breed].

Je regarde la nuque du chauffeur qui me conduit depuis l'aéroport jusqu'au centre de Bujumbura, on ne peut éviter de fixer à un moment ou un autre la nuque d'un chauffeur, surtout quand on est assis juste derrière lui, et soudain je remarque deux entailles, l'une horizontale, au ras de la nuque, l'autre verticale, qui descend la falaise du crâne. Et voilà que quelque chose se met en éveil avant même que je me retrouve dans la capitale. [I am looking at the neck of the driver who is taking me from the airport to the centre of Bujumbura – at one point or another, one unavoidably ends up staring at a driver's neck, especially when one is seated right behind him – and suddenly, I notice two cuts, one horizontal, at the edge of the neck, the other vertical, sliding down the cliff-face of his skull. And already something awakens even before I reach the capital.] (87)

The nature of this 'something' is left to the reader's guess. One might be tempted to think that the driver is a survivor of the genocide and that the cuts are wounds inflicted by machetes. But this is only a possibility that nothing substantiates, apart from our own expectations as readers. The narrator, in a decidedly non-journalistic manner, does not ask any questions and does not offer any interpretation.

The conflict between the publisher's presentation and Waberi's own may result from a partial or misguided reading of the book, or it may be an attempt to market *Moisson de crânes* in a more enticing way, by granting it some testimonial authenticity (on these issues, see Huggan, 2001). This certainly sheds some light on the expectations that the publisher thought his audience would have concerning a narrative of African genocide written by an African writer. But this succession of apparent misunderstandings also makes visible the unsettling effects of the generic posture adopted by Waberi and suggests that the text is delineating another form of relation to reality, one that is not necessarily defined in terms of testimonial accuracy. If generic conventions play a central role in defining readers' expectations about the referentiality of a text, the effect of *Moisson de crânes*'s generic instability is precisely to unsettle such expectations and to clear space for another form of engagement with the genocide. Indeed, as the following section will show, the ways in which the text stages its own difficulties and limitations can in fact be read as elements of a literary reflexion on history.

Intertwined histories: Rwanda and the Holocaust

I would like to start with the disputed issue of the relation between the Rwandan genocide and the Holocaust. Among the texts of the Fest'Africa operation, *Moisson de crânes* is the most explicitly concerned with the Nazi genocide, and references to the Holocaust abound. Parallels between the 1994 genocide and the Holocaust have been frequently made and violently debated. As early as April 1994, in the midst of the genocide, Jean-Pierre Chrétien famously tried to mobilise French opinion by describing Hutu extremism as "un nazisme tropical" [a tropical Nazism], and the killings as "une véritable Shoah africaine" [a true African Holocaust] (Chrétien 1994: 7). In addition, the Rwandan case was the first one to be officially recognised as a genocide by the United Nation since the Holocaust in 1948. However, comparisons of the two events have remained controversial: on the one hand, they may seem to call into question the doctrine of the uniqueness of the Holocaust, while on the other hand, they are suspected of occulting the singularity of the Rwandan genocide. The issue becomes even more complex if one takes into account the role played by anti-Semitic discourses in the constitution of the anti-Tutsi ideology. Indeed, the missionaries and colonisers of Rwanda imported a number of racist myths, which strongly contributed to racialising the distinction between Hutu and Tutsi: these myths often pictured the Tutsis as an alien and superior race because of their alleged "Hamitic origins", and referred to them as "the Jews of Africa" (see Mamdani 2001 and Coquio 2004). As Aurélia Kalisky showed in a subtle discussion of these discursive entanglements, parallels between Rwanda and the Holocaust have been used, interpreted and instrumentalised on so many levels that it has become virtually impossible to separate an objective reflexion on the issue from its political appropriations (Kalisky 2004).

These historical and political debates have strongly influenced the reception of the "Ecrire par devoir de mémoire" operation. For instance, in a very polemical argument, Manthia Diawara has expressed his concern that in using the same vocabulary for the Rwandan genocide and the Holocaust, writers might be sanctioning what he perceives as an excessive victimisation of the Tutsis and a depoliticised representation of the Rwandan situation:

> I was surprised therefore to find that some writers in the Rwandan Expedition relied on the Israeli model to describe the Tutsi experience in Rwanda. For the genocide, they used expressions like the "Holocaust", the "Tutsi Shoah", "the Final Solution", "Never again", "Tutsi Diaspora", "Negationists and revisionist" [sic]. The writers were also influenced by Jewish writers, such as Primo Levi and Elie Wiesel, on the Holocaust. Finally, they allowed their writing to justify the view that the Tutsis are permanent victims even though a Tutsi-led government is occupying the seat of power. (Diawara 2002)

In a less contentious argument, Catherine Coquio has also criticised the use of the phrase "devoir de mémoire" ("duty to remember"), which was first elaborated in reference to the Holocaust. Her fear is that it might reproduce the same assimilation between Jews and Tutsis as the racist ideologies underlying the genocide. Therefore, Coquio warns against the potential dangers of what she considers a discursive "mimicry":

> Le risque de ce croisement des discours sur le génocide rwandais et sur la Shoah, immédiatement perceptible, est non seulement de 'judaïser' à tort l'expérience rwandaise, confortant ainsi le malentendu racial qui a donné lieu à l'identification du Hamite et du Sémite, mais d' "européaniser" à l'excès les problématiques de la mémoire et du deuil. Risque d'autant plus patent que la production culturelle née du génocide rwandais n'est qu'exceptionnellement diffusée au Rwanda. Ainsi se pose la question des projections propres à l'intervention 'tierce', qu'elle soit africaine ou européenne, dans la construction de la mémoire du génocide. [The obvious danger of mixing discourses on the Rwandan genocide with those on the Holocaust is not only that it might unduly "judaize" the Rwandan experience, thereby reinforcing the very racial misconception that had led to the

identification of the Hamite with the Semite, but also that it might overly "europeanize" issues of memories and mourning. This danger is all the more manifest as the cultural production engendered by the Rwandan genocide is scarcely distributed in Rwanda. This raises the question of the projections that may result from the intervention of "third parties", be they African or European, in the construction of the memory of the genocide.] (Coquio 2004: 166)

The critic Nicki Hitchcott, on the other hand, has hailed the operation's references to the Holocaust (especially in *Moissons de crânes*) as an efficient means "to drag Rwanda out of the "heart of darkness" and into the global imagination" (Hitchcott 2009: 159). In this perspective, parallels between Rwanda and the Holocaust would help countering representations of African violence as inherently "uncivilised" or "barbaric", and therefore inevitable.

Despite their conflicting conclusions, what these different sides of the argument have in common is the assumption that rhetorical references to the Holocaust also entail a form of conceptual or theoretical parallelism between the two events. In the extracts presented above, all the critics draw a direct relation between the use of a vocabulary linked to the Holocaust and a form of analogy between the two events. It is this mode of reasoning that Josias Semujanga seems to question in his comments on the numerous references to the Holocaust in *Moisson de crânes*:

> [La Shoah] – métaphore de la catastrophe absolue – acquiert dans *Moisson de crânes* la fonction d'interprétant du massacre des Tutsis pour en faire un autre génocide. On a déjà noté que cet écho entre les deux tragédies ne devrait pas être entendu comme si la Shoah expliquerait l'*itsembabwoko* ("massacre des Tutsis") ; bien plutôt cette référence permet de trouver les mots pour dire ce qui s'est passé au Rwanda en 1994, la catastrophe rwandaise devenant *discursivement* l'autre génocide. [In *Moisson de crânes,* [The Holocaust] – the metaphor for absolute disaster – is given the function of interpreter of the massacre of the Tutsis to constitute it as another genocide. I have already noted that this echo between the two tragedies should not be understood as an attempt to use the Holocaust to explain the *itsembabwoko* ("massacre of the Tutsis"); this reference rather makes it possible to find the words to speak of what took place in Rwanda in 1994, the Rwandan disaster thus *discursively* becoming the other genocide.] (Semujanga 2008: 100)

The emphasis on "discursively" and the insistence that the Holocaust and the Rwandan genocide should not be placed in a relation of historical equivalence or causality suggests that for Semujanga, the text's references are not to be interpreted in a literal manner. In fact, Semujanga operates an interesting reversal of the analyses I quoted before: this time, references to the Holocaust are not appraised according to ethical or political concerns, but with regard to their aesthetic and literary usefulness, according to their ability to help the writer "find the words". However, a complete disconnection of the rhetorical (or "discursive") and conceptual levels cannot be entirely satisfying either, and the question of whether this vocabulary is appropriate or not seems inescapable. Indeed, can the Holocaust ever be used as a mere "metaphor"? And why is it that the discourses elaborated to discuss the Holocaust are so consonant with the Rwandan genocide?

To understand more precisely the type of relation that *Moisson de crânes* is suggesting between the Rwandan genocide and the Holocaust, a careful reading of these allusions in the text is necessary. Already at the beginning of the preface, we find this quotation from Noam Chomsky: "Génocide : le terme est galvaudé. Je ne l'emploierai que pour l'Holocauste et deux ou trois autres cas" [Genocide: the term is hackneyed. I will only use it to describe the Holocaust and two or three other cases] (14), as well as a reference to Paul Celan:

> La question de Paul Celan, poète roumain de langue allemande, surgie fatalement après la Seconde Guerre mondiale, "Comment écrire après Auschwitz?", était toujours là, nichée dans le tréfonds de mon inconscient, du moins je présume. [The question raised by Paul Celan, a German-speaking Romanian poet, as it fatefully emerged after World War Two, "How to write after Auschwitz?", was always there, lodged in the deep recesses of my unconscious, or so I suppose.] (14)

First, it is noteworthy that both passages are precisely concerned with the issue of repetition: that of the word "genocide" in Chomsky's statement and that of the question "Comment écrire après Auschwitz?" in the reference to Celan. In Chomsky's declaration, repetition is clearly associated with a devaluation of the term "genocide", which is described as "galvaudé" (hackneyed). In addition, the vagueness with which other potential genocides are mentioned cannot but raise questions concerning the appropriateness of regarding the Rwandan genocide as just one of those "two or three other cases" Chomsky mentions. Furthermore, Waberi insists that Chomsky "s'y connaît en subtilités linguistiques et en controversies" [is something of an expert in linguistic subtleties and controversies], which may or may not be sarcastic, and increases the reader's uncertainty as to whether the word "genocide" should be used in this case (14). One can for instance remember that in France, Chomsky was starkly criticised for defending the notorious Holocaust denier Robert Faurisson.[5] Thus, Waberi's use of the quotation allows two contradictory interpretations: that the word "genocide" can be applied to Rwanda, but also that the term may fail to express fully the importance of the event and that one should be wary of Chomsky's recommendations.

The reference to Celan seems to be making a much more direct connexion between the Holocaust and the Rwandan genocide by subsuming them into the same literary interrogation. With this quotation, it seems that the name of Auschwitz has not only become the metonym of the whole Holocaust but also that of all genocides. Yet a series of troubling elements crop up when Waberi describes his relation to the ques-

---

5   Chomsky notably wrote an essay entitled "Some Elementary Comments on the Rights of Freedom of Expression" which was later included as a preface to Faurisson's *Mémoire en défense: contre ceux qui m'accusent de falsifier l'histoire* (1980).

tion: his phrasing insists that it is both buried ("nichée dans le tréfonds de mon in-conscient"; "lodged in the deep recesses of my unconscious") and uncertain ("du moins je le présume"; "or so I suppose"). This places *Moisson de crânes* within the same perspective as Celan but also creates a slight distance between Waberi's text and Celan's question. This distance is increased by the reference to the unconscious, which complicates the very idea of repetition. In Freudian theory, the contents of our uncon-scious only resurface in a slightly altered form, through the displacements and conden-sations of various phenomena such as dreams, symptoms, or screen memories. This suggests that it is such a transformed version of Celan's question that Waberi is en-gaging with, or perhaps that the return of the question is itself a deformation of his original thought.

Other, more or less explicit references to the Holocaust are scattered throughout the text. In a description of the atmosphere in Rwanda after independence, we are told that "un nouveau slogan était en vogue: 'le travail c'est la liberté!'" [there was a new popular slogan: "work is freedom"] (25). This may be an allusion to the fact that during the genocide, the killings were referred to as 'work' in the official rhetoric, but it is also strongly reminiscent of the famous slogan 'Arbeit macht frei' [work makes one free] written over the gates of Auschwitz. However, this echo between the two sentences is troubled by a few discordances: the translation from one language into the other, the introduction of an exclamation mark in the French version, and the use of an altogether different structure (a more accurate translation of the German sentence in French would be 'le travail rend libre'). Once again, the two contexts resonate with each other but remain resistant to being merged. This is confirmed when, a few lines later, the paragraph ends with these words "bien sûr, les pogroms ne vont pas tarder" [of course, it won't be long before the pogroms start] (25). At first, the use of the word "pogroms" sounds like an evident parallel between the persecution of the Jews and that of the Tutsis. But here again, something gets in the way of the analogy. The para-graph is explicitly situated on the day of independence and starts with this sentence: "Le jour de l'indépendance, le 1ᵉʳ juillet 1962, était, dit-on, un dimanche pluvieux" [The day of independence, July 1ˢᵗ 1962, was, it is said, a rainy Sunday] (25). Accor-dingly, the rest of the description is written entirely in the past tense (*imparfait*), except, precisely, for the reference to 'pogroms', which is marked by a sudden switch to the present tense. This abrupt rupture in the temporal frame suggests that the com-ment is not part of the same historical moment and cannot be seamlessly integrated in an account of post-independence Rwanda. Again, the text undermines its own allu-sions to the Holocaust.

In another passage, while visiting the prison in which some of the killers are detained, Waberi's narrator is struck by their absence of remorse and, at a loss to understand this, inserts an excerpt from Primo Levi on the ordinariness of Nazi executioners. The quotation is introduced by this sentence: "encore une fois, je me tourne vers le passé et les rescapés du génocide des juifs pour trouver une explication ou ce qui en tiendrait lieu" [once again, I turn to the past and to the survivors of the Jewish genocide to find an explanation, or what might serve as one] (79). If the sentence apparently insists on the relevance of the Holocaust intertext, the French phrase 'tenir lieu', which is only imperfectly translated by 'serve as', prevents any conflation of the two contexts. Indeed, taken literally, 'tenir lieu' also suggests that Primo Levi's quotation 'takes the place' of the explanation, hinting either at another, more adequate, explanation, or at the impossibility of finding one. In this case as in the previous ones, the reference to the Holocaust remains elu-sive and incomplete, and Levi's text cannot completely fit into Waberi's own. Through his writing, Waberi explores the potential links between the Rwandan genocide and the Holocaust, without letting them settle into any form of resolution or fixed meaning.

Revisiting the anticolonial legacy

At this point, another element needs to be taken into account in our interpretation of the play of references in *Moisson de crânes*. Indeed, in addition to the Holocaust, the text is haunted by one major literary figure: Aimé Césaire. The text contains explicit quotations from *Et les chiens se taisaient* (1956) [And the Dogs Kept Quiet], *Cahier d'un retour au pays natal* (1939) [Notebook of a Return to my Native Land], and *Soleil cou coupé* (1947) [Sun Cut Throat], as well as an unreferenced quotation from *Discours sur le colonialisme* (1950) [Discourse on Colonialism] (29). In addition, the title of the short story "Et les chiens festoyaient" [And the dogs feasted] is an obvious allusion to Césaire's title *Et les chiens se taisaient*. Here again, the generic hetero-geneity at work in *Moisson de crânes* reappears, as the quotations from Césaire mix drama, poetry and essay. The use of Césaire in this context is highly significant. As co-founder of the *Négritude* movement, Césaire is one of the most emblematic figures of Francophone anticolonial literature. These references might therefore be read as an attempt to examine the relation between the genocide and the other historical event with which it is often associated: colonisation, which played an important role in shaping the tensions that opposed the Hutus and Tutsis.

In an interview, Waberi declared on his use of Césaire: "J'ai utilisé ces citations pour résoudre un peu les difficultés qui étaient les miennes" [I have used these quotations to solve some of my own difficulties] , arguing that "c'est peut-être Césaire qui a dit de la façon la plus simple ce que je cherchais, moi, à exprimer" [It is perhaps Césaire who said in the simplest manner what I was trying to express] and insisting on the enduring relevance of Césaire's writing for the 1994 genocide: "on a l'impression qu'il [Cé-saire] avait écrit cette pièce [*Et les chiens se taisaient*] pour les Rwandais alors qu'elle date de 1956" [one might think that he (Césaire) had written this play (And the Dogs Kept Quitet) for the Rwandans, whereas it actually dates back to 1956] (Brezault

2001).[6] But upon closer examination, it seems that such comments cannot be taken at face value. The insertion of these extracts within the context of the Rwandan genocide is in fact quite problematic. *Et les chiens se taisaient* centres around the tragic destiny of a character called 'le Rebelle', a slave who revolts and murders his master, before being arrested and killed. Any parallel between this anticolonial violence and the Rwandan context would raise many questions. For instance, in one of the passages reproduced in the first short story, 'Terminus', we find this extract from le Rebelle's account of the murder of his master:

> *Tué... je l'ai tué de mes propres mains...*
> *Oui : de mort féconde et plantureuse...*
> *c'était la nuit. Nous rampâmes parmi les cannes à sucre.*
> *Les coutelas riaient aux étoiles, mais on se moquait des étoiles.*
> *Les cannes à sucre nous balafraient le visage de ruisseaux de lames vertes.*
> *Nous rampâmes coutelas au poing... (33)*

> Killed... I killed him with my own hands...
> Yes, twas a fruitful death, a copious death...
> It was night. We crept among the sugarcanes
> The knives sang to the stars, but we did not heed the stars.
> The sugar cane scarred our faces with streams of green blades.
> We crept, knives clenched in our fists...[7]

In the Rwandan context, it is not clear whom the pronouns 'je' and 'nous' of the extract are referring to. Initially, it may seem that this quotation should be placed in the mouth of one of the killers. But this would equate the violence of the genocide with the liberating violence represented in Césaire's play, thereby reproducing the tenets of Hutu extremism and equating the Tutsis with alien colonisers.[8] Comparably, reading these quotations as an invitation to redirect the violence displayed during the genocide against the ex-coloniser would mean ignoring the specificity of this genocide, namely the attempted extermination of one part of the population by members of the same nation, of the same villages and, sometimes, even the same families. In fact, any direct application of this anticolonial grid to the events in Rwanda leads to a highly disturbing and inadequate result. The perfect fit promised by Waberi gives way to a violent discrepancy. The apparent homage to Césaire's powers of expression also

---

6   Waberi is referring here to the version of the play prepared with Janheinz Jahn and published by Présence Africaine in 1956, but a first version of the play had been published in *Les Armes miraculeuses* in 1946.

7   I am using the translation of this passage offered by Constance Farrington in her translation of Fanon's quotation from it in *Les damnés de la terre,* except for the last line, which was omitted by Fanon and is my own translation (Fanon 1967: 68).

8   The 1957 manifesto of Hutu power ('Bahutu Manifesto') spoke of a two-level colonisation (European and Tutsi), contending that European colonial rule was the lesser of those two evils. Text available at this address: http://www.inshuti.org/manibahu.htm.

highlights the limits of anticolonial interpretations of postcolonial Africa. It echoes the complex ways in which not only colonial but also anticolonial discourses have been repeated, transformed and perverted in Rwanda. This is perhaps what Waberi alluded to in his preface, in which he called for "une mise en procès, au moins une salutaire mise à distance" [a questioning, or at least a salutary distancing] of language (15).

One may even wonder if, instead of reinterpreting the Rwandan genocide in light of the anticolonial text it quotes, *Moisson de crânes* is not rather inviting a reappraisal of celebrations of anticolonial violence in the light of the genocide. In this respect, it is interesting to note that the extract chosen by Waberi was also used in one of the most influential texts of Francophone anticolonialism: Frantz Fanon's *Les damnés de la terre* (1961) [The Wretched of the Earth] and, more precisely, in its famous first chapter, "De la violence" [Concerning Violence]. At the end of this chapter, one finds a long extract from Césaire's play, going on for three and half pages, which includes the passage quoted above. But the way in which the text is appropriated in *Moisson de crânes* differs entirely from *Les damnés de la terre*. In *Les damnés,* the lengthy quotation is used to illustrate the argument that violence is the ultimate path toward the liberation of the colonised man: "L'homme colonisé se libère dans et par la violence. Cette praxis illumine l'agent parce qu'elle lui indique les moyens et la fin" (Fanon 1991 [1961]: 118) [The colonized man finds his freedom in and through violence. This rule of conduct enlightens the agent because it indicates to him the means and end] (Fanon 1967: 68). The quotation is introduced with these words: "La poésie de Césaire prend dans la perspective précise de la violence une signification prophétique. Il est bon de rappeler l'une des pages les plus décisives de sa tragédie où le Rebelle (tiens!) s'explique" (Fanon 1991: 118) [The poetry of Césaire takes on in this precise aspect of violence a prophetic significance. We may recall one of the most decisive pages of his tragedy where the Rebel (indeed!) explains his conduct] (Fanon 1967: 68). After the extract, Fanon's text resumes with this sentence: "On comprend que dans cette atmosphère la quotidienneté devienne tout simplement impossible" (Fanon 1991: 122) [It is understandable that in this atmosphere, daily life becomes quite simply impossible] (Fanon 1967: 69), and goes on with a discussion of Algeria, as if the context of Césaire's play was immediately transposable as a rendition of the Algerian 'atmosphere' during the war, as if the necessity to combat colonialism transcended all differences, be they historical or generic. In *Moisson de crânes*, by contrast, the quotation is carefully separated from the rest of the text by being placed on a different page. It is introduced by a particularly obscure declaration emanating from an unidentified voice: "Nous... le monde des fluides... obscurci comme après l'éclatement du placenta, l'impossible parturition... On laisse dire, on fait croire que l'éclipse n'était pas totale" [We... the realm of fluids...darkened like after the bursting of the placenta, the impossible parturition... We let them talk, we pretend that the eclipse was not complete] (31). The strange and disparate imagery of the sentence, mixing spirituality ("le monde des fluides"), child-birth ("placenta", "parturition") and the metaphorical "eclipse", precludes any unifying interpretation. The colon at the end of the sentence seems to

establish a relation of equivalence between this sentence and the quotation it introduces, but it is not clear what the quotation is supposed to illustrate, or how it might
mitigate the darkness suggested by the eclipse. In fact, the quotation seems to work
more like an interruption of the text than a continuation of it, as suggested by the indication that follows it: "*Moisson de crânes, suite*" ("*Moisson de crânes continues*")
(34), which implies that the text had stopped and that the quotation was not completely
part of it. Césaire's poetry is marked by an irreducible exteriority and cannot be fully
appropriated. Waberi's use of the quotation prolongs its trajectory but it cannot create
any real analogy between the different situations in which these same words have
previously been used. If Fanon described Césaire's writing as 'prophetic' in relation to
his own text, thereby establishing a continuity between them, Waberi's use of Césaire's play shows how this anticolonial vision of history and its messianism are
derailed by the Rwandan genocide.

This destabilisation of the anticolonial narrative seems even stronger if one takes into
consideration Ernstpeter Ruhe's argument that Césaire's *Et les chiens se taisaient* is
itself a palimpsest of *Le livre de Christophe Colomb* [The Book of Christopher
Columbus], written by Paul Claudel in 1927. According to Ruhe, Césaire's rewriting
was a critical and violent act of opposition, consisting in reversing the terms of
Claudel's play:

> En en reprenant quelques fragments et en les agençant à sa façon, il [Césaire] compose un
> ensemble complètement recentré et inversé [...]. A ce qui apparaissait comme étant clair
> et transparent chez Claudel, Césaire oppose la face officiellement cachée, opaque, la
> résistance du noyau dur de l'Histoire. A la place du blanc est mis le noir: l'histoire de
> Christophe Colomb, héros glorifié de l'humanité, est mise sens dessous dessus; à la place
> de l'explorateur et du "Conquérant blanc" sont glorifiées les victimes du père de la colo-
> nisation, incarnées dans le personnage du Rebelle noir. [In taking up some of its frag-
> ments and reorganizing them, he [Césaire] composes a completely recentred and reversed
> totality [...]. To what appeared clear and transparent in Claudel, Césaire opposes the
> officially hidden, opaque, side, the resistance of the hard kernel of History. The black
> man is put in the place of the white man: the history of Christopher Columbus, the glory-
> fied hero of humanity, is turned upside down; in the stead of the explorer and "white Con-
> queror" the text glorifies the victims of the father of colonization, embodied in the charac-
> ter of the Black rebel.] (Ruhe 1994: 233)

By contrast, Waberi's text displays an inability, and perhaps an unwillingness, to substitute a new text for the old one. His rewriting operates in a much more ambivalent
way, by highlighting the broken link between Césaire's text and the genocide while
still relying on it to elaborate its own narrative.

This blurring of meaning and context culminates in the quotation from *Discours sur le
colonialisme* which appears in the short story 'Terminus': "Ce n'est pas par la tête que
les civilisations pourrissent. C'est d'abord par le cœur" (29) [it is not the head of a
civilization that begins to rot first. It is the heart] (Césaire [1972] 2000: 48). Césaire is
indeed famous for arguing in *Discours sur le colonialisme* that the Holocaust is not

really 'without precedent' and finds its roots in European colonialism. For Césaire, Nazism was not a historical accident, but the ineluctable consequence of Europe's self-corruption through colonialism (similar controversial arguments have been famously put forward in Arendt 1958 and Lindqvist 1996). In his text, this quotation was therefore part of a systematic reversal of the discourse of colonialism: far from 'civi-lising' anyone, colonisation and its violence led to a 'decivilisation' of Europe, which resulted in Nazism. In this text, the 'rotten civilisation' was clearly the European one. In the Rwandan context, this clarity disappears: depending on the reader's political stance, the 'rotten civilisation' could be variously Africa, Rwanda, Europe, Christia-nity, or the 'global village' which remained indifferent to the genocide. It is significant that unlike the other quotations in *Moisson de crânes*, this one is not referenced, with no author, title or context mentioned. This erasure of its original framing not only reinforces the kind of uncertainty I just mentioned, but also emphasises how much the sentence has exceeded the context of its writing and is now charged with new mean-ings. The oppositional logic of Césaire's text is broken and, in the ambiguous and con-tradictory political space opened up by the genocide, its sentences do not produce the same rhetorical clarity as in 1950, but open on endless equivocations. If, in 1950, Césaire used the rhetoric of dialectic reversal to perform a violent rewriting of Euro-pean history, *Moisson de crânes*'s construction of an alternative history relies rather on the use of discrepancy. But in doing so, Waberi's text is also opening up new possible interpretations of Césaire's texts, beyond the linear and teleological logic at work, for instance, in Fanon's reading. On this issue, Alex Gil's recent research on the genesis of *Et les chiens se taisaient* has shown that Césaire rewrote the play several times, in an attempt to reduce its historical referentiality or 'historicity'. A particularly intri-guing aspect of this process for our discussion is that across the different versions, as Gil notes, some lines were reattributed from one character to another, and were some-times swapped between antagonists (Gil 2010: 154). The malleability and ambiguity of the text may therefore have been much more central than what has been acknowledged so far.

In this reinterpretation of Césaire's legacy, literature may have lost its 'prophetic' power, but the ambiguous and unsettled meanings my reading has tried to emphasise may also grant it a renewed relevance in the face of the complexities of the post-colonial context. Just as Waberi's contradictory and fluctuating allusions to the Holo-caust challenge usual notions of analogy and difference, his use of Césaire invites us to reinterpret the legacy of anticolonial literature in more open terms. This capacity of the literary text to espouse other contexts and new significations is also what should prevail in our reflexions on the role of literature in the face of the genocide. Through its analysis of *Moisson de crânes*, this article has tried to show that the sentence "On ne peut plus écrire aujourd'hui en Afrique, comme si le génocide de 1994 au Rwanda n'avait jamais eu lieu" does not necessarily imply that all existing forms of writing have now been made obsolete, but, more radically, that their meaning has now been irremediably transformed. One of the main devices through which this transformation of historical meaning is operated is the generic uncertainty of the text. On the surface, this instability first appears as a manifestation of the ethical and literary difficulties of writing on the genocide, notably when it comes to using fiction to describe such a traumatic historical event. But a closer analysis of the text also reveals that this generic uncertainty is central to the text's reflexion on the genocide and to its use of intertextuality. In constantly oscillating between testimony, fiction, travel writing, essay, play, or poetry, *Moisson de crânes* seems to invite a questioning of its own referentiality and meaning, and does the same to the texts it quotes, which are mixed together irrespectively of their original genre. Far from encouraging hasty analogies or blind repetitions, its references to previous contexts thus uncover a new literary space of reflexion about the genocide, its place in history and its singularity.

Works Cited

Arendt, Hannah. 1958. *The Origins of Totalitarianism*. New York: Meridian Books.

Brezault, Eloïse. 2001. "A propos de *Moisson de crânes: Textes pour le Rwanda*. Entretien d'Eloïse Brezault avec Abdourahman A. Waberi". In: *Africultures* 34, http:// www.africultures.com/php/index.php?nav=article&no=1711 (15.7.2010).

Césaire, Aimé. 2004 [1955]. *Discours sur le colonialisme*. Paris: Présence Africaine.

Césaire, Aimé. 2000 [1972]. *Discourse on Colonialism*. Translated by Joan Pinkham. New York: Monthly Review Press.

Césaire, Aimé. 1956. *Et les chiens se taisaient*. Paris: Présence Africaine.

Chrétien, Jean-Pierre. 1994. "Un nazisme tropical". In: *Libération* April 26, 7.

Coquio, Catherine. 2004. *Rwanda: le réel et les récits*. Paris: Belin.

Diawara, Manthia. 2002. "African Literature and the Rwandan Expedition". In: *Africultures 48*, http://www.africultures.com/index.asp?menu=revue_affiche_article&no=5584&lang=_en. (13.7.2010).

Fanon, Frantz. 1991 [1961]. *Les damnés de la terre*. Paris: Gallimard.

Fanon, Frantz. 1967. *The Wretched of the Earth*. Translated by Constance Farrington. Harmondsworth: Penguin.

Gil, Alex. 2010. "Découverte de Ur-texte de *Et les chiens se taisaient*". In: Marc Cheynol/ Philippe Ollé-Laprune (eds), *Aimé Césaire à l'œuvre*. Paris: Editions des archives contemporaines.

Hitchcott, Nicki. 2009. "A Global African Commemoration – Rwanda: écrire par devoir de mémoire". In: *Forum for Modern Language Studies*, 151-161.

Huggan, Graham. 2001. *The Postcolonial Exotic: Marketing the Margins*. London: Routledge.

Kalisky, Aurélia. 2004. "D'un génocide à l'autre: références à la Shoah dans les approches scientifiques du génocide des Tutsi". In: *Revue d'Histoire de la Shoah*, no. 181, (December 2004), 411-438.

Lindqvist, Sven. 1996. *Exterminate All the Brutes*. New York: New Press.

Mamdani, Mahmoud. 2001. *When Victims Become Killers*. Princeton: Princeton University Press.

Mongo-Mboussa, Boniface. 2001. *Désir d'Afrique*. Paris: Gallimard.

Nganang, Patrice. 2007. *Manifeste d'une nouvelle littérature africaine: pour une écriture préemptive*. Paris: Homnisphères.

Rothberg, Michael. 2009. *Multidirectional Memory: Remembering the Holocaust in the Age of Decolonization*. Stanford, Calif: Stanford University Press.

Ruhe, Ernstpeter. 1994. "L'Anticlaudelianus d'Aimé Césaire: Intertextualité dans *Et les chiens se taisaient*". In: *Œuvres et Critiques* XIX, 2, 231-241.

Semujanga, Josias. 2008. *Le génocide sujet de fiction?* Québec: Nota Bene.

Silverman, Max. 2008. "Interconnected Histories: Holocaust and Empire in the Cultural Imaginary". In: *French Studies: A Quarterly Review* 62, no. 4, 417-428.

Waberi, Abdourahman A. 2000. *Moisson de crânes: Textes pour le Rwanda*. Paris: Serpent à plumes.

Différenciation, hybridation et transposition du Je. Pratiques autobiographiques et écriture interculturelle dans la littérature de l'immigration africaine en Allemagne

Ibrahima Diagne, Université Cheik Anta Diop, Dakar

Depuis le milieu des années 1980, l'espace littéraire allemand a vu la venue d'une écriture autobiographique d'Africains immigrés ou exilés, qui explorent leurs expériences migratoires et la condition contemporaine de l'hybridité culturelle et des transferts qui en résultent.[1] Relativement abondante, mais d'intérêt inégal, par rapport aux autres littératures migrantes (turques, italiennes, espagnoles, portugaises etc.) présentes sur le champ littéraire allemand, cette production englobe des catégories multiples d'ouvrages autobiographiques ainsi qu'un rapport à l'écriture et à la narration très variable d'un auteur à l'autre. Parmi les écrivains qui font figure de pionniers, retenons simplement l'artiste togolais El Loko (né en 1959), auteur de *Der Blues in mir. Eine autobiographische Erzählung* [Le blues en moi. Un récit autobiographique, 1986]; le médecin nigérian Chima Oji (né en 1947) avec *Unter die Deutschen gefallen. Erfahrungen eines Afrikaners* [Dans les griffes d'un rapace. Les expériences d'un Africain en Allemagne, 1992] et le diplomate camerounais Daniel Mepin (né en 1948) avec *Die*

---

1   La littérature de l'immigration africaine en Allemagne est marquée par deux grandes vagues. Les premières œuvres publiées au milieu des années 1980 proviennent d'étudiants qui sont venus poursuivre leur formation académique en Allemagne. Parmi eux, on peut citer le Rwandais Nsekuye Bizimana : *Müssen Afrikaner den Weißen alles nachmachen?* [Les Africains doivent-ils imiter les Blancs en tout ?, 1985], le Malien Aly Diallo : *Le mirage* [Die Täuschung, 1987], le Togolais El Loko, le Nigérian Chima Oji et le Camerounais Daniel Mepin. La deuxième vague, qui commença au début des années 1990, vit également la prise de parole littéraire de femmes comme la Ghanéenne Amma Darko : *Beyond the Horizon/Der verkaufte Traum* [Le rêve brisé, 1991], la Camerounaise Philomène Atyamé : *Der schwarz-weiße Kontinent. Die Quiproquos* [Le continent noir et blanc. Les quiproquos, 1998]. Elle est constituée de refugiés comme Thomas Mazimpaka : *Ein Tutsi in Deutschland: Das Schicksal eines Flüchtlings* [Un Tutsi en Allemagne. Le sort d'un refugié, 1997], mais aussi d'étudiants comme Idrissa Keita : *Der Wind bläst*, [Le vent souffle, 1994], Osman Alimamy Sankoh : *Ein Vermittler zwischen zwei Welten. Afrika und Deutschland* [Un médiateur entre deux mondes : l'Afrique et l'Allemagne, 1999], Jones Kwesi Evans : *Ich bin ein Black Berliner. Die ungewöhnliche Lebensgeschichte eines Afrikaners in Deutschland*, [Je suis un Black de Berlin. Le récit de vie insolite d'un Africain en Allemagne, 2006] et André Ekama *: Schwarzer sein im weißen Himmel*, [Être noir sous les cieux blancs, 2007], pour ne citer que ceux-là.

Weissagung der Ahnen [La prédiction des sages, 1998].[2] Les thèmes les plus significatifs de cette littérature sont le vécu social de l'immigré, le tournant biographique que constitue l'immigration, les réussites économiques et les conquêtes culturelles qu'elle génère, mais aussi les conflits, déchirements et altérations qui en résultent. Souvent articulés à la charnière de deux cultures, deux langues et deux traditions narratives, leurs textes posent non seulement la problématique des pratiques littéraires, mais appellent aussi à une réflexion critique et épistémologique sur la fixité, la diversité et/ou la porosité du genre autobiographique. Les autobiographies dont se servent les Africains immigrés pour relater les interférences relatives à la rencontre interculturelle, mettent en jeu, selon leur personnalité propre et à des degrés divers, une esthétique, dont les structures fondamentales renvoient à plusieurs cadres génériques. De ce fait, l'analyse en termes d'herméneutique littéraire et de lecture sociale, que nous proposons ici, permet d'étudier non seulement les formes de mise en récit de la complexité migratoire, mais aussi les effets et les enjeux esthétiques qui s'y cristallisent. Si « le genre autobiographique semble aujourd'hui habité par un déplacement des frontières entre le privé et le public, le non-dit et le dicible » (Lüsebrink/Havercroft/Fortier/Dion 2007: 12), alors on peut se demander si ces déplacements ont généré des formes hybrides, à cheval sur le modèle occidental et les récits (auto)biographiques inscrits dans les traditions narratives africaines. Plus globalement, on peut se demander si les moyens et les outils qui ont permis de charpenter ces œuvres sont respectueux des règles du genre autobiographique historiquement défini et consciemment pratiqué ? Le rôle de l'écriture autobiographique dans la formulation de l'expérience interculturelle est un aspect central de cette étude. Son intérêt réside, entre autres, en ce qu'elle permet, d'une part, de saisir les motivations et les thèmes qui commandent les écrivains et, d'autre part, de déterminer les cadres communicationnels et les processus de production des textes, sans négliger les représentations marginales que ces écrivains immigrés occupent dans le champ littéraire allemand.

Contenus thématiques

Le contenu de ces productions autobiographiques s'articule en général autour de deux thèmes essentiels : les péripéties ou épisodes de la formation académique ou professionnelle en Allemagne et les relations socioculturelles. Ce leitmotiv fournit le cadre thématique du récit autobiographique d'El Loko, qui rappelle fortement *No longer at Ease* (1960 ; *Le malaise*, 1974) de Chinua Achebe (1930-). El Loko revient sur les circonstances de son parcours biographique, les réussites et les difficultés de son existence migratoire, ses interactions sociales dans l'espace académique, mais aussi ses fascinations et ses résignations, ses démêlés avec les services de l'immigration et le

---

2   Excepté les titres des ouvrages de Nsekuye Bizimana, Aly Diallo, André Ekama et Wilfried N'Sondé, les autres titres sont traduits par Ibrahima Diagne.

soutien de la société civile allemande.[3] Tout comme El Loko, le fil directeur de l'autobiographie de Chima Oji est l'expérience vécue en Allemagne. L'auteur nigérian dé-
nonce avec amertume la condition difficile que subissent les immigrés noirs africains
des années 70 et 80. Il évoque les discriminations et les stéréotypes non déconstruits
du Noir, mais aussi et surtout les conflits, échecs et désillusions qui leur sont corrélés.
Le Camerounais Daniel Mepin fait également des conflits interculturels le thème principal de son roman. Le protagoniste Tago Sinö qui poursuit ses études d'abord en
RDA, puis en RFA, fait la connaissance de Tania Vögel, une jeune Allemande, avec
qui il connaîtra l'échec douloureux et presque troublant d'une vie conjugale ruinée par
les différences culturelles, économiques et sociales.[4] La déception qui a conduit le
héros Taga Sinö à l'autodestruction, est pour Mepin l'occasion de dénoncer les affres
et les contradictions de la migration, mais aussi et surtout les difficultés à se retrouver
dans l'espace interculturel, générateur d'une série de réactions qui vont du malaise au
suicide. D'ailleurs, le texte de Mepin débute et s'achève sur la même vision de
renaissance spirituelle, de réincarnation, censée mettre un terme au désenchantement
de Taga. De manière générale, les contenus narratifs sont centrés sur l'immigration,
ses rapports avec le passé et l'avenir des auteurs. Ces trois œuvres, destinées à
l'horizon d'attente du public allemand, sont en fait la conséquence d'une conjoncture
de faits vécus en Allemagne. Les textes font apparaître divers types de focalisation thématique, symptomatiques d'une même situation et fonction de communication. Qu'il
s'agisse d'El Loko, d'Oji ou de Mepin, c'est le caractère extrême de l'expérience
migratoire qui a rendu nécessaire ou possible la prise de parole littéraire, que ce soit
pour venir à bout d'un traumatisme ou pour affirmer son identité et sa culture. Pour
eux, l'écriture offre le moyen de mettre au défi les processus perceptifs, représenta-
tionnels et interactionnels qui ont cours dans la société d'accueil. D'où une situation de
communication culturellement dissymétrique, qui les amène à écrire non pas pour,
mais contre le lectorat allemand. Cette ontologie négative explique, en partie, l'incon-

---

3   Ce thème se trouve d'ailleurs en totale congruence avec celui de son second roman auto-
     biographique *Das Kuckucksei – Ahoba* (L'œuf de coucou – Ahoba), paru en 2009. El
     Loko y décrit un artiste du nom de Hedo, qui, après une longue période vécue en Europe,
     revient dans son village. Au cours d'un rituel vaudou, Hedo découvre que les choses énig-
     matiques qui lui arrivent et qui perturbent également la tranquillité des villageois, sont
     liées à la perte de sa « seconde moitié », dont la recherche le conduit d'abord à son passé
     familial et au sanctuaire mystérieux. À la fin, il se réconcilie avec lui-même.

4   Nous retrouvons ce thème de la déception dans plusieurs autobiographies d'Africains im-
     migrés en Allemagne. À part l'auteur malien Aly Diallo : *Die Täuschung* [Le Mirage,
     1986], on peut aussi citer, entre autres, les recueils de poèmes d'Uche Nduka : *Bremer
     Gedichte* [Poèmes de Brême. 1995], Kolyang Dina Taïwé : *...dann ist das Herz verwun-
     det: Eine Begegnung der Kulturen* [...puis le cœur est blessé. La rencontre des cultures,
     1997], Nosa Sam Osarenkhoe : *My African Blues/Mein afrikanischer Blues* [Ma blues
     africaine, 2006] ainsi que le roman du Congolais Wilfried N'Sondé : *Das Herz der Leo-
     pardenkinder* [Le cœur des enfants léopards, 2008], pour ne citer que ceux-là.

fort et les critiques dépréciatives qu'a suscités l'autobiographie de Chima Oji, dont les médias allemands n'ont surtout retenu que la mauvaise conscience, puisque que l'auteur aurait choisi de tout simplifier à l'excès et de ne mettre en scène que des éléments négatifs de son existence en Allemagne (cf. Riesz 2000 : 256). Conçues comme des moyens de contestation de la réalité sociale de l'immigration, ces œuvres se conçoivent non seulement comme des actes de témoignage, mais aussi comme des réponses par rapport à la problématique et aux défis de l'environnement interculturel. En tant que forme thérapeutique, cathartique et de témoignage, elles se confinent souvent à un rôle d'exutoire de diverses formes d'insatisfactions et de tensions qui sous-tendent la réalité migratoire. Elles permettent aussi aux auteurs d'affirmer leur droit et leur place dans une société et une culture peu enclines à les accueillir tels qu'ils sont; enfin elles leur offrent l'occasion de relire dans une distanciation voire une objectivation de soi, les éléments de leur propre culture ainsi que les traditions culturelles, sociales et religieuses qui s'y rattachent. En ce sens, notre étude ne peut faire abstraction de l'analyse des modalités d'énonciation, c'est-à-dire, de la manière dont ces écrivains investissent l'acte discursif ou illocutoire et construisent leur dire autobiographique. « Dans les genres apparus à l'ère de l'individu, comme l'autobiographie, [...], la question de la figuration ou 'présentation de soi' de celui qui prend la parole devient essentielle » (Meizoz 2007 : 22).

Configurations de l'énonciation et perspectives narratives

Dans ces œuvres, qui se veulent en prise sur la réalité migratoire et visent à décrire l'expérience vécue, le lecteur est surpris à bien des égards par les structures illocutoires et les procédés de création romanesque manifestement composites. Les désignations génériques inscrites dans les titres laissent découvrir diverses stratégies révélatrices du statut, du projet et des mécanismes d'objectivation des auteurs. En effet, les titres attribués aux œuvres n'assument pas tous une littérature placée sous le signe de l'autoréférentialité. Si le titre donné par El Loko indique pleinement une volonté d'individualisation de la pensée autobiographique, en revanche celui d'Oji laisse clairement apparaître la mission sociale voire sociologique qu'il assigne à son œuvre. Les éléments paratextuels devant permettre de reconnaître le genre et de garantir les attentes du lecteur mettent en place un univers référentiel qui échappe aux conventions. Privilégiant la dénonciation et l'obligation de témoignage, Oji offre, dès le début de son texte, une garantie d'objectivité et de véridicité au lecteur :

> Dies ist ein offenes, ein ehrliches Buch. Es ist eine wahrheitsgetreue Darstellung eigener Betroffenheit – aber es ist keine Anklageschrift! Trotzdem wird vieles an den folgenden Aufzeichnungen vermutlich bei eigenen Lesern den Anschein erwecken, ich wollte die Weißen und insbesondere die Deutschen angreifen und gar verurteilen. Aber gerade das will ich nicht. Ich will in meinem Buch nur rückhaltlos die Wahrheit sagen – eben auch über all jene bitteren Erfahrungen, die ich machen musste. Ich verallgemeinere nichts, will aber auch nichts beschönigen. [Ceci est un livre ouvert et sincère. C'est la reproduc-

tion fidèle et réaliste de ma propre existence et non un réquisitoire ! Cependant, plusieurs éléments de cette description donneront probablement à mes lecteurs l'impression que j'ai voulu par-là incriminer voire même juger les Blancs, en particulier les Allemands. Et c'est justement ce que je veux éviter. Je ne compte dire que la vérité dans cet ouvrage, sans aucune retenue – de même que toutes les expériences amères auxquelles j'ai du être confrontées. Je ne généralise rien, mais aussi je ne veux rien dissimuler.] (Oji 1992 : 11)

Malgré ce pacte liminaire et cette intention déclarée d'autoréférentialité, la position énonciatrice d'Oji fait émerger un florilège d'instances narratives (« je », « il » et « nous »), qui relèvent d'une volonté de témoignage et donnent à l'œuvre une fonction d'attestation. Contrairement à cette posture narrative, El Loko place le « je » au centre de son récit autobiographique, dont le mobile rend également compte du besoin de témoigner des soubresauts et des conquêtes de son expérience interculturelle. Son geste inaugural n'est cependant pas une promesse d'autobiographie crédible et authentique, mais plutôt la recherche d'une prise autoréflexive qui cherche à assurer une distance objective par rapport à l'histoire vécue. Son écriture autobiographique se veut surtout essentialiste. Cette stratégie rhétorique, bien que relevant d'une conception « testimoniale » de l'écriture, implique pourtant un dialogue avec le lecteur, à qui le narrateur suggère implicitement les mêmes questions, même si, nous dit-il, celui-ci pourrait « soupçonner » la portée autobiographique du récit :

> Der Leser könnte Verdacht schöpfen, ich hätte der Unterhaltung etwas Senf beigegeben. Schön, wenn es so wäre. [Le lecteur pourrait me soupçonner d'avoir un peu déformé le récit. Comme ce serait beau, s'il en était ainsi.] (El Loko 1986 : 70)

En négociant ici la bienveillance du lecteur, El Loko défait les éléments constitutifs du pacte autobiographique. Chima Oji ne procède pas autrement dans le courant de sa narration incisive. Ses témoignages interculturels, auxquels le lecteur est convié à se joindre, procèdent également de la prise de distance et du point de vue extérieur :

> Damit der Leser verstehen kann, wie schwer das für meinen Werdegang wog, sollte ich vielleicht zunächst die Rolle der Assistenten in der Zahnmedizin etwas näher umreißen, denn diese haben den Studenten gegenüber eine fast unumgrenzte Machtposition. [Pour que le lecteur puisse comprendre le poids de ces événements dans mon futur, je devrais peut-être d'abord préciser plus en détail le rôle des assistants en chirurgie dentaire, car ces derniers ont une position de force par rapport aux étudiants.] (Oji 1992 : 168)

Autre exemple:

> Ich könnte nun noch mehrere Seiten damit füllen, die quasi an den Haaren herbeigezogene Anschuldigungen, mit denen Prof. B. seiner willkürlichen Entscheidung nachträglich Gewicht zu verleihen versuchte, aufzulisten […] Im Übrigen träge eine solche Auflistung von Details aus dem Praktikumsalltag angehender Zahnärzte nichts zum Thema des Buches bei. Ich spare sie deshalb guten Gewissens hier aus […]. [Je pourrais encore écrire plusieurs pages, pour évoquer les reproches quasi superflus avec lesquels Prof. B. essayait de justifier ses décisions arbitraires (…). Mais une telle accumulation de détails sur la formation des futurs médecins dentistes n'ajouterait rien à l'objet de cet ouvrage. Et

c'est pourquoi, en toute bonne conscience, je vous en fais ici l'économie (...).] (Oji 1992 : 177)

Ces procédés narratifs créent une situation de communication directe qui est analogue à celle du conteur, dont la liberté, l'espace et le temps sont ainsi ré-apprivoisés dans le discours autobiographique. Mais, à la différence d'El Loko, Oji ne raconte pas que sa propre histoire. Il fait des mises en abîmes, en intégrant dans sa trame narrative les expériences vécues par ses concitoyens, mais aussi des Togolais, des Ghanéens etc.,[5] lesquels entrecoupent son histoire personnelle tout en la prolongeant. Ces multiples insertions anecdotiques forment une unité discursive, celle qui porte la voix de la collectivité. Elles se justifient par la quête de vérité, qui passe par le recours aux faits divers et à la généralisation :

> Derartige Erfahrungen gehörten zum Heimalltag, ich teilte sie mit allen anderen Ausländern in der Siedlung. [De telles expériences faisaient parties du quotidien, je les partageais avec tous les immigrants de la cité.] (Oji 1992 : 87)

En alternant entre un « je » individuel et un « nous » collectif, il n'opère aucune dissension dans le tissu unitaire de l'identité complète, immuable et le moi fini que présuppose Lejeune dans le pacte autobiographique. Le fait de s'approprier une aventure humaine extérieure à soi, ne remet-il pas en cause le système conventionnel du narrateur homodiégétique ? Cette pratique ne dépare-t-elle pas l'exigence d'authenticité, le pacte référentiel de la triple identité auteur-narrateur-personnage ? Peut-on parler dans ce cas 'd'autobiographie collectivisée' ou plurielle ? Si pour Oji, l'aspect individuel et personnel est souvent gommé au profit d'un « nous » collectif, signe de l'expérience partagée et de la solidarité entre Africains et immigrants, pour El Loko aussi le « je » est synonyme d'une appartenance collective, voire d'une focalisation externe, puisqu'il reste sous le poids dominant du groupe ethnico-culturel qui nourrit les métaréflexions philosophiques du narrateur qui n'est en fait qu'un avatar du « nous ». L'acte narratif d'El Loko est ainsi ponctué de longs passages d'auto-analyse, qui occupent une large part dans son récit, mais aussi par des réflexions profondes sur l'univers mental et culturel du sujet postcolonial :

> Die Orientierung an der westlichen Kultur hat den Afrikaner dazu geführt, sein Können und seine Talente so weit zu ignorieren, dass er sich in vielen kritischen Situationen nicht zu helfen weiß. Obwohl die Lösung ganz nah liegt, sucht er in der Ferne, wie auf der Flucht vor den eigenen Werten, die von fremder Hand beschlagnahmt sind. [L'orientation vers la culture occidentale a conduit l'Africain à ignorer tellement ses compétences et ses talents, qu'il est aujourd'hui incapable de se sortir de nombreuses situations critiques.

---

5   « Ein Landsmann [...] Ein Togolese... » [Un compatriote (...) Un Togolais] (Oji 1992 : 105); « Ghanaer » [des Ghanéens] (Oji 1992 : 109); « Ein Freund von mir hatte weniger Glück, als er sich im Sommer 1984 in einer akuten Notlage um Hilfe an die katholische Kirche wandte [...] » [Un de mes amis a eu moins de chance, lorsque pendant l'été 1984, en situation de détresse aiguë, il sollicita l'aide de l'Église catholique...] (Oji 1992 : 57/58).

Bien que la solution est à portée de main, c'est comme s'il la cherchait ailleurs, en fuyant ses propres valeurs confisquées par un autre.] (El Loko 1986 : 28)

Cette attitude purement dialogique se traduit par une forte propension à relier la veine narrative traditionnelle à l'esthétique moderne. En revanche, dans *Die Weissagung der Ahnen* [La prédiction des anciens], roman en grande partie autobiographique,[6] Daniel Mepin raconte à la troisième personne le destin malheureux d'un fils de chef camerounais, qui partage étroitement les traits communs de son existence. En effet, les signes de connivence entre l'auteur et son protagoniste permettent d'établir de nombreuses ressemblances. Comme son personnage principal, Mepin est issu d'une famille camerounaise durant l'époque coloniale, a fait ses études secondaires au Cameroun avant de les poursuivre en Allemagne. La mort de Taga, qui fixe le point de départ du récit, n'est qu'une tentative pour Mepin de lire à rebrousse-poil les événements de sa propre existence en adoptant un point de vue extérieur, c'est-à-dire, en se distinguant futilement de son protagoniste. Par le prisme du genre autofictionnel, il crée alors une représentation littéraire des péripéties de sa propre biographie.

En somme, ces pratiques d'écriture relèvent de plusieurs postures autobiographiques : sous forme de confession (Chima Oji), de témoignage (El Loko), de transposition d'expériences directement vécues ou encore d'une autofiction référentielle (Daniel Mepin). Cependant, la distanciation que ces œuvres opèrent par rapport aux modes habituels de représentation autobiographique, réside dans l'inexistence d'un « sujet plein qui s'exprime à travers lui » (Lejeune 1986 : 30). La tradition autobiographique basée sur un « récit rétrospectif en prose qu'une personne réelle fait de sa propre existence, lorsqu'elle met l'accent sur sa vie individuelle, en particulier, sur l'histoire de sa personnalité » (Lejeune 1996 : 14), en sort donc affaiblie. Dans leurs œuvres, il ne s'agit pas que d'autobiographie, inscrite dans une perspective individuelle, mais aussi de la mise en scène et en discours d'une expérience et d'une destinée collective. Et c'est pourquoi il est à nos yeux important d'accorder la plus grande attention aux modes et aux stratégies de narration.

---

6   Dans la postface de son roman, Daniel Mepin reconnaît : « Die Geschichte des Protagonisten Taga ist zwar fiktiv, hat aber viele reale Bezüge […] Was die Personen des Romans betrifft, so lässt sich durchaus der Vergleich mit lebenden Individuen anstellen, einige sind auch reale historische Gestalten […] Zuletzt muss erwähnt werden, dass auch Tagas Erfahrungen unter den Deutschen nicht sehr weit von der Wirklichkeit entfernt sind ». [L'histoire du protagoniste Taga est certes fictive, mais s'inspire de nombreux faits réels. […]. Quant aux personnages du roman, ils permettent d'établir une comparaison entre eux et des personnes vivantes, certains sont d'ailleurs de véritables personnages historiques […]. En définitive, il convient de noter que les expériences de Taga parmi les Allemands ne sont pas très éloignées de la réalité] (Mepin 1998 : 205-206).

Modes de narration et organisation des récits

Les techniques narratives et la structuration des textes s'inscrivent dans plusieurs registres génériques. L'autoportrait que trace El Loko donne l'image d'une singulière personnalité qui se situe entre l'Europe et l'Afrique, le réel et l'imaginaire, l'ésotérisme et le rationalisme. L'espace virtuel de son autoreprésentation multiplie les jeux fictionnels de la mise en scène autobiographique et fait osciller son récit entre autobiographie et autofiction. Le reflet qu'il donne de soi-même est une recherche des éléments qui contiennent son histoire et déterminent son identité. Fixer son moi, dissocier son passé, sont autant d'étapes qui illustrent la démarche introspective d'El Loko. Cette fixation, cette nostalgie à l'égard des sources, se manifeste, au plan de la forme, par des tentatives formelles d'inscrire l'entreprise autobiographique dans la perspective des récits, contes, épopées et légendes légués par une narration africaine séculaire. Le mythe est un élément tenu souvent pour un ingrédient caractéristique de la filiation généalogique. Il est indissociable de la vérité de l'auteur El Loko. Les souvenirs authentiques des événements qu'il a vécus dans les lieux qui ont nourri son enfance et alimenté ses rêves à Pédakondji, contrairement à la réalité de l'immigration allemande (Duisburg, Düsseldorf), sont rapportés avec un relent mythique et légendaire, conduisant ainsi à une fictionnalisation de l'expérience vécue. D'ailleurs, c'est par une telle mise en scène qu'il ouvre son récit :

> Wenn der Himmel die Früchte der Nacht bereits zur Hälfte gepflückt und der Mond längst die Schwelle des Abgrunds überwunden hat, [...] die Baobabs wie mutige Krieger ihre verwachsenen Gestalten im anhaltenden Neben zeigen [...], lässt die Erde ihren nebelgewobenen Vorhang fallen [...]. Wie aus einem Märchen stechen hinter riesigen Baobabs am fernen Horizont die ersten Sonnenstrahlen hervor [...]. Der Chor der Vögel in den Bäumen, [...] die ersten Wellen, die von einer Brise gestrichen, das Ufer rhythmisch anlaufen, selbst die Fische im Fluss wollen ihre Freude durch Gesang bekunden. Lebewesen und Gegenstände sind in einem grandiosen Auftritt versammelt, ergänzen einander, lächeln sich an. [Lorsque le ciel a déjà récolté la moitié des fruits de la nuit, que la lune a depuis longtemps franchi le seuil de l'abîme, (...) et que les baobabs, comme de braves guerriers, projettent leurs immenses silhouettes immobiles l'un à côté de l'autre (...), alors c'est à ce moment que la terre laisse tomber son rideau de brume (...). Comme dans un monde féerique, le soleil réverbère ses premiers rayons à l'horizon, derrière le feuillage des baobabs géants. Les oiseaux perchés sur les arbres fredonnent en cœur, (...) les premières vagues de la mer parfumées de brise échouent sur la plage en une cadence rythmée, même les poissons du fleuve veulent annoncer leur joie par le chant. Les êtres vivants et les choses se fondent ainsi dans un spectacle majestueux, en se complétant et en s'amusant entre eux.] (El Loko 1986 : 7)

Cette introduction de séquences oniriques, voire romantiques, renvoie à une géographie imaginaire et télescope avec des lieux réels. L'atmosphère bucolique et mystérieuse du royaume d'enfance, que décrit El Loko dans un style imagé, lui permet de postuler d'une part son attachement profond aux origines africaines et d'autre part l'inévitable transformation de sa personnalité, les avatars de ce nouveau soi-même sous l'influence de la migration. L'interprétation de cette hybridation générique ou conversion débouche sur des enseignements liés aux convictions profondes de l'auteur :

> Jedes Volk hat eine Wurzel, aus der seine Zivilisation erwächst. Werden und Vergehen sind auch hier natürliche Vorgänge. Wenn zwei Völker aufeinanderstoßen, entsteht eine neue Dimension, die eine Änderung bis in die Wurzel bedeuten kann. [Chaque peuple a une racine, d'où naît sa civilisation. Exister et disparaître sont aussi des processus d'évolution naturelle. Lorsque deux peuples se rencontrent, apparaît alors une nouvelle dimension susceptible de générer un profond changement jusqu'à la racine.] (El Loko 1986 : 68)

Si l'écriture à la première personne semble donner à l'œuvre d'El Loko toutes les apparences d'une expérience vécue, en revanche, il procède, par le détour de la transposition fictionnelle, à des ressassements du legs colonial. Cette approche essayiste permet de mettre en scène le personnage de l'écrivain en lui conférant une certaine distance voire une impersonnalité, qui rend quasi impossible la maîtrise d'un récit prétendument fidèle, dans lequel l'auto-présence et la transparence du sujet réel sont avérées. L'autobiographie devient pour El Loko l'occasion de se pencher sur soi-même et de chercher un éclairage sur le rapport postcolonial avec l'Autre. Sa mise en scène biographique intègre des processus de fictionnalisation et d'identification réelle du moi.

Le schéma narratif du récit autobiographique de Chima Oji dévoile un ordre chronologique qui fait du récit une autobiographie diachronique. Oji reconstruit son passé sur le principe de la totalité et de l'unité de l'existence, c'est-à-dire, dans une zone autoréférentielle avec une identité affirmée au niveau de l'énonciation. Cette pratique confessionnelle, modèle archétype de l'autobiographie, relève d'une thématique personnelle que Barthes appelle « la structure d'une existence » (Barthes 1994 : 495). Le roman qu'il livre, est sous la forme d'un récit rétrospectif à la première personne. Tel qu'on le retrouve en général dans le cadrage du récit autobiographique, l'auteur, le narrateur et le personnage ne font qu'un. Cependant, la part du fictif s'observe chez Oji au niveau des processus d'énonciation, de l'instance auctoriale, qui est souvent diffractée ou élargie pour corroborer la sincérité de l'optique et des témoignages du narrateur. Cette rupture du pacte autobiographique montre que la relation au genre est moins importante que les stratégies déployées par l'auteur afin de convaincre ses lecteurs.

À l'inverse de Chima Oji, la stratégie narrative du Camerounais Daniel Mepin est un brouillage truculent entre l'expérience vécue et la fiction. Elle se situe entre le fantastique et le réel, le conte initiatique et l'itinéraire biographique. Pour s'être suicidé, le héros du roman de Mepin comparaît en effet devant un tribunal international, une sorte de conseil de sages qui doit éclaircir les circonstances du suicide et prononcer son verdict. S'inspirant de l'esthétique cinématographique, le roman commence par la projection-rétrospection de la vie du protagoniste Taga, qui se déroule à la manière d'un film projeté sur écran par un cameraman.[7] L'espace communicationnel de son œuvre

---

7   En effet, on peut lire : « Kameramann, drück die Taste „Taga Sinö" aus Kamerun. Wir werden seinen ganzen Aufenthalt in der Welt der Menschen erst durchsehen » [Camera-

renvoie ainsi à une typologie mythique, dans laquelle la mort sert de cadre paradig-matique pour convoquer les souvenirs et les événements de la vie tragique de Taga. Le mythe de la réviviscence dans l'au-delà permet à Mepin de faire se dérouler l'action dans un lieu situé aux confins du réel et de l'imaginaire, un espace fortement sym-bolique où s'entremêlent et se relayent rêves, fantasmes et souvenirs. Cette fabrication légendaire a entraîné une série de conséquences manifestes aussi bien dans les choix narratifs et esthétiques de l'écrivain, que dans ses tentatives formelles visant à re-staurer la narration traditionnelle africaine au sein de l'écriture. En inscrivant la trame de son récit dans un univers où les vivants et les morts font partie de la même caté-gorie d'êtres, Mepin calque son roman sur le modèle narratif du conte africain, dé-bouchant ainsi sur « un roman où l'opposition entre diachronie et synchronie s'estompe, où coexistent des éléments d'âge différents sur un univers cinétique qui engendre un ordre et s'engendre lui-même » (Ngal 1984 : 13). Le narrateur feint qui raconte les événements de la vie de Taga rompt avec l'exactitude référentielle du pacte auto-biographique. En se dissimulant sous cette figuration métonymique, Mepin procède à un détournement fictif de son histoire et de son identité personnelle. Donc, à la différence d'El Loko et de Chima Oji qui expriment ouvertement leurs sentiments à travers un « je » qui nécessairement s'assume, Mepin se retranche derrière le masque de l'autofiction. L'importance de l'onirique, pour échapper à la catégorie du réel, est une caractéristique récurrente dans ces trois œuvres. L'interface entre l'imaginaire et le réel, le moi factuel référentiel et le moi fictionnel construit, entre une subjectivité in-trinsèque et l'affirmation d'une objectivité promettant toute la vérité, dénote des stratégies de différence. Le recours au surnaturel et la propension au fantastique ou à l'invraisemblable, suggèrent une coupure paradigmatique et brouille les frontières entre fiction et réalité. Écrire son autobiographie en usant de l'efficacité de la tech-nique narrative africaine, des prestiges de l'oralité et de l'imaginaire africains en-traînent, comme le fait remarquer Jacques Chevrier, « une rupture dans le système de communication et une modification du statut de l'objet littéraire » (Chevrier 1984 : 241). Cette rupture et cette modification sont également perceptibles au niveau de la temporalité.

Traitement de la temporalité

De la même manière, El Loko, Chima Oji et Daniel Mepin débutent la chronologie de leurs textes à des périodes antérieures à celles qui les concernent directement. Ils ne se limitent ni à un objet ou une période restreinte, ni à une expérience particulière de leur propre existence. La configuration du temps y est apparente en tant que réseau d'iden-tification largement ouvert, couvrant plusieurs générations, mais fermé en ce sens que les personnages qui s'y meuvent ne peuvent pas échapper à la linéarité de leur destin.

---

man, appuie sur la touche „Taga Sinö" du Cameroun. Nous verrons l'intégralité de son séjour dans le monde des Hommes] (Mepin 1998 : 11).

Le temps, dans leurs œuvres, est surtout perçu par référence aux événements de la vie du groupe dans le milieu d'accueil. Il est essentiellement composé d'une série d'instants ou de faits successifs non directement vécus, mais plutôt modelés sur les souvenirs du narrateur qui capte et ordonne les événements en fonction de ses mémoires ou de ses traces mnésiques. Le temps qui connote l'espace des trois récits est un mouvement continu. Il est élastique. Il a une valeur sociale. Cette construction problématique de la temporalité apparaît comme un jeu de miroirs qui marque l'allégorie d'un continuum entre l'époque coloniale et postcoloniale. Le recours à l'autofiction abolit les espaces temporels et transcende les événements antérieurs à la vie de l'auteur. De tels débordements du temps et de l'espace de la référentialité sont aussi caractéristiques pour l'autobiographie de Chima Oji. Sa rétrospective ne se limite pas uniquement à l'horizon temporel du narrateur-protagoniste, par une restitution minutieuse des détails biographiques du moi réel, mais elle devient médiatisée dans le flux des réminiscences omni-temporelles. La temporalité référentielle de son récit ne cadre pas avec le temps et l'espace qu'il a lui-même vécus, mais elle est circonscrite dans l'historicité des contacts interculturels entre Nigérians et Européens. Cette remontée du temps n'a pas pour objectif d'élucider la question des racines et des attaches familiales, mais celle de l'héritage culturel fondateur des interactions entre les deux groupes et des points d'ancrage de la mémoire autobiographique. Le désir de se situer dans une continuité historique donne au récit des effets de résonance transtemporelle qui permettent de passer de l'instantanéité du vécu à la permanence, de l'individualité à la collectivité, de la mémoire affective à la mémoire consciente. Ces autobiographies, qui s'installent dans l'écart entre les événements vécus et ceux rapportés, sont donc temporalisées selon le double axe de la diégèse et de la narration. Oji, El Loko et Mepin arrivent à faire éclater les verrous des frontières du temps et de l'espace du moi social réel pour y inclure des espaces-événements comme stratégie d'entassement des supra-discours et des infra-textes qui constituent le pilier même de la mémoire collective. Leurs œuvres rendent compte d'un temps collectif individualisé à la manière subjective. Face au miroir que lui tend la société d'accueil, le sujet émigré éloigné de son premier pôle d'enracinement culturel est amené à clarifier son espace-temps, notamment dans le continuum de l'histoire et de sa relation avec l'Autre. La phénoménologie de la rencontre interculturelle comme regard de l'Autre et regard de soi sur soi les incite à une prise autoréflexive, par le truchement d'un masque double qui les oblige à se projeter dans d'autres espaces temporels qui font respectivement écho aux leurs, s'ils n'entretiennent pas de manière indubitable une continuité avec eux. De ce fait, si l'espace thématique et narratif de ces autobiographies est conçu comme un lieu commun dont la fonction primordiale est de prendre en charge des sujets de préoccupation ou d'intérêt général, le traitement de la temporalité montre également que les auteurs ne sont pas à la recherche d'un horizon temporel personnaliste, mais qu'ils entendent plutôt fonder le sens de leur vie dans le lien social qui les unit à leurs origines ethnico-culturelles. Au-delà de l'articulation temporelle, le problème de communicabilité autobiographique que posent ces œuvres se matérialise également dans l'organisation et la composition de l'espace scriptural.

Références intermédiales et intertextuelles

Les œuvres autobiographiques d'El Loko, d'Oji et de Mepin incluent un matériau constitué à partir d'éléments sémiotiques fortement distincts. L'insertion dans le récit d'El Loko de séquences poétiques (El Loko 1986 : 27, 53-54, 64-65, 67, 70), chants incantatoires (El Loko 1986: 72-86), dialogues (El Loko 1986 : 56-57), passages oniriques (El Loko 1986 : 53-55), mythes, mais aussi correspondances administratives (El Loko 1986 : 48, 50), usage séquentiel de photographies (El Loko 1986 : 32, 39, 49), de tableaux picturaux (El Loko 1986 : 15, 29, 40, 59, 73, 89, 95) et d'extraits de journaux (El Loko 1986 : 32, 39, 49, 51 etc.), dénote un usage volontaire de plusieurs cadres génériques, visant à établir une relation d'empathie entre l'auteur et le lecteur. Les rapports des services municipaux de l'immigration (El Loko 1986 : 35-38, 47-48) et les chroniques de la presse écrite y sont reproduits et commentés comme des archives ou encore des preuves de bonne foi. Par cette transfocalisation narrative, El Loko use de toutes les libertés que lui offre son statut d'écrivain, graphiste, peintre et sculpteur. Ses références mettent en parallèle, sous forme d'hypotyposes, l'ordre littéraire avec l'ordre pictural et, ce faisant, invitent le lecteur à la table de jeu. Les sculptures et les lettres cosmiques insérées dans le texte renvoient à une structuration empreinte d'intertextualité et d'intermédialité. Cette voie complexe, symbole de la vérité de l'auteur, est aussi un élément-clé de la démarche de Chima Oji, qui intègre dans son récit ses correspondances avec la chancellerie de l'Université de Freiburg, les lettres réponses de ses demandes de stage et celles de ses professeurs. Ces documents archivistiques ont valeur de témoignage. Ils viennent en appoint à la véridicité du discours autobiographique. De la même manière, la production sémiotique de Daniel Mepin est aussi composée de paroles incantatoires (Mepin 1998 : 13, 16), de proverbes (Mepin 1998 : 32), de chants en denkkuop (langue du sud Cameroun), mais aussi des réponses à ses demandes d'inscription en médecine (Mepin 1998 : 122). Cette hybridité de l'espace scriptural, organisé selon une topographie hétéroclite, ne va pas sans poser un certain nombre de problèmes portant à la fois sur la validité et la légitimité de l'entreprise autobiographique. Elle dénote non seulement des problèmes de cohérence textuelle (mélange de genres textuels et poétiques), mais elle montre également que les auteurs entendent parler en toute liberté, indépendamment des contraintes liées aux modèles archétypes de l'autobiographie. En intégrant des matériaux hétérogènes dans leur création, Loko, Mepin et Oji renforcent l'intensité phatique et dramatique de l'histoire vécue. Ce caractère documentaire chez El Loko (voir Gehrmann 2004 : 132f) relève davantage d'une intention morale que d'une précaution contractuelle. Il accentue non seulement la relation à la réalité décrite, mais aussi la demande de croyance et d'adhésion du lecteur à la véracité des faits racontés. Ainsi, son texte s'enrichit de pensées sociologiques qui imposent une distance entre le narrateur homodiégétique et le méta-commentateur, lequel puise ses modèles exemplaires non seulement dans la littérature orale africaine, mais aussi dans les tableaux de Picasso et Klee, ainsi que dans les archétypes littéraires que lui suggère la lecture des œuvres de Goethe. C'est en ces termes qu'il il annonce cette promesse hypothétique au lecteur :

> Ich träumte, eines Tages besser zu sein, besser noch als Picasso, besser als Klee, besser als Goethe [...] Die Konfrontation mit Kunst und Poesie erbrachte neues Interesse an der Natur [...] Es schien mir leicht, mich als Künstler zu behaupten. Ich bin Poet, sagte ich mir. Nichts war mir wichtiger, als die Zeit in den Wäldern zu verbringen, am Strand zu sitzen und mir über die Welt Gedanken zu machen, über das Leben und seinen Sinn. [Je rêvais d'être meilleur un jour, meilleur que Goethe, Picasso et Klee. (...). La rencontre avec l'art et la poésie attisa mon enthousiasme pour la nature. (...). Je pus facilement m'affirmer comme artiste. Je suis poète, me disais-je. Rien n'était plus important à mes yeux que de passer mon temps dans les forêts, de m'asseoir au bord de la mer et de réfléchir sur le monde, la vie et son sens.] (El Loko 1986 : 22)

Ces réminiscences explicites semblent indiquer qu'El Loko a voulu traduire le bilan de ses affinités et expériences esthétiques. Par les influences littéraires, artistiques et culturelles dont elle s'inspire, son autobiographie n'échappe pas tout à fait à ce jeu de transfert de sens et de styles, qui lui fait découvrir l'importance de l'écriture romantique voire intimiste. À l'instar du panthéisme goethéen, qui célèbre le caractère esthétique et sacré de la nature comme une totalité herméneutique, El Loko déclare :

> Wer die Natur achtet, der achtet Gott, denn sie ist sein Werk, sie ist sogar Gott selbst. Mit solcher Gelehrtheit bleibt der Mensch im Einklang mit sich selbst und mit seiner natürlichen Umgebung, deren Untertan er ist. [Celui qui honore la nature, vénère Dieu, car elle est son œuvre, elle est Dieu lui-même. Avec une telle conscience, l'Homme reste en communion avec lui-même et avec son environnement naturel, duquel il est profondément dépendant.] (El Loko 1986 : 91)

Cette manière communiante de considérer et de dépeindre la nature relève précisément d'un jeu d'intertextualité entre l'auteur Goethe et son lecteur-commentateur El Loko. Récit autobiographique en forme de recherche psychanalytique de soi, son œuvre se place dans la perspective d'une prise en charge de la somme de ses expériences esthétiques, culturelles et langagières. L'intermédialité et l'intertextualité du contenu hypertextuel de son œuvre reflètent une volonté d'appropriation du réel au travers du récit autobiographique, un acte d'adhésion à une représentation autobiographique loin de toute soumission aux contraintes du genre. Ce traitement de l'espace scriptural, qui ne cède en rien sur le plan de la production autobiographique, fait fi de l'ordre générique et s'inscrit dans une posture qui remet en question les notions logocentriques d'unité, d'autorité, de vérité, d'ordre et de nature générique. La double existence de produit de culture interculturelle fait exactement, que l'émigré alterne entre plusieurs modèles traditionnels et importés. En ce sens, les autobiographies de Mepin, Oji et El Loko se lisent comme le « lieu d'un entrecroisement et d'une confrontation de cultures en tant que paroles d'un sujet qui se ressaisit au travers de la multiplicité des appartenances et des voix qu'il fait entendre » (Delory 1999 : 77). Aux difficultés d'appropriation et d'adaptation culturelles spécifiquement liées au genre, s'ajoute un autre handicap : la feinte de l'identité linguistique. En effet, le choix de l'allemand comme langue d'écriture tend à étouffer l'auto-perception de différence et d'écart du sujet subalterne ou postcolonial. Le terrain relationnel qu'impose la situation interculturelle et la conscience idéologique ou affective qu'elle génère, conduisent ainsi à des tissages entre la mémoire collective et l'expérience individuelle.

Rapport à l'histoire et à la mémoire culturelle

Tout en se racontant, El Loko, Chima Oji et Daniel Mepin axent leur narration sur l'identité collective. Leur projet autobiographique est socialement inscrit non pas seulement dans les événements qu'ils ont directement vécus, c'est-à-dire dans un cadre individuel et personnel, mais aussi dans un processus de reproduction de la mémoire culturelle et de ses linéaments dans le présent. Oji débute son roman avec les origines de la colonisation anglaise au Nigéria et le rôle très controversé des ordres religieux, gérants de la formation scolaire, qu'il assimile soit à un lavage de cerveau (« koloniale Gehirnwäsche », Oji 2001 : 31), soit à un esclavage intellectuel (« geistige Versklavung », Oji 2001 : 31). Dans une optique similaire, El Loko décrit également l'école française comme une greffe (« psychologische Transplantation », El Loko 1986 : 17) qui déstructure l'identité du sujet africain, lui-même confronté à son altérité culturelle (« Entfremdung », « zweites Ich », El Loko 1986 : 17). Loin d'être une réflexion putative, l'école coloniale devient aussi bien chez l'un que chez l'autre, un objet de réflexion à part entière dans le récit autobiographique. De ce fait, la trame narrative dépasse souvent le cadre biographique strictement événementiel du sujet narrateur, pour donner à l'histoire rapportée une dimension collective. Cette extension de l'espace mémoriel qui va au-delà du vécu réel et personnel de l'auteur est un procédé narratif décelable dans le texte d'El Loko. Essentiellement rétrospectif, l'espace mémoriel de son autobiographie est fortement révélateur d'un phénomène d'introjection et d'extériorisation d'une conscience liminaire, qui fixe l'attention du lecteur avant même le début du récit. L'inventaire du passé historique lui permet, d'une part, de camper la problématique narcissique, par une reconstitution des lieux de mémoire de son enfance à Pédakondji, d'autre part, de passer de l'expérience individuelle à la représentation collective. Chez El Loko, les souvenirs d'enfance participent de la construction du miroir du sujet postcolonial, qui s'y reflète pour déterrer ses racines et fouiller les mythes locaux qui évoquent l'histoire de la rencontre avec l'Allemagne. Tout comme chez Oji, la sélection qu'El Loko opère, pour restituer les relations causales entre lui et l'Allemagne, englobe la colonisation allemande au Togo et l'école coloniale française, synonymes d'une blessure culturelle et de la découverte de l'Autre. Souvent construit autour de longues analepses, mêlées à la biographie du personnage principal, l'espace mémoriel et temporel des autobiographies d'El Loko et d'Oji débouche sur une structure ouverte essentiellement caractéristique d'une éthique narrative qui met davantage l'accent sur la communauté, la conscience diasporique, que sur l'individu et la trajectoire personnelle. Dans la même veine, l'espace que couvrent les souvenirs de Daniel Mepin est aussi une invention forcée à la prise en compte des rapports historiques entre le narrateur et son public allemand ou germanophone. Les points de focalisation de sa mémoire culturelle sont notamment l'esclavage, la colonisation, les rivalités postcoloniales, le national-socialisme, le racisme et le caractère exclusiviste de la réunification allemande de 1989, qui se déploient dans son roman comme des toiles de fond de la perception et de la construction d'un certain ordre du monde et des choses. Chez Mepin, la mise en scène des images fondatrices de l'histoire procède de cette tension essentielle entre l'hypothèque, que celles-ci constituent dans l'imaginaire européen, et la volonté de les questionner ou de les dépasser par le recours à la subversion. Les événements du passé retentissent dans le présent de l'écriture et se fondent avec la quotidienneté de la migration. Les souffrances et les espérances, les stigmatisations et les acceptations vécues dans le contexte migratoire, permettent ainsi aux écrivains immigrés de ménager des étapes entre le souvenir individuel et la mémoire collective. La rétrospection est ainsi placée sous le contrôle de la mémoire et de l'identité collective et non de la conscience individuelle de l'auteur narrateur. En d'autres termes, la mémoire individuelle se confond implicitement avec celle socialement vécue par sa communauté d'origine ou d'appartenance, et l'autobiographie devient, notamment par ce prolongement mémoriel, le lieu de relecture de l'histoire interculturelle. Alors, du passé historique, l'auteur passe facilement à l'appréciation du présent, c'est-à-dire à la remise en question des images et discours sur soi dans la société d'accueil.

Ce cloisonnement des mémoires individuelles et collectives, dans lesquelles Oji, El Loko et Mepin ont construit leurs autobiographies, dénote l'allégorie d'une continuité qui intègre les histoires individuelles dans la grande histoire germano-africaine (substrat de la mémoire culturelle collective). L'inscription du passé par le recours à la narration extradiégétique relève d'une posture identitaire, qui mêle l'histoire objective et le vécu subjectif, l'ethos et le pathos, le contingent et l'habituel, l'individuel et le collectif, bref la sphère publique et la sphère privée de l'auteur-narrateur. L'alternance entre l'histoire collective (le savoir objectif) et l'expérience vécue (la mémoire subjective) laisse découvrir des modalités de mise en fiction, qui établit des zones de transition entre le réel et le fictif, et entraîne une déformation de la structure du récit autobiographique. Chez Mepin, El Loko et Oji, le rapport à la mémoire culturelle fait visiblement disparaître le réel derrière un tourbillon de fantaisies, qui mêle la fiction à la réalité et, ce faisant, suggère une polysémie du temps et de l'espace. La mémoire, c'est aussi et surtout l'enracinement dans l'imaginaire africain (ses mythes, légendes, fables etc.). L'insistance sur la généalogie des rapports interculturels crée un effet d'ancrage dans une trajectoire historique continue. Ces espaces de convergence entre le passé et le présent sont non seulement symboliques des résonances affectives et idéologiques, mais aussi des pratiques et revendications mémorielles que génère le champ migratoire. En établissant un lien étroit entre le passé et le présent interculturel, et en l'enrichissant des nouvelles péripéties qui sont leurs, Mepin, Loko et Oji cessent d'être respectivement l'instance unique de leurs récits autobiographiques, c'est-à-dire le narrateur omniscient de l'autobiographie classique. Par cette fracture, leurs œuvres se posent non pas comme miroir d'un moi privé ou d'une conscience individuelle, mais plutôt comme un mouvement d'énonciation d'une conscience collective (cf. Gehrmann 2005 : 23), qui leur offre un contexte plus large à partir duquel ils peuvent sélectionner et définir leurs éléments identificatoires. Cette désaffection vis-à-vis de l'autobiographie réaliste et personnaliste est-elle synonyme de subversion, d'autonomie ou d'innovation esthétique par rapport au genre ? Le non respect des codes autobiographiques n'est-il pas synonyme d'un dialogue avec l'Autre ?

Acte autobiographique et postures littéraires

Nous avons déjà proposé de voir dans ces autobiographies non seulement l'affirmation d'un moi collectif, mais encore l'expression d'un cadre cognitif énonçant, à l'encontre des modèles de fixité, un principe de liberté au regard de la fabrication autobiographique. En effet, la question des genres et postures littéraires, dans les littératures africaines postcoloniales en général, est loin d'être réglée. Tel un creuset qui polarise et croise diverses rencontres culturelles, esthétiques et langagières, elles mêlent souvent, dans une sorte de réinvention des genres, l'oralité à la littérarité, la narration traditionnelle africaine à la création romanesque, mais aussi le témoignage documentaire à la fiction, le matériau visuel à la matière verbale etc. Ces processus de fabrication protéiforme, qui font inter-relier plusieurs cultures, langues, genres, styles et tons, comme la migration elle-même, ont ouvert une brèche non seulement dans les champs et les institutions des littératures nationales, d'où sont originaires les auteurs, mais aussi dans les pays d'accueil où la littérature et la philologie nationales sont souvent délimitées par une tradition culturelle jusqu'ici peu encline dans des pratiques de subversion et de transgression des canons littéraires. La tendance à brouiller les frontières ou à se mettre au rebours de la logique des genres révèlent-ils d'un surcroît d'intérêt esthétique ou simplement d'une démarche de distanciation volontaire ou même inconsciente par rapport aux modèles conventionnels? Peut-on, doit-on parler d'innovations génériques, de nouvelles manières de créer, de bouleversement ou de transgression par rapport aux genres ? L'abandon des structures conventionnelles de l'autobiographie occidentale, souvent abordée à partir de dichotomies rigides, au profit d'architectures narratives empruntées aux traditions orales africaines, est une voix qui avait été d'ailleurs déjà frayée par leurs prédécesseurs, en fonction des spécificités ou des contraintes de leurs contextes d'énonciation. Bernard Dadié, Camara Laye, Aké Loba, Cheikh Hamidou Kane, Wole Soyinka etc., en s'inspirant de diverses formes littéraires et en multipliant les entrées génériques, ont tous écrit dans cette même situation de décentrement par déplacement, combinaison et transformation par rapport aux genres institutionnalisés. L'usage du masque autofictionnel, comme nous l'avons vu dans ces trois œuvres, est récurrent dans les autobiographies d'auteurs africains. Il relève surtout d'une conduite en quelque sorte posturale, qui permet à l'auteur de mettre en scène sa propre histoire dans un contexte d'instabilité, de reniement, de désespoir, de rejet ou de solitude. Autrement dit, ce n'est donc pas tout à fait surprenant, si les autobiographies d'Africains immigrés en Allemagne se présentent également comme « un espace à dimension multiple, issu des milles foyers de la culture » (Barthes 1994 : 493). Tout bien considéré, elles procèdent simultanément de la « différenciation, de l'hybridation et de la transposition »[8] du « je » autobiographique. En raison de leur ouverture et de leur dynamique, les pratiques autobiographiques d'Oji, de Mepin et d'El Loko se dévoilent comme une forme de liberté créatrice, qui traduit leur souci de concevoir des œuvres qui n'effacent pas la différence et dans lesquelles ils puissent se reconnaître et se retrouver. Loin d'être un épiphénomène, il faut sans doute voir dans les formes d'insertion ou d'intégration de l'imaginaire une volonté d'expressivité, de visibilité, en même temps qu'un désir de se singulariser par rapport aux modèles occidentaux. Le caractère métamorphique de leurs œuvres s'apparente, on l'a vu, à des tonneaux qui se déforment sous l'influence des substances qu'on y verse. Et c'est en cela que réside pour eux l'originalité, mais aussi le plaisir de la création littéraire et esthétique.

Conclusion

Si les autobiographies d'El Loko, de Chima Oji et Daniel Mepin satisfont en général l'exigence fondamentale de la pratique autobiographique qui est de raconter une histoire vécue, en revanche, elles semblent bousculer les structures de fixité du genre (cf. Gehrmann 2004 : 123).[9] Mepin, Oji et El Loko, pour accéder et se soumettre à

---

8 « La différentiation procède d'une dérivation à partir des genres existants (ou de la perception qu'on en a) qui aboutit à l'émergence de nouvelles variations génériques. Cette différenciation peut être effectuée au moyen d'un retour à l'origine ou à la définition stricte du genre, d'une accentuation d'un trait générique particulier ou, au contraire, de la négation d'un élément définitionnel, pour n'évoquer que quelques possibilités. L'hybridation, pour sa part, consiste en la combinaison de plusieurs traits génériques hétérogènes, hiérarchisés ou non, en un même texte; elle concerne autant les genres littéraires institués que les genres du discours, joue aussi bien entre les grands modes discursifs (tels que le narratif et le lyrique) qu'entre divers médias ou entre des catégories plus ténues (comme le discours de la science expérimentale et la fiction biographique). La transposition, enfin, correspond à la reprise de traits génériques caractéristiques d'un genre donné dans des œuvres où on ne les attendait pas; plus précisément, elle désigne soit un changement de registre (du savant au ludique, du comique au tragique, par exemple), soit un changement de domaine de validité (des concepts de la science passant à la fiction), soit encore une permutation d'éléments prototypiques qui produit un effet d'étrangeté à l'intérieur d'un genre, une sensation de 'bougé', de semblable et d'autre à la fois ; […]. Ces trois processus ne s'excluent pas et, en pratique, se trouvent parfois combinés » (Dion/Haghebaert 2001 : 512).

9 Susanne Gehrmann a analysé cette caractéristique de l'autobiographie interculturelle dans l'étude qu'elle a consacrée à l'œuvre d'El Loko: « Das Interessante an autobiographi-

l'écriture interculturelle, font appel à des procédés narratifs qui relèvent certes de l'oralité africaine, mais s'autorisent en même temps des modifications et des prolongements sur leurs éléments et leurs procédés constitutifs. Cette déconnection par rapport à l'autobiographie occidentale semble être un défi, celui d'une écriture interculturelle voire transculturelle, dans laquelle l'imaginaire africain (mythes, contes, légendes, chants) se mêle à la matière du vécu autobiographique, le discours totalitaire et les rapports hiérarchiques subvertis par les métalepses allégoriques, dont nous avons rendu compte, de façon paradigmatique à l'exemple des trois ouvres autobiographiques. Soucieux de garder le contact avec la culture d'origine et d'exprimer une sensibilité voire une vision singulière, les pratiques poétologiques et narratives mises en œuvre par Oji, Mepin et El Loko s'ancrent dans des valeurs et représentations littéraires qui brisent la perspective habituelle du genre autobiographique. Cette désobéissance par rapport aux règles de l'autobiographie traditionnelle relève d'une conception de l'écriture qui se veut surtout un espace de jeu littéraire fertile, une mise en scène intentionnelle, qui associe la fiction et les faits réels, et empêche ainsi de lire le texte comme une autobiographie personnelle et individualisée. Malgré cette posture, qui ouvre la voie à une image de soi diffusée dans le collectif, on assiste à des processus de personnalisation et de spécification au sein même de l'œuvre autobiographique, notamment par le biais des stratégies et des options poétiques choisies par les auteurs, même si ces dernières se réfèrent le plus souvent à des paradigmes communs.

Ouvrages cités

Achebe, Chinua. 1982. [1960]. *No Longer at Ease*. London : Heinemann.

Barthes, Roland. 1994. [1968]. « La mort de l'auteur ». In : *Œuvres complètes*, tome II. Paris : Le Seuil, 493-494.

Chevrier, Jacques. 1984. *Littérature nègre*. Paris : Armand Colin.

Dadié, Bernard. 1959. *Un Nègre à Paris*. Paris : Présence Africaine.

Dadié, Bernard. 1956. *Climbié*. Paris : Seghers.

Delory, Christine. 1999. « L'histoire de vie ». In : *Revue Pratiques de formation*, 37/38, 75-86.

---

schen Texten afrikanischer SchriftstellerInnen der Migration ist gerade, dass hier ein Genre entsteht, in dem die Widersprüche zwischen Anziehung und Abstoßung, Begeisterung für die Fremde und Ernüchterung, Aufbruch und Resignation ausgehandelt werden » [Ce qui est intéressant dans les textes autobiographiques d'auteurs africains immigrés est justement le fait qu'il donne naissance à un genre, dans lequel les contradictions entre l'attraction et la répulsion, l'enthousiasme pour l'ailleurs et la désillusion, la révolte et la résignation sont négociés] (Gehrmann 2004 : 121-134, ici 123).

Dion, Robert/Haghebaert, Elisabeth. 2001. « Le cas de Michel Houellebecq et la dynamique des genres littéraires ». In : *French Studies*, Society for French Studies, Montréal, Vol. LV, 4, 509-524.

El Loko. 2009. *Das Kuckucksei – Ahoba*. Dienheim : IATROS-Verlag.

El Loko. 1986. *Der Blues in mir. Eine autobiographische Erzählung*. Fulda : Fuldaer Verlagsanstalt & Graphium Press.

Gehrmann, Susanne. 2005. *Vom Entwerfen des Ich im Erinnern des Wir? Überlegungen zur Autobiographik in Afrika*. Forschungsabteilung der HU-Berlin, Berlin.

Gehrmann, Susanne. 2004. « Exil als äußerer und innerer Zustand. El Lokos autobiographische Erzählung *Der Blues in mir* ». In : *Weltengarten. Deutsch-Afrikanisches Jahrbuch für Interkulturelles Denken*, éd. par Leo Kreutzer et David Simo, 121-134.

Gronemann, Claudia/Gehrmann, Susanne (éds.). 2006. *Les enJEux de l'autobiographique dans les littératures de langue française. Du genre à l'espace – l'autobiographie postcoloniale – l'hybridité*. Paris : L'Harmattan.

Kane, Cheikh Hamidou. 1961. *L'aventure ambiguë*. Paris : Julliard.

Laye, Camara. 1965. *L'enfant noir*. Paris : Plon.

Lejeune, Philippe. 1996. [1975]. *Le Pacte autobiographique*. Paris : Seuil.

Lejeune, Philippe. 1986. *Moi aussi*. Paris : Seuil.

Loba, Aké. 1960. *Kocoumbo, l'étudiant noir*. Paris : Flammarion.

Lüsebrink, Hans-Jürgen/Dion, Robert/Fortier, Frances/Havercroft, Barbara (éds.). 2007. *Vies en récit. Formes littéraires et médiatiques de la biographie et de l'autobiographie*. Québec : Édition Nota Bene.

Meizoz, Jérôme. 2007. *Postures littéraires. Mises en scène modernes de l'auteur*. Genève : Slatkine Érudition.

Mepin, Daniel. 1997. *Die Weissagung der Ahnen*. Unkel-Rhein/Bad Honnef : Horlemann.

N'da, Pierre. 2006. « Le roman africain moderne : Pratiques discursives et stratégies d'une écriture novatrice. L'exemple de Maurice Bandaman ». In : *Éthiopiques*, 77, http://ethiopiques.refer.sn/spip.php?article1518 (31. 1. 2011).

Ngal, Georges. 1994. *Création et rupture en littérature africaine*. Paris : L'Harmattan.

Ngal, Georges. 1984. *Giambatista Viko ou le viol du discours africain*. Paris : Hatier.

Oji, Chima. 1992. *Unter die Deutschen gefallen. Erfahrungen eines Afrikaners*. Wuppertal : Peter Hammer Verlag.

Riesz, János. 2000. « Autor/innen aus dem schwarzafrikanischen Kulturraum ». In : *Interkulturelle Literatur in Deutschland. Ein Handbuch*, éd. par Carmine Chiellino. Stuttgart/Weimar : J. B. Metzler Verlag, 248-262.

Soyinka, Wole. 1981. *Aké, the Years of Childhood*. London : Rex Collings.

From the Vocabulary to "Typing Politics" on Canibalia – Juan Tomás Ávila Laurel's "Other" Reflections on Equatorial Guinea

Ineke Phaf-Rheinberger, Humboldt -Universität Berlin

In 2005, Juan Tomás Ávila Laurel published a small volume of 89 pages with the title *Cómo convertir este país en un paraíso. Otras reflexiones sobre Guinea Ecuatorial* [How to Convert this Country into a Paradise. Other Reflections on Equatorial Guinea].[1] The book came out in Malabo, the capital of Equatorial Guinea, Ávila Laurel's native country. The author, born in 1966, grew up during the regime of Francisco Macías Nguema, the first president after independence from Spain in 1968. The Macías-administration left the country in a traumatic state. In its ten-year period, from 1969 to 1979, one-third of the population had to leave the country, which became stigmatized in the world press as a concentration camp similar to Dachau in Germany during WW II. Ávila Laurel was thirteen years old when a *coup d'état* replaced Macías with another member of the extended Nguema-family, Teodoro Obiang Nguema Mbasogo, a cousin of Macías. He has been president ever since and was reelected in the last election of 29 November 2009 with more than 95 percent of the votes.

In consideration of this situation, it is understandable that Sabrina Brancato argues that "as a direct consequence of a series of unfavorable conditions (including high rates of poverty and illiteracy, lack of infrastructure and of governmental support of cultural initiatives), Guinean literature is still mostly produced in the diaspora" (Brancato 2009: 11). It should be added, however, that, generally speaking, literature produced in the Diaspora tends to be better known than literature published in Malabo. Therefore, in contrast, I would like to concentrate on Ávila Laurel's effort to build bridges between the Equatoguinean Diaspora – predominantly in Spain – and the writer himself in Malabo. Ávila Laurel is one of the most distinguished voices to criticize the lack of democracy in his country. He clearly fills in a gap in the public space of Equatorial Guinea, in which nobody wishes to explicitly refer to the past or the problems of the present. For that purpose, the author creates new literary and critical genres to address the individual, social, and collective traumata studied by Aleida Assmann in *Lange Schatten der Vergangenheit* [Long Shadows of the Past, 2006]. Assmann elaborates her visions of the culture of memory and the politics of history, focusing on the continuous efforts to create a public memory of the Holocaust in Germany after World War II. Assmann distinguishes between all kinds of possible blocked memories; the same effort to unveil historical experiences also characterizes Ávila Laurel's unique narrative style.

---

1   When not indicated otherwise, all translations from Spanish into English are mine.

The critical vocabulary

The title of Ávila Laurel's book, *Cómo convertir este país en un paraíso* [How to Convert this Country into Paradise], addresses the fact that, at present, his tropical environment lacks the most basic ingredients for a decent life. The author discusses this issue in the format of a vocabulary, with 71 concepts, more or less alphabetically listed in the index at the end of the book, whilst in the text they are placed according to the logic of reasoning. A brief and ironical comment or a short narrative follows every entry, a combination of fiction and reality. Ávila Laurel calls attention to his use of the letters of the "alfabeto español e internacional" [Spanish and international alphabet] (Ávila Laurel 2005: 9), as he wants to make clear that the ABC is the working material for him as a writer.

The first entry is "Agua" [water] (Ávila Laurel 2005: 9), a problem solved in a more or less satisfactory way in the colonial period in comparison with the present day. Ávila Laurel gives some impressions of the changes in this respect and regrets that, in a very rich country with tropical rain periods, potable water is such a scarce good. Besides, with such a very high national income, there should be enough money to solve the problem properly. This double meaning of being "rich", in a natural and material sense, stands in contrast to the living conditions, a message resumed in an emphatic final sentence, which could be read as a declaration of protest: "El asunto de las aguas no es, pues, por falta de dinero ni por falta de agua, como se ve, porque esta isla está situada en una de las zonas más lluviosas del mundo. Y más ricas" [Therefore, as you can see, this water business is caused by a lack of neither money nor water, because the island is situated in one of the rainiest areas of the world. And of one of the richest] (Ávila Laurel 2005: 11).

Ávila Laurel places the local problems within a geopolitical framework in which the "pobreza del sur" [poverty of the South] (Ávila Laurel 2005: 13) is the most salient indicator. The cover of his book points to the economic background by reproducing the image of a bank note, half of a five-dollar note with the portrait of Abraham Lincoln, and half of a fifty-Euro note without portrait. This hint at the monetary system of the world economy recalls the position of Equatorial Guinea, whose government abandoned its national currency – the Bikwele – in 1985 in order to adopt the CFA, the Franc of the Financial Cooperation of Central African States, issued by the CFA's Bank. The other five countries of the Cooperation of Central African States belong to the French-speaking world: Cameroon, Central African Republic, Chad, Republic of Congo, and Gabon. The country has participated in the oil-business since 1996 and later also entered the natural gas business on an international scale. This makes its national income one of the highest per capita in the southern part of Africa. Ávila Laurel is very aware of this process, which makes some citizens very rich, whereas most other people remain extremely poor and with no possibility of improving their lives. This unequal development lies at the heart of his 'other' reflections, and the author conceives it as a situation of constant critical concern.

Ávila Laurel's vocabulary immediately recalls *Das Alphabet der Krise* [The Alphabet of Crisis] by Hans-Magnus Enzensberger, published in the weekly *Die Zeit* on 13 March 2009. Enzensberger, a well-known German author, listed eighteen alphabetically ordered words that are generally associated with the economic crisis, adding some short ironical comments. Some examples are: scrapping premium, consultant, risk management, Bad Bank, rating, etc. Enzensberger's "Finanzvokabular" [finance vocabulary], however, does not explicitly address the role of the national government of Germany. For him, as can be deduced from his satirical essay *Fortuna und Kalkül. Zwei mathematische Belustigungen* [Fortune and Calculation. Two Mathematical Sources of Amusement, 2009], the financial world is a playful constellation, in which mathematical calculations obey some general laws of probability. Although satire is equally important for Ávila Laurel, he situates the entries of his vocabulary within another context: they all relate to financial and political issues. In "hombre de negocios" [business man] (Ávila Laurel 2005: 64), the author claims that to avoid conflicts of interest, such a person should not occupy a central position in the government. Another entry, "licitación de obras para Empresa extranjera" [bid for foreign companies] (Ávila Laurel 2005: 69), discusses the import of construction material by foreign companies who sell their products at astronomic prices on the local market and pay millions to government members for granting them the right to do so.

Obviously, for Ávila Laurel, economic matters are related to the problem of corruption. He characterizes it in "Corrupción, enfermedad de antihéroes" (Ávila Laurel 2005: 63-64) as the sickness of antiheroes. The rulers in his country put their money in foreign banks and are therefore the opposite of Robin Hood: they steal from the poor to give to the rich. Another entry "Francés" [French] (Ávila Laurel 2005: 46-47) states that the French imposed the official status of their language on Equatorial Guinea, due to their economic interests in this part of Africa. Before that, in the times of the Macías-regime, when crossing the border to Gabon and Cameroon, the *ecuató* was forced to speak French and, when he encountered difficulties, was subjected to all forms of humiliation. In addition, in March 2005 some Gabonese came to Equatorial Guinea; when their former victims recognized them and planned vengeance, the police prevented them from doing so. Ávila Laurel adds that it is a shame: whereas Gabonese people knew how to teach French to the Guineans in the past and still do in the present, the Guineans are not even able to teach them Spanish. They still lack adequate education of any sort and the author ends with the ironic conclusion: "Es muy probable que las sucesivas imposiciones del francés tengan que ver con que no tengamos nada que vender. E incluso que si lo tuviéramos, alguien lo tasaría por nosotros" [Very probably, the successive impositions of French have to do with the fact that we have nothing to sell. And even if we had something to sell, somebody else would tax it for us] (Ávila Laurel 2005: 47).

Critical references to governmental actions run throughout all the texts. In "Palacio África", Ávila Laurel compares the construction of the dazzling palace and symbol for having reached the top of political power with the customs of political leaders in other more democratic countries who do not sacrifice their resources for such status symbols. The Guinean situation is even worse when one considers that "con los recursos disponibles la mayoría de los guineanos podría vivir en palacios" [with the resources available, the majority of Guineans could live in palaces] (Ávila Laurel 2005: 77). Instead, they live in more than precarious conditions.

Unequal allocation of funds is endemic and the author repeatedly emphasizes the discrepancy between official rhetoric and the country's reality. For instance, Ávila Laurel argues that it is preferable to have transparent and free elections to avoid the problems resulting from a military coup, which could seriously threaten the position of the president. Therefore, elections have to be organized along the lines of a control system, which guarantee the results in advance. Ethnic differences certainly play a role. In "Consejo Superior de Etnias" [Superior Council of Ethnic Affairs] (Ávila Laurel 2005: 56), the author comments on this highly recognized public office with direct access to the president and questions its functionality. He observes that this Council does not make sense because none of its functionaries speak either the various ethnic languages such as Bisió, Ndowé, Baseke, Bubi, Fang, or Fadambo, or conduct any research on them. Ávila Laurel repeatedly refers to a certain clan of the Fang as occupying the highest-ranking positions. The problem of ethnicity is a social and cultural construction. In daily reality, when Bubis, Fangs, and Annobonese are in the same microbus in Malabo, they all try to communicate peacefully by speaking Spanish:

> Se impone la existencia de un Consejo Superior de Etnias, o como se llamase, para recoger y dar respuesta a las necesidades, sugerencias y reclamaciones de los guineanos en el marco de su circunscripción étnica. La realidad diaria, que se ve y se vive cuando bubis, fangs y annoboneses se encuentran en el mismo microbus para ir a Ela Nguema, o cuando estas etnias se encuentran en el Mercado, debe también ser patente cuando se está en las dependencias policiales o ante las terribles barreras. No debería ser normal que se hablara en fang en las comisarías o en los ministerios cuando en los pequeños autobuses que van a Ela Nguema se intenta hablar en español. [The Superior Council for Ethnic Affairs, or whatever it is called, is imposed to collect and answer the demands, suggestions, and complaints of the Guineans about their ethnic identity. However, in daily reality, when Bubis, Fangs, and Annobonese meet in the same microbus to Ela Nguema, or when they meet in the Market, they all try to speak Spanish. This should also happen at police stations or when standing in front of those horrible barriers. It should not be normal that you have to speak Fang in the commissariats or the ministries, when people are making the effort to speak Spanish in the small microbuses to Ela Nguema.] (Ávila Laurel 2005: 57)[2]

---

2 Barriers are put in the city of Malabo and controlled by the military to prevent the people from accessing the governmental area. Ela Nguema is a well-known suburb of Malabo.

Dictatorship and "typing politics"

This unique vocabulary does not hesitate to charge the times of the Macías-period from 1969 to 1979, when Guinea Equatorial was completely isolated from the outside world and nobody was particularly interested in what was going on there. During the last years of the Franco regime and afterward, Spain imposed an embargo on information concerning the inner situation of the country. In this same period, dictatorships were in force in other Spanish-speaking countries, such as Argentina, Chile, Uruguay, Paraguay, or Guatemala. Dictatorships in the Spanish-speaking world became such a stereotype that Imre Kertész, the Hungarian winner of the Nobel Prize for Literature in 2002, even wrote a novel on this issue in a fictional Latin American setting. His *Detective Story*, originally published in 1976, came out simultaneously with important novels on dictatorship by authors such as the Colombian Gabriel García Márquez, Augusto Roa Bastos from Paraguay, and Alejo Carpentier from Cuba. In the debate on the Latin American novel it was even stated that dictatorship had been the archetype for narrative writing ever since independence in the nineteenth century (Rama 2008: 399-403). Equatorial Guinea was completely unknown and the interest in Africa in Latin American intellectual circles was limited to the Cuban interventions in the anti-colonial struggle, which inspired García Márquez to write the famous essay "Operación Carlota" (1977) on the independence of Angola.

Understandably, several authors from Guinea Equatorial have written fiction about the Macías-regime, such as the novel *Los poderes de la tempestad* [The Tempest' Powers, 1997] by Donato Ndongo-Bidyogo, an internationally well-known author (Phaf-Rheinberger 2010). Ávila Laurel also dedicates a book to this period, *Áwala cu sangui* [Awala with blood, 2000]. The plot develops on Anna Bon, the southernmost situated island of Equatorial Guinea, and relates the revenge of the military against the island's inhabitants in 1977. The attackers are characterized as violators, barbarians, monsters, and anthropophagists. This tale, with a chronological structure, focuses on the situation of violence and fear among the citizens, narrated from their point of view. However, for his "other reflections" Ávila Laurel chooses a different literary strategy, with which he had previously experimented in *El derecho de pernada* [The Law of the Master, 1999], with a title pointing to the medieval situation of a landowner having the legal right to make decisions about everything and everybody.

Ávila Laurel's alphabetical vocabulary is like a personal manifesto which introduces a new critical format of literature about the political landscape of a dictatorship in the past and present. The back cover praises the book as innovative and also emphasizes that the author did not have to make too many concessions. It is a unique book in the almost non-existent editorial panorama of Equatorial Guinea, although the dual approach of being satirical and funny and at the same time instructive corresponds to a traditional postulate of satirical works. In contrast, the critical genre of the political vocabulary is not a conventional one, not even in Africa, which elsewhere is notorious for similar administrations.

It is striking that in his endeavour to reach his diasporic audience, Ávila Laurel has abandoned the book format by placing his vocabulary entries on his website on the internet. In this way, he makes them accessible to international internet-users who are able to consult and download them (www.guineanos.org, 21. 02. 2011). This shift to the world of the internet seems logical, considering the difficulties of communication in a country in which press, radio, and television are state-controlled, not to mention the high rate of illiteracy. Malabo does not even have a bookshop. However, with this shift Ávila Laurel enters the realm of *Typing Politics* (2009), conceived by Richard Davis with the aim of intervening in American politics through the internet. Davis addresses blogging as a new genre in this respect, which also acquires an important dimension for Ávila Laurel in view of the election of 29 November 2009, crucial for his understanding of democracy. President Obiang called the election without previous preparation in October, and it was held only one month later. Another serious candidate for president in the Diaspora, Plácido Micó, commented in an interview with the Spanish newspaper *El País* that the members of his party were intimidated or even put in jail and that he was not allowed to appear on television to properly promulgate his ideas. The situation was characterized by fear (Perejil 2009) and its outcome motivated Ávila Laurel to start his blog, which he himself calls a magazine, with the title *Malabo*. On 30 November 2009, he published "En Malabo habla el rey" [The King Speaks in Malabo]:

> Acá en Malabo ocurrió que a los oídos del rey que nos gobierna desde hace más de 25 años llegó la noticia de que en otras partes del mundo ciertos soberanos se someten periódicamente a la voluntad de los súbditos, permitiéndoles decidir si quieren cambiar o no de rey, pues puede ocurrir que se cansen de él, sobre todo si ha tomado ciertas decisiones que no les han favorecido. Saben que acá es Guinea Ecuatorial y el ínclito soberano se llama Obiang Nguema Mbasogo. [Here in Malabo it happened that the news came to the ears of the king, who has ruled over us for more than 25 years, that in other parts of the world certain sovereigns periodically submit themselves to the will of their subjects, permitting them to decide whether they want to change the king, because it might happen that they are tired of him, especially when he has made certain decisions that they dislike. You know that here is Equatorial Guinea and the said sovereign is called Obiang Nguema Mbasogo.] (Ávila Laurel Blog Malabo: 30 November 2009, consulted on February 20, 2011)

In a style similar to a fairy tale, Ávila Laurel talks with a certain distance about local practices during the presidential campaign. When Obiang heard of the idea of "universal democracy" and "innovative airs", he sat around with his "clowns", "servants", and "house-keepers", who all wanted to have their share of the "sacks filled with money" that the king accumulated under his bed. The king, who always carried his "scepter" as proof of his lifelong sovereignty, discussed with them how to organize the campaign. He gave the people of his party money to go to the communities to "preach the Gospel"; not like Christ, without anything to give, but with a cargo of "sacks with rice, boxes of frozen fish, soap, T-shirts in all sizes, pets, pantaloons, boxes of beer, panties for women, cubes, notebooks, pens, pins of all types but with the logo of the party, alcoholic drinks, rolls of cloth, umbrellas, bottles of oil", in short "a traveling factory". They organized "animation choirs" of women who sang and danced around and the Bishop planned to celebrate a solemn Mass in his honor after the triumphant victory in the capital.

The author repeatedly interrupts his description of this form of campaigning with comments. He first apologizes for writing his prose in a casual, house-like style, unattractive to purists. And he also declares that he writes in Malabo, "una ciudad donde todos somos reyes"[(a city where all of us are kings] and where he has to witness this farce that permits the president to remain in power because of the support of people who want their share of the money. Ávila Laurel also adds that, unfortunately, this happens everywhere, although in some places there is more hypocrisy than in others. In his opinion, humanity is going through a period of regression or at least of a "stagnación inevitable" [unavoidable stagnation].

Since this first blogging entry, Ávila Laurel has published his texts of two or three pages every week, with the regularity of a Swiss clock. His blog is widely read by Equatoguineans and others abroad and responds to a worldwide phenomenon. In her interview with Arianna Huffington, editor-in-chief of the virtual *Huffington Post* and "Queen of the Bloggers", Miriam Hollstein asks her about the conditions of her influence during Obama's presidential campaign. Huffington compares the blog, the new medium, with the traditional media, the press, from which the blogger has adopted "precision" and "fairness", whereas the traditional media have learned from the blogger the importance of "immediacy" and "transparency" (Hollstein 2010: 3). In her opinion, the new media have made it more difficult for public figures to present blatant lies without having to pay the price. On-line news ought to obey the same journalistic principles as traditional media do, but can correct factual errors more quickly and, therefore, can achieve a very high standard of precision.

Blog is short for the word "weblog", a combination of World Wide Web as a part of the Internet and "log" for logbook. Blogging can be used to publish diaries, travel information, fiction, or also journalistic news. Bloggers are publicists, so-to-speak, but Ávila Laurel's blog is something more. He is not a commentator on politics in the common sense of the word. He has designed a personal vocabulary for writing fiction about the politics in his country, in which events on a local and personal level are connected with the contemporary global political and economic system.

Without a doubt, aligning with the rich is a traditional way of participating in politics. However, there are limits to these dynamics, as the following example shows. Obiang had the idea of donating to the UNESCO Department of Education a prize worth 3 million dollars for the "UNESCO Obiang Nguema Mbasogo International Prize for Research in the Life Sciences" for five subsequent years. This caused a general protest. Equatoguineans and international scholars and professionals wrote an Open Letter to the Director General of UNESCO – the Bulgarian Irina Bokova – to request the abolishment of this award on 26 February 2010. In this letter, they pointed to the precarious state of public education in Equatorial Guinea, for whose improvement the state had no available funds. As a consequence, the prize was postponed and reconsidered, because, as Bokova said, "The global campaign is unmatched in scope by any other event in the last decades of the life of this organization" (SciDev.net 2010). In July 2010, negotiations were started with the African Union to take responsibility for the Prize. However, the fact that president Obiang was elected chairman of the African Union in January 2011 does not help making the situation more transparent.

As can be expected, Ávila Laurel made this prize the subject of a blog entry. On 22 June 2010 he published: "Goma de borrar" [eraser], starting with the sentence: "Cuando estábamos niños, quien no tenía una goma no podía ir a ninguna parte" [When we were kids, whoever did not have an eraser went nowhere]. Together with a notebook, pencil, and a sharpener, the kids needed an eraser as the indispensable utensil for learning to write in school. But in Macías times, erasers were rare and the author used to try to erase the pencil marks with drops of his saliva, which ruined his notebook. These notebooks were solid, lined and with a blue cover, and donated by UNESCO. The author remembers these beginnings of his fight with the ABC because, at present, the president of his country has a problem with this same organization.

Canibalia and human trash

The basic concepts of the vocabulary repeatedly return in Ávila Laurel's blog: they constitute the conceptual framework of the elaboration of the logic of his critical writing. For instance, there is not a week in which he does not address the urgent issue of water, and he titles an entry "La Comisión de Vigilancia Continua" [The Commission of Continuous Vigilance] (published on 25 May 2010 and consulted on February 20, 2011), a commission he had already introduced at the end of *Otras reflexiones sobre Guinea Equatorial,* as mentioned earlier.

It is clear that Ávila Laurel writes about dictatorship at a moment when this archetype does not play the same significant role as it did in literature during the 1970s. It has now been replaced by the focus on critical concepts such as the different faces of modernity, hybridity, or "coloniality at large" (Moraña 2008), a term that expresses the reservations about the concept of post-coloniality from the Latin American critical viewpoint. Carlos Jáuregui introduces another concept, *Canibalia* (2008), in a voluminous book of more than 700 pages, full of references to literature and art in the past and present. He starts with the hypothesis that Latin America has been seen as an anomaly since the sixteenth century, when it came to be considered the continent of cannibals. One of the most obvious references for this characterization on maps and in traveling accounts was the *Wahrhaftige Historia* [True History, 1557] by the German soldier Hans Staden about his residence with the Tupinamba in Brazil, then a widely-read book in Europe. With many visual and textual examples, Jáuregui documents that cannibalism is neither a neutral term nor a description of reality. It is rather a discursive construction that emerges as a colonial metaphor for the "Other" since the "discovery" of the New World. Cannibalism became a master trope for America and after providing an instructive and rich account of the relationship between "Canibalismo, calibanismo, antropofagia cultural" (2009) over time, Jáuregui relates these concepts to the contemporary issue of the "consumo del cuerpo" [consumption of the body] (Jáuregui 2008: 561). He states that in the actual global world, consumption acquires barbarous characteristics. The "catástrofe de la humanidad desechable" [the catastrophe of human trash] (Jáuregui 2008: 593] emerges in certain political systems, such as in Latin America.

In this context, Ávila Laurel's entry on "Anthropophagy" (Ávila Laurel 2005: 16-18) takes on this contemporary dimension. The author refers to the habit of the Fang in the colonial past but also in the present, making it necessary to include it as a concept in his vocabulary. He explains that he thought anthropophagy was discussed only orally until he discovered it mentioned in a book written by a "persona con una cierta relevancia intelectual" [person with a certain intellectual relevance] (Ávila Laurel 2005: 17), who alluded to the dietetic and ritual character of anthropophagist practices by people of the Fang ethnic groups in Equatorial Guinea.

In his effort to explain this situation, Ávila Laurel argues that the Fang have enough access to food for subsistence in their natural environment and that anthropophagy is therefore certainly not justified by lack of nourishment. Accordingly, the author judges that the symbolic character of anthropophagy as a ritual is connected with the goal of obtaining material goods, which is why the overall Guinean community disapproves of this resource. According to rumors, certain individuals practice anthropophagy to acquire economic power or reinforce their political status. Therefore, it is a fraudulent resource because – with the few exceptions of serious businessmen – the people related to the administration system abuse the treasury of the country to enrich themselves. It is sad that even children hear about it, so that their mental and social future is put in danger. The author concludes:

> La recurrencia en su mención o los intentos de acudir a ella en la actualidad sería indicativo de estados mentales colectivos afectos de complejidades morbosas. Se exige un plan social que proporcione apoyo multidisciplinario a estas comunidades. [The frequency of mentioning it or the efforts to seek recourse to it today would be an indication of collective mental states inclined to morbid complexities. What is required is a social plan to dispense proportional multidisciplinary support to these communities.] (Ávila Laurel 2005: 18)

Clearly, this social plan is still lacking in Equatorial Guinea. This necessitates the operation of *Typing Politics* in his blog. In this manner, Ávila Laurel has entered not only the arena of critical concern with the state of democratic politics in his country of origin but, equally, also the general debate on the role of web cultures for political stability in China, the Middle East, the Maghreb Countries, Africa, and Eastern Europe. This debate extends to Wikileaks, Facebook, and Twitter. The recently launched book *The Net Delusion. The Dark Side of Internet Freedom* (2011) warns against exaggerated expectations concerning the potential of the internet to support resistance against dictatorships. Its author Eugeny Morozov explicitly states, "Ni Twitter ni Facebook han hecho o harán caer dictaduras" [Neither Twitter nor Facebook have made or will make dictatorships fall] (Morozov 2011: 53). In his book *Typing Politics* (2009) on the role of bloggers in American politics, Richard Davis, too, concludes that they may soon be mere contributors to another conventional medium, the blog, never having the renewing impact they promised to have in their beginnings at the turn of the twenty-first century. They might even serve a process of getting used to the same, ever-repeating mechanisms of the consumption of the body, which is endemic in the human perspective:

> Beyond the archaeological and anthropological disputes over evidence indicating that people might have been eating one another since prehistoric times, cannibalism has been one of those primary images, desires, and fears on which both subjectivity and culture are based. (Jáuregui 2009: 61)

The internet clearly faces its limits and, as Morozov explained, it often neglects the primary indicators of local resistance, which emerges out of very concrete political interests. Again, Ávila Laurel has provided an example for this argument as well. When the President of the Spanish Parliament paid an official visit to President Obiang in Equatorial Guinea on 11 February 2011, the author went on hunger strike in protest. He then left for Spain. After his arrival, in his subsequent press conference, on 18 February 2011 in Barcelona, he declared that he would abandon his hunger strike because it was not having the same effect in Spain as in Equatorial Guinea. It is clear that the 'local' – and not the virtual – environment is his matter of concern. Also in Spain, Juan Tomás continues publishing his contemporary saryricon on dictatorship in his home country. His newest electronic volume, *Diccionario básico, y aleatorio de la dictadura guineana* [Basic, and Casual Dictionary on Guinean Dictatorship] (www.ceibabotiga.com), just came out in December 2011. With this engagement, Ávila Laurel belongs to the group of courageous authors who conceive the political situation in their countries as their real, intrinsic, and most authentic reference. Few of them will have such a solid record of trying out new genres to express their anxious concerns that compares to that of Ávila Laurel, who is determined to continue with his imaginative condemnation of the dismissal of civil rights in the Equatoguinean community.

Works Cited

Assmann, Aleida. 2006. *Der lange Schatten der Vergangenheit. Erinnerungskultur und Geschichtspolitik*. Munich: C. H. Beck.

Ávila Laurel, Juan Tomás. Personal website: www.guineanos.org (20.02.2011).

Ávila Laurel, Juan Tomás. "Malabo, el blog de Juan Tomás Avila Laurel": http://www.fronteras.com/?q-blog/18 (20.02.2011). "En Malabo habla el rey" (published 30.11.2009); "Goma de borrar" (published 22.06.2010); "La Comisión de Vigilancia Continua" (published 25.05.2010).

Ávila Laurel, Juan Tomás. 2005. *Como convertir este país en un paraíso. Otras reflexiones sobre Guinea Ecuatorial.* Malabo: Ediciones Pángola.

Ávila Laurel, Juan Tomás. 1999. *El derecho de pernada.* Malabo: Ediciones Pángola.

Brancato, Sabrina. 2009. "Voices Lost in a Non-Place: African Writing in Spain". In: *Transcultural Modernities. Narrating Africa in Europe*, ed. by Elisabeth Bekers, Sisy Helff and Daniela Merolla. Amsterdam: Rodopi, 3-18.

Davis, Richard. 2009. *Typing Politics. The Role of Blogs in American Politics.* New York: Oxford UP.

Enzensberger, Hans Magnus. 2009. "Finanzvokabular. Das Alphabet der Krise". In: *Die Zeit*, Literaturbeilage 13 March 2009, http://www.zeit.de/2009/12/Titel-neu (20.02.2011).

Enzensberger, Hans Magnus. 2009. *Fortuna und Kalkül. Zwei mathematische Belustigungen.* Frankfurt: Suhrkamp.

Escudero-Alie, M. Elvira Luna. 2001. "El mayor drama para mi país es que las cosas las hacen otros". In: *Espéculo. Revista de estudios literarios.* Universidad Complutense de Madrid. http://www.ucm.es/info/espéculo/numero16/jtavila.html (20.02.2011).

García Márquez, Gabriel. 1977. "Operación Carlota (Sobre Cuba y Angola)". http://www.profesionalespcm.org/_php/MuestraArticulo2.php?id=4784 (20.02.2011).

Hollstein, Miriam. 2010. "Dreiste Lügen werden schwieriger", Interview with Arianna Huffington. In: *Die Welt*, 29 March, 3.

Jáuregui, Carlos. 2009. "Cannibalism, the Eucharist, and Criollo Subjects". In: *Creole Subjects in the Colonial Americas. Empires, Texts, Identities*, ed. by Ralph Bauer and José Antonio Mazzotti. Chapel Hill: University of North Carolina P, 61-100.

Jáuregui, Carlos. 2008. *Canibalia. Canibalismo, calibanismo, antropofagia cultural y consumo en América Latina.* Madrid: Iberoamericana/Vervuert.

Kertész, Imre. 2008. *Detective Story.* tr. by Tim Wilkinson. New York: A. A. Knopf.

Lauer, Celine. 2010. "Achtung, Blogger!". In: *Die Welt*, 29 March, 3.

Moraña, Mabel/Enrique Dussel/Carlos A. Jáuregui (eds.). 2008. *Coloniality at Large: Latin America and the Postcolonial Debate.* Durham, NC: Duke UP.

Morozov, Eugeny. 2011. *The Net Delusion. The Dark Side of Internet Freedom.* PublicAffairs.

Morozov, Eugeny. 2011. "Ni Twitter ni Facebook han hecho o harán caer dictaduras". In: *El Mundo*, 18 de febrero de 2011, 53.

Open Letter to the Director-General of UNESCO. 2010. UNESCO-Obiang Nguema Mbasogo International Prize for Research in the Life Sciences. http://pambazuka. org/en/category/action/62590 (20.02.2011).

Peregil, Francisco. 2009. "El gran problema de Guinea es el miedo", Interview with Plácido Micó. In: *El País*, http://www.elpais.com/articulo/internacional/gran/ problema/Guienea/miedo/elpepuint/20091128elpepuint_10/Tes (20.02.2011).

Phaf-Rheinberger, Ineke. 2010. "Discursos críticos sobre el dictador. *Los poderes de la tempestad* de Donato Ndongo-Bidyogo". In: *De Guinea Ecuatorial a las literaturas hispanoafricanas*, ed. by Patricia Arroyo and Landry Wilfrid Miampika. Madrid: Verbum, 144-154.

Rama, Ángel. 2008. *La novela en América Latina. Panoramas 1920-1980*. Santiago de Chile: Ediciones Universidad Alberto Hurtado.

Sharma, Yojana. 2010. "African Union 'would consider taking on UNESCO-Obiang science prize'". In: *Science and Development*, 27.08.2010. http://www.scidev.net/en/ news/african-union-would-consider-taking-one-unesco-obiang-scoence-price.html (20.02.2011).

Uribe, Antonio. 2005. "La Littérature de Guinée Équatoriale: Une littérature tricontinentale? Analyse des racines espagnoles, latinoaméricains et africaines". In: *Interfaces between the Oral and the Written. Versions and Subversions in African Literatures*, volume 2, ed. by Alain Ricard and Flora Veit-Wild. Amsterdam: Rodopi, 145-156.

III.

Transgeneric Aesthetics in the Novel

L'ésthetique transgénérique du roman

Grammarticalogylisationalism:
The Invention of Language in New African Fiction

Jane Bryce, University of the West Indies, Cave Hill, Barbados

The better oyinbo you talk
The more bread you go get.

These lines from Fela Kuti's 1975 song, "Mr Grammarticalogylisationalism is the Boss", summarise the conundrum of language-use in Africa: the equation of oyinbo (= the colonial language) with formal education, money and power. "Inside the paper", he complains:

Lambastical dey
Inside the paper
Ipso facto dey - that one na Latin
Inside the paper
Jargonism dey
Inside the paper
Youth delinquency dey [...].

His lament in the same song that the language of the media excludes ordinary people, so that: "Petty trader no fit to know [...]; Market woman no fit to read [...]; Na riddle for laborer man" (Anikulapo-Kuti: 1975) is equally true of the body of works by African writers in European languages which we commonly call African Literature. The contours of the debate around the language of African literature, which has exercised writers and critics since the 1960s, are well-known and the arguments well-rehearsed: in one corner, Ngugi, decolonisation and the authenticity of African languages, in the other, Achebe and postcolonialism, or 'writing back' through the domestication of the colonial language. The historical and contemporary existence of written texts in, for example, Kiswahili, Somali, Hausa, Yoruba, Shona and Afrikaans, as Karin Barber reminds us (Barber 1995: 3) is often overlooked in discussions of African literature. However, it is notable that in the forty-seven years since Obiajunwa Wali bewailed "The Dead End of African Literature" marked by the 1962 Makerere Conference of African Writers of English Expression, declaring that "African literature as now understood and practiced is merely a minor appendage in the main stream of European literature" (Wali 1963: 13); as well as the thirty-two years since Ngugi made his declaration of independence from English (by the act of writing the first Gĩkũyũ novel, *Caitaani mũtharaba-Inĩ* [Devil on the Cross], in prison in 1978) and the twenty-four since he published *The Language of African Literature* (1986), African writers have obstinately and overwhelmingly continued to write in European languages.

From translation ...

In these intervening years, it has also become apparent that even writing in an African language does not resolve the overdetermining question of power and authenticity. While Ngugi argues for "translation [as] the dialectical means to resolve the conflict between particular language and universal communication" (Gyasi 1999: 82), it cannot be overlooked that the automatic translation of Ngugi's Gikuyu novels into English testifies to the power of reputation and its importance to the cosmopolitan publishing machine, as well as the power of English as the language of 'universal communication'. What is more interesting from a literary point of view is the way Ngugi's aesthetic changes with the shift to Gikuyu, from Conradian realism to an anti-realist mode that takes its narrative devices from orality. Assessing the relative status of the two language-versions of *Matigari*, Gyasi shows, however, that Ngugi's attempt "to make the Gikuyu text the great original" was defeated by a translation that "makes the novel read as if it was originally written in English" (Gyasi 1999: 81).[1] For both Kwaku Gyasi and Simon Gikandi, then, the issue of power is paramount; for Gyasi,

> By choosing to "Africanise" – that is, translate – their languages into the European language, the African writers question the historically established authority of the European language and establish their languages as equally viable means of producing discourse. (Gyasi 1999: 86)

This articulation shows how far we have come from Makerere in 1962, when, Wali noted, Amos Tutuola was entirely overlooked, absent from the conference and his works not discussed. "One can guess," he suggested

> that Tutuola received this kind of treatment partly because influential critics like Janheinz Jahn have repeatedly grouped him in the negritude school, and partly because he has gone out of line winning acclaim overseas for using that kind of English expression that is non-Ibadan, and non-Makerere. (Wali 1963: 13)

Wali's observation is significant on two counts: first, because Negritude, or 'nativism', along with its postcolonial manifestation as afrocentric nationalism, has consistently been subjected to stringent philosophical and critical sanction from such thinkers as Soyinka, Mbembe, Mudimbe, Hountondji, Appiah, Zeleza et al, to the point where concepts of cultural hybridity, plurality, modernity, the provisionality of identity, invention and innovation have become the accepted discursive markers of African writing; and second because, as a result perhaps of this paradigmatic shift, we have been able to look again at a writer like Tutuola and resituate him as an important precursor of much contemporary African fiction. It can be argued that the Yoruba mythological and literary genealogical line traced by Ato Quayson (1997) from Fagunwa to Tutuola and Soyinka extends to Okri's 1990's trilogy: *The Famished Road* (1991), *Songs of Enchantment* (1993) and *Astonishing the Gods* (1995). A more recent novel, *Beasts of*

---

1   For a finely tuned discussion of the politics of translation with regard to *Matigari*, and the reception of African literature in the non-African context, see Lisa McNee 2009.

No Nation by Uzodinma Iweala (2005), owes a different kind of debt to Tutuola. At the most obvious level, this is to do with the invention of a language capable of carrying the weight of the peculiar consciousness the narrative dramatizes; but it is also – simultaneously and symbiotically – the relationship between this language and a particular world view. It is this relationship I want to explore under the rubric of 'translation'.[2]

In *The African Imagination* (2001), reworking certain ideas he first outlined twenty years earlier, Abiola Irele defines the oral tradition as "the matrix of the African imagination" (Irele 2001: 31). African literature in European languages, therefore,

> is now generally recognized, in its formal significance, as an effort to approximate to the oral model, albeit within a literate tradition taken from the West; it is this feature that that marks the most important African writing of contemporary times. (Irele 2001: 31)

Furthermore, despite its slipperiness as a signifier, the term 'African' "has emerged as an operative concept, which can be applied to an entire area of existence and historical experience [...], a self-focused consciousness of which literature has been an essential medium of expression" (Irele 2001: 7). The fact that Irele is driven to return to the question of orality and consciousness twenty years later, and to rework and refine his earlier arguments, is a mark of his recognition of the direction African literature has taken in that period. In these two decades, the IMF-imposed Structural Adjustment which accompanied the post-Independence political and economic upheavals of the 80s gave way to the neo-liberal economic policies, also known as free trade or globalization, of the 1990s, which were accompanied in turn by a wave of civil wars, leadership crises, social disintegration and mass migration to the West. Contemporary African writers – which for the purposes of this essay means authors of books published since the turn of this century – in bearing witness to the social conditions in which the majority of contemporary Africans live their lives, have devised tactics to meet the challenges of representation posed by urban poverty, political corruption, systemic breakdown, violence, sexual abuse, genocide, war and the resulting trauma. Foremost among these is a radical unsettling of the lexis and syntax of the European language medium, a transgression of linguistic boundaries and the overt privileging of indigenous forms of speech by means of translation, ventriloquism, possession, metamorphosis, mimicry, plagiarism, pornography, lexical sleights of hand, invented language and multilingualism.[3]

---

2   I am aware that the whole question of what constitutes a translation is an ongoing discussion in Translation Studies, and that great attention has been paid, in particular, to the power relation between source and target language and the dangers of creating an 'exotic object'. See Texts Cited for references to eg, McNee, Carbonell, Trivedi and Basnett.

3   This of course has its dangers: see the objections of Cameroonian writer, Léonora Miano, to the foreword accompanying the English translation of her novel *L'Intérieur de la nuit*, especially the title rendered as *Dark Heart of the Night*: "In sub-Saharan Africa we're used to be despised by the rest of the world and to be treated as mere animals [...]. I live

... to transliteration

I want to reiterate that this phenomenon is not, in itself, 'new'. Ahmadou Kourouma's _Les soleils des indépendances_ performed in 1968 the same sleight of hand with French as Tutuola had done with English in _The Palmwine Drinkard_ ten years earlier. This process of recreating in a second, European, language the structures of a first, African language, Irele calls "transliteration" (Irele 2001: 17).[4] The distinction he makes between Tutuola and Kourouma, however, is that in the former it is an unconscious process, while in Kourouma and Gabriel Okara it "becomes a conscious recasting of the European language" (Irele 2001: 17). In the 1980s, Fela's mixing of pidgin, Yoruba and a nonsense idiolect constituted a popular discourse of defiance to elite manners and ways of making meaning, approximating Irele's notion of "transfer" in drama: "a mode of representation that draws directly on the elements of cultural expression in the communal existence" (Irele 2001: 17). In 1985, Ken Saro-Wiwa's _Sozaboy_ introduced 'rotten English', "a mixture of Nigerian pidgin, broken English and occasional flashes of good, even idiomatic English" (Saro-Wiwa 1985: Author's Note, no page number), as the medium for voicing an ordinary soldier's experience of the Civil War which had ended fifteen years earlier. In his introduction to the 1994 edition of the novel, the novelist William Boyd points to its "paradigmatic" quality in recent African history: "Young men in uniforms, clutching their AK47s, spread fear and desolation, march and die all over the continent" (Boyd 1994: v). Saro-Wiwa himself, in his Author's Note, drew attention to the class signification of 'rotten English': "disordered and disorderly. Born of a mediocre education and severely limited opportunities [...]. It thrives on lawlessness, and is part of the dislocated and discordant society in which Sozaboy must live [...]" (Saro-Wiwa 1985: Author's Note, no page number).

Voices of lost boys

This society, which is both that of war-torn Biafra in the late 60s and Saro-Wiwa's home region, the Delta, as it underwent degradation jointly by multinational oil companies and the Nigerian military government in the 80s, prefigures the social background of what has become a whole new sub-genre of African writing: the child-soldier story. This sub-genre, was initiated in French in 2000 with the publication of Ahmadou Kououma's _Allah n'est pas oblige_ [Allah Is Not Obliged, 2006], which John Walsh calls a "deformed bildungsroman" (Walsh 2008: 186), and in English in 2005 by the above quoted _Beasts of No Nation_ and _Moses, Citizen and Me_ by Delia Jarrett-

---

in France [...] because (it) is still the place where you need to be when you're an African French speaking writer". http://www.H-AFRLITCINE@H-NET.MSU.EDU (23.3.2010).

4   Going one step further, and referencing Umberto Eco, Lisa McNee supplies the terms "intersemiotic translation or transmutation" for works in European languages whose "antecedents are based on oral performance" (McNee 2009: 114).

Macauley. The genre has been swelled by the numerous accounts which have appeared in the last five years by Sudanese refugees, many of whom also became child-soldiers. Collectively, these narratives, whether fictive or first-person testimonies, have in common a structure and motifs which point to particular meanings. In all cases they adopt the point of view of a pre-adolescent boy, one who has yet to be initiated into manhood, who is violently separated from his family and forced to survive by whatever means come to hand, including conscription into the various guerrilla armies of the multiple conflicts in different African states. The fact that the central persona is a child limits the perspective to a subjective and partial view of the larger political events in which he is caught up, so that the political specificities of the conflict are subsumed in a generic account of atrocities, the powerful and grotesque figures of those who perpetrate the war, and the resultant trauma. The narratives are structured along the lines of an anti-heroic quest story: the child persona is at home with his family when a cataclysmic event propels him out into the world; he finds himself in perpetual motion, traversing bush and village, crossing borders, witnessing and participating in scenes of unspeakable horror, starving, drugged, indoctrinated into violence, ultimately a figure of abjection who nonetheless, because he is a child, retains for the reader the semblance of innocence and the possibility of redemption. This last element is not only important to the act of reading, it in a sense makes the narrative possible, since without it there could be no imagined alternative to the dystopia and therefore no possibility of incorporating it into the realm of the symbolic. If 'Africa' in the western imagination is perpetually in danger of falling back into a historical non-representation, this is countered by Irele's operative concept of Africa as "an entire area of existence and historical experience" accompanied by "a self-focused consciousness of which literature has been an essential medium of expression" (Irele 2001: 7). In other words, it is precisely the narrativisation of the experience that renders the unspeakable speakable, and transforms the protagonist's role from abject victim to historical witness.

How are such experiences shaped into stories, told by narrators for whom "natural speech is the first enemy to be taken out" (Ogunlesi 2010: 86)? In the case of the Sudanese protagonists, first they have had to leave Sudan, and in most cases, Africa. They have had to learn to express themselves in English, usually in the USA, which implies wholesale social adaptation. A process of linguistic and cultural translation therefore has to take place, before, as Aher Arap Bol, author of *The Lost Boy* (2009), puts it, the "search for meaning" (Bol 2009: 10) can take place. This brings to light a view of translation as not only a search for equivalence between languages, but a process of intercultural exchange that inheres in the act of writing itself. Harish Trivedi and Susan Basnett, editors of *Postcolonial Translation: Theory and Practice* (1991), describe the shift from, "The notion of the colony as a copy or translation of the great European Original [...] that ranks the translation in a lesser position in the literary hierarchy" (Trivedi 1999: 4) to Homi Bhabha's 'Third Space': "the 'inter' – the cutting edge of translation and renegotiation, the in-between space – that carries the burden of the meaning of culture" (Trivedi 1999: 4; see also Carbonell 2000). The 'Third Space' is different from, for example, Chantal Zabus's characterization of the West African language situation as a "palimpsest", where "behind the scriptural authority of the European language, the earlier, imperfectly erased remnants of the African language can still be perceived" (Zabus 2007: 3). She predicts that this unconscious process, which she calls "indigenization", will give way to writing in African languages and translation into European languages, so that the palimpsest will ultimately "host the trace of a visible *original*" (Zabus 2007: 211, original emphasis). Zabus's palimpsest model, however, based mainly on writers of the 1960s to 1980s, is not an adequate metaphor for the direction being taken in the new century by writers exploiting their multilingualism or inventing new hybrid languages in response to a globalised marketplace. Trivedi and Basnett, indeed, quoting Octavio Paz, interrogate the very notion of 'originality': "No text can be completely original because language itself, in its very essence, is already a translation – first from the non-verbal world, and then, because each sign and each phrase is a translation of another sign, another phrase" (Trivedi 1999: 3). Today's multilingual writers – as African writers invariably are – can be said to inhabit the 'Third Space', their writing already a process of simultaneous translation which they have seized on as a strategy and taken to a higher level of conscious literary manipulation. Translators of their work show their awareness of this in attempting to reproduce their inter-linguistic playfulness and self-referentiality in the target language.

Zabus and Irele have, however, undoubtedly led the way in taking translation as an essential and constitutive feature of African writing in both linguistic and cultural terms, though the precise nature of this process may differ between texts. Irele uses the term "transposition" to denote "the recuperation of African material and forms in the standard form of the European language" (Irele 2001: 18), and this is the form predominantly employed by the migrant authors of Sudanese refugee narratives. This "recuperation of African material and forms", which may be seen in the inclusion of songs, sayings, narrative structure and modes of description, ironically takes its most highly wrought form in *What Is the What?* subtitled: *The Autobiography of Valentino Achak Deng, a Novel* by Dave Eggers (first published 2006). This sub-title, combining two literary forms and two authors' names, deliberately erases the conventional distinction between genres, and positions the reader as inter-generic translator. As Deng says in his Introduction, "all of the major events in the book are true", but it's a novel because of his age when they occurred and the need to reimagine them for the narrative (Eggers 2008: xiv). The story therefore is Deng's, told in the first person to a series of named listeners, but the voice is the creation of Eggers. Here is an example of the way Eggers ventriloquises Deng's voice as he escapes from hostile tribesmen in the desert:

> My eyes saw what they saw and my ears heard my breathing and the sounds that were louder than my breathing. As I ran thoughts came in quick bursts and in the moments between I filled my mind with prayer. Protect me God. Protect me God of my ancestors. Go quiet. What is that light? A light from a town? No. Stop now. No light at all. Curse these

eyes! Curse this breath! Quiet. Quiet. God who protects my people I call on you to send away the murahaleen. (Eggers 2008: 97)

Eggers represents the structure and cadence of the Dinka-speaker's English through such forms as "my eyes saw" and "my ears heard", reduplication ("Quiet. Quiet.") and the fervently expressed but formal phrasing of both the prayer and the curse. Similarly, the entire narrative is structured around the story, told by Deng's father, of the origin of the Dinka people, and the choice they were given by God between the cow and the What. They chose the cow and became rich, but the question, "What is the What?" remains unanswered, emblematic of the quest for meaning that drives the narrative.

This novel/autobiography, with its generic doubling and dual authorship, comes about as the result of multiple migrations across national, cultural and linguistic boundaries. The writing involves a further two-way process of cultural translation and linguistic transposition (or "intersemiotic translation or transmutation", see footnote 4) to produce a text, which, I would argue, exceeds the palimpsest model. Instead of the original leaving a trace on the surface of the text, the text itself is 'multiply original', a syncretic object with multiple significations. In this respect it is paradigmatic of the 'new' writing from Africa, which holds multiple perspectives in view and through which African writers talk to each other across languages and national boundaries through texts marked, not only by relexification, but by polylingualism, intertextuality and ironic glossing. Beyond these obvious techniques, Kwaku Gyasi calls attention to the process of "inter-semiotic translation", or the use of "the content and the formal characteristics of the African oral narrative" (Gyasi 1999: 83) "to project structures of the collective mind that serve as explicative narratives of the world" (Gyasi 1999: 85).

'Explicative narratives' and point of view

I want to take up this notion of 'explicative narratives of the world' by looking at two novels in French, both of which have been translated into English, which exemplify this approach. Ahmadou Kourouma's *Allah n'est pas obligé* is a fictional child-soldier narrative, while Patrice Nganang's *Temps de Chien* (2001) [*Dog Days*, 2006] is subtitled "An Animal Chronicle". Both have highly reflexive first-person narrators, whose consciousness of the centrality of their role as oral storytellers conflicts with the abjection of their positions at the bottom of the social order. Kourouma's ten-year old hero, Birahima, announces himself as "the fearless, blameless street kid, the child soldier" (Kourouma 2006: 156),[5] a position which absolves him of all responsibility for events while permitting him to speak as freely and with as many obscenities as he chooses – or to keep silent, as he constantly reminds us: "I don't have to and you can't make me" (Kourouma 2006: 21).[6] The proverbial saying: "Allah is not obliged to be

---

5   "[L]'enfant de rue, l'enfant-soldat sans peur ni reproche" (Kourouma 2000: 161).

6   "Mais ce n'est pas obligé ou indispensable d'en parler quand je n'ai pas envie" (Kourouma 2000: 28).

fair about all the things he does here on earth"[7] is the explicative key to the narrative. By invoking the saying, Birahima appropriates the power of Allah – the power of choice – to himself, though this power is ironised by Birahima's explanation that, "Being a child soldier is for kids who've got fuck all left on earth or Allah's heaven" (Kourouma 2006: 114)[8] – who have, in other words, no choice. Moreover, though he chooses to speak, the fact that he is not obliged to justify his actions or anyone else's is metonymic of the absence of rational or moral judgment in the conduct of politics across a swathe of West African territories, from Sierra Leone to Liberia, Côte d'Ivoire, Guinea, Togo and Nigeria.

Mboudjak, the narrator of Nganang's *Dog Days*, is a dog, a perspective from which he seeks to discover the elusive quality which makes people what they are: the question "Where is Man?" echoing Deng's "What is the What?" Like Birahima, he is an outsider to the events he chronicles, able to be dispassionate, clear-sighted and philosophical. Both narrators are abject in the sense of being physically and emotionally abused, and abjection is in each case a major theme of the narrative. Birahima witnesses or hears of atrocities including cannibalism, vivisection and multiple forms of death, while Mboudjak is repeatedly threatened and humiliated as he roams the *sous-quartiers* or 'poor neighbourhoods' of Yaounde. Most importantly, both narrators bring a dazzling array of linguistic devices to their storytelling, including a savage irony which challenges the reader's neutrality. The language of Mboudjak's narrative encompasses French, Pidgin English, Cameroonian languages and the urban slang, Camfranglais, as well as frequent use of textual glossing, by which Mboudjak translates human language into 'dog language', and an extra-textual glossary of "foreign" words for the reader (footnotes in the French version). At the same time, the American translator, Amy Baram Reid, explains that she has taken to heart the author's own insistence that, "He who grew up in Yaounde grew up in a universe where he will never understand everything" (Nganang 2006: x), and that therefore not everything needs to be explained. For Birahima's voice, in trying "to reach the African context which is its focus", translator Frank Wynne has been guided by "the music of contemporary griots Abdul Tee-Jay, Usifu Jalloh and Bajourou" (Kourouma 2006: Translator's Note, no page number). The naming of these francophone counterparts to Fela Kuti emphasizes the class perspective by linking the narrative to popular culture and its modes of expression and performance. Like Mboudjak, Birahima has constant recourse to cross-linguistic glossing, explaining "I can't talk French for shit", while distinguishing between "the civilized Black Nigger African Natives (BNAN) in their nice suits" who swear in French, and "Black Nigger African Savages" who swear in Malinke, like him

---

7 "Allah n'est pas obligé d'être juste dans toutes ses choses ici-bas", a dictum that occurs numerous times in the text.

8 "Les enfants-soldats, c'est pour ceux qui n'ont rien à foutre sur terre et dans le ciel d'Allah" (Kourouma 2000: 121).

(Kourouma 2006: 2).[9] To help him tell his story so that "all sorts of different people (can) read my bullshit: colonial toubabs, BNAN's and anyone that can understand French" (Kourouma 2006: 3),[10] he has recourse to a set of four dictionaries: for explaining French words to BNAN's, and African and pidgin words to French toubabs. Even so, he reminds us: "I'm not obliged to tell my dog's-life story, wading through dictionary after dictionary" (Kourouma 2006: 91).[11] The narrators are further linked through their self-identification as dogs – their "canitude", as Mboudjak calls it – which denotes their level of social agency. Animality is a motif of child-soldier stories, as in the titles *Johnny Chien Méchant* (2002) [*Johnny Mad Dog*, 2005] and *Beasts of No Nation* (Iweala 2000), the second quoting a Fela Kuti song. The protagonist of *Beasts of No Nation* describes his condition as, "Now we just be looking like animal" (Iweala 2000: 115), and his first act of killing is justified because the victim "is just going to toilet like sheep or goat or dog [...], it is just like killing goat" (Iweala 2000: 25). In case we should miss the point, one of Birahima's glosses informs us: "A 'leit-motif' means 'a dominant and recurring theme, a word or phrase constantly repeated'" (Kourouma 2006: 152-3).[12] This animal self-identification, then, is a highly conscious signifier in the child-soldier sub-genre which further disrupts the assumed empathic identification between protagonist and reader by its insistence on *un*likeness, or de-familiarisation.

Linguistic trickery

One result of this distancing, or alienation-effect, is to place language itself under interrogation, its meanings never stable but in a constant state of being translated into something else. Mboudjak sets himself the task of scientifically observing and evaluating human society, but finds himself repeatedly mystified and thrown off-course by stories, lies, rumours and exaggeration. He searches for the core of reality but is deflected by the hallucinogenic inventiveness of language and its power to change the course of events. In this passage, the police commissioner, enraged by being called by his first name, has arrested the cigarette vendor, when the man in black, a mysterious writer known as the Crow, asks him if he has an arrest warrant:

---

9   "[J]e parle mal le français"; "les noirs civilisés [...] les nègres noirs africains indigènes bien cravatés"; "sauvages comme les autres noirs nègres africains indigènes" (Kourouma 2000: 9-10).

10 "[P]arce que mon blablabla est à lire par toute sorte de gens : des toubabs (toubab signifie blanc) colons, des noirs indigènes sauvages d'Afrique et des francophones de tout gabarit (gabarit signifie genre)" (Kourouma 2000: 11).

11 "[J]e ne suis pas obligé de parler, de raconter ma chienne de vie, de fouiller dictionnaire sur dictionnaire" (Kourouma 2000: 97).

12 "Leitmotiv signifie parole, formule, qu'on répète sans cesse" (Kourouma 2000: 158).

It seems his overloaded cop brain exploded under the pressure of too many questions from the crowd. He spat out a reddish mixture on the ground and bellowed at the Crow [...]: "You're a member of the opposition!" Then he added, "I'll show you!"

That day I learned that being labelled a "member of the opposition" was worse than being accused of a crime. Our man in black didn't seem overly impressed by it though. For him, "opposition" was nothing more than a word in the French language (Nganang 2006: 96-7).[13]

Mboudjak is so disgusted at the cowardice of the crowd in not standing up for the Crow that he bites the police commissioner. The lesson he learns from overhearing their rationalizations is "that men are not brothers" (Nganang 2006: 100),[14] and that "it was the Crow who had caused his own downfall by asking iconoclastic questions" (Nganang 2006: 103).[15] Mboudjak, the rationalist, is puzzled by this:

"Ah!" I wondered, "Why do men have to be so inhuman?" Most of all, I barked out to the street – which, for its part, wasn't listening – my one and only question: "Where is Man?" Each and every time I barked my master's foot rose up to silence my muzzle. (Nganang 2006: 103)[16]

Like Birahima and the child-soldiers, Mboudjak's wanderings in search of an answer take the form of a quest, but the conclusion he comes to is that language itself – "the rumour of the neighbourhoods, the speech of the slums, and the chattering of the men in front of my master's bar" – which distinguishes humanity from animals like him, is a way of circumventing reality. "Yes, rumour reinvents the world around it, and is forever making me the dumbfounded victim of its trickery" (Nganang 2006: 73).[17] Yet language can also be explosive, can bring about transformation. To his great surprise, Mboudjak witnesses the power of a simple sentence, "repeated a thousand, ten thou-

---

13 "Sa conscience flic surchargée semblait avoir explosé sous la pression du trop de questions de la foule. Il cracha au sol un mélange rouge et beugla au Corbeau qui curieusement n'avait pas bougé : 'Tu es un opposant !' et il ajouta : 'Je vais vous montrer !' Je sus ce jour qu'être taxé d' 'opposant' était pire que crime. Notre homme en noir-noir ne semblait pourtant pas en être impressionné. Pour lui, 'opposant' n'était apparemment qu'un mot de la langue française" (Nganang 2001: 141).

14 "[Q]ue l'homme n'est pas le frère de l'homme" (Nganang 2001: 146).

15 "[C]'était Corbeau qui, en posant des questions iconoclastes, était la cause de sa propre perdition" (Nganang 2001: 149).

16 "Ah ! me demandais-je incessamment : pourquoi faut-il que les hommes soient si inhumains ? Et surtout, j'aboyais à la rue, qui du reste ne m'écoutait pas, mon unique question : où est l'homme ? J'aboyais et toutes les fois le pied d'un client de mon maître s'élevait pour silencier mon museau" (Nganang 2001 : 150).

17 "[L]a rumeur des sous-quartiers, la parole des taudis, les jacassements des hommes devant le bar de mon maître". "Oui : réinvente le monde alentour, la rumeur, et elle fait de moi tout le temps une victime étourdie de son espièglerie" (Nganang 2001: 107-108).

sand, a million times, yes, repeated twelve million times [...] Biya must go!" and "Man was reborn" (Nganang 2006: 205).[18]

Birahima defines a storyteller as "someone who substitutes invented stories for real life, a liar" (Kourouma 2006: 203).[19] The difference, however, is that if Nganang gives Mboudjak the moral instinct that man lacks, Kourouma places Birahima outside of morality, insisting, "I don't give a fuck about moral standards!" (Kourouma 2006: 50).[20] Rather, through repetition of key phrases and actual events, the rotation of leaders and the repeated pattern of escape and encounter, he highlights the futility of war and shows African politics to be a contest between powerful and corrupt dictators. The description of Houphouët-Boigny as "the wise man of Africa [...] a dictator, a respectable old man", destabilizes the positive terms 'wisdom' and 'respectability' by aligning them with 'dictatorship' (Kourouma 2006: 166).[21] Similarly, the diplomatic euphemism 'negotiations' is deconstructed as a game of 'petty jealousy between two dictators' in this intercultural epigrammatic utterance:

> Like it says in the BNAN proverb, Sani Abacha was the one standing out in the rain, but Houphouët-Boigny was the one pulling fish from the river. Or like they say in French, H-B was the one feathering his own nest. (Kourouma 2006: 169)[22]

Against this background, Birahima is a tiny human detail, easily kicked aside, like Mboudjak. His importance is that, after fighting in every army he encounters, he survives to tell his story "with clever French words from toubab, colonial, racist colonising French and big BNAN words and bastard nigger pidgin words" (Kourouma 2006: 214).[23] The language of *Beasts of No Nation*, which, similarly, uses 'bastard

---

18 "[M]ille fois, dix mille fois, un million de fois, oui, douze millions de foi répétée [...] BIYA MUST GO !"; "je voyais [...] renaître [...] : l'homme" (Nganang 2001: 295-296).

19 "[C]elui qui substitue un fait vécu une aventure imaginaire" (Kourouma 2000: 211).

20 "Je m'en fous de la décence" (Kourouma 2000: 58).

21 "[S]age de l'Afrique [...] un dictateur ; un respectable vieillard blanchi" (Kourouma 2000: 171).

22 "[J]alousies entre deux dictateurs" (Kourouma 2000: 174). "Comme dit un proverbe des noirs nègres indigènes, c'est Sani Abacha qui était sous la pluie et c'était Houphouët-Boigny qui tirait les poissons de la rivière. Or, comme on dit en français, c'était Houphouët-Boigny qui tirait les marrons du feu" (Kourouma 2000: 175).

We could discuss whether the translator would not have done better to render the francophone version literally: "c'était Houphouët qui tirait les marrons du feu", since obviously "they" don't say "feathering your own nest" in French. Is this an instance of making the text look as if it were originally written in English?

23 "[A]vec les mots savants français de français, toubab, colon, colonialiste et raciste, les gros mots d'africain noir, nègre, sauvage, et les mots de nègre de salopard de pidgin" (Kourouma 2000: 224). The French version, in not being afraid of being repetitive, also sounds more nonsensical and more belittling of French than the English version.

pidgin' as the basis for the voice of the protagonist, Agu, has been criticized as arbitrary and inconsistent, "written by someone who does not show an intimate familiarity with the form", in this case the 23-year old, American-educated, Iweala (Wood 2008: 147).

> I am starting to crying and I am starting to shaking. And in my head I am thinking if I am killing killing then I am going to hell so I am smelling fire and smoke and it is harding to breath, so I am just standing there crying crying, shaking shaking, looking looking. (Iweala 2005: 23)

It is true that while this passage features the pidgin elements of reduplication and use of the present tense, the use of the present continuous ("I am crying" rather than "I dey cry") is not strictly 'correct'. A more productive criterion, however, might be whether it conveys, as Saro-Wiwa hoped of his 'rotten English', Agu's "mediocre education and severely limited opportunities" and the "dislocated and discordant society" in which he is forced to live. Asked to what extent he was familiar with earlier linguistic experiments in Nigerian literature, Iweala responded that though he had read Tutuola and Saro-Wiwa, he had to put them aside in order to be able to hear the voice of his own narrator.[24] This shows that, though American-educated, Iweala was fully aware of the tradition in which he was writing; he also researched child-soldier experiences by visiting camps in West Africa and hearing their first-hand accounts. Agu's language, therefore, is an approximation and a dramatization, rather than a faithful rendering of pidgin. In other words, it is an act of inter-cultural translation, which in my judgment is a fit vehicle for the story it tells. It's noticeable, too, that the two writers Iweala credits for advising him are Patricia Powell and Jamaica Kincaid – both West Indian, with a long history of translating creolised speech forms into literary language by means of a variety of approaches and orthographies, none of which has emerged as definitive and authoritative final versions.

Exposing your armpits

Another novel which renders the narrative voice in first-person 'indigenised' English is *Harare North* (2009), by the Zimbabwean Brian Chikwava. In this case, though the persona is a young man, his back-story shows that he has been one of Mugabe's 'Green Bombers', the notorious youth brigades which practise indoctrination and initiation through violence similar to that of West African guerrilla armies. The difference is that he, disconcertingly for the reader, remains indoctrinated and resistant to alternative narratives of the Zimbabwean crisis, whereas Agu survives to be rehabilitated and Birahima remains cynical and sceptical about all political allegiances. The novel's setting is Brixton, where the author lives, and reviewers are in agreement that he has rendered immigrant life with convincing detail: "In Shona we say do not expose your armpits to the public because people will not be happy with the smell coming

---

24 Question posed by me to the author at a reading at the Miami Book Fair, 2006.

from under there [...]. I felt like Chikwava had exposed many armpits for the whole world to smell" (Makuwe 2009). They do not, however, all approve of his invented language. "It is like finding your favourite meal infested with tiny obnoxious stones [...]. There is no linguistic structure to it because the language simply doesn't exist. Profound thoughts become distressed babble under the weight of dysfunction" (Ikheloa 2009).

> As Africans we have "Africanised" the English language to a stage where one can pick where the other is from through the way they express themselves in English, and Chikwava's language came out to me as pidgin mostly associated with the Nigerian community, which might give an impression to some readers that that could be the way Zimbabweans speak. (Makuwe 2009)

The Sunday Times reviewer was kinder in describing the language as: "back-to-front English and spiky argot (which) throw up sly, acidly comic observations on Zimbabwe's ruined economy" (Lewis 2009). Chikwava himself describes it as "a mixed grill" (Interview, 2009) of Ndebele and Shona, and the narrative is peppered with words, phrases and sayings in these languages. Ikhide however blames "publishers eager to publish and sell reams of Africa's dignity to a willing and gullible Western audience" (Ikhide 2009), while Makuwe warns: "It is in order to advise aspiring writers [...] that not all narratives from Africa need to be served up in its (sic) own patented variant of language. It may be an eloquent shorthand for authenticity but we must beware its fetishisation" (Makuwe 2009).

Critics and readers

What are we to make of this reception, and the implied mimicry of Iweala and Saro-Wiwa? It's noticeable that the two African reviewers are far more positive about Chikwava's fellow-Zimbabwean, Pettina Gappah's, collection of short stories, *An Elegy for Easterly* (2009), written in impeccable Standard English with frequent canonical references, for example to Shakespeare and Karl Marx. Is there then a limit to the extent to which readers are willing to suspend their disbelief in the cause of dramatising imaginary worlds through invented language? Is the substitution of an idiolect for national specificity and authenticity an authorial mis-step? Alternatively, if not properly indigenised, can Chikwava's language be commended for nonetheless conveying the disturbing otherness of a barely-repressed psychopathic consciousness? Flora Veit-Wild, discussing code-switching between Shona and English in some of the new urban forms in Zimbabwe, lends some support to this possibility:

> It can be expected that the fundamental changes that Zimbabwean society is undergoing at this historic moment will generate enormous creative energies, which will, in turn, be reflected in further dynamic shifts and re-inventions in language and the verbal arts. (Veit-Wild 2009: 697)

And Sean Christie, reviewing the novel, notes:

Chikwava has mixed elements of Nigerian pidgin […], Dread Talk […], London slang […], with a laugh derived from the Afrikaans word for shit – kak kak kak, and concludes that as a result, the novel is a narrative, not of Zimbabwe, but of "the way life at the wrong end of London's formal economy can cause the mind of the African migrant to unravel". (Christie 2010: 96)

'Authenticity', in fact, is one of the cherished concepts – along with communal responsibility, kinship and loyalty – explicitly called into question in passages such as this:

> Southbank is crawling with them Africans in they colourful ethnic clothes it make you feel like you is not African enough. Many of them is also lapsed Africans because they have live in London from the time when it was OK to kill kings, queens and pigs […]. We is only one wearing jeans. But this is make up for by the fact that after the concert we have good cheerful smiles because of the one person who have had the sense not to lumber himself with them ethnic things. That's the original native from Kinshasa. (Chikwava 2009: 137)

Are we convinced, in spite of the 'inauthenticity' of language, by the narrator's confrontation of his old commander on the streets of Brixton and accusation of betrayal?

> Truth is like granite rock because if someone hit your head with it, your head feel sore. One rock of truth can crack your head, comrade commander. Now, after all this heap of time I step on the truth about what game you play. It bite my foot and I wake up. (Chikwava 2009: 183)

If not strictly conforming to the 'palimpsest' of indigenous syntax, the language nonetheless has other important qualities of orality: the robust figuration of reality in concrete terms, the dramatization of a philosophical perspective without recourse to abstraction, the direct address to a living audience. What if the language of these texts is an example of what Christopher Miller calls "intercultural literacy", or the way "cultures construct themselves by constant reference to each other" (Miller 1998: 157)? The Yoruba scholar, Karin Barber, arguing for the literariness of oral texts, points to quotation as an important self-validating gesture: "Quotation makes the fundamental presumption that utterance, in being represented and re-cited, can become opaque […], can be recruited for new purposes, expanded or inflected in new ways, attached to new textual webs" (Barber 1999: 35-36). If we take quotation to encompass literary devices and strategies as well as discrete utterances, does this present a way of seeing linguistic innovation and imitation cross-textually, as writers (and other verbal artists) talking to each other across cultural and linguistic lines?

On being human

But to what purpose? What are they talking about? I see the narrative consciousness of these novels as shaped by an underlying philosophical conundrum: 'Where is Man?' or 'What is the What?' or 'How did people become Beasts of No Nation?' Although

African philosophers differ on exact definitions, most are in agreement that African traditional wisdom defines the condition of being human as relational or 'processual'; the field of action of the individual is framed by the society which gives his or her life meaning. The Ghanaian philosopher, Kwasi Wiredu, surveying the ontological concepts propounded by African orality, speaks of a normative idea of personhood – personhood as something to be aspired to and achieved through one's own efforts. Yoruba belief, for example, tells us that humans choose their *ori* – literally, their head, or personal destiny – and are therefore responsible for what they become. In other words, to be human is to have a code of ethics – which is why Mboudjak is ironically more human than the humans he observes; not to have one, or to be subjected to a situation where no-one around you has one, is to be less than human, to be animalised, as the child-soldiers and the immigrant very well know. In African orality, according to Wiredu, social responsibility, kinship obligations and "a sense of human connectedness" are what constitute this code (Wiredu 2009: 15). In Yoruba, this aspirational condition of personhood is known as *eniyan*; in Bantu languages it's known generically as *ubuntu*; Wiredu gives us *onipa* in Akan, meaning "a human individual of a certain moral and social standing", which, he says, "is naturally uppermost in the mind in contexts of social commentary or moral self-examination" (Wiredu 2009: 16-17). Surely literary writing by Africans in European languages offers such contexts as much as orality? In which case, the 'Africanness' of the novels under discussion here inheres as much in their ontological as their linguistic dimension – in the questions they ask about being human.

In an essay on language and time in postcolonial experience, the philosopher Emmanuel Eze "poses the issue of language as a problem for both art and history: as an issue of (a conception of) time in vernacular experience" (Eze 2008: 36). For Eze, African literature is the story of a loss and the mourning of a violation, not only of African languages, but of the very idea of history and witness. For him, linguistic experiments of the Saro-Wiwa variety,

> are simply the heroic re-assumption of a sense of flow of time in experience and through traditions by writing "broken" or "rotten" forms of English [...], scattered testaments that Africa [...] articulated some stories of their experiments in modernity as stories of fragile traditions broken and, however imperfectly, suturedly re-invented. (Eze 2008: 40)

Ultimately, for Eze, these "scattered testaments" bear witness to the terrifying possibility that "language itself – any language – could fail the writer", and that the investment in European languages could reveal itself to be just another linguistic dead end in which even the traces of cultural memory will be erased. The question he asks – a profound question – is whether "it is in the failure of the languages of his or her native cultures that the modern African writer confronted the problem of the possibility that language as such can fail the storyteller" (Eze 2008: 42). If this is so, he continues, the critic of modern African writing is implicated in "a double shift of gaze away from the thing of experience" because "the tradition and history, which inform his or her critical questions are, so to speak, literally twice overlooked" (Eze 2008: 37).[25]

Literature and the cultural continuum

To refute or even begin to answer such a serious challenge would require more space than I have here, but I will make two observations. One is that to construct an argument, as Eze does, based on a view of African literature as consisting exclusively of works of the so-called First Generation of Anglophone African writers – Ngugi, Soyinka, Achebe, Okigbo – is to run the risk of not seeing the wood for the trees – or, to quote Christopher Miller: "When faced with a forest, we can't simply declare that we don't 'believe in trees'" (Miller 1998: 209). What I mean by this is that Eze's pessimism is based on partial evidence, that to speak of literary history as if it stopped in 1985 (with *Sozaboy*) or 1987 (with *Anthills of the Savannah*) leaves a question mark over the last quarter of a century. The second observation is that literature is not the only bearer of culture in modern Africa, and nor should we view it in isolation. The linguistics of West Indian Creole offers a useful term: 'the creole continuum', to describe the way creole forms manifest themselves differently according to social context, audience, purpose and so on. I would like to borrow this term to make a case for African literature being part of a 'cultural continuum' that includes Swahili hiphop, sheng rap, izibongo co-opted for praising South African trade union leaders, new Shona novels, the singer Lagbaja's mixing of Yoruba chant and English-language lyrics and other forms of syncretic popular performance. If we take Fela's song, "Beasts of No Nation" – which plays on the Yoruba concept of personhood to critique contemporary leaders as "animals in human skin" – as culturally continuous with *Dog Days* and the other novels considered here, the possibility of a more optimistic perspective on language and history emerges. I want to suggest that we can see the essentially impure strategies of representation of these verbal artists as a mode of refusal of a totalising narrative of 'Africa' or African history, and as insisting rather on conveying a lived experience of atomization and social disintegration, resistance and survival, whether in African cities, rebel army camps or diasporic immigrant ghettos.

---

25 Pius Adesanmi offers a different, but related, criticism of "the transnational, migratory text that floats in an international space of representation", or "migritext", and a warning of the danger of "politics of location that would disqualify Africa-based scholars (or writers) from being described as 'cosmopolitan', 'postcolonial' intellectuals" (Adesanmi 2008: 44-45). While potentially such a critique might be applied to these works by multilingual, mobile, cosmopolitan-based writers, I want to argue instead for their "Africanisation" of languages and locations and their dialogic relationship with continental writing. I contend that they fulfill Miller's injunction: "We must enable ourselves to think through borders without simply pretending that they don't exist" by means of "a positive cosmopolitanism that remains meticulously aware of localities and differences" (Miller 1998: 209).

In other words, the elusive 'thing of experience' dictates stories, not so much of 'fragile traditions broken' as of tenacious traditions powerfully re-invented across a spectrum of contemporary oral and literary forms.

Works Cited

Adesanmi, Pius. 2008. "Africa, India and the Postcolonial: Notes Towards a Praxis of Infliction". In: *The Postcolonial Lamp: Essays in Honour of Dan Izevbaye,* ed. by Aderemi Raji-Oyelade and Oyeniyi Okunoye. Ibadan: Bookcraft, 35-58.

Anikulapo-Kuti, Fela. 1975. "Mr Grammarticalogylisationalism is the Boss." B-side on Kuti album *Excuse O.* Re-released 2004 on the album: *The Underground Spiritual Game,* mixed by DJ Excel (Blacklicious).

Barber, Karin. 1999. "Quotation in the Constitution of Yoruba oral texts". In: *Research in African Literatures* 30, 2, 17-41.

Barber, Karin. 1995. "African-Language Literature and Postcolonial Criticism". In: *Research in African Literatures* 26, 4, 3-30.

Bol, Aher Arap. 2009. *The Lost Boy.* Cape Town: Kwela Books.

Boyd, William. 1998. Introduction to *Sozaboy.* Harlow: Longman, i-v.

Chikwava, Brian. 2009. "Interview with Brian Chikwava". In: *African Writing Online,* 7; plus review of *Harare North* and *An Elegy for Easterly.* http://www.african-writing.com/seven/brianchikwava.htm (21.7.2011).

Chikwava, Brian. 2009. *Harare North.* London: Jonathan Cape.

Christie, Sean. 2010. "Review of *Harare North* and *On Black Sisters' Street*". In: *Wasafiri* 61, 95-97.

Carbonell, Ovidi. 2000. "Exoticism in Translation: Writing, Representation and the Postcolonial Context". In: *"New" Exoticisms: Changing Patterns in the Constructions of Otherness,* ed. by Isabel Santaolalla. Amsterdam/Atlanta: Rodopi, 51-62.

Deng, Valentino Achak. 2008. Introduction to Dave Eggers, *What Is the What? The Autobiography of Valentino Achak Deng, a Novel.* Xiv. London: Penguin Books.

Dongala, Emmanuel. 2005. *Johnny Mad Dog.* Transl. by Maria Louise Ascher. New York: Farrar, Strauss and Giroux.

Dongala, Emmanuel. 2002. *Johnny Chien Méchant.* Paris: Le Serpent à Plumes.

Eggers, Dave. 2008. *What Is the What? The Autobiography of Valentino Achak Deng, a Novel.* London: Penguin Books.

Eze, Emmanuel. 2008. "Language and Time in Postcolonial Experience". In: *Research in African Literatures* 39, 1, 24-47.

Gappah, Pettina. 2009. *An Elegy for Easterly.* London: Faber & Faber books.

Gyasi, Kwaku. 1999. "Writing as Translation". In: *Research in African Literatures* 30, 2, 75-87.

Ikheloa, Ikhide R. 2009. "Strange Passages To Harare North [Book Review]" 01 November. http://www.nigeriavillagesquare.com/.../strange-passages-to-harare-north.html (24.2.2010).

Irele, Abiola. 2001. *The African Imagination.* New York: Oxford University Press.

Iweala, Uzodinma. 2005. *Beasts of No Nation.* London: John Murray.

Jarrett-Macauley, Delia. 2005. *Moses, Citizen and Me.* London: Granta.

Kourouma, Ahmadou. 2006. *Allah Is Not Obliged.* Transl. by Frank Wynne. London: William Heinemann.

Kourouma, Ahmadou. 2000. *Allah n'est pas obligé.* Paris: Editions du Seuil.

Kourouma, Ahmadou. 1968. *Les soleils des indépendances.* Paris: Editions du Seuil.

Lewis, Trevor. 2009. "Review of *Harare North*". In: *The Sunday Times* online, 19.4.2009, http://www.entertainment.timesonline.co.uk/tol/arts_and_entertainment/books/fiction/article6107228 (24.2.2010).

Makuwe, Stanley. 2009. "Review: Brian Chikwava's *Harare North*". In: *Pambazuka News* 2009-06-11, Issue 437, http://www.pambazuka.org/en/category/books/56866 (24.2.2010).

McNee, Lisa. 2009. "Translation and the African Novel: Reading as Re/Membering". In: *Teaching the African Novel*, ed. by Gaurav Desai. New York: The Modern Language Association of America, 102-117.

Miller, Christopher. 1998. *Nationalists and Nomads: Essays on Francophone Literature and Culture.* Chicago/London: University of Chicago Press.

Nganang, Patrice. 2006. *Dog Days: an Animal Chronicle.* Transl. by Amy Baram Reid. Charlottesville and London: University of Virginia Press.

Nganang, Patrice. 2001. *Temps de chien.* Paris: Le Serpent à Plumes.

Ngugi wa Thiong'o. 1989. *Matigari* (translated into English by Wangui wa Goro). UK: Heinemann.

Ngugi wa Thiong'o. 1986. "The Language of African Literature". In: *Decolonising the Mind: the politics of language in African literature.* London: James Currey, 4-33.

Ngugi wa Thiong'o. 1982. *Devil on the Cross* (English translation of *Caitaani mutharaba-Ini,* 1981). UK: Heinemann.

Ogunlesi, Tolu. 2010. "War in the Time of Childhood". In: *Wasafiri* 25, 1, 84-87.

Okri, Ben. 1995. *Astonishing the Gods.* London: Phoenix House.

Okri, Ben. 1993. *Songs of Enchantment.* London: Jonathan Cape.

Okri, Ben. 1991. *The Famished Road.* London: Jonathan Cape.

Quayson, Ato. 1997. *Strategic Transformations in Nigerian Writing.* Oxford: James Currey.

Saro Wiwa, Ken. 1994. [1985]. *Sozaboy.* Harlow: Longman.

Trivedi, Harish/Basnett, Susan (eds.). 1991. *Postcolonial Translation: Theory and Practice.* London/New York: Routledge.

Tutuola, Amos. 1958. *The Palmwine Drinkard.* London: Faber.

Veit-Wild, Flora. 2009. "'Zimbolicious' – The Creative Potential of Lingusitic Innovation: The Case of Shona-English in Zimbabwe". In: *Journal of Southern African Studies* 35, 3, 683-697.

Wali, Obiajunwa. 1963. "The Dead End of African Literature?". In: *Transition* 10, 13-16, http://www.jstor.org/stable/2934441 (24.2.2010).

Walsh, John. 2008. "Coming of Age with an AK47: Ahmadou Kourouma's *Allah n'est pas obligé.*" In: *Research in African Literatures* 39, 1, 185-197.

Wiredu, Kwasi. 2009. "An Oral Philosophy of Personhood: Comments on Philosophy and Orality". In: *Research in African Literatures* 40, 1, 8-18.

Wood, Molara. 2008. "Review of *Beast of No Nation*". In: *African Literature Today* 26, 145-148.

Wynne, Frank. 2006. Translator's Note, no page number. In: Ahmadou Kourouma: *Allah Is Not Obliged.* London: William Heinemann.

Zabus, Chantal. 2007. *The African Palimpsest: Indigenisation of Language in the West African Europhone Novel* (Second Enlarged Edition). Amsterdam: Rodopi.

Controversies and Conversations: Linguistic and Generic Translations in/of Antjie Krog's *Relaas van 'n Moord*

Ksenia Robbe, Justus-Liebig-Universität Giessen

The works of Antjie Krog, an acclaimed South African poet, writer, journalist, translator, and activist, have been recently surrounded by much controversy, both in her country and abroad. Before the late 1990s, she had been renowned as an author of poetry in Afrikaans which she started writing and publishing in the early 1970s. Though both her earlier and later poetry has been aesthetically provocative and touching upon contradictory political issues, her status of a "contemporary people's poet" (Gouws 1998: 562) and a canonic figure in Afrikaans literature is rather established and unambiguous. Krog continues with the genre of poetry which she always writes in her first language Afrikaans and perceives as the most intimate medium of expression.[1] However, it were her prose works in English that have attracted most readers' attention internationally and generated contradictory critical responses.

The trilogy of non-fiction semi-autobiographic novels *Country of My Skull* (1998), *A Change of Tongue* (2003) and *Begging to Be Black* (2009), the first of which was based on the author's work as a reporter on the Truth and Reconciliation Commission's hearings, marked a new stage in Krog's writing. With their more explicit focus on the politics of cross-cultural communication and the ethical demands toward a writer in the 'new' South Africa, these works have created a different figure of the author and a new context for reading. The issue of a privileged white Afrikaans writer taking the responsibility to represent very heterogeneous groups of South African population for a large readership has been probably the most common point of the novels' critique. Indeed, having assumed the role of a 'translator' between different languages and literary cultures (Van Coller/Odendaal 2007) – the one that presupposes a trans-

---

1   One of the most prominent themes in Krog's recent writing has been the political and cultural significance of being able to write in the first language and be translated as a way to change the relations of power. In the chapter of *A Change of Tongue* titled 'Translation', she has expressed her position perhaps most explicitly, using a metaphor connecting art, literature and politics: "[…] in my mother tongue I have access to the entire pipe organ and all its registers; in my acquired language I try to express myself on a toy piano" (Krog 2003: 270). Moreover, in Krog's view, poetry written in one's first language contributes new and often more powerful meanings to the word. As Stephen Meyer puts it in interpreting that argument, "[t]he poet who writes in her native tongue […] gets closer to the truth because she has a better ear for the sounds of her native tongue (the instrument she plays best) than for other languages. The poet's technical skill, namely of speaking the truth by shaping semantics into phonics, is best practiced in the mother tongue" (Meyer 2002: 6).

cultural fluency and mobility between writing and reading communities – Krog has placed herself in a very risky and vulnerable position. Her struggling to lend a collective dimension to her very particular experience of the reconciliation process in South Africa collides with her denial of claims to authenticity and foregrounding of translation as her strategy of artistic mediation of social reality. Some critics, however, have considered Krog's privileging of linguistic and cultural translation, which the texts often reflect upon at a metafictional level, as ethically problematic since this "yearning for a complete discursive and somatic translation" may be premised on "[a] troubling disavowal of the traces of the past in the identity performances of the present" (Strauss 2006: 184). At the sharp edges of these debates, Krog the 'translator' has been accused of being a 'traitor' caricaturing the Afrikaans community, on the one hand, and a 'colonizer' perpetuating old politics of cultural representation, on the other.

In the wake of the controversies around Antjie Krog's texts, it would perhaps be more helpful to regard these texts as a negotiation of cultural and literary legacies, as conversations. In this context, I would like to focus on the linguistic and generic choices the author makes in the ongoing process of transition "from Afrikaner to African" (Strauss 2006) and from "a poetics of dissidence to nation-building and beyond" (Visagie 2008). In approaching those issues, I will engage with Krog's first prose text *Relaas van 'n Moord* [Account of a Murder] published in 1995. This rather short text which has been referred to as a non-fiction novella (Sanders 2000, Coetzee 2001) was generally overshadowed by the writer's later works and has, as consequence, received relatively little critical attention. Although two years after its publication it was translated into English by Karen Press, as the case with many other Afrikaans texts, translation has not contributed much to the text's incorporation into the sphere of international interest.

In spite of this text's 'marginal' status, I would consider it as a significant hinge point in the transitional and translational process of Krog's writing. Starting from the point that translation involves much more than a mere conversion into another language, I will consider the processes of linguistic translation as interrelated with generic transformations in the context of the author's engagement with socio-political issues. Krog's texts always reveal an experimental attitude to intertwining different languages, and the same is true with regard to genre. Moreover, although she generally reserves Afrikaans as a medium for writing poetry, she has recently been translating her poems in English (published as *Down to My Last Skin*),[2] by the same token, in spite of preferring English for prose, she was writing *A Change of Tongue*, or at least some parts of it, in Afrikaans and had them later translated by her son (Krog 2003: 369). In *Relaas*, however, especially when read in the context of Krog's works of the

---

2   Van Coller and Odendaal (2007) refer to Krog's translations of her poems from Afrikaans
     in *Down to My Last Skin* as "a form of revising" or "translingual re-writing" (2007: 104).

same and later periods, the interdependency between genre and language choices becomes most obvious.

I will approach *Relaas* as a bundle of controversies and conversations in the writer's oeuvre, as a poetic laboratory and a treasury of those themes and techniques that have become actualized and inflected in her later works, though in another language, for a different audience, and in a new historical context. This 'marginal' text, I would argue, has reflected and perhaps prefigured some major foci in South African literature of the following decade including the genre of confessional writing, the figures of witnessing and identity crisis, the issues of tradition and belonging, the problems of crime and violence, and the role of the intellectual in a transitional period. What requires an even closer look at this text today is that the author herself has returned to it in her most recent book, exactly twenty years after the events described in *Relaas* took place. In *Begging to Be Black*, the narrative of *Relaas van 'n Moord* translated in English, gets intertwined with two other narrative lines which pursue and inflect the genre of an account – Krog's re-reading of the French missionary Casalis' book about his life at the court of the nineteenth-century Basotho king Moshoeshoe, her notes on the journey to the present-day Lesotho as well as the letters written to her mother during her stay and work in Berlin in 2007/08.

Krog's return to the story of her involvement in the murder which she regarded as a political matter can probably be viewed as a symbolic act of getting back to what she has been preoccupied with for almost two decades, also in her writing. Along these lines, it is a kind of post-traumatic return, the purpose of which is to put the past to rest and to close the period of one's engagement with a disturbing event. From a generic and stylistic perspective, this has been supposedly a return to the 'construction site' where the narrative strategies which I will describe in what follows were first probed and were to be employed in later books. Translating the text of *Relaas* in English, Krog has also translated it in the context of other narratives, and into the time-space of South Africa and the global world engaged with changing concerns. She has thus placed this personal account of her autobiographical protagonist's emergence as a self-consciously political subject within a larger historical picture and made it available to a different readership. In this multilayered process of translation, language and genre as historically varied and culturally specific phenomena have been playing a central role.

Translating language and genre at the interface of 'form' and 'ideology'

The issues and practices of linguistic and cultural translation have become Krog's most intensive concern in the last years, in her creative writing as well as in her collaborative research project on the TRC testimonies.[3] She has been actively practicing

---

3   The project of working on and through the misunderstandings of the seemingly incoherent story told by a mother of a participant of the 'Guguletu Seven' resulted in the book

translation – not only of her own works from Afrikaans to English,[4] but also from in-digenous African languages into Afrikaans (mostly via English) and from Dutch and English to Afrikaans.[5] In her works and interviews, she has repeatedly thematized translation as her major ethical and creative principle in dealing with cultural differences.[6] Along the same lines, many critics have recently been reflecting on Krog's multifaceted engagement with the problems and implications of translation as linguistic practice and a metaphor of cultural transformation in the 'new' South Africa. At the same time, the readings of her works have rarely been engaging with the issues of genre.

A helpful way to approach the interface between linguistic and generic translations in a text would be through the lens of Mikhail Bakhtin's theory of genre which involves both literary and speech genres. In particular, I will follow the philosopher's understanding of genre as a 'form-shaping ideology',[7] a vehicle of historical representation and a deeply social phenomenon. The idea of form's historicity and cultural specificity allows for drawing a tight link between genre and language. Bakhtin suggests that explicitly in his essay on speech genres. In the argument deconstructing the principle opposition in Saussurean linguistics between the assumed stability of language and the subject's free individual combination of lexical and grammatical features he posits that

---

which Krog co-authored with Nosisi Mpolweni and Kopano Ratele *There Was This Goat: Investigating the Truth Commission Testimony of Notrose Nobovu Konile* (2009).

4   After the publication of *Down to My Last Skin* (2000), a collection of translated poems written in different periods, Krog's latest poetry volume *Verweerskrif* (2006) appeared simultaneously in English as *Body Bereft*.

5   Krog prose translations include Henk Van Woerden's *Domein van Glas* (2000), Tom Lanoye's *Mamma Medea: na Apollonios van Rhodos en Euripides* (2002), and Nelson Mandela's autobiography *Lang Pad na Vryheid* (2001). She has also published two volumes of poetry translations from South African indigenous languages – *Met Woorde soos met Kerse* (2002) and *Die sterre se 'tsau'* (2004).

6   In *A Change of Tongue*, the author entrusts one of the major statements on the strategies of survival and transformation in the post-apartheid society to a Swedish expert in translation: "Translation is essential if we are to learn to live together on this planet. We have to begin to translate one another" (2003: 271). In her recent article, Krog herself posits translation as an instrument of "keep[ing] the powerful language fit enough to be tolerant": "Translation is essential for us to live in respect of each other. We have to translate each other to ourselves, to transform our behavior into living a life acknowledging that to be human is to be vulnerable. And to be vulnerable is to be fully human" (2008: 236).

7   The idiom of 'form-shaping ideology' has most notably been employed by Gary Saul Morson and Caryl Emerson as, for instance, in their elaboration on Bakhtin's concept of genre: "Genres are neither lifeless collections of formal features nor abstract combinations of philosophical premises, although critical descriptions may involve both. Indeed, when authors write in a given genre, they sometimes hold views at odds with the genre's form-shaping ideology" (1990: 283).

[...] a speaker is given not only mandatory forms of the national language (lexical com-position and grammatical structure), but also forms of utterances that are mandatory, that is speech genres. The latter are just as necessary for mutual understanding as are forms of language. Speech genres are much more changeable, flexible, and plastic than language forms are, but they have a normative significance for the speaking individuum, and they are not created by him but are given to him. (1986: 80)

Thus, on the one hand, Bakhtin considers both genre and language as normative struc-tures through which all individual expressions are viewed and evaluated – those centri-petal "forces that serve to unify and centralize the verbal-ideological world" (1981: 270). On the other hand, like all utterances produced by socially positioned subjects, they are not simply 'given' but also performatively 'conceived'. Being historically variable, they are positioned against other forms and are always potentially subjected to re-accentuation. In Bakhtin's words, "[t]he utterance occupies a particular *definite* position in a given sphere of communication. It is impossible to determine its position without correlating it with other positions" (1986: 91).

From this perspective, the principle point of intersection between genre and language is that the two are not merely sets of rules and conventions. They are shaped in the process of their employment by speaking subjects, and they themselves, at the same time, shape our experience of the world. The idea of genre and language as formal and ideological structures can be captured by the notion of translation. In my reading of *Relaas van 'n Moord*, through the interface of genre and language, I will explore the text and its meanings against the background of the author's other works and with re-ference to the processes in South African culture of the time. In addition to that, I will briefly consider the ways in which the text itself gets translated and inscribed into a different textual and historical space of *Begging to Be Black*. This approach certainly involves the issues of dialogicity or conversation – not only between different genres and languages, but also between ethical and aesthetic categories and the text's thema-tic and formal levels.

Krog's ethics of aesthetic transgression in the time of transition

The novella's title can be read it as a statement on the genre and the subject matter. The statement is, however, quite controversial. The genre of an 'account' implies fac-tuality, the immediacy of personal involvement and of first-person narrative; indeed, all details in the narrative point to its autobiographic character. And yet the novella's text is preceded by the author's warning note: "not everything here is true". The sub-ject matter stated in the title is 'a murder', which is somewhat misleading since the murder functions as a background of the story, as an event that triggers the ethical con-flict experienced by the narrator. In fact, the text's main subject matter is the prota-gonist's moral dilemmas: as a white middle-class middle-aged liberal Afrikaner wo-man with a husband and four children living in a small town and becoming involved in anti-apartheid struggle, Antjie is at pains to work against the ideology and the everyday habits of racism, at least as far as she and her family are concerned. For instance, being a member of an established and respected Afrikaner family, she makes a courageous decision to move into a poor neighbourhood between the 'white' town and a 'coloured' township, whereby the whole family gets ostracized by their community. She teaches at a school for 'coloured' children, takes part in political rallies, and organizes protest actions against apartheid at school. She also makes her house and her resources available for the comrades. However, her strong belief in her individual ability to resist and to 'do the right thing' and sustain moral integrity, gets increasingly compromised by a series of events. The form involving controversial claims regarding the account's 'authenticity' and its self-conscious references to the genre of crime fiction, I would suggest, correlates with the ethical and moral complexities confronted by the protagonist in the changing social environment.

The narrative focuses primarily on the protagonist's efforts to find a way of dealing with the situation of being involved in a murder committed by a group of the ANC Youth League comrades one of whom, Douglas, was a friend of her. One night, when Antjie and her husband come home after a yoga class, this group of people already waits for them at their garage; her friend asks her to give them a lift and to get rid of a T-shirt he has got with him. Somewhat later, another friend hides the murder weapon in her garden. Being torn apart by conflicting demands of political commitment and solidarity, of the law and respect for human life, and, not the least, her family responsibilities, the narrator finally reports the police about the incident and testifies at the court as a witness. This decision and the whole situation unleash the protagonist's profound struggle with herself. This leads to her questioning of the ethical and moral values involved – of the law and human rights, in their 'western' form, of mere respect for human life (is this attitude a culturally specific one?), of the political and the personal (was the murder 'political' or simply a matter of personal revenge? what is political after the ANC has become a legal organization?), of friendship and understanding across the barriers of race. By questioning the value that has guided her life choices, she starts interrogating the limits of her effort to understand and adopt the cultural conventions of the 'other'.

Transgression seen as a process that might facilitate individual and collective transformation becomes thereby a leading motif in the novella, both as a thematic and a formal element. The protagonist's desire to transgress, and ultimately reconcile, the antagonistic conventions takes the form of conversations. In the second part of the text that relates the aftermath of the murder, the narrator's inner dialogues as well as dialogues with her husband who plays the role of her closest 'other' become the main form of reflecting the central ethical issues. Along with that, aesthetic transgression, particularly as regards the aspects of language and genre, becomes the main imperative and the constitutive force of the narrative. The necessity to transform the conventions of poetry in Afrikaans in the face of profound political and cultural change was occupying Krog already in the late 1980s. This is particularly the case with her 1989 poetry collection *Lady Anne* which experiments with genre and language even while staying within the formal boundaries of poetry written in Afrikaans. In the wake of the first democratic elections that announced the beginning of a new era when Krog published *Relaas* and her new poetry collection entitled *Gedigte 1989-1995* [Poems 1989-1995], these issues become even more pertinent in South Africa's cultural life. What genre would suit to capture the subject's deep personal involvement in a very common and at the same time historically significant moment of confrontation between the political groups and forces during South African's transition? What language would allow for expressing the narrator's position in-between the communities (and in controversial relations with both of them) and her aspiration to transcend the boundaries of her race, culture and class?

In terms of language, the text's strategies of (non)translating or intermingling of different languages can be regarded as its transgression of aesthetic conventions connected to the politics of representation. The language in which all events are rendered as well as the language of dialogues is colloquial Afrikaans interspersed throughout with English words and phrases. This is obviously the writer's conscious strategy of representing the language of both white and 'coloured'/black South Africans in its everyday use. Sometimes these are idiomatic ('untranslatable') phrases, sometimes words from the 'struggle' jargon or simply words that are more commonly used in English and can be easily integrated into an Afrikaans sentence (throughout the text, one often comes across such words or expressions as 'morality', 'original decision', 'inadequacy', 'legal issue', 'cause'). In other instances Krog also 'converts' English words into Afrikaans forms, as is most probably the practice among Afrikaans speakers in what is often referred to as *Engfrikaans*. Using such forms in dialogues or internal monologues – as 'geëksloiteer' [exploited], 'geconsult' [consulted], 'georder' [ordered], 'afshow' [prove] and 'gepamperlangde' [pampered] in the quotation below – Krog makes her text's address to the reader very personal and immediate:

> Eintlik weet ek net ek is misbruik – ek is uitgebuit en geëksploiteer op elke enkele eenvoudige struggle-beginsel. A ek is nie geconsult nie, B ek is eenvoudig georder, C nie die geringste gebaar is tot op hierdie oomblik gemaak om aan my die politiek hiervan te verduidelik nie, D ek byt die fokken spit af vir 'n amateuragtige plan waarin 'n spul mans voor honderde commuters wou afshow oor wie nou eentlik die meeste mag het. [...] en neet soos Douglas Baartman sy vrou en sy kinders sorgvuldig laat vertrap het vir ,die saak', so ook maar ek en my gesin – after all, wat is 'n gepamperlangde, sentimentele, wir gesin anders voor goed. [Actually I know I'm misused – I'm exploited in terms of every single struggle principle. A I wasn't consulted, B I was simply ordered, C not a smallest gesture has been made so far to explain the politics of all that to me, D I'm in the deepest shit for an amateur plan in which a bunch of men wanted to prove in front of hundreds of commuters which one of them was most powerful. [...] and as Douglas Baartman has let his wife and children be trampled upon for 'the cause', so have been me and my family –

after all, what is a pampered sentimental white family good for otherwise?][8] (Krog 1995a: 44-45)

Quite interesting, in her poetry of this period Krog uses the same strategy, as in the poem titled *1992*:

sou 'n klip my tref sal ek wat?
eenvoudig vrek
anyway reeds sterwend aan die violation van stilte, van space
van property van privacy van lewe
op rante waar niemand iets werd is nie
onder die tafel ontglip die woord my
die enkele woord om van die kant af te transgress. (Krog 1995b: 10)

-

If a stone hits me I'll
just simply die
anyway already starving from the violation of space
of property of privacy of life
on ridges where nobody's life has any worth
under the table I try to get hold of the word
a single word enabling me from this side to transgress. (Krog 2000: 105)

Krog's strategy of language interference, of non-translating makes her poetry sound more colloquial, more spontaneous and immediate, and thus more 'prosaic'. On the other hand, the same strategy in prose creates what could be called a poetic effect in the sense that it stresses the speaker's play with language(s). The text also contains meta-comments on the language in which the story is told. While relating the story of her 'involvement' in the aftermath of the murder to the policeman, the protagonist characterizes her style as follows: "Ek moet die hele gebeurtenis vertel in kortige, spel-bare, afgeronde sinne sodat die poliesman dit kan neerskryf. Geen kans op 'n Morele Manifes nie. Stadig aksentjie vir aksentjie vorder ons" [I have to retell the whole event in short, easily spelt, rounded sentences so that the policeman can write it down. No opportunity for a Moral Manifesto. Slowly, action for action we are progressing] (Krog 1995a: 47). What is described in this self-reflexive remark on the genre/style of speaking and writing is, in fact, the narrator's main strategy in the entire text. This is exactly the language of an account – of someone witnessing in front of the authorities about a crime in which one has been involved. By extension, and in light of the TRC, this process can be read as witnessing of a white subject deeply implicated in the crimes of apartheid before the whole South African society. The time/space of interro-gation provides no opportunity for a 'moral manifesto'; the context of anti-apartheid struggle and the early post-apartheid settlement requires a lapidary and stern language that may not sound like poetry or idle contemplation. Yet being confronted with this imperative, the protagonist tries to initiate a moral dialogue taking upon herself a

8   This and further translations from *Relaas van 'n Moord* are mine.

mission to represent, to define, and to negotiate her own position. By mimicking the language of legal conversation, she creatively interrogates the language *and* its ethics. In other words, the genre of account corresponds to the ethical imperative of holding oneself accountable before the society, and Krog's protagonist attempts to engage with the problems and pitfalls of such a task, as a writer, a public figure and a member of several intersecting communities including her family and political organizations.

Chronotopes of immediacy

The generic phenomenon and the language of *Relaas* are closely connected to the historical moment in which the text was produced. The issue of relevance is thereby a priority along with the possibility to convey an important message with most laconic and eloquent means. On the one hand, this text enacts and reflects the style of South African literature of *engagement* which, with its emphasis on political issues and its preference for short forms, became a leading trend in both English and Afrikaans writing of the 1980s. On the other hand, Krog's novella can be considered as one of the first examples of 'confessional literature' that became a major genre in South African writing after the launch of the TRC in 1995.

The narrative presents a complex generic mixture of an 'account' (and some elements of the related diary and memoir genres), of (auto)biography, novella, journalistic reportage, crime and documentary fiction. All those generic features are characteristic of Krog's writing, which, whether poetry or prose, has always been focusing on family matters and contained direct references to the author's private and professional life. Along with its explicit engagement with the private and autobiographic, *Relaas van 'n Moord*, at the same time, aspires to capture the historical moment and the public dimensions of individual's evolution within the specific time and space. This hybrid nature of the text can be conceived of as intertwining the chronotopes which are historically connected to different genres.

Using Bakhtian terms, one could posit that Krog's fictional writing (which is never exactly 'fictional' or 'novelistic' in a conventional sense) is organized by a chronotope which views both time and space as profoundly *historical* constructs. In his essay on *Bildungsroman*, Bakhtin juxtaposes the 'historical' time of the realist novel of education with the 'cyclical' time in earlier generic types including biographical and didactic-pedagogical as well as adventure and travel novel. Writing about Goethe's works as exemplary instances of historical representation, he characterized their chronotope as tightly interrelating individual and collective frameworks of emergence and transformation: "[t]he man's individual emergence is inseparably linked to historical emergence, with all of its necessity, its fullness, its future, and its profoundly chronotopic nature" (Bakhtin 1986: 23). This dialogical interlinking between the 'man' and the world, the personal and the social, is related, in Bakhtin's view, to the generic mode of *Bildungsroman*. The chronotope, as "a formally constitutive category" of genre

(1981: 85), in this case represents space as historically changing and visualizes time through space making it historically concrete (Bakhtin 1986: 26).

A kind of self-reflexive entanglement of personal and public time/spaces – related to what Bakhtin has posed as the 'contemporary' novel's chronotope – is a characteristic feature of *Relaas van 'n Moord*. Indeed, the emergence of a new period in South Africa's history is reflected, in this text, through the image of the protagonist standing "on the border between two epochs, at the transition point from one to the other" (Bakhtin 1986: 23) and her engagement with the leading discourses of the time. However, although the text is generally conceived within a chronotope of realist representation, it goes beyond the conventions of historical time/space in the strict sense. Rather it reflects the idea of chronotopic heterogeneity of any concrete text present in Bakhtin's theorization of genre when he underlines the "simultaneous existence in literature of phenomena taken from widely separate periods of time" (1981: 85). By engaging the plot features of crime and detective novel, employing the chronotope of the road and using dialogue as the main form of narrating, it enters the generic realm of adventure novel. By keeping the matters of family and generations as a constant background of the narrative and choosing the protagonist's home as the main setting, the text relates to what Bakhtin describes as biographical novel (1986: 17-19).

The text's chronotope dialogizing the private and the public, an individual person and 'big' history could perhaps be best characterized by the notion of immediacy. For instance, privacy – experienced as a lack, as being constantly violated in the conditions of anti-apartheid struggle and interrogated as a category that might be merely a part of western middle-class worldview – becomes a major theme in the novella. This complex of issues, I would argue, also gets figured in terms of time and space. In this way, the text historicizes the notions of privacy and intimates an idea of history through its negotiation of spatial boundaries.

The protagonist's house located between the white Afrikaans-speaking 'dorp' [town] and the township turns into a place where (this kind of) privacy appears to be impossible: it gets undermined by blackmailing and threatening, comrades' secret meetings and police searches; middle-class family life gets shattered as a result of the narrator's political activities. In this sense, 'home' ceases to be associated with privacy, but rather gets connected, through Antjie's experience and thoughts, with the public spaces of political rallies and gatherings like the school or a stadium. Conversely, at a crucial moment for the protagonist, the public space of the church becomes a place of very private connections and experiences. Between these spaces with their changing functions and meanings, and between the racially separated localities, the road on which Antjie rushes in her car attempting to attend to both 'public' and 'private' needs, figures the space of transition and urgency as well as, upon her arrival home, of being lost and exploited. On the sport day in Bloemfontein which she attends as a teacher, she promises her husband to be at home early in the evening, but gets involved in searching for the children who had been left without supervision. She recalls her state of "histerie wat aan waansin grens" [hysteria bordering on madness] (Krog 1995a: 33) when she drives back home giving a lift to people from the township and yet trying not to breach the rules set by her husband:

> Ek jag, ek sny voor karre in. [...] Ek probeer myself beteuel: wat maak my so special dat ek nou so gatvol is. Al die ander onderwysers was ook die hele dag weg van hulle huise, almal se gesinne moes maar ook sonder hulle klaarkom. Ek voel soos 'n drol, want dié wat saam met my ry mag nie rook of drink in die kar nie – J. se orders. [I'm chasing, I reeve in. (...) I'm trying to bridle myself: what makes me so special that I'm now so fed up. All other teachers have also been the whole day away from their homes, everyone's families also have to do without them. I feel like shit because those who are driving with me may not smoke or drink in the car – J's orders.] (Krog 1995a: 33)

Boundaries and the acts of transgressing them also play a very important part in the narrative as, for example, in the episode of the school children's protest march, during which the children dared to step across the line drawn by the police at the high risk of being shot. This act of courage drew a moral border between the teachers and the students and changed, in the perception of the witnessing narrator, the power relations between them:

> Deur te staan en te kyk, het ons ons eie gesag en integriteit vernietig. Celestine het 'n grens oorgesteek wat ek nooit sal kan nie. Watter reg het ek volgende week om vir haar te sê: As jy nie jou werk leer nie, is jy nutteloos vir die samelewing? [By standing and watching we have destroyed our own authority and integrity. Celestine has crossed the border which we will never be able to cross. What right do I have to tell her next week: If you don't do your homework you will be useless for the society?] (Krog 1995a: 28)

In terms of time, the narrative spans the years between 1989 and 1995 – the period of transition which seems to have become the most problematic historical point in Krog's recent work. Her volume *Gedigte 1989-1995*, parts from *A Change of Tongue* and from *Begging to Be Black* relate about and to this conflicted time that virtually constitutes a space of return in the aftermath of the long transition. In this regard, the imperative of making sense of the moment and attempting to tell the story of one's personal experience of the events, as a witness and an immediate co-participant, becomes a major effort and a theme in Krog's writing after *Relaas*. One could say, the writer is continuously speaking about this moment in different languages and genres. Given the uncertainty of the transitional moment, all kinds of self-evident principles and assumptions get questioned and challenged. In the reality of the narrator's textualized experience, not only moral principles take over legal ones, but also ethical considerations of the moment tend to undermine any abstract moral principles. In the textual space of generic and linguistic hybridity where all principles bear a performative quailty, transgression may be best understood as conversation. In this way, immediacy and concreteness can be regarded as major characteristics of representation in the novella.

This point can be illustrated by two episodes of communal singing. The first occurs when a group from the church community, including the protagonist, comes to the house of Douglas (one of the participants in the crime) who has just been released from prison. The other one, at the end of the novella, takes place in the local Mission church where Antjie, after the trial which sentenced the murderer and Douglas as an accomplice, finds reconciliation with the wife of the latter and other members of the 'coloured' community. In a way, these episodes frame the story of the murder. Both episodes relate the moments of singing and praying in Afrikaans and Sesotho.

> Die voorste begin sing in Sesotho. Almal maak oë toe. Naderhand snap ek die woorde en sing saam. Ons sing al harder. Iemand begin bid, saggies agter my. [...] Die sang neem toe, 'n stem begin in Sesotho bid, daarmee saam sê iemand oor en oor How great thou art, how great thou art, terwyl ander sing, terwyl ander sug ja, terwyl ander amen. So met geslote oë word almal deel van die bid en die sang wat opwerk tot 'n klimaks waar almal frases uitroep in verskillende tale, terwyl 'n lied meerstemmig en sterk almal byme-kaarhou. [The one in front starts singing in Sesotho. Everyone closes their eyes. Later I grasp the words and sing together with them. Our singing gets louder. Someone begins to pray, softly behind me. [...] The singing swells, a voice starts praying in Sesotho, and along with that somebody says again and again How great thou art, how great thou art, while others sing, while others sigh ja, while others amen. So with the eyes closed every-one becomes part of the prayer, and the singing that grows to a climax where everyone calls out phrases in different languages, whereas the song multivocally and strongly holds everyone together.] (Krog 1995a: 35-36)

> Ons sing wiegend in Sesotho: "Hy het waarlik opgestaan, kyk die bloeisels is aan die takke." En op 'n manier het hierdie gemeente uiteindelik my en my gesin se enigste ge-meenskap geword; die enigste mense aan wie ons na was – en soos ons almal daar staan in die eenvoudige raap-en-skraap kerk, is die emosionele verwarring op ons almal se ge-sigte te sein – verward oor wat in die dorp aangaan en gehawend in ons opgings om te leef soos ons dink reg is. [We sing swaying in Sesotho: "He is risen indeed, look, there are blossoms on the branches". And in a way this congregation has eventually become my and my family's only community; the only people to which we were close – and as we all stand in that random church one can see the emotional confusion on our faces – confused about what is going on in the town and worn out in our attempts to live as we think is right.] (Krog 1995a: 63)

These scenes of solidarity emerging through affective interaction, beyond the ratio-nality of moral dilemmas, feature the protagonist overcoming her alienation and otherness through the act of linguistic transgression. She does not have to understand the semantic nuances of a language to become a participant in the event taking place in and through this language. At the same time, the genre of choral singing and praying interrupts the narrative's rush tempo and its language of urgency. The multivocality of singing can be read as a conversation – between Afrikaans and Sesotho, the rituals of communion and the enactments of commonality across the varied positionalities. It underlines the participation of all the different people in the common political and very personal 'cause' of meaning-searching. This making of ethical choices in everyday life may turn to be more decisive and powerful than any official policy. The protagonist's transition from alienation to a unity of sorts and a sense of belonging is thus effected, I would suggest, through this act involving linguistic and generic transgressions.

This scene of reconciliation, however, leaves the narrator (and the reader) with no easy answers but rather with questions: What are the social conditions and consequences of transgression? What are its challenges for an individual? When does it become possible and who has the privilege of performing a transgressive act? The book ends with Antjie's husband clearly articulating her failure to transgress racial and class boundaries: "Onder die dekmantel van causes het jy jou ingewurm in plekke waarvan jy nóg die onderstroominge, nóg die kodes verstaan het" [Under the cover of causes you have wormed yourself into places of which you understood neither undercurrents nor codes] (Krog 1995a: 67). From his perspective, Antjie has been constantly trying to forge a new identity for herself and her family, but in the end she has failed to live up to this ideal. As the family moves to Cape Town, the protagonist, in her search of a new beginning, is left struggling with the old questions. The next step will be her three-year deeply engaged work with the TRC, and the narrative's open end can be read today as a bridge from *Relaas* to *Country of My Skull*. This is a transition effected, again, by way of trespassing linguistic and to some extent generic boundaries – from Afrikaans to English, from focusing on an individual crime in the countryside to the nation-wide process of uncovering human rights violations.

An open conversation: intertextual translation across time and space

With regard to *Begging to Be Black*, of which the narrative of *Relaas* becomes an integral part, the issue of continuities and discontinuities seems to be even more intriguing. What role does this translated text play in the new textual complex in relation to the other two narrative lines? I would suggest that viewing this relationship through the lens of generic and linguistic translations can provide a feasible framework for answering this question. In the narrative concerned with the story of King Moshoeshoe and the Basotho, through the medium of Casalis' text and later the protagonist's impressions from travelling in Lesotho, the writing subject engages a multilayered process of translating the self into another cultural time and space. This involves, first, a reflection on the ways in which Casalis attempts to establish contact with the Basotho and their king and to integrate – and thus translate himself – into an African cultural setting while pursuing his missionary agenda of transforming this culture by applying European standards. Second, in his ethnographic writing on the Basotho, Casalis was translating this setting and his view of it into a French and then into an English text.[9] When writing *Begging to Be Black* one and a half centuries later, Krog was accessing the personalities of the French missionary and his character through the translated

---

9   According to Alain Ricard, the French text was preceding the English one – the fact that for a long time remained obscured from readers and researchers since the author made everyone believe that the latter was the original (1998: 4).

English text, and was thus performing a process of multiple reconstructions, translations and imaginings. In the second story line relating about Antjie's stay and work in Germany, the autobiographic narrator places herself in a position of being translated when her theoretical approaches to cultural translation get questioned and relativized in her conversations with a German philosopher. In other words, the text integrates her viewpoint of a white 'South African-in-becoming' into global cultural and political debates and observes the ways in which it gets transformed. The third line of the narrative, Krog's own translation of *Relaas* (which can be seen as an 'answer' to Casalis' translation of his text),[10] constitutes a transitory time/space between the distant past of the missionary's account and the almost immediate present of the author's impressions of Berlin. It forms a focal point of the book's narrative in the sense that it returns to the unresolved issues from the past that haunt the narrator's present – primarily, the (im)possibility of making moral choices in an immoral environment – and translates them in a new context.

Each of these narrative lines, notably, foregrounds a different language – French, German and Afrikaans – as languages of both originals and translations, to then converge them symbolically within the text written in English. From the viewpoint of genre, the text creates a new hybrid form at the intersection of missionary writing, travel notes, memoir and epistolary forms. In this sense, *Begging to Be Black* produces a contrapuntal combination of narratives, heterogeneous in themselves, which become dialogized through its self-reflexive and transgressive employment of genre and language conventions.

To conclude my observations of the controversies as well as the conversations thematized in *Relaas van 'n Moord* and 'embodied' in its form, I would suggest that the text, in a manner typical for Krog's writing, engages in a dialogue with the reader rather than attempts to 'convert' him/her into a prefigured space. In relation to the author's oeuvre that consequently challenges the borders between prose and poetry, art and life, this text has opened a conversation that is still unfolding and gaining new dimensions – sometimes involving translation, sometimes juxtaposing untranslatable positions, but always trying to challenge the imagined integrity of any canonic value.

---

10 It would be interesting to discover whether Krog knew that Casalis' English text was his own translation. If so, her translation of her Afrikaans text into English (which an English reader not acquainted with her works in Afrikaans would read as an original) and 'paralleling' it with her re-working of Casalis's book could be seen as a conscious strategy. In any case, the apparent similarity between Casalis' and Krog's relation to English as a language of translation, an essential tool to communicate their ideas, opens up a very interesting dimension of *Begging to Be Black*.

Works Cited

Bakhtin, Mikhail. 1986. *Speech Genres and Other Late Essays*, ed. by Caryl Emerson and Michael Holquist. Transl. by Vern W. McGee. Austin: University of Texas Press.

Bakhtin, Mikhail. 1981. *The Dialogic Imagination. Four Essays*, ed. by Michael Holquist. Transl. by Caryl Emerson and Michael Holquist. Austin: Univ. of Texas Press.

Coetzee, Carli. 2001. "'They Never Wept, the Men of my Race': Antjie Krog's *Country of My Skull* and the White South African Signature". In: *Journal of Southern African Studies* 27, 4, 685-696.

Gouws, Tom. 1998. "Antjie Krog (1952-)". In: *Perspektief en Profiel: 'n Afrikaanse Literatuurgeskiedenis*, Deel 1, ed. by HP Van Coller. Pretoria: J.L. van Schaik, 550-563.

Krog, Antjie/Mpolweni, Nosisi/Ratele, Kopano. 2009. *There was This Goat: Investigating the Truth Commission Testimony of Notrose Nobomvu Konile*. Peitermaritzburg: University of KwaZulu-Natal Press.

Krog, Antjie. 2009. *Begging to Be Black*. Cape Town: Struik Publishers.

Krog, Antjie. 2008. "My Heart is on My Tongue: The Untranslated Self in a Translated World". In: *Journal of Analytical Psychology* 53, 225-239.

Krog, Antjie. 2003. *A Change of Tongue*. Johannesburg: Random House.

Krog, Antjie. 2000. *Down to My Last Skin*. Johannesburg: Random House.

Krog, Antjie. 1998. *Country of My Skull*. Johannesburg: Random House.

Krog, Antjie. 1995b. *Gedigte 1989-1995*. Kaapstad: Human and Rousseau.

Krog, Antjie. 1995a. *Relaas van 'n Moord*. Kaapstad: Human and Rousseau.

Krog, Antjie. 2000. *Down to My Last Skin*. Johannesburg: Random House.

Meyer, Stephan. 2002. "'the only truth stands skinned in sound': Antjie Krog as translator". In: *Scrutiny 2: Issues in English Studies in Southern Africa* 7, 2, 3-18.

Morson, Gary/Emerson, Caryl. 1990. *Mikhail Bakhtin: Creation of a Prosaics*. Stanford: Stanford University Press.

Ricard, Alain. 1998. "Eugène Casalis, voyageur et ethnographe (1859): Les Bassoutos ou vingt-trois années d'études et d'observations au sud de l'Afrique". In: *Les discours de voyages, Afrique, Antilles*, ed. by Romuald Fonkoua. Paris: Karthala, 35-43.

Sanders, Mark. 2000. "Truth, Telling, Questioning: The Truth and Reconciliation Commission, Antjie Krog's *Country of My Skull*, and Literature After Apartheid". In: *Modern Fiction Studies* 46, 1, 13-41.

Strauss, Helene. 2006. "From Afrikaner to African: Whiteness and the Politics of Translation in Antjie Krog's *A Change of Tongue*". In: *African Identities* 4, 2, 179-194.

Van Coller, H.P./Odendaal B.J. 2007. "Antjie Krog's Role as Translator: A Case Study of Strategic Positioning in the Current South African Literary Poly-System". In: *Current Writing: Text and Reception in Southern Africa* July 1, 19, 94-122, http://www.findarticles.com/p/articles/mi_6742/is_2_19/ai_n31004014/ (30.07. 2010).

Visagie, Andries. 2008. "Introduction. Antjie Krog: From a Poetics of Dissidence to Nation-building and Beyond". In: *Current Writing: Text and Reception in Southern Africa* 19, 2, http://currentwriting.ukzn.ac.za/index.php/theeditors/8-theeditors. html (08.08. 2010).

Une œuvre hors normes : *Ualalapi* de Ungulani Ba Ka Khosa

Marie-Françoise Bidault, Université de Haute Bretagne, Rennes 2

En 1990 le *Grande Prémio da Ficção narrativa* [Grand prix de fiction narrative] couronne, à Maputo, la capitale du Mozambique, deux œuvres novatrices chacune à leur manière : un ensemble de textes agencés en forme de roman évoque la fin du XIXème siècle dans *Ualalapi* de Ungulani Ba Ka Khosa alors que Mia Couto a résolument opté pour un recueil de nouvelles contemporaines avec *Vozes Anoitecidas* [Voix nocturnes]. Le premier auteur, noir, fils d'un père Changane et d'une mère Sena, revendique son sentiment d'africain héritier d'une longue tradition, alors que le second, blanc né à Beira, enfant d'émigrés portugais, se sent africain urbain par son enfance mais traduit dans son écriture une approche étroite de la tradition grâce, entre autres, à son parcours professionnel.

Les deux ouvrages portent en sous-titre la mention *contos* tout au moins pour la première édition mozambicaine de *Ualalapi* car, dans la deuxième, publiée à Lisbonne en 1991, cette indication a disparu pour être remplacée par la distinction décernée l'année précédente. Simple affaire de marketing de maison d'édition d'après l'auteur. Toutefois une première constatation s'impose. En effet la mention *contos* peut prêter à confusion. Si l'on en croit Maria Fernanda Afonso

> La langue portugaise utilise pour dénommer les genres littéraires des termes qui risquent de prêter à confusion. C'est le cas du mot portugais conto qui désigne simultanément le conte traditionnel et la nouvelle, baptisée aussi et indifféremment conto moderno, conto literário, estória, história, novela et short story. (Afonso 2002 : 51)

Dans le cas présent, tant pour *Vozes Anoitecidas* que pour *Ualalapi* le concept de nouvelle semble mieux correspondre à l'œuvre si l'on se réfère toujours à l'assertion de Maria Fernanda Afonso à propos de celle-ci.

> Elle apparaît comme une forme éminemment moderne, s'attachant à un rythme particulier, véritable mise en abîme, où l'écrivain recherche l'originalité, la libération des contraintes qui pesaient sur le conteur traditionnel, commandées par la tradition et par les réactions d'un public qui pouvait l'interrompre, lui manifester son désaccord ou son enthousiasme. (Afonso 2002 : 43)

Si *Vozes Anoitecidas* est constitué de textes autonomes, sans lien entre eux, qui composent autant de récits indépendants, il n'en est pas tout à fait de même pour *Ualalapi* dont l'enchaînement des unités est réalisé par un important appareil para-textuel.

En ce qui concerne cette dernière œuvre les avis sont partagés. D'aucuns n'hésitent pas à franchir le pas en le qualifiant, sans hésitation, de roman comme il est présenté dans la bibliographie de *Notre Librairie* (1993 : 99), d'autres y voient un recueil de nouvelles, genre fort répandu dans la littérature en Afrique. L'analyse de Ana Mafalda

Leite, moins tranchée, laisse entrevoir toute la complexité de l'ouvrage : « Ungulani Ba Ka Khosa, com o seu livro, *Ualalapi*, moderniza a ficção moçambicana ao introduzir um género que se enraíza no romance histórico » [Ungulani Ba Ka Khosa, avec son livre *Ualalapi*, modernise la fiction mozambicaine en introduisant un genre qui prend ses racines dans le roman historique[1]] (Leite 1998 : 83).

Avant d'aborder une œuvre aussi complexe, un rapide coup d'œil sur son auteur et le contexte dans lequel elle surgit ne peuvent qu'apporter un éclairage utile pour en faciliter une meilleure compréhension.

Un écrivain frondeur mais reconnu

Né le 1er août 1957 dans la province de Sofala et ayant beaucoup voyagé au gré des mutations de ses parents, infirmiers, Ungulani Ba Ka Khosa commence une formation en Histoire. En 1977, élève du Premier groupe du célèbre centre *8 de Março* dont il n'apprécie guère la discipline militaire qui y règne en maître, il entre en rupture avec les Groupes Dynamiseurs mis en place. Sa contestation s'accentue avec une nomination à Lichinga, pour deux ans, dans la province de Niassa, au nord du pays, point de passage vers les camps de rééducation dont il dira que c'était une sorte de Sibérie mozambicaine (Laban 1998 : 1051). Sensibilisé et même choqué par ce qu'il constatait, il ressent très tôt le besoin de témoigner de la situation. C'est à son retour à Maputo qu'il commence sa carrière littéraire en publiant quelques récits dans un journal de Beira d'abord puis dans *Domingo* et la revue *Tempo* dans la capitale.

Esprit rebelle, il s'engage dans l'équipe des jeunes fondateurs de la revue *Charrua* qui voit le jour en 1984 à Beira, deuxième grande ville du pays après Maputo la capitale, omniprésente dans le monde des Lettres. C'est la première revue littéraire née dans le Mozambique indépendant. Ce groupe de jeunes écrivains issus de l'AEMO (Association des Ecrivains Mozambicains) est plein d'enthousiasme mais l'aventure tourne court au bout de 8 numéros. *Charrua* se revendique comme le produit d'une jeune génération réunissant des personnalités différentes et qui se démarque de la précédente, plus centrée sur une œuvre poétique, en particulier la poésie de combat dans laquelle s'illustrèrent quelques hommes appelés à jouer un rôle en politique.

Francisco Esau Cossa, qui porte encore son patronyme portugais, a senti naître sa vocation d'écrivain dès 1978. Premier acte d'affirmation de sa personnalité, le choix de son nom de plume, hérité d'un grand oncle, celui qu'il avait reçu dans le sud au cours de sa cérémonie d'initiation et dont il nous livre la signification : « Que diminuam os Khosas, que são muitos ! » [Il faut réduire les Khosas car ils sont nombreux !] (Laban 1998 : 1045). Première manifestation aussi de retour aux sources, aux valeurs de la tradition à laquelle il se montre particulièrement attaché dans son œuvre.

---

1   Les traductions des citations sont de l'auteur de l'article.

Pour lui, écrire est non seulement un acte de témoignage mais aussi de rébellion : « a escrita aparece como uma forma de registar e como uma forma de rebeldia, porque às vezes escrever é um acto de rebeldia » [l'écriture apparaît comme une façon de consigner et comme une forme de rébellion, parce que parfois écrire est un acte de rébellion] (Khosa, entrevue avec Langa 2008).

Amorcé dans *Ualalapi*, c'est probablement avec *O Reino dos Abutres* [Le Royaume des vautours] que l'auteur mènera à bien ce projet même s'il confesse qu'il a été son livre le plus difficile à écrire. Il y peaufine sa technique, attentif à produire une œuvre harmonieuse mêlant le réel et la fiction dans une évocation de la période contemporaine (les années 80) à une époque de parti unique où le manque de liberté individuelle était pesant. « E este livro foi um pouco difícil porque tinha de chegar ao real e ficcionar, e isso dá muito trabalho » [Et ce livre a été un peu difficile parce qu'il me fallait parvenir au réel et produire une fiction, et cela demande beaucoup de travail] (Khosa, entrevue avec Manjate 2002). Il poursuit ainsi la recherche entamée dans son premier ouvrage. Quinze ans se sont écoulés depuis ses débuts, période entrecoupée par la parution de *Orgia dos Loucos* [L'Orgie des fous, 1990] et *História de Amor e Espanto* [Histoire d'amour et d'étonnement, 1999] qui sont loin de recevoir l'accueil espéré. Il renoue avec le succès quand *Os Sobreviventes da Noite* [Les Survivants de la nuit] reçoit, en 2005, le prix José Craveirinha, du nom d'un des plus grands poètes mozambicains

Quand en novembre 2009, la jeune maison d'édition ALCANCE lance *Choriro* [Pleurs ou deuil], c'est donc le dernier ouvrage d'un écrivain déjà bien connu dans la littérature mozambicaine : le sixième d'une œuvre à la tonalité générale pessimiste, empreinte de violence et de tristesse si on en juge par les titres à consonances bantoues de la première et de la dernière publication (empruntés aux langues locales : *Ualalapi*, le premier doit son nom au héros du texte initial qui signifie où vas-tu ? en zoulou et *Choriro* pleurs ou deuil dans les langues de la vallée du Zambèze). La tonalité est donnée. Avec ces ouvrages inspirés du passé, la boucle est, en quelque sorte, bouclée, les deux ont des thématiques historiques même si, toutefois, les époques et les lieux diffèrent. *Choriro* se déroule dans la région centrale du pays, la vallée du Zambèze, au XVIIIème siècle, à l'époque des *prazos*[2] alors que *Ualalapi* se situe dans les terres du sud, le fameux empire de Gaza, à la fin du XIXème siècle.

Détonnant dans le paysage littéraire, l'auteur n'a guère de doutes sur son véritable rôle ou du moins sur ses aspirations. Au cours d'une entrevue, Ungulani Ba Ka Khosa analyse en termes concis la situation de la littérature mozambicaine. A la question « Como

---

2   Mode de colonisation dans la vallée du Zambèze, les terres étaient confiées pour trois générations à des ressortissants portugais, la transmission se faisant par les femmes. Devant la puissance acquise par certains *prazeiros* s'opposant à la force coloniale le système fut remis en question au XIXème siècle, puis supprimé.

vês a literatura moçambicana ? » [Comment vois-tu la littérature mozambicaine?], il répond :

> Houve diversas fases; a de procura de identidade, em que o Craveirinha para mim é o maior, depois foi o elogio à pátria sem o mínimo de técnica, depois há a fase de contraponto a essa geração. [Il y a eu plusieurs phases, celle de la recherche de l'identité où pour moi Craveirinha est le meilleur, ensuite cela a été l'éloge de la patrie sans la moindre technique d'expression, ensuite il y a la phase de contrepoint à cette génération.] (Khosa, entrevue avec Rogério Manjate 2002)

C'est, bien sûr, de cette dernière qu'il se revendique.

Auteur intranquille aurait dit Fernando Pessoa, dérangeant, confronté à une forme de censure. Tout au moins c'est ainsi qu'il se ressent face aux comités de rédaction des revues locales qui le trouvent trop agressif. « A partir de « A Confissão », qualquer colaboração minha, eles recusavam ! » [A partir de « L'Aveu » ils refusaient toutes mes collaborations quelles qu'elles soient !] (Laban 1998 : 1068). Parfois irrévérencieux, incommodant les organismes officiels, il est constamment à la recherche d'une technique littéraire qui lui permette d'affirmer ses racines bantoues.

Malgré tout, plusieurs prix sont venus récompenser l'œuvre de Ba Ka Khosa. Déjà lauréat en 1990, il est également distingué par le prix national de la Fiction Narrative en 1994 et *Ualalapi* est élu au Zimbabwe parmi les 100 meilleurs livres africains du XXème siècle, sans compter le prix Craveirinha mentionné précédemment.

Un ouvrage polémique

Pour un coup d'essai, c'est un coup de maître. A sa première parution *Ualalapi* ne laisse personne indifférent, ni le public ni l'intelligentsia de Maputo. Rui Nogar, homme d'influence chargé de la partie éditoriale de la revue *Tempo* n'a-t-il pas déclaré lors de la présentation de l'ouvrage: « Podemos discordar e eu discordo de muitas das ideias que aqui estão, – é um livro agressivo –, mas é um livro que deve constar da nossa literatura » [Nous pouvons ne pas être d'accord et je ne le suis pas avec nombres d'idées qui apparaissent ici, – c'est un livre agressif –, mais c'est un livre qui a sa place dans notre littérature] (Laban 1998 : 1067).

Après une dédicace à la mémoire de sa mère, en l'absence de préface, d'entrée de jeu, une note de l'auteur, en guise d'avertissement au lecteur évoque la situation de celui qui est le véritable protagoniste de l'ouvrage, Ngungunhane, dernier souverain africain des terres au sud du Zambèze. Trois opinions s'affrontent. L'une, conforme à la version officielle historique, présente comme vérité irréfutable que Ngungunhane fut empereur des terres de Gaza aux limites incertaines. L'autre, pure fiction, met en doute qu'il en était arrivé, à l'heure de sa mort, à regretter que les langues de son empire n'aient pas créé le mot empereur. Une troisième réflexion précise que d'aucuns disent que cette lacune lui coûta la vie, une existence fragilisée par de longues années aux Açores. Grandeur et décadence caractérisent le parcours des onze années de règne de l'empereur de Gaza précédant autant d'années d'exil en terre portugaise. Telle est la situation juste évoquée ici et abordée au long de l'ouvrage.

Cette note qui ouvre *Ualalapi* en pose toute la problématique. Elle oppose la vérité historique officielle, celle propagée par le pouvoir, à une réalité personnelle concrète, vécue, non publique. La troisième voie/voix se veut être celle de l'expression populaire, de la tradition orale, voire de la rumeur qui se propage.

Le dernier paragraphe s'adresse directement au lecteur en lui fournissant une sorte de sésame: « Saltará à vista do leitor, ao longo da(s) estória(s), a utilização propositada e anárquica das palavras imperador, rei et hosi-nomeação em língua tsonga da palavra rei » [l'utilisation délibérée et anarchique des mots empereur, roi et hosi – nom en langue tsonga du mot roi sautera aux yeux du lecteur, tout au long de(s) l'histoire(s)] (Khosa 1991 : 11). Derrière cette phrase apparemment anodine l'auteur laisse entrevoir son intention de déstructurer la hiérarchie en utilisant sur le même plan des termes de valeurs différentes. Il brouille les pistes et crée volontairement une confusion (ou plutôt une fusion) des concepts. D'une part la vision occidentale dans un cadre structuré qui utilise deux titres d'inégale importance, empereur et roi, pour le même personnage ; d'autre part le terme africain dans un contexte local qui a recours à un vocable unique alors que le monarque régnait sur plusieurs ethnies, soumises par la force. Le parallèle entre l'irrévérence de l'auteur face à une hiérarchie sociale toute personnelle qui met en valeur le peuple plutôt que l'élite et sa volonté de faire fi des genres littéraires établis en parlant de (s) histoire (s) va d'ailleurs se confirmer tout au long de la narration.

De l'importance du paratexte

Après une note en forme de profession de foi, d'entrée de jeu l'auteur poursuit avec quatre citations de deux européens ayant côtoyé l'empereur Ngungunhane. Témoignages contradictoires, tant sur le physique que sur le mental qui viennent jeter le trouble. L'officier portugais évoquant leur première rencontre parle d'un chef d'une grande race et il ajoute

> É um homem alto... e sem ter as magníficas feições que tenho notado em tantos seus, tem-nas, sem dúvida, belas, testa ampla, olhos castanhos e inteligentes e um certo ar de grandeza e superioridade. [C'est un homme grand...et sans voir les magnifiques traits que j'ai remarqués chez tant des siens, ils sont, sans aucun doute, beaux, un vaste front, des yeux noirs et intelligents et un certain air de grandeur et de supériorité.] (Khosa 1991 : 13)

A l'inverse le médecin suisse qui vécut près de l'empereur dans son *Kraal,* le docteur Liengme, se montre impitoyable envers le personnage privé

> Era um ébrio inveterado. Após qualquer das numerosas orgias a que se entregava, era medonho de ver com os olhos vermelhos, a face tumefacta, a expressão bestial que se tornava diabólica, horrenda quando, nesses momentos se encolerizava. [C'était un ivrogne invétéré. Après n'importe laquelle des nombreuses orgies auxquelles il se livrait, il était

hideux à voir, les yeux rouges, le visage tuméfié, l'expression bestiale qui devenait diabolique, horrible, quand, dans ces moments-là, il se mettait en colère.] (Khosa 1991 : 13)

Le portrait moral offre le même contraste. Le Conseiller de Mouzinho de Albuquerque qui provoqua la chute de l'empereur, devenu plus tard ministre d'outremer en 1906, parle d'un homme public, intelligent, efficace à la hauteur de son interlocuteur : « Só direi que admirei o homem, discutindo durante tanto tempo com uma argumentação lúcida e lógica » [Je dirai seulement que j'admirai l'homme, discutant si longtemps en argumentant de façon lucide et logique] (Khosa 1991 : 13), là où le médecin n'y voit que dissimulation « mas toda a sua política era de tal modo falsa, absurda, cheia de duplicidade, que se tornava difícil conhecer os seus verdadeiros sentimentos » [mais toute sa politique était de telle façon fausse, absurde, pleine de duplicité, qu'il était difficile de connaître ses véritables sentiments] (Khosa 1991 : 15).

Dans la ligne de la note d'introduction ce collage d'impressions annonce un processus constant tout au long de l'œuvre. Des événements ou des opinions sont livrés au lecteur sans autre forme de procès comme autant d'oppositions à une vision de l'Histoire officielle, corroborée par un paratexte qui, le plus souvent, date de la période contemporaine des faits évoqués. La narration s'attache, en quelque sorte, à l'envers du décor se refusant à magnifier et les exploits historiques et la personne mythifiée de l'empereur pour privilégier l'image du peuple. L'Histoire est ainsi revisitée à l'aulne d'une vision contemporaine, fort éloignée de la version officielle tant du colonialisme portugais que du marxisme mozambicain.

La page suivante, entièrement occupée par une unique phrase de l'écrivaine portugaise Agustina Bessa Luís « A Historia é uma ficção controlada » [L'histoire est une fiction contrôlée] (Khosa 1991 : 15), amorce une réflexion qui se concrétisera dans la narration par des épisodes créés de toutes pièces Si l'auteur se défend d'ores et déjà de faire œuvre d'historien pour revendiquer la liberté que donne la fiction, il laisse aussi entendre une dépendance vis-à-vis de la culture européenne, transmise par l'écrit. Et suggère ainsi une préoccupation sur les rapports entre l'Histoire et la fiction.

A cette assertion succèdent les six unités qui constituent l'essentiel de la narration. Sans véritable lien apparent (si ce n'est l'omniprésence de Ngungunhane) elles sont précédées non seulement de courts textes en italique intitulés *Fragmentos do fim* [Fragments de la fin] numérotés de 1 à 6 mais aussi de dédicaces et d'épigraphes qui font office) de guides pour le lecteur. En effet, l'ensemble permet de mieux saisir la chronologie des événements historiques qui ont jalonné le règne de Ngungunhane et qui n'apparaît pas dans les micro-récits.

Certains auteurs sont identifiés alors que d'autres textes, allographes, sont susceptibles d'être attribués à Ba Ka Khosa, lui-même. Le premier est un extrait de *Cartas de África* dont l'auteur Ayres d'Ornellas a déjà tissé les louanges de Ngungunhane dans les premières pages. Ce passage qui évoque le courage et la beauté des chants guerriers vátuas est en parfait accord avec la première narration intitulée *Ualalapi* qui donne aussi son nom à l'ensemble de l'ouvrage. L'épigraphe propose deux lignes à la gloire de l'empereur écrites par un anonyme du XIXème en langue locale et sa traduction en portugais.

Le deuxième fragment, non signé, met en scène le colonel Galhardo dont la cruauté n'a d'égale que l'indifférence avec laquelle il traite un guerrier africain moribond. Il précède *A morte de Mputa*, la deuxième unité qui relate la condamnation à mort et l'exécution d'un sujet de l'empereur. Tant le texte du fragment que l'épigraphe, une citation tirée du livre de Job, et la narration s'appuient sur la notion de toute puissance, d'exercice d'un pouvoir autoritaire et sans appel. Un extrait d'un rapport de ce même Galhardo amorce le troisième fragment dans lequel il raconte la mise à sac de Manja-caze, la capitale de l'empire précipitamment abandonnée. La seconde partie (en com-plément du rapport) fournit une liste des méfaits du colonel qui font état de son inutile cruauté ce qui n'a pas empêché, des années plus tard, Antonio Ennes Commissaire Royal du Mozambique d'en faire l'apologie comme évoqué dans le dernier para-graphe. L'épigraphe est un verset de la Bible tiré de l'Apocalypse qui n'est pas sans relation avec les dramatiques événements qui marquent la mort de l'héroïne.

Le fragment numéro quatre fait état d'un extrait de rapport de Mouzinho de Albu-querque qui relate les humiliations infligées à Ngungunhane lors de son arrestation ainsi que l'exécution de certains de ses proches. Pas d'épigraphe pour ce *Cerco ou fragmentos de um cerco* qui, en contraste avec le héros vaincu du fragment précédent, nous montre un siège d'où les troupes de l'Empereur sortiront triomphantes.

Toujours un texte d'un officiel portugais pour le cinquième fragment, mais il s'agit cette fois d'un message de félicitations adressé par le gouverneur par intérim à Mou-zinho. Alors que celui-ci lui remettait les prisonniers, Ngungunhane ses proches et ses femmes sont qualifiés de « traidores à Pátria que ousaram contra ela levantar armas » [traîtres à la Patrie qui osèrent lever les armes contre elle] (Khosa 1991 : 91). *O Diário de Manua* vient en contraste traiter de la vie d'assimilé d'un fils de Ngungunhane qui a réellement existé et vécu rejeté tant par les Portugais que par les siens.

Le sixième et dernier fragment évoque une phrase du dernier discours que Ngungun-hane est censé avoir prononcé avant son départ en exil. Il permet de mesurer le chemin parcouru et l'ampleur de la défaite pour l'empereur. Deux versions, langue locale et portugais comme pour rappeler la première épitaphe mais dans un état d'esprit bien dif-férent. L'empereur invincible « Tu és Ngugunhane !... Aterrorizarás as mulheres e os homens » [Tu es Ngungunhane !... Tu terroriseras les femmes et les hommes] (Khosa 1991 : 21) est devenu un prisonnier clairvoyant

> A mingi bonanga e mizeni yenu ngi ya hamba, manje mizokusehendza ni bafazi henu… Jamais me vistes em vossas casas… E verdade que me vou, mas sereis escravizados com as vossas mulheres. [Vous ne m'avez jamais vu dans vos demeures… Il est vrai que je m'en vais, mais vous serez réduits en esclavage ainsi que vos femmes.] (Khosa 1991 : 109)

Un verset de l'évangile de Saint Matthieu introduit *O último discurso de Ngungunhane* dans le même esprit de perspective de drames qui émaille le texte.

En conclusion, sauf les fragments 2 et 3 qui ne sont pas identifiés et qu'on peut, sans grand risque, imputer à l'auteur, l'ensemble propose des informations qui, sans en prendre véritablement le contrepied, tout au moins mettent en doute la véracité des versions portugaises de la guerre menée contre Ngungunhane.

Si on se réfère à Genette « Le paratexte est lui-même un texte : s'il n'est pas encore le texte, il est déjà du texte » (Genette 1987 : 13). On ne saurait donc dissocier l'ensemble de ce paratexte des micro-récits dont il éclaire le contenu en l'enrichissant de références puisqu'il « constitue, entre texte et hors texte, une zone non seulement de transition, mais de transaction » (Genette 1987 : 8).

Les titres correspondant soit à des personnages, historiques ou fictifs, soit à des événements réels ou imaginaires semblent indiquer l'intention de l'auteur de mettre en avant des personnages secondaires face à un monarque omnipotent. Le choix de *Ualalapi*, titre général de l'ouvrage du nom d'un personnage qui n'apparaît que dans le premier texte suggère une possibilité d'une réinterprétation de l'Histoire en restituant au peuple une place souvent passée sous silence. Quant aux épigraphes elles apportent un éclairage complémentaire dès lors qu'on constate que trois sur six sont des versets de la Bible qui ne sont pas sans rappeler le rôle important des Eglises catholique et protestante dans la société mozambicaine.

Ualalapi, un recueil de nouvelles ?

Si on s'en tient strictement aux six micro-récits qui constituent l'ensemble de la narration *Ualalapi* a l'apparence d'un recueil de nouvelles, à l'image des *short stories* anglo-saxonnes, il se compose, en effet, de textes courts compris entre 10 et 14 pages, qu'on pourrait lire séparément. Le personnage de l'empereur sert de fil conducteur ténu, tout au long des six séquences (dans lesquelles il occupe plus ou moins d'espace), le point d'orgue étant la dernière dans laquelle il déploie toute son éloquence. Il apparaît souvent en filigrane au cœur de son empire parmi les Nguni, son peuple mais aussi imposant sa loi aux ethnies du Sud qu'il a conquises. Celui qui n'est encore que Mundungazi, avant de devenir Ngungunhane, le patronyme qu'il s'est choisi, révèle sa personnalité dès le premier épisode au cours duquel il fait mettre à mort son frère par *Ualalapi* afin de pouvoir monter sur le trône.

Personnage sans pitié, souverain autoritaire, dans la deuxième unité, il organise, avec une grandiose mise en scène la condamnation à mort et l'exécution de Mputa un sujet du peuple tsonga qu'il a envahi et soumis, démontrant ainsi sa toute puissance.

Dans le troisième texte, à partir du portrait de Damboia, femme d'influence à la cour impériale, qui va mourir punie par les ancêtres pour sa vie dissolue, Ngungunhane adopte une attitude pour le moins surprenante. A l'encontre de la tradition il interdit la cérémonie annuelle pour laquelle ses sujets convergent vers la cour afin de lui rendre hommage contrevenant ainsi aux usages rituels. La suite nous propose deux témoignages divergents sur la vie de Damboia, un qui ne la présente pas aussi redoutable que le prétend la rumeur et l'autre en contrepoint plus intime, plus proche qui souligne sa perversité. A nouveau deux points de vue opposés, celui de l'élite de la cour et celui d'une servante, toujours cette dualité entre l'élite et le peuple.

Changement de registre pour évoquer un événement collectif. *O Cerco ou fragmentos de um cerco* [Le siège ou fragments d'un siège] relate la période de dix interminables jours au cours desquels les troupes de Ngungunhane font le siège d'une fortification Machope, peuple ennemi juré de l'empereur qui s'emploie à les réduire à sa merci. En son absence directe des lieux de l'action, son autorité s'exerce toutefois à travers la personnalité de son principal lieutenant qui dirige les opérations. Faits historiques événements rarement évoqués dans l'histoire officielle qui a souvent passé sous silence le côté envahisseur de Ngungunhane.

O Diário de Manua [Le journal de Manua] évoque un épisode de la vie d'un des fils de Ngungunhane parti étudier à l'Ecole des Arts et Métiers de l'île de Mozambique. Il sera cruellement châtié d'avoir trahi les siens en adoptant les us et coutumes des Portugais au détriment des valeurs traditionnelles de sa race.

Enfin, *O último discurso de Ngungunhane* [Le dernier discours de Ngugunhane], à la différence des autres récits ne se limite pas aux divers événements survenus pendant les seules onze années du règne de l'Empereur. En effet, dans une harangue prophétique, il analyse, avec sévérité, la société mozambicaine depuis la fin du XIXème siècle jusqu'à la période contemporaine postérieure à l'indépendance.

La vie quotidienne

C'est sans doute la principale originalité de l'auteur que de nous proposer au moins dans les cinq premières séquences une narration qui s'appuie sur un mélange de faits réels, vérifiables historiquement et d'éléments surnaturels issus des croyances populaires. Il s'emploie ainsi à recréer l'atmosphère d'une époque révolue ce qu'il déplore en partie regrettant la perte des valeurs fondatrices traditionnelles. La présence des esprits, des ancêtres dotés de pouvoirs occultes ou le déchaînement des forces de la nature viennent systématiquement en contrepoint de chaque grand événement historique.

Bien loin du portrait qu'en offre la vision scientifique ou positiviste de l'Histoire Ngungunhane s'appuie ici sur des puissances surnaturelles pour assurer son pouvoir et justifier ses décisions : « Os espíritos poisaram em mim e acompanham-me, guiando as minhas acções lúcidas e precisas » [Les esprits se sont penchés sur moi et m'accompagnent, guidant mes actions lucides et précises] (Khosa 1991 : 30).

Ces forces sont aussi omniprésentes dans la vie quotidienne où le chassé croisé est constant. Ainsi au retour d'une fructueuse partie de chasse, le fait apparemment anodin de rencontrer un couple d'animaux paressant au soleil, se transforme en horrible présage d'événements néfastes. Pour les guerriers, point n'est besoin de paroles. Tous ont compris la signification de cette apparition car ce sont des pangolins qui luisent sous le soleil. Le contraste est saisissant entre le retour de chasse dans un présent, joyeux, plein d'espoir en l'avenir et l'irruption d'une croyance, venue d'un passé lointain qui transforme la réalité en cauchemar.

> Passou a mão pela carne fresca, sinal de fartura e de bons presságios, e atirou os olhos aos pangolins, animais agoirentos como já ficou dito. E todos, como que petrificados pela imaginação infausta, permaneceram na mesma posição. [Il passa sa main sur la chair fraîche, signe d'abondance et de bons présages, lança un regard vers les pangolins, animaux de mauvais augure comme il a déjà été dit. Et tous, comme pétrifiés par leur imagination se figèrent dans la même position.] (Khosa 1991 : 24)

C'est tout un monde recréé à l'aulne de la fiction, qui apparaît sous nos yeux. Chaque mot compte; aux bonnes perspectives de la réalité concrète, symbolisées par la chair fraîche du gibier, s'opposent ces deux petits animaux inoffensifs mais chargés d'une symbolique négative. A mille lieues d'une Histoire, factuelle, intellectuelle, éloignée de la vie quotidienne, l'auteur se réapproprie en quelque sorte les mythes ancestraux qui ont nourri son enfance pour en faire la base de son matériau d'écriture.

Le déchaînement des éléments, tempêtes ou crues des fleuves aux proportions dantesques, est interprété comme la manifestation non pas simplement d'une nature en colère mais de l'esprit des ancêtres ou des dieux qui manifestent ainsi leur courroux face aux constantes transgressions de l'ordre établi. Les individus écartelés entre les valeurs traditionnelles et la nouvelle situation induite par le poids des institutions coloniales souffrent d'un manque de repère. Les valeurs éthiques initiales vont progressivement disparaître provoquant indirectement la chute de l'empire.

La revendication de ses racines bantoues conduit Ungulani Ba Ka Khosa à mettre en parallèle mais aussi à opposer deux types de civilisation se traduisant par deux modes d'expression. L'un traditionnel, le plus authentique de son point de vue, s'appuie sur l'oralité, seul moyen de transmission véritablement populaire. L'autre, produit de civilisations venues de l'extérieur, arabe puis chrétienne, repose sur l'écrit, mode d'expression dont il convient de se méfier. C'est sans doute dans la cinquième unité narrative que la confrontation oralité/écrit se développe le mieux. Manua, un des nombreux fils de Ngungunhane revient de l'île de Mozambique où il a été suivre les cours d'une école que de nos jours nous appellerions de formation professionnelle. Ce voyage constitue pour lui une première occasion d'affronter son nouvel état d'assimilé avec le monde des commerçants blancs sur le bateau du retour. Il a adopté leurs us et coutumes, s'habillant comme eux et mangeant du poisson, pratique rigoureusement interdite aux siens. Le châtiment, à la hauteur du sacrilège, ne se fait pas attendre et il est pris de vomissements démesurés qui se répandent dans toute la coursive du paquebot.

Après cet épisode peu glorieux, la narration reprend son fil pour mettre en scène les réflexions guère amènes des passagers blancs entremêlant réalité et pure imagination, amplifiées par la rumeur. Les commentaires vont bon train, ils font état, entre autres, de poissons énormes, avec des pattes, semblables à des lézards qui envahissent le navire; le rythme devient alors précipité à la manière des phrases courtes qui fusent lors d'une conversation où chacun veut prendre la parole pour rajouter son grain de sel. On raconte des témoignages invraisemblables avec les plus forts accents de la vérité : « olhe para aquele homem adiante, andou pelo sertão e disse-nos que não valia matar o moço, pois vira uma vez um preto a ser esfaqueado e em vez de sangue saia aguardente, e da boa, compadre » [Voyez cet homme devant nous, il est allé dans la brousse et nous a dit qu'il ne servait à rien de tuer ce jeune homme, car il avait vu une fois poignarder un nègre et qu'au lieu de sang avait jailli de l'eau de vie et de la bonne, mon ami] (Khosa 1991 : 104).

Au cours de ce voyage initiatique à l'envers, en quelque sorte, puisqu'il rentre au pays, Manua symbolise le drame d'une Afrique en proie au déséquilibre, partagée entre tradition et modernité. Mais s'il a transgressé des rites en adoptant les us et coutumes portugais, il y a plus grave encore, il a appris à lire et à écrire; à preuve ce journal retrouvé dans les décombres de sa demeure et qu'il aurait tenu au long de ses dernières années.

Revenu sur ses terres il ne se réadapte pas à la vie indigène et passe ses journées à boire et à fumer du chanvre, châtiment, selon un de ses frères « devido ao feitiço dos bisavós que se irritaram por aqueles modos estrangeiros no andar, no vestir e no falar » [dû au mauvais sort jeté par des bisaïeux irrités par ces façons étrangères de marcher, de s'habiller et de parler] (Khosa 1991 : 105).

Sa famille d'origine ne lui pardonnera pas sa métamorphose. Il finira par mourir dans une épouvantable crise de delirium tremens selon le narrateur. Une autre version, rapportée également dans cette séquence et attribuée à Manhune, un des personnages du récit, raconte que son père finira par le faire empoisonner pour ne plus avoir à supporter ce fils transformé en inconnu méprisant et rebelle à son autorité.

Un discours critique détonnant

Si, dans le *Diário de Manua* [Journal de Manua], les difficultés de l'assimilation se cristallisent autour de la personnalité d'un des fils de l'empereur, dans le texte intitulé *O Discurso de Ngungunhane* [Le discours de Ngungunhane] c'est toute la colonisation et les premières années de l'indépendance qui sont passées en revue.

La séquence commence par une apostrophe à son peuple de l'empereur déchu qui vaticine une dernière fois à l'adresse de la foule massée sur le quai d'où il s'apprête à partir en exil aux Açores. Par une sorte de renversement spectaculaire, Ngungunhane, vaincu, n'est plus le despote cruel qui, contre vents et marées, s'est maintenu au pouvoir pendant onze années d'un règne sans égal. Dans un élan visionnaire, empreint de lucidité, il prête sa voix à l'auteur pour dénoncer les méfaits de la colonisation. En contrepoint de l'habituel point de vue occidental, qui revendique historiquement une supériorité sur le Noir, il inverse les rôles ; c'est maintenant l'élément africain qui prend sa revanche, n'ayant pas de mots assez forts pour stigmatiser la situation et exprimer le dédain que lui inspirent ceux qu'il considère comme des sous-hommes et traite de « homens cor de cabrito esfolado » [hommes couleur de chevreau écorché] (Khosa 1991 : 118). L'évocation des enfants métis, parfois conçus sous la contrainte, révèle bien son rejet de ce métissage, que les Portugais revendiquaient avec tellement de fierté « começarão a nascer crianças com a pele cor do mijo que expelis com agrado nas manhãs » [et commenceront à naître des enfants à la peau couleur de la pisse que vous expulsez avec soulagement tous les matins] (Khosa 1991 : 119).

La diatribe se poursuit avec véhémence, fustigeant la pratique imposée par le colonisateur de troquer la parole donnée contre un vulgaire papier griffonné, sans valeur à ses yeux. « O papel com rabiscos norteará a vossa vida e a vossa morte, filhos das trevas » [Le papier avec des gribouillages conditionnera votre vie et votre mort, fils des ténèbres] (Khosa 1991 : 118).

Emporté dans son élan visionnaire, Ngungunhane blâme aussi l'abandon de la culture traditionnelle, sorte de leitmotiv qui traverse toute l'œuvre « Mas começarão a aprender novas doutrinas que rejeitarão os espíritos, os feiticeiros e curandeiros. Todos ou quase aceitarão o novo pastor... » [Mais ils commenceront à apprendre de nouvelles doctrines qui rejetteront les esprits, les sorciers et les guérisseurs. Tous ou presque accepteront le nouveau pasteur...] (Khosa 1991 : 122).

L'énumération des malheurs à venir se poursuit longuement balayant toute la vie du sud du Mozambique depuis la fin du XIXème siècle jusqu'à l'époque contemporaine. Rien n'est oublié : les documents écrits exigés pour le moindre des actes de la vie quotidienne, les femmes africaines soumises au bon plaisir des blancs, la naissance d'enfants métis rejetant leur mère noire, l'oubli de la langue des ancêtres sous l'influence de l'école.

Ceci sans parler de l'Eglise, tournée en dérision même si elle est considérée comme le véritable bourreau des traditions africaines en voulant imposer sa religion monothéiste aux dépens des croyances ancestrales.

> E haverá homens com vestes de mulher que percorrerão campos e aldeias [...] convencendo-vos de que os espíritos nada fazem, pois tudo o que existe na terra e no céu está sob o comando do ser que ninguém conhece mas que acompanha os vossos passos e as vossas palavras e os vossos actos. [Et il y aura des hommes avec des robes, de femmes qui parcourront les campagnes et les villages [...] pour vous convaincre que les esprits ne font rien, car tout ce qui existe sur terre et au ciel est sous les ordres de l'être que personne ne connaît mais qui accompagne vos pas et vos paroles et vos actes.] (Khosa 1991 : 119)

L'éclaircie de l'indépendance sera de courte durée : « Chegada a vitória tereis um preto no trono destas terras » [La victoire obtenue, vous aurez un nègre sur le trône de ces régions] (Khosa 1991 : 122) avant l'arrivée des catastrophes climatiques mais surtout de la guerre civile.

Dans la dernière séquence, à la nuit tombée, près du feu de bois, le récit renoue avec la tradition orale par l'intervention directe, à la première personne, d'un narrataire dont on apprend qu'il consigne par écrit les révélations du conteur, objet des micro-récits antérieurs. La confluence de l'écrit et de l'oral se fait donc ainsi dans l'hypothèse probable de faire renaître ces histoires d'autrefois sous forme écrite.

Grâce à une habile technique, en un petit paragraphe la scène est campée.

> Há pormenores que o tempo vai esboroando – disse o velho, tossindo. Colocou duas achas no fogo e soprou. Novelos de fumo passaram pelo rosto [...] afastei os papéis. Olhei-o. Era noite. [Il y a des détails que le temps efface progressivement, dit le vieillard en toussant. Il mit deux bûches dans l'âtre et souffla. Des volutes de fumée passèrent sur son visage [....] j'écartai les papiers. Je le regardai. Il faisait nuit.] (Khosa 1991 : 116)

Ce micro-récit final s'achève par un message sibyllin qui laisse le lecteur dans l'expectative partageant la curiosité du narrataire sans recevoir de véritable réponse : « Algo me intrigava no velho e no discurso de Ngungunhane » [Quelque chose m'intriguait chez le vieillard et dans le discours de Ngungunhane] (Khosa.1991 : 125).

Une réécriture personnelle de l'Histoire

Ungulani Ba Ka Khosa découvre, chez ses grands-parents, la tradition orale transmise de génération en génération en langue locale. C'est sans doute cette situation qui est à l'origine de son intérêt pour les pratiques ancestrales, terreau de son inspiration en particulier dans *Ualalapi*. La dualité de l'auteur, fils d'assimilés, sensible à l'oralité, se retrouve dans son œuvre où il donne libre cours aux deux facettes de son identité.

A mille lieues du roman historique attaché à la véracité des faits *Ualalapi* apparaît comme une création personnelle de son auteur voulant rétablir sa vérité à l'encontre de l'historiographie officielle. Loin de la geste coloniale fière d'avoir vaincu Ngungunhane, le souverain réputé invincible, Ungulani Ba Ka Khosa s'emploie à reconstruire un personnage cruel, un despote sans charisme parfois à la limite du grotesque. Il est aussi bien différent de l'Empereur de Gaza dont le discours marxiste a fait un héros, garant de l'unité nationale; le retour triomphal de ses cendres revenues des Açores marquant l'apothéose de cette vision de l'Histoire officielle.

Sa démarche s'apparente, semble-t-il, à celle évoquée dans *Le texte hybride :*

> Mais en même temps dans le dernier quart de siècle, se manifeste au sein du roman historique une nouvelle sorte d'hybridité qui bat en brèche à la fois le discours monotone et la prétention à la véridicité. A chaque fois, l'instrument mis en œuvre est la fragmentation interne du langage. Plusieurs langages, dès lors, se trouvent juxtaposés l'un à l'autre, dans le but de faire ressortir une vérité plurielle. (Budor/ Geerts 2004 : 20)

Loin des néologismes inventifs de Mia Couto ou de la langue métissée de Suleiman Cassamo, Ungulani Ba Ka Khosa creuse son sillon. Dans une langue pure, proche du Portugais standard, il glisse des mots bantous. Point de glossaire ni de notes de bas de page, juste une indication pour éclairer le lecteur et l'introduire en douceur dans son univers « primeira mulher de Ngungunhane, que nestas terras leva o nome de in-konsikasi [...] » [première épouse de Ngungunhane qui, dans ces contrées, porte le nom de inkonsikasi (...)] (Khosa 1991 : 45).

Les documents du paratexte sont le miroir d'une réalité administrative liée à la civilisation de l'écrit. Même si l'auteur, par des témoignages officiels contradictoires, apporte un bémol à la fiabilité qu'on peut leur accorder. Au contraire, les micro-récits, voix d'un ou plusieurs narrateurs, viennent en contrepoint mettre en scène, non plus l'élite mais le commun des mortels. Dans un style débridé s'épanouissent tous les modes d'expression populaire : métaphores, hyperboles, proverbes s'entrecroisent et se multiplient pour insuffler au récit un rythme proche de l'oralité. Des phrases courtes, syncopées alternent avec de longues périodes en particulier pour la description de catastrophes naturelles en lien avec des croyances animistes.

L'écriture de Ungulani Ba Ka Khosa nous révèle ainsi dans *Ualalapi* une étonnante virtuosité de langage. A l'expression concise d'un paratexte utilisé à titre d'illustration d'une certaine vérité s'oppose le foisonnement, parfois délirant d'une narration qui, au-delà des frontières conventionnelles, s'appuie sur des éléments entremêlant fantastique et réalité. L'impression d'hybridité provoquée par l'agencement de deux registres littéraires très différents, l'un dominant et l'autre en passe de disparaître, nous entraîne loin du roman historique classique en imprimant au récit, par sa polyphonie, un souffle nouveau.

Ouvrages cités

Afonso, Maria Fernanda. 2002. *De la fortune de la nouvelle dans la littérature mozambicaine. Ecritures postcoloniales.* Thèse de doctorat, Université Michel de Montaigne Bordeaux III.

Aubrit, Jean-Pierre. 1997. *Le conte et la nouvelle.* Paris : Armand Colin.

Bakhtine, Mikhaïl. 1987. *Esthétique et théorie du roman.* Paris : Gallimard.

Bhabha, Homi. 2007. *Les lieux de la culture.* Paris : Payot.

Budor, Dominique/Geerts, Walter (eds.). 2004. *Le texte hybride.* Paris : Presses de la Sorbonne nouvelle.

Chabal, Patrick. 1994. *Vozes Moçambicanas, Literatura e Nacionalidade.* Lisboa : Veja.

Genette, Gérard. 1987. *Seuils.* Paris : Seuil.

Genette, Gérard. 1986. *Théorie des genres.* Paris : Seuil.

Gengembre, Gérard. 2006. *Le roman historique.* Paris : Klincksieck.

Jeannelle, Jean-Louis. 2009. « Comment diable l'histoire est écrite ». In : *La Licorne* 86, 7-28.

Jouve, Vincent. 2010. *Poétique du roman*. III édition (I édition : 1997). Paris : Armand Colin.

Khosa, Ungulani Ba Ka. 2009. *Choriro*. Maputo : Alcance.

Khosa, Ungulani Ba Ka. 2005. *Os Sobreviventes da Noite*. Maputo : Imprensa Universitária.

Khosa,Ungulani Ba Ka. 2002. *A escrita está em mim* entrevista concedida a Rogério Manjate. http://www.maderazinco.tropical.co.mz/entrevista/ungula.htm (29.08. 2010).

Khosa, Ungulani Ba Ka. 2002. *No Reino dos Abutres*. Maputo : Imprensa Universitária, Livraria Universitária, Fundação Universitária.

Khosa, Ungulani Ba Ka. 1999. *Historias de Amor e Espant*. Maputo : Jorge de Oliveira.

Khosa, Ungulani Ba Ka. 1991. *Ualalapi*. Lisboa : Caminho.

Khosa, Ungulani Ba Ka. 1990. *Orgia dos Loucos*. Maputo : Associação dos Escritores Moçambicanos (AEMO).

Laban, Michel. 1998. *Moçambique: Encontro com escritores III*. Porto : Fundação Eng. António de Almeida.

Laban, Michel. 1995. « Ecrivains et pouvoir politique au Mozambique après l'indépendance ». In : *Lusotopie. Transitions en Afrique lusophone*. Paris : Karthala, 171-180.

Langa, Jeremias. 2008. « escrever é um acto de rebeldia ». Interview avec Ungulani Ba Ka Khosa, http://www.opais.co.mz/index.php/entrevistas/76-entrevistas/105-escrever-e-um-acto-de-rebeldia.html (29.08. 2010).

Laranjeira, Pires. 1995. *Literaturas Africanas de expressão portuguesa*. Lisboa : Universidade Aberta.

Leite, Ana Mafalda. 2008. « Literatura Moçambicana : Herança e Reformulação ». In : *Revista Sarara 1*, www.revistasarara.com/int_pente_fino.htm (29.08.2010).

Leite, Ana Mafalda. 1998. *Oralidades e escritas nas literaturas africana*. Lisboa : Colibri.

Lukacs, Georges. 2000. *Le roman historique*. Paris : Payot.

Matusse, Gilberto. 1993. *A Construção da imagem de Moçambicanidade em José Craveirinha, Mia Couto e Ungulani Ba Ka Khosa*. Dissertação de Mestrado, Universidade Nova de Lisboa, Lisboa.

Raimond, Michel. 2000. *Le roman*. Paris : Armand Colin.

Saúte, Nelson. 1998. *Os habitantes da Memória, Entrevistas com escritores moçambicanos*. Praia-Mindelo: Embaixada de Portugal Centro Cultural Português.

Schaeffer, Jean-Marie. 1989. *Qu'est-ce qu'un genre littéraire ?* Paris : Seuil.

Subversion des codes génériques et narratifs
dans les romans *policiers* de Pepetela[1]

Fabrice Schurmans, Universidade de Coimbra

Ces dernières années, la littérature policière a sans aucun doute gagné en légitimité dans le champ littéraire. L'université s'intéresse à elle ; la presse, spécialisée ou non, lui consacre des numéros spéciaux[2] ainsi que de nombreuses critiques ; les prix et récompenses favorisent sa consécration auprès d'un public toujours plus important (public qui se recrute dans tous les groupes sociaux, indépendamment du diplôme ou du niveau social).[3] Si, durant une grande partie de son histoire, cette littérature dite populaire fut surtout un phénomène européen et nord-américain, on ne peut en dire autant aujourd'hui. De fait, depuis les années 1990, le roman policier s'est globalisé et les nouvelles enquêtes emmènent le lecteur contemporain de Durban à Jérusalem avec escales à Luanda, Kinshasa ou Bamako.[4] De ce corpus en construction, je m'intéresserai ici aux deux romans policiers de Pepetela[5] (2001, 2003) parce que, plus que d'autres, ils questionnent à différents niveaux les fondements du genre, ses caracté-

---

1 Ce texte a fait l'objet d'une première communication en portugais lors du X Congrès afro-luso-brésilien (Université de Braga, janvier 2009). Je tiens à remercier la Professeure Margarida Calafate Ribeiro (Centre d'Études Sociales – Université de Coimbra) pour sa lecture attentive de la version portugaise. Je propose ici une nouvelle version entièrement revue et remaniée.

2 Voir par exemple: «Le roman policier. Lieux et itinéraires» in *Géographie et Cultures* 61, novembre 2007, «Le Polar d'Edgar Poe à James Ellroy» in *Le Magazine Littéraire* 17, juillet-août 2009; «Mauvais genres» in *Manière de voir* 111, juin-juillet 2010.

3 Ainsi dans le domaine français, rien que pour l'année 2003, 1800 récits policiers furent publiés et 18 millions d'exemplaires vendus (Lepape 2005 : 24).

4 Manifestation de cette globalisation du roman policier : la pleine page que *Le Monde* consacra au genre en août 2007 (Meudal 2007 : 18).

5 L'œuvre de Pepetela (né en 1941 à Benguela en Angola) accompagne et interprète les changements advenus dans la société angolaise (avant et après l'indépendance). Ses premiers romans (*Mayombe*, 1980 ; *O Cão e os Caluandas* – Le Chien et les Caluandas, 1985) sont clairement liés, identifiés – diront certains – à l'idéologie du MPLA, parti au pouvoir (idéologie que le slogan « Un seul peuple, une seule nation » résume assez bien). On peut faire remonter la rupture avec le pouvoir à l'abandon par le parti de son orientation marxiste (rupture politique qui trouvera sa traduction littéraire dans (*A Geração da Utopia* – La Génération de l'Utopie, roman publié en 1992). Ses descriptions des dysfonctionnements de l'État postcolonial angolais dans des romans qui, dans un même mouvement, interrogent l'instance narrative, ont fait de lui un écrivain à tout le moins incommodant pour le régime de Luanda.

ristiques, ses limites, sans toutefois cesser d'appartenir au récit policier. Par le biais d'une analyse narratologique, je voudrais questionner le faire du texte pepetélien, voir dans quelle mesure l'un et l'autre roman ressortissent à ce que la sociologie de la littérature appelle la sphère de grande production ou paralittérature (Boyer 2008 ; Dubois 2005) et, en même temps, voir dans quelle mesure ils s'éloignent des caractéristiques du genre, jusqu'à quel point ils le pervertissent et contribuent du même coup à le redéfinir.

L'œuvre de Pepetela étant peu accessible au public francophone, je propose ci-dessous un résumé de chacun des deux romans. La théorie de l'analyse théâtrale appelle ce difficile exercice la mise en évidence de la fable. J'importe volontiers cette pratique dans le champ de l'analyse romanesque, car elle permet de révéler de manière assez objective la structure profonde de l'œuvre, structure à laquelle je me référerai constamment dans le corps de cette lecture.

Jaime Bunda, Agente Secreto – **Jaime Bunda, agent secret**

Une adolescente, Catarina Kiela, est retrouvée morte sur une plage de Luanda. Jaime Bunda, stagiaire auprès des Services d'Enquête Générale, est chargé de l'enquête. Parallèlement, il croit sauver la relation qu'il entretient avec Florinda en engageant une petite frappe, Antonino Das Corridas, afin d'effrayer le mari de celle-ci. T., également membre du Service d'Enquête Générale, personnage mystérieux, dangereux, proche des hautes sphères du pouvoir devient, pour l'agent, le suspect principal car il possède une voiture semblable à celle du kidnappeur de la victime. Au cours de son enquête, Bunda découvre que T. fréquente un couple, Said et Malika. C'est à la fin de ce « premier livre » que l' « Auteur » se défait du « Premier narrateur » pour en convoquer un autre.

Dans le « Livre du second narrateur », c'est Malika justement qui raconte une existence marquée au sceau du malheur, de la violence et de l'errance. Au cours de cette narration, Said se révèle être un homme sans scrupules, impliqué dans d'obscures affaires avec T. A la fin de ce « Livre du Second Narrateur », l' « Auteur » récupère le « Premier Narrateur » afin de lui octroyer une dernière chance de bien raconter l'histoire. Alors que Bunda est sur le point de résoudre non le crime initial, mais l'énigme des affaires Said-T., apparaît Antonino Das Corridas, sérieusement blessé. Antero, le mari à abattre, lui a tendu un piège et l'a obligé à révéler le nom du commanditaire de l'agression. Voici Bunda à la fois chasseur (de Said-T.) et chassé (par les hommes de main d'Antero). Malgré cela, le stagiaire réussira tout à la fois à résoudre ce qui est devenu l'énigme principale (le trafic de fausse monnaie organisé par Said et T.) et à retrouver l'assassin de Kiela : il s'agissait du fils d'un député possédant de fait une voiture semblable à celle de T. Une voiture identifiée grâce à l'intervention d'une guérisseuse, Dona Filó, ennemie potentielle de T.

Jaime Bunda e a Morte do Americano –
Jaime Bunda et la mort de l'Américain

Benguela, début du nouveau millénaire. Un Américain est découvert mort chez lui. Les autorités américaines veulent savoir s'il s'agit d'un acte terroriste et si, par conséquent, il convient de placer l'Angola sur une liste noire. Afin d'éviter de fâcher un nouvel allié, Luanda envoie Jaime Bunda sur place. Il lui faudra travailler discrètement, comme une espèce de conseiller du commandant local, tout en gérant la présence d'un enquêteur envoyé par Washington.

Par ailleurs, Júlio Fininho, ancien combattant, obligé de voler dans les trains pour survivre, abandonne sa compagne, Josefina, pour séduire Maria Antónia, prostituée dont il semble épris. Quand Josefina comprend ce qui est en train de se passer, elle va chercher de l'aide auprès d'une guérisseuse. A cause d'une interférence sonore, (le passage d'un avion de chasse), celle-ci croit que Josefina désire voir son amant condamné à la prison à perpétuité.

Peu de temps après la mort de l'Américain, Fininho rend visite à « La Langue de Feu », un groupe de poètes et d'intellectuels locaux se réunissant régulièrement dans un bar afin de débattre de l'état du pays. Raul Dândi, un vieil homme porteur de la mémoire de la ville, se souvient qu'il y eut un crime similaire dans les années 1950, celui d'un ingénieur portugais assassiné dans les mêmes circonstances. Les autorités coloniales avaient alors accusé un voleur opérant dans les trains parce que sa compagne était aussi la maîtresse de la victime. Un médiocre journaliste local déclare alors au groupe qu'il possède une description assez précise du mystérieux détrousseur, une description évoquant Júlio Fininho. Celui-ci comprend alors que l'étau se resserre. Maria Antónia craint également le pire car c'est bien elle qui a passé une partie de la nuit fatidique en compagnie de la victime.

Assez rapidement de fait, Júlio et Maria Antónia sont arrêtés et torturés. Bunda se rend compte que les deux malheureux forment le couple de suspects idéal aux yeux du pouvoir. Malgré les pressions, Bunda poursuit l'enquête. Face à l'urgence de sauver la vie de Fininho, il réinterroge une Maria Antónia défaite. Ne se souvient-elle donc de rien? Un nom, par exemple, que l'ingénieur aurait mentionné devant elle. Peut-être. Un certain Elvis Barnes, ingénieur lui aussi, travaillant pour une entreprise pétrolifère de Lobito. Bunda se rend tout de suite dans la ville voisine afin d'interroger Barnes, mais l'interrogatoire ne donne aucun résultat probant.

Dans un premier épilogue, celui du narrateur, les autorités angolaises et américaines, satisfaites du travail effectué par les enquêteurs, ne poussent pas plus avant, tout heureuses de tenir deux pauvres hères dont la condamnation ne perturbera en rien les bonnes relations entre les deux pays. Dans un second épilogue, l'auteur remplace le narrateur pour raconter ce qu'il s'est réellement passé. En fait, Barnes connaissait très bien la victime et la poursuivait à travers le monde par désir de vengeance. Cependant, la découverte du véritable auteur du crime ne changera pas le destin de Fininho qui finit par mourir en prison. Victime de maladie? De la malédiction de la guérisseuse? De la succession et de l'entrelacement tragique des événements? L'auteur, et non le narrateur (celui-ci est clairement mis de côté), préfèrera ne pas répondre aux questions.

Continuité et innovation

Les deux romans de Pepetela construits autour du personnage de Jaime Bunda signifient à la fois continuité et innovation: continuité en ce qui concerne le questionnement sur ce que narrer signifie – toute l'œuvre de l'écrivain angolais interroge de fait l'instance narrative –, innovation en ce qui concerne le genre ici pratiqué, le roman policier. Cependant, comme nous le verrons plus loin, le questionnement permanent sur l'identité du narrateur trouve dans le récit à énigme un contexte pertinent puisque nous sommes, de fait, face à un genre qui a justement fait de l'interrogation et du doute sa préoccupation essentielle.

Avant tout, je voudrais examiner le statut institutionnel des romans en question. Les éléments matériels extérieurs à la diégèse ne désignent pas ou peu les romans comme relevant d'une pratique qui se distingue, entre autres choses, par les apparences : intégration dans une collection policière (en principe immédiatement reconnaissable à sa couverture) ou encore reconnaissance de l'écrivain comme familier du genre. En d'autres mots, le roman policier renvoie son lecteur à un horizon d'attente où il lui est loisible de convoquer, consciemment ou non, un savoir préalable. Toutefois, les deux *Jaime Bunda* paraissent non seulement chez un éditeur prestigieux associé à la littérature de production restreinte, mais en plus, ils ne font partie d'aucune collection spécifique, c'est-à-dire qu'ils intègrent l'œuvre en cours sans mise en évidence particulière de la part de l'éditeur (l'adjectif 'policier' n'apparaît nulle part), ce qui, du même coup, valorise une pratique souvent dépréciée par les instances portugaises de légitimation (ainsi les Facultés de Lettres montrent-elles quelque réticence à organiser des séminaires portant sur le roman policier).

Ce statut ambigu des deux romans d'un point de vue institutionnel renvoie sans aucun doute à l'ambiguïté des textes eux-mêmes : d'un côté, ils ressortissent bien au genre, mais, en même temps, ils en questionnent sans cesse les limites et les règles. Nous serions ici en présence à la fois d'une caractéristique intrinsèque du genre qui, comme on le sait, n'arrête pas de chercher des variations à l'intérieur d'une structure assez stable, mais également d'une caractéristique fondamentale de l'œuvre de Pepetela qui a placé au centre de ses préoccupations un questionnement récurrent sur son *faire*. C'est cette convergence qui ici m'intéresse, car de fait, par les questions qu'ils posent, les deux romans déplacent le récit à énigme à l'intérieur du champ littéraire vers le pôle tenu par les instances de légitimation comme plus littéraire ; ils déstabilisent les limites mêmes du champ, brouillent la frontière entre sphère de production restreinte et sphère de grande production et, enfin, aiguisent la réflexion que l'auteur effectue sur ce que narrer signifie et ce, tant dans le contexte global de l'œuvre qu'à l'intérieur de la diégèse de la série policière.

Duplicité – ambiguïté – ambivalence

Tous les critiques et théoriciens se penchant sur les caractéristiques du roman policier reconnaissent son caractère fondamentalement double, une duplicité située à la fois dans la structure narrative, dans le système des personnages et dans les indices. De fait, lorsque débute un roman policier – et en cela la série *Jaime Bunda* ne constitue en rien une exception –, le crime a déjà eu lieu et il revient à l'enquêteur, dans les limites du texte, de reconstituer l'histoire du crime, mais, en même temps, cette reconstitution n'a de sens que redoublée par une autre, l'histoire de l'enquête. Parmi d'autres, Jacques Dubois a bien mis en évidence cette situation propre au genre quand il questionne les règles régissant ce type de récit :

> Le roman policier articule l'une à l'autre deux histoires, celle du crime et celle de l'enquête, et il a beau les superposer et les enchevêtrer, elles n'en sont pas moins là comme les deux parties clivées de la même réalité textuelle. Une des manifestations de ce clivage est que la relation polémique qui oppose détective et coupable ne s'exprime pas dans un face-à-face. Chacun des deux pôles du récit est enfermé dans sa propre sphère et séparé de l'autre par toute la distance de l'énigme. (Dubois 2005 : 77)

Yves Reuter, autre spécialiste du roman policier, abonde dans le même sens :

> La structure du roman à énigme suppose en effet deux histoires. La première est celle du crime et de ce qui y a mené ; elle est terminée avant que ne commence la seconde et elle est en général absente du récit. Il faut conséquemment passer par la seconde histoire, celle de l'enquête, pour la reconstituer. (Reuter 2007 : 39)

De fait, les crimes précèdent l'entrée en scène d'un Jaime Bunda qui, à partir de maigres indices, va tenter de restaurer/rétablir le texte du crime ; à peine l'agent est-il entré dans son rôle herméneutique que débute la narration de son enquête. En de multiples occasions, celle-ci s'éloignera de son sujet principal pour se perdre selon toute apparence en réflexions sur la littérature, la nourriture, la vie à Luanda (*Jaime Bunda, Agente Secreto*) ou à Benguela (*Jaime Bunda e a Morte do Americano*). Entre les deux narrations – et cela vaut pour pratiquement toutes les occurrences du genre – la tension est forte, car le progrès de la première dépend du développement de la seconde et cela, sur un mode concurrentiel. Dubois, encore une fois, a bien décrit ce jeu de tension, de mouvement entre les deux :

> L'auteur policier est donc tenu de conjoindre les deux structures et plus particulièrement d'assurer la coïncidence de leurs deux terminaisons. Il lui faut pour cela user d'un stratagème puisque les deux régimes n'ont pas de raisons intrinsèques de se rencontrer, en un point final commun. Il va recourir aux ruses que tout lecteur connaît : retenir des informations, dont certaines jusqu'au terme, et jouer à égarer le lecteur sur de fausses pistes. (Dubois 2005 : 78)

Retenir des informations et égarer le lecteur sur de fausses pistes : Pepetela ne fera pas autre chose, mais sur un mode particulier. Il semble bien qu'ici le récit tende avant tout à retenir des informations essentielles, à tromper le lecteur ou encore à pratiquer avec art la digression et non à résoudre l'énigme de manière satisfaisante. Dans la plupart des occurrences analysées par les spécialistes du genre, les deux narrations finissent par se rejoindre à la fin du récit, la tension disparaissant avec la révélation du nom du coupable. Si jusqu'ici Pepetela paraissait suivre les règles du jeu, sur ce point essentiel, il s'éloigne de la norme d'une façon inhabituelle. C'est que, de fait, la fusion des deux narrations ne produit en rien l'effet attendu : la résolution de l'énigme provoque chez le lecteur une certaine déception puisque non seulement le suspect surgit des limbes de la narration, sans passer même par la case du suspect, mais, en plus, il disparaît aussitôt annoncé, sa disparition coïncidant avec la fin du roman. Un véritable scandale, au sens étymologique du mot, mais un scandale annoncé par le traitement innovateur que l'auteur fait subir au récit à énigme. Pour être bref, dans les romans policiers classiques (je songe ici à Poe, Gaboriaux, Simenon entre autres), la narration, hétérodiégétique ou homodiégétique, singulière ou plurielle, quelle que soit sa diversité, la narration donc ne se remet pas ou peu en cause : elle ne s'énonce pas comme construction artificielle, comme œuvre en train de se faire, sous peine de rompre le contrat liant émetteur et récepteur de ce genre de textes. C'est précisément sur ce point que Pepetela rompt avec la tradition et, dans un même geste, innove de manière radicale.

Dans *Jaime Bunda, agent secret*, nous assistons de fait à une espèce d'affolement de la narration, avec de fréquentes interventions de l'auteur critiquant la façon de raconter de ses narrateurs, congédiant le premier (Pepetela 2001 : 141) pour le rappeler dans le « Troisième livre du narrateur » (Pepetela 2001 : 179), après avoir donné la parole à un personnage secondaire. Cependant, c'est avec *Jaime Bunda et la mort de l'Américain* que l'écrivain angolais déstabilise les fondements du récit à énigme de façon encore plus subversive. En effet, au moment même de conclure (la convergence entre les deux narrations), le narrateur déstabilise une première fois la structure classique du roman d'enquête (« Já me fazem sinal dos bastidores, chegou a hora de terminar » – [On me fait déjà signe depuis les coulisses, il est temps de terminer][6] (Pepetela 2003 : 257). Au lieu d'offrir une solution satisfaisante d'un point de vue structurel – avec Júlio Fininho inculpé –, le « Premier épilogue possible » assume, tout autant qu'il joue avec, le côté souvent superficiel et, pour tout dire, décevant du dernier chapitre du roman policier modèle. Toutefois, c'est du « Deuxième épilogue possible » que surgira la sape la plus radicale puisque *l'Auteur* intervient pour congédier définitivement le narrateur et proposer sa version de la fin: « Aqui entra pela primeira vez o autor para chamar as coisas pelos verdadeiros nomes » [Ici, l'auteur entre en scène pour la première fois pour appeler les choses par leur véritable nom] (Pepetela 2003 : 263). La juxtaposition des deux épilogues rend impossible le choix de l'une ou l'autre solution et, scandale

---

6   Les traductions du portugais sont toutes de mon autorité.

suprême du point de vue du genre, rend du même coup impossible la clôture de la narration.

Néanmoins, ce double épilogue pourrait sans doute être aussi interprété comme un hommage au caractère fondamentalement double, ou duplice, de la plupart des récits à énigme. Malgré tout, Pepetela a construit un roman policier avec ses crimes, son personnage d'enquêteur, ses suspects, ses effets de suspense etc. Les théoriciens pointent également la propension du genre non seulement à s'éloigner de la norme générique, mais aussi à intégrer les écarts ou tentatives d'écarts comme autant de marques de la pratique narrative policière elle-même. Dubois avait sans doute raison lorsqu'il affirmait que, de tous les jeux auxquels se livre le roman policier, celui qui touche à la structure narrative est le plus subversif :

> [Les écarts qui s'en prennent au code du récit] relèvent de l'acte même de la représentation romanesque ou narrative et mettent en jeu les principes de son fonctionnement; en ce cas, ce sont les règles génériques les plus intimes qui se trouvent perturbées. (Dubois 2005 : 110)

Cette capacité à transgresser les règles et, en même temps, à récupérer/valoriser la transgression rend le genre extrêmement dynamique et l'approche du même coup du pôle de production restreint qui, comme on le sait, fait aussi de l'originalité, ou à tout le moins de la recherche de l'originalité, un de ses facteurs de distinction relativement au pôle de grande production. Mais il y a plus : au cours du XXe siècle, la grande littérature va, à son tour, emprunter au roman policier les éléments lui permettant de dire la complexité du monde moderne. Ainsi la structuration du roman autour d'un récit à énigme et le modèle de l'enquête policière caractérisent plusieurs courants et auteurs légitimés par les instances de consécration (je songe ici au 'Nouveau roman' ou encore au Paul Auster de *City of Glass*). Cet échange de procédés explique en partie la raison pour laquelle le roman policier a perdu sa mauvaise réputation (romans mal écrits, répétitifs...) dans une partie du monde universitaire ou, pour le dire en termes plus bourdieusiens, il ne s'agit plus d'une pratique illégitime aux yeux des récepteurs bien dotés d'un point de vue symbolique.[7] Vanoncini a bien vu que cette banalisation du genre ne l'empêche aucunement de continuer à transgresser, à innover :

---

7 La consécration devint presque complète avec l'entrée de Simenon dans La Pléiade (puissant facteur de légitimation dans le champ littéraire français). Ma restriction ('presque') provient de la réaction d'une autre instance de légitimation, *Le Monde des Livres*, à l'insertion de l'écrivain belge dans la prestigieuse collection. C'est au nom d'un jugement esthétique (puissant producteur de frontières dans le champ) qu'une certaine critique refusa son droit d'entrée à Simenon : « Dans ses rapports avec ses éditeurs, *Pedigree* marque un tournant. Simenon rompt avec Gallimard où, suggèrent les éditeurs de ce "Pléiade", "le succès commercial n'entraîne pas nécessairement l'estime." Et où, sans doute, Simenon n'est pas à sa place, parmi les messieurs de la NRF. Soixante-dix ans plus tard, la remarque vaut pour ce "Pléiade" et pour les précédents [allusion aux deux premiers volumes de romans de Simenon publiés dans la même collection], au voisinage, alphabé-

Il est sans doute vrai que le genre, autrefois marginalisé et malfamé, occupe aujourd'hui une position acquise et, en conséquence, banalisée dans le champ littéraire global. Mais il n'a pas perdu pour autant son potentiel critique ou sa faculté d'innovation. La différence par rapport à son époque de trouble-fête solitaire, c'est qu'aujourd'hui il ne peut exprimer sa force subversive qu'en acceptant de se déconstruire et de se recombiner avec d'autres formes de discours. (Vanoncini 2002 : 21-22)

Sur ce point, Pepetela me semble le paradigme du producteur ayant réussi à agréger les deux pratiques dans l'ensemble d'une œuvre homogène, et cela sur le mode de la continuité et non de la rupture. Néanmoins, il serait réducteur d'affirmer qu'il y eut avec la série des *Jaime Bunda* une simple récupération/répétition d'innovations narratives antérieures. Il s'agit de bien plus que cela: pour me limiter à un exemple, il reprend et approfondit le questionnement sur les fondements de la narration. Comme nous le savons maintenant, depuis les premiers textes, *Mayombe* (1980) ou encore *O Cão e os Caluandas* [Le Chien et les Caluandas, 1985], l'auteur n'arrête pas de mettre en évidence le *faire* du texte, de placer au centre de ses préoccupations le ou les rôles du ou des narrateurs (proposant souvent deux versions d'un même événement), son statut ambigu, voire ambivalent, etc.[8] Dans les romans policiers de Pepetela, ce questionnement gagne en pertinence parce qu'il se manifeste dans une pratique qui place justement au centre de ses attentions la duplicité narrative, la méfiance généralisée relativement à ce qui nous est communiqué (chaque mot, chaque indice étant susceptible de signifier une chose et son contraire). On comprend dès lors combien il serait erroné de voir dans la série un divertissement léger, une variation mineure ou, pire encore, une régression dans l'architecture globale de l'œuvre. Il s'agit surtout, on l'aura compris, d'une réflexion plus développée de la part de Pepetela sur ce que narrer signifie.

Les effets de cette duplicité/ambiguïté ne se font bien sûr pas seulement sentir dans la façon de narrer. Une étude plus approfondie devrait sans doute se pencher sur les effets de duplication traversant *Jaime Bunda et la mort de l'Américain*,[9] par exemple,

---

tiquement, de Shakespeare et de Spinoza. Malgré sa vanité, Simenon se savait mieux en valeur, sinon à sa juste place, sur les présentoirs des gares. » (Le Gendre 2009, version en ligne). Comme il ressort clairement de cet exemple, les (re)définitions des frontières à l'intérieur du champ littéraire sont également traversées de tensions contradictoires.

8   Voici un exemple parmi d'autres tiré d'un chapitre important (« Dans la mer se balade un marsouin ») du roman *Le Chien et les Caluandas*. Le chien et le narrateur observent un couple en train de faire l'amour : « O cão ficou parado a ver. Ele e eu. Não sei se observámos a cena com os mesmos sentimentos. Mas eu sou narrador imparcial, não tenho de falar dos meus sentimentos » [Le chien s'arrêta pour regarder. Lui et moi [c'est-à-dire le narrateur]. Je ne sais pas si nous avons observé la scène avec les mêmes sentiments. Mais moi, je suis narrateur impartial, je n'ai pas à faire part de mes sentiments] (Pepetela 1985 : 60).

9   Ainsi, l'histoire de l'ingénieur américain assassiné est redoublée par une histoire similaire advenue dans les années 1950. Il me semble évident qu'en tissant de la sorte des liens entre les périodes coloniale et postcoloniale (tant les victimes, des représentants de l'Em-

qui participent de cette ambivalence fondamentale. Pour notre propos, il suffira d'insister sur le traitement réservé par Pepetela au système des personnages dans ses *Jaime Bunda*.

Personnages

La propension du roman policier à utiliser des personnages types est bien connue. Quelles que soient la nature des détournements, les tentatives de rénovations, l'originalité de la combinaison (l'enquêteur est le criminel comme dans le cas limite *L'été meurtrier* de Japrisot ; le narrateur est l'assassin comme dans *The Murder of Roger Ackroyd* de Christie), nous revenons toujours aux figures de référence. Parmi les multiples grilles servant à décrire le système de personnages, celle de Jacques Dubois me paraît la plus intéressante. Son carré herméneutique propose en effet une structure stable, ni rigide, ni fermée sur elle-même, une structure permettant de rendre compte des multiples variations inhérentes au genre : « La disposition carrée n'est pas plus fermée qu'elle n'est figée. Déjà chaque rôle est porté à se manifester en plusieurs personnages. Nécessité pour le suspect; variante fertile en ce qui concerne le détective ou le coupable » (Dubois 2005 : 93).

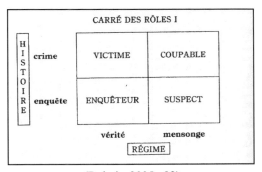

(Dubois, 2005 : 92)

Selon Dubois, ce carré pourrait faire l'objet des tentatives les plus variées de déconstruction, accueillir les pratiques les plus subversives ; il finirait toujours par retrouver sa forme initiale et serait de la sorte capable d'intégrer les variations les plus diverses. De fait, un premier examen de la série *Jaime Bunda* rend possible l'intégration des

---

pire à chaque fois, que les coupables, des pauvres types, des dégradés, sont étrangement proches), Pepetela ne prétend aucunement renvoyer à une sorte de destin implacable qui, par le biais de la parole d'une espèce d'oracle (Raul Dândi), annoncerait le terrible futur de Júlio Fininho. Il s'agit plutôt de pointer la continuité de la condition sociale du subalterne de la colonie à l'État postcolonial et, par là, de montrer combien cette condition domine et détermine de fait un destin en rien mythologique.

personnages dans le carré de Dubois. L'affaire semble donc entendue : on retrouve *victimes* (Catarina Kiela et l'Américain), *coupables* (le fils du député et Elvis Barnes), *enquêteurs* (Jaime Bunda avec l'aide de Kinanga dans le premier roman et de Nicolau dans le second) et *suspects* (T. et Júlio Fininho). Une lecture rapide des romans ainsi que des carrés herméneutiques donnerait à entendre que Pepetela ne s'éloignerait en fin de compte pas autant du récit à énigme de référence ou, pour le dire en d'autres mots, que son originalité est récupérable par le système lui-même. Si, en outre, nous importons pour les besoins de l'analyse le schéma actanciel bien connu avec ses adjuvants, opposants, etc., le lecteur disposerait alors d'une description théorique satisfaisante. Quel que soit le confort intellectuel ainsi atteint, il ne s'agirait encore que d'une satisfaction de surface. Un examen plus minutieux démontre en effet le degré de subversion des deux romans du point de vue des personnages et les limites de tels modèles théoriques pour l'analyse de cas extrêmes.

Dans un roman policier, en règle générale, de même que l'on ne tue pas n'importe qui, on ne déniche pas un coupable quelconque. Le choix de l'un et de l'autre se doit d'être hautement stratégique dans l'économie narrative. En principe, la qualité du déroulement de la narration dépendra du lien existant entre les deux pôles principaux de l'histoire du crime. Aussi bien l'histoire du crime que celle de l'enquête dépendent de lui, ce qui revient à dire que la narration et l'intérêt suscité auprès du récepteur seraient en jeu dans cette relation que l'enquêteur doit reconstruire/rétablir. C'est précisément cette relation que Pepetela affaiblit, presque au point de l'effacer. Dans *Jaime Bunda, agent secret*, la victime, Catarina Kiela, est doublement abandonnée : comme corps violenté dans la diégèse et comme personnage principal dans le carré herméneutique. Le suspect principal, T., commence par intégrer la diégèse de façon classique, peu de temps après la découverte du corps, mais il finit par abandonner la position du coupable dans le carré herméneutique au profit du fils du député sans que celui-ci n'assume à aucun moment la position de suspect. Présence doublement sacrilège dans le contexte d'un genre qui induit habituellement un fort horizon d'attente : il intègre, ou mieux, il force l'entrée du carré herméneutique sans jamais avoir été annoncé au cours de la narration et, qui plus est, il apparaît sans nom, coupable anonyme dans un genre qui atteint son apogée avec la révélation finale du nom tant attendu par le récepteur.

En outre, la confirmation de l'identité de l'assassin de Kiela n'est en rien le résultat d'une enquête classique (avec interprétation correcte des indices laissés par l'assassin), mais plutôt la conséquence de l'intervention d'une instance absente dans le roman policier européen ou nord-américain, à savoir le magique (Dona Filó dans *Jaime Bunda, agent secret*). On relèvera ici que les interventions de sorciers et de guérisseurs dans les deux romans ne nous sont pas données comme quelque chose d'extraordinaire, hors du commun, mais au contraire comme autant de phénomènes habituels, tant dans la diégèse que dans le contexte social de référence. La présence de la sorcellerie dans la société décrite par l'auteur autorise clairement l'introduction d'un élément qui, dans une première analyse – de type occidental – pourrait être interprété comme artificiel ou cliché (le 'Deus ex maquina' d'un auteur en panne d'imagination), mais qui, dans un second temps – marqué par le déplacement de la critique vers un autre espace culturel –, se justifie sans doute. Pour revenir à notre carré herméneutique, nous commençons à entrevoir que celui-ci a perdu sa forme initiale et qu'il se prête difficilement à la description des romans de Pepetela.

Les frontières du cadre, ainsi que leur pertinence pour le cas nous occupant, se dissolvent un peu plus encore lorsque le critique se penche sur le personnage de l'enquêteur. Cette figure, que Dubois place du côté du régime de la vérité, se révèle aussi très ambivalente, ambiguë, à tous les coups éloignée de la figure classique du détective. Certes, il ressemble à d'autres enquêteurs célèbres tant par le physique – il arrive souvent que le détective se distingue du commun par une excentricité physique (Nero Wolf et sa chaise roulante par exemple) – que par la méthode (la déduction logique) ou encore le goût pour la citation autoréférentielle (le roman noir, surtout nord-américain, multiplie les allusions aux autres livres et auteurs de policiers). Toutefois, dans le cas de Pepetela, ces caractéristiques sont vécues sur le mode de la subversion des codes et de la dégradation du personnage principal. La marque physique distinctive, qui est d'ailleurs à l'origine de son surnom,[10] renvoie clairement au bas matériel et corporel cher à Bakhtine et rend le personnage ridicule aussi bien à l'intérieur de la diégèse (dans l'un et l'autre roman abondent les commentaires ironiques à propos du fameux appendice) qu'à l'extérieur, pour un lecteur ne parvenant pas (opération souvent essentielle dans le roman policier) à s'identifier à l'agent secret. C'est que tout chez Jaime Bunda est vécu entre dégradation, déclassement et ambiguïté. Ainsi en va-t-il de ses origines.

Originaire de Luanda et, selon l'évidence, apparenté aux familles prestigieuses, même si les noms ne sont jamais donnés,[11] il se situe clairement du côté de la branche dé-

---

10 Appartenant au registre populaire du portugais parlé au Brésil et en Angola, 'bunda' pourrait se traduire par 'popotin', 'derrière', 'train', voire 'cul'. Notons encore que d'après le *Dicionário da Língua Portuguesa Contemporânea* (2001) de l'Académie des Sciences de Lisbonne, il faudrait chercher l'étymon du côté du Quimbundo, langue parlée en Angola, 'mbunda' signifiant 'fesses'.

11 Plusieurs allusions renvoient à la famille Van Dunem à laquelle Pepetela avait consacré son *La Glorieuse Famille. Le Temps des Flamands* (1997), quatre ans avant la publication de *Jaime Bunda, agent secret*. Voici un exemple, parmi d'autres, tiré du premier volume de la série : « O chefão era do ramo favorecido da família, que dava ministros, generais e embaixadores a granel. Jaime não era propriamente filho do quintal, linguagem que tinha ficado na tradição da família para diferenciar os da casa, filhos das esposas do chefe da família, e os filhos das escravas, nascidos no quintal » [Le grand chef était de la branche favorisée de la famille, celle qui donnait ministres, généraux et ambassadeurs en vrac. Jaime n'était pas à proprement parler enfant de l'enclos, langage qui était resté dans la tradition familiale pour distinguer ceux de la maison, enfants des épouses du chef de famille, et les enfants des esclaves, nés dans l'enclos] (Pepetela 2001: 115). Je traduis 'Quintal' par 'enclos' et non 'quartier des esclaves', car, dans le roman de Pepetela, le même mot renvoie à un autre enclos, en fait une espèce d'annexe de la maison de son oncle, dans lequel vit Jaime Bunda.

classée. En effet, si certains membres de la famille parvinrent à maintenir un rang tant durant l'époque coloniale que durant l'époque postcoloniale, on ne peut dire la même chose de la branche à laquelle appartient Jaime Bunda. Né dans un quartier pauvre, orphelin de père, il n'obtient sa place de stagiaire dans les services secrets qu'à la suite d'une intervention en sa faveur. Dans ce service, il occupe un emploi subalterne tant dans la fonction (le stagiaire est par définition en situation précaire) que dans l'exercice de celle-ci : jusqu'à l'ouverture de l'enquête, le détective n'avait aucune responsabilité. En même temps, il s'agit du seul membre de la famille ayant réussi à s'extraire du quartier et à progresser quelque peu. D'un point de vue social, il se meut donc entre la position de subalterne (bien qu'originaire d'une famille prestigieuse, il naquit et grandit dans un quartier pauvre. Il habite dans l'annexe de son oncle) et celle de dominant (il exerce une profession valorisée socialement).

En tant qu'enquêteur, il occupe également une position ambiguë, quoique l'adjectif trouble convienne sans doute mieux ici : si d'un côté, il tente de rétablir l'ordre social que le crime vint perturber, d'un autre côté, pour des motifs privés, il réintroduit un désordre quand il engage un marginal pour agresser un rival amoureux. Dans ce contexte, il me semble difficile, voire impossible, de le classer du côté du régime de la vérité puisqu'il se meut entre le pôle de la vérité (enquête relative à la mort de Kiela) et celui du mensonge (mandataire d'une action criminelle). Sans doute conviendrait-il d'ajouter un nouveau régime, celui de l'ambivalence, mieux à même de rendre compte de la position et du statut de Jaime Bunda dans le système des personnages.

Un autre élément, la propension de Bunda pour la citation autoréférentielle, vient confirmer la position ambivalente du personnage. Il est connu que, parmi ses caractéristiques, le genre policier tend facilement au ludique (bon nombre d'occurrences jouent avec le lecteur, tout autant qu'elles se jouent du lecteur, lui cachent des informations, etc.) ainsi qu'à la référence autotélique (c'est-à-dire citer d'autres œuvres du genre lui-même pour rendre hommage ou dénigrer les prédécesseurs), pratiques de la modernité littéraire accompagnant l'œuvre des pionniers du genre.[12] Bon nombre de critiques reconnaissent ici une des spécificités du récit policier. Dubois, entre autres, voit dans cette tendance une des marques de l'émergence du moderne dans le policier (comme dans la littérature en général) : « Une autre manie vient en renfort de l'illusion ludique. Moins fréquente peut-être, mais assurément suggestive, elle consiste en références à la tradition du genre, aux illustres prédécesseurs, etc. » (Dubois 2005 : 62).

Apparemment, *Jaime Bunda, agent secret* et *Jaime Bunda et la mort de l'Américain* s'inscrivent de façon classique dans cette veine autoréférentielle. Bunda n'arrête pas

---

12 Ainsi Doyle, dans la première enquête de Sherlock Holmes (*A Study in Scarlet*, 1887), convoque par la voix du narrateur, le Docteur John Watson, les deux pères du récit à énigme, Poe et Gaboriaux, pour dénigrer leur apport et célébrer du même coup la figure et la technique du nouvel enquêteur.

de citer ses auteurs favoris,[13] rappelle dans le premier roman que cet appétit pour la lecture de romans policiers lui vient du père ; le nom lui-même évoque sur un mode parodique, ou mieux dégradé encore une fois, un autre personnage illustre de la littérature populaire.[14] Cependant – et sur ce point Pepetela s'éloigne une nouvelle fois des œuvres de référence – Bunda, à l'inverse d'un Holmes ou d'un Rouletabille, cite mal, attribue des romans policiers à des auteurs n'ayant jamais pratiqué le genre (Hemingway dans *Jaime Bunda, agent secret*), ou encore traduit de manière erronée les citations latines dont il est friand et fait montre d'une ignorance certaine quant à l'identité de certains auteurs (il parle ainsi du « poète espagnol Kierkegaard » dans *Jaime Bunda, agent secret*). Ce que je veux démontrer avec tout cela, c'est que si, d'un côté, Jaime Bunda semble participer à une tradition, il ne le fait que d'une façon parodique (aussi bien la série peut-elle être lue comme un pastiche burlesque des œuvres paradigmatiques du roman à énigme) et dégradée (l'enquêteur semble n'avoir aucune méthode, se repose sur des personnages secondaires et, plus essentiel encore, finit par être réduit par bon nombre de ceux-ci à sa principale caractéristique physique).[15]

---

13 Parmi une multitude d'autres exemples, voici ce que l'on peut lire dans *Jaime Bunda et la mort de l'Américain* lors d'une conversation avec le gouverneur de Benguela et le commandant Trindade, au cours de laquelle Bunda évoque la figure de Nero Wolf : « É um detective dos livros do grande Rex Stout, nunca leram ? Vejo que não. Nero Wolf nunca sai de casa e resolve todos os enigmas, sempre a cultivar orquídeas » [C'est un détective des livres du grand Rex Stout, vous n'avez jamais lu? Je vois que non. Nero Wolf ne sort jamais de chez lui et résout toutes les énigmes, tout en cultivant des orchidées] (Pepetela 2003 : 57).

14 Alors qu'il présente l'enquêteur, le journaliste Gouveia, un des membres du groupe de la Langue de Feu, décrit Bunda en ces termes : « O dito agente tem uma característica particular, manda uma bunda daquelas... Aliás, o nome dele é Bunda, Jaime Bunda. A minha fonte diz que é uma das mentes mais finas da bófia, um espanto. E como quem o vê não dá nada por ele, acaba por enganar todos » [L'agent en question a une caractéristique particulière, il se paie un de ces culs... D'ailleurs son nom est Bunda, Jaime Bunda. D'après ma source, un des esprits les plus fins de la flicaille, un prodige. Et comme celui qui le croise ne se rend compte de rien, il finit par tromper son monde] (Pepetela 2003 : 107). Si phonétiquement Jaime Bunda ressemble à James Bond, on ne peut bien sûr en dire autant du physique respectif des deux personnages.

15 Il semble évident que Pepetela participe pleinement d'une littérature postmoderne pour laquelle la parodie, le pastiche, mais aussi l'ironie jouent un rôle incontournable. C'est ce qu'a bien vu une des spécialistes de l'œuvre de Pepetela, Laura Cavalcante Padilha, critique universitaire brésilienne. Ce qu'elle affirme à propos de deux autres romans, *A Geração da Utopia* [*La Génération de l'Utopie*, 1992] et *O Desejo de Kianda* (que l'on pourrait traduire par *Le souhait ou le désir de Kianda*, 1995) peut sans doute être repris tel quel pour décrire la série des *Jaime Bunda* : « Ainsi, si formellement les deux textes s'éloignent des paradigmes postmodernes, thématiquement, ils se rapprochent de ceux-ci, justement par la force de la parodie et par la corrosion de l'ironie » (Padilha 2008 : 310).

On l'aura compris, Jaime Bunda occupe l'avant-scène dans le système de personnages ; cependant, il serait inexact de voir en lui le personnage de référence dans la
diégèse, et cela pour deux raisons. La première, révélée par une lecture interne, tient
aux caractéristiques du personnage lui-même, dégradé physiquement, déclassé socialement, être ambigu et ambivalent que ses commentaires et attitudes connotent négativement. La seconde raison, révélée par une lecture de la série dans le contexte plus
vaste de l'œuvre, tient à ceci que Pepetela place souvent sous les feux de la rampe des
personnages principaux oscillant entre pôle positif et pôle négatif, ce qui rend difficile
l'adhésion complète du lecteur. Il revient alors à des personnages secondaires d'une
part d'interpréter les actions du personnage principal et, d'autre part, de se faire les
porte-parole de l'instance auctoriale dans la diégèse. Ainsi dans *Yaka* (1984), Alexandre Semedo, le personnage principal, éveille-t-il une certaine sympathie tempérée
assez rapidement par sa participation au viol collectif d'une jeune fille noire ainsi que
par son adhésion au pôle dominant de la situation coloniale. Il incombe alors à un
personnage secondaire, Acácio, barbier anarchiste, de porter un regard à la fois plus
critique et plus pertinent sur la situation coloniale. Dans *La Glorieuse Famille. Le
Temps des Flamands* (1997), le personnage principal Baltazar Van Dum est tenu à une
certaine distance critique par le récepteur, entre autres grâce aux commentaires du narrateur, esclave anonyme et muet (du moins pour les autres personnages). De ce point
de vue, Jaime Bunda n'échappe pas à la règle puisqu'il est sans cesse observé, com-
menté, voire moqué par une série de personnages secondaires. Ainsi dans *Jaime Bunda,
agent secret*, Kinanga, enquêteur visiblement plus compétent que Bunda, observe-t-il
le 'modus operandi' de celui-ci avec un certain scepticisme, mais un scepticisme accessible seulement au lecteur. Un autre personnage secondaire, Gégé, le frère cadet de
Jaime Bunda, joue, lui aussi, un rôle essentiel. Exact contrepoint de son frère, le personnage, diplômé en journalisme, clôt le roman dans un épilogue où l'Auteur prend la
parole après avoir renvoyé les narrateurs. Gégé annonce à Bunda son intention de travailler pour un hebdomadaire critique et de devenir ainsi un intellectuel engagé au
service des populations marginalisées (Pepetela 2001 : 334). Dans un même mouvement, Pepetela renvoie le personnage principal à ses contradictions et signifie sans ambiguïté son point de vue sur le rôle de l'intellectuel dans une société dominée par un
État postcolonial oppresseur. Certes Gégé est journaliste, mais il ne faut guère insister
pour voir en lui une métaphore possible de l'écrivain.

Ce regard porté par l'autre, le personnage secondaire, celui qui n'occupera la scène
que par intermittence, semble donc jouer un rôle essentiel dans la façon dont le récepteur lira le personnage de Jaime Bunda. Aussi ne puis-je être d'accord avec Carmen
Secco lorsqu'elle prétend que Jaime Bunda, le personnage et non le roman, parvient à
« désacraliser l'enquêteur classique en se comportant comme un James Bond à l'angolaise » (Secco 2008 : 149). Il me semble, au contraire, que Bunda sacralise sa fonction
(il y voit un moyen d'acquérir des biens matériels, de jouir de privilèges, bref de se
faire une place au soleil de l'État postcolonial) et que, par conséquent, ce sont à la fois
les regards des personnages secondaires et de l'instance de réception qui font de lui un

être ridicule. Certes, la critique et essayiste brésilienne a pointé la tendance de la série *Jaime Bunda* à se jouer des clichés du genre policier, à pratiquer le détachement ironique par rapport aux classiques, mais je crois erroné d'y voir une dénonciation du côté kitsch de la littérature policière (Secco 2008 : 151). Bien sûr les allusions inter-textuelles exercent une fonction parodique, voire 'désacralisante', mais moins du genre que du personnage principal encore une fois, et cela pour des raisons spécifiques : derrière les citations controuvées, les réflexions absurdes, les comportements ambigus de Bunda, ce qui se fait jour, c'est surtout la soif d'ascension sociale de la part d'une petite bourgeoisie inculte, désireuse de se rapprocher du pouvoir et de jouir de ses prébendes.

On sait qu'une certaine critique entend avant tout interpréter le texte littéraire dans le contexte dans lequel il s'inscrit, ce qui suppose que le texte soit un pur reflet du social. Or, si un texte dit toujours quelque chose à propos de son contexte d'écriture, n'y voir que cela peut conduire à se méprendre sur les sens qu'il véhicule. Ainsi Stephen Henighan, écrivain, essayiste et traducteur canadien, dans une lecture de type socio-logique de l'œuvre de Pepetela, voit en Jaime Bunda le produit d'une construction na-tionale manquée, le rejeton d'un parti ayant parfaitement assimilé les règles du jeu néolibéral. D'ailleurs, Henighan tend à interpréter une partie de l'œuvre de Pepetela comme une tentative plus ou moins heureuse de recouvrer un projet narratif après l'échec du paradigme de l'angolanité défendu par le MPLA jusqu'à la fin des années 1980. Il n'hésite pas à affirmer que l'érosion de l'autorité narrative, c'est-à-dire la multiplication des foyers narratifs, notamment dans la série des *Jaime Bunda*, aurait évolué parallèlement à l'érosion du grand récit national défendu par le MPLA (He-nighan 2006 : 145). Une fois encore, il me semble qu'une analyse de l'ensemble de l'œuvre démontre à l'inverse que, dès le départ, il y eut bel et bien réflexion appro-fondie – et non 'érosion', substantif connotant négativement l'entreprise – de la part de Pepetela sur la nature de l'acte narratif.[16] De là sans doute son rejet du narrateur extra-diégétique omniscient au profit de la multiplicité des points de vue depuis *Mayombe* (1980). Tout occupé par le social, Henighan en oublie l'analyse textuelle des romans, ce qui, du moins dans un premier temps, devrait retenir l'attention du critique. Faut-il

---

16 Maria Cristina Pacheco, chercheuse en littératures africaines à l'Université de Porto, a bien relevé que les jeux de l'auteur avec les instances narratives, ainsi que le choix de ra-conter les problèmes d'un certain État postcolonial, dans *Jaime Bunda, agent secret* n'auront surpris que les lecteurs peu au fait des enjeux de l'ensemble de l'œuvre pepe-télienne : « [...] En vérité, et malgré quelques ingrédients inusités, *Jaime Bunda, agent secret* se situe dans la continuité de ce que l'on pourrait appeler 'l'autre ligne' de produc-tion de cet écrivain : celle des romans illustrant certains aspects actuels de la société de Luanda, à l'instar de *Le Chien et les Caluandas* ou *Le Souhait de Kianda* » (Pacheco 2001 : 191). Plus loin, la même essayiste pointe la structure ainsi que les stratégies narra-tives comme faisant partie des éléments les plus intéressants du roman (Pacheco 2001 : 195).

de fait voir en Jaime Bunda un personnage désireux de comprendre la société désorganisée dans laquelle il vit ?

> La tâche idéologique de Jaime en tant que détective [...] n'est pas de rétablir un ordre social perturbé par le crime, mais de comprendre les structures d'une société désordonnée. En ce sens, les romans traitent de l'éducation de Jaime et, par extension, de celle de la génération à laquelle il appartient, immergée dans un présent corrompu et une culture populaire a-historique les empêchant de comprendre comment ce monde en est arrivé là. (Henighan 2006 : 148)

Il me semble qu'au contraire, Bunda a parfaitement assimilé les règles régissant une certaine société : il désire s'enrichir à tout prix, déteste l'ambiguïté de sa situation sociale, n'envisage le grade d'inspecteur que sous l'angle des privilèges qu'il procure, n'hésite pas à enfreindre la loi et à engager des sicaires pour satisfaire ses projets personnels. En d'autres mots, c'est parce qu'il a compris les rouages d'un certain État postcolonial – celui qui ne fonctionne que pour une minorité au détriment de la majorité –, l'État prédateur décrit par Hodges dans *Angola: Anatomy of an Oil State* (2004), que Bunda emprunte les voies qui, du moins l'espère-t-il, lui permettront de s'élever socialement.

Ce dernier point me permet d'ébaucher ce qui pourrait constituer la seconde partie de cette lecture. À la lecture narratologique, il vaudrait la peine d'ajouter une lecture plus sociologique, où l'on croiserait les lectures fictionnelles de l'État postcolonial justement avec les descriptions de celui-ci par un Mbembe ou un M'Bokolo par exemple. En d'autres termes, il s'agirait d'enrichir notre appréhension de l'État postcolonial par le biais de l'analyse des conditions sociales propres à l'État en question ainsi que par le biais de ses représentations romanesques. L'œuvre de Pepetela se prête évidemment à ce genre d'exercice. Ainsi la série des *Jaime Bunda* met sans aucun doute en évidence les rouages, les modes de fonctionnement, les réseaux familiaux et sociaux à l'œuvre au sein de l'État postcolonial angolais. Une certaine critique n'a pas manqué de relever dans des articles de recension (Pacheco 2001 ; Pires Laranjeira 2001) ou dans des études plus fouillées (Venâncio 2005, 2008), l'acuité du regard sociologique porté par l'écrivain tant sur l'élite au pouvoir que sur les damnés, généralement ignorés par celle-ci.[17] Une telle approche permettrait justement de mettre en évidence l'importance donnée par Pepetela aux subalternes, aux sans voix (femmes et hommes) et les conséquences pour la narration elle-même. Avec l'écrivain angolais,

---

17 Pires Laranjeira, spécialiste des littératures africaines de langue portugaise, dit de *Jaime Bunda, agent secret* qu'il s'agit « certes d'un discours fictif, mais avec une forte charge sociologique et même politique » (Pires Laranjeira 2001 : 305). Quant à José Carlos Venâncio, qui défend depuis plusieurs années une lecture sociologique de l'œuvre de Pepetela, il voit dans celle-ci un témoignage privilégié de quarante ans d'histoire angolaise (Venâncio 2005 : 121 ; Venâncio 2008 : 103).

la/le subalterne a voix au chapitre, retrouve le pouvoir de narrer et, par conséquent, de s'approprier la parole la plus prestigieuse: la parole littéraire.[18]

Conclusion

Il me semble désormais établi que la subversion des codes génériques et narratifs dans les romans policiers de Pepetela fait sens d'une part par rapport au genre auquel ils ressortissent et, d'autre part, par rapport à l'œuvre toujours en construction. Les divers effets de renversement observés au cours de cette lecture renvoient en effet tout autant à une pratique, le roman policier, valorisant les écarts, le jeu sur les codes, le questionnement des identités qu'à une œuvre, celle de l'écrivain angolais, plaçant le questionnement de l'identité narrative au centre de ses préoccupations. Il n'est sans doute pas exagéré de voir dans les deux Jaime Bunda le point de rencontre entre sphère de grande production et sphère de production restreinte, c'est-à-dire le point où s'articulent des pratiques tenues pendant longtemps comme antagonistes par les instances de légitimation. De fait, *Jaime Bunda, agent secret* et *Jaime Bunda et la mort de l'Américain*, loin d'occuper une position marginale dans la production pepetélienne, s'y intègrent parce qu'ils reprennent, tout en les amplifiant encore, quelques-unes de ses caractéristiques essentielles : mise en cause du narrateur, bouleversement des codes narratifs, etc. Reste maintenant à reprendre ces deux romans policiers dans une perspective plus sociologique afin d'observer ce qu'ils donnent à voir de l'État postcolonial, tant d'un point de vue national que d'un point de vue supranational. Cela permettrait de fait d'articuler la représentation des dysfonctionnements de l'État angolais par un Pepetela à des représentations du même type émanant d'autres écrivains africains.

---

18 Voyez, par exemple, dans *Jaime Bunda, agent secret*, Malika, femme algérienne, à la fois subalternisée (par les figures masculines, celle du père et celle de Said, son compagnon), réduite au silence (sa voix ne compte pas pour les hommes), et qui prendra une partie de la narration à son compte dans le « Livre du second narrateur ». Toutefois, dans un autre contexte, le subalterne peut aussi être un homme. À cause d'une discrimination de classe et de race, il s'agit d'un subalterne qui n'a pas non plus accès à la parole et que Pepetela rétablit dans un même mouvement en tant que narrateur et en tant qu'être humain. Le narrateur de *La Glorieuse Famille. Le Temps des Flamands*, esclave sans nom, représente le paradigme du subalterne parvenant à se faire entendre. « Um escravo não tem direitos, não tem nenhuma liberdade. Apenas uma coisa lhe não podem amarrar: a imaginação. Sirvo-me sempre dela para completar relatos que me são sonegados, tapando os vazios » [Un esclave n'a pas de droits, n'a aucune liberté. Il n'y a qu'une chose qu'ils ne peuvent enchaîner : l'imagination. Je m'en sers toujours pour compléter les récits qui me sont cachés, bouchant les vides] (Pepetela 1997: 14).

244   *Fabrice Schurmans*

Ouvrages cités

Boyer, Alain-Michel. 2008. *Les paralittératures*. Paris : Armand Colin.

Christie, Agatha. 2007. *The Murder of Roger Ackroyd*. London : HarperCollins.

Dubois, Jacques. 2005. *Le Roman policier ou la modernité*. Paris : Armand Colin.

Dubois, Jacques. 2005. *L'institution de la littérature*. Bruxelles: Labor.

Henighan, Stephen. 2006. « Um James Bond 'subdesenvolvido' : The ideological work of the Angolan detective in Pepetela's Jaime Bunda's Novels ». In : *Portuguese Studies* 22, 1, 135-152.

Hodges, Tony. 2004. *Angola : Anatomy of an Oil State*. Oxford/Bloomington/Indianapolis : James Currey/Indiana University Press.

Japrisot, Sébastien. 1977. *L'été meurtrier*. Paris : Denoël.

Le Gendre, Bertrand. 2009. « Pedigree et autres romans et romans américains de Georges Simenon : les fantômes de Simenon ». In : *Le Monde des Livres* 05 juin.

Lepape, Pierre. 2005. « Littérature et société. Dévorante passion du polar ». In : *Le Monde Diplomatique* Août, 24.

Meudal, Gérard. 2007. « Le polar en versions originales ». In : *Le Monde* 3 août, 18.

Pacheco, Maria Cristina. 2001. « Jaime Bunda, agente secreto – Um romance de Pepetela ». In : *Africana Studia* 4, 191-197.

Padilha, Cavalcante Laura. 2002. *Novos pactos, outras ficções. Ensaios sobre literaturas afro-luso-brasileiras*. Lisboa : Novo Imbondeiro.

Laranjeira, José Luis Pires. 2002. « Jaime Bunda, agente secreto ». In : *Metamorfoses* 3, 304-306.

Pepetela. 2003. *Jaime Bunda e a morte do Americano*. Lisboa : Dom Quixote.

Pepetela. 2001. *Jaime Bunda, Agente Secreto*. Lisboa : Dom Quixote.

Pepetela. 1997. *A Gloriosa família. O Tempo dos Flamengos*. Lisboa : Dom Quixote.

Pepetela. 1985. *O Cão e os Caluandas*. Lisboa : Dom Quixote.

Pepetela. 1985. *Yaka*. Lisboa : Dom Quixote.

Reuter, Yves. 2007. *Le roman policier*. Paris : Armand Colin.

Secco, Carmen Lucia Tindo. 2008. *A Magia das Letras Africanas. Ensaios sobre as literaturas de Angola e Moçambique e outros diálogos*. Rio de Janeiro : Quartet.

Vanoncini. André. 2002. *Le roman policier*. Paris : PUF.

Venâncio, José Carlos. 2008. « Nacionalismo e pós-nacionalismo na literatura angolana. O itinerário pepeteliano ». In : *Comunidades Imaginadas. Nação e Nacionalismos em África*, éds. Luís Reis Torgal/Fernando Tavares Pimenta/Julião Soares Sousa. Coimbra : Imprensa da Universidade de Coimbra, 101-110.

Venâncio, José Carlos. 2005. « Jaime Bunda versus Sem Medo. Nacionalismo e Estado pós-colonial em Angola no registo de um dos seus escritores ». In : *A dominação colonial. Protagonismo e Heranças.* Lisboa : Estampa, 121-133.

Esthétique transgénérique dans *Riwan ou le chemin de sable* de Ken Bugul

Antje Ziethen, McGill University, Montréal

Le présent article propose une analyse du texte autofictif *Riwan ou le chemin de sable*[1] en s'appuyant sur la notion de transgénéricité. Cette dernière sera déclinée par le biais d'une lecture double, car il s'agira d'élucider la transgénéricité en référence au genre sexuel ainsi qu'au genre littéraire. En premier lieu, nous montrerons que la narratrice de *Riwan* se positionne dans un entre-deux générique – au sens socioculturel du terme – en transgressant, dans un va-et-vient perpétuel, les espaces sexués établis au sein de sa communauté.[2] Avant d'éclaircir dans quelle mesure la narratrice se fait sujet transgénérique en adoptant un comportement spatial subversif, il sera cependant nécessaire d'explorer les paramètres de la « power geometry » [géométrie du pouvoir] (Massey 1993 : 59) qui régit le milieu mouride. Pour ce faire, nous analyserons, à la lumière d'écrits géographiques et sociologiques, l'espace domestique scindé dans la concession du Serigne où se déroule la plus grande part de l'intrigue. Cet univers est circonscrit en deux zones hiérarchisées – masculine et féminine – chargées de significations différentes, l'une représentant le sacré et le public, l'autre le profane et le privé. La déambulation de la narratrice entre ces deux sphères s'avère corollaire de son déchirement identitaire provoqué par l'éloignement de son milieu d'origine pour vivre en Europe. De retour au Sénégal, cette protagoniste produit, chemin faisant, son propre genre en réinterprétant pour elle-même les significations de 'masculin' et de 'féminin'. À partir de cette première forme de transgénéricité présente dans *Riwan*, nous nous efforcerons, en deuxième lieu, de faire ressortir la nature transgénérique du texte. En effet, à l'instar de son personnage principal, celui-ci fait dialoguer plusieurs genres sans appartenir exclusivement à aucun d'entre eux. C'est un roman sans en être un, une autobiographie tournant en dérision son propre genre. L'écriture buglienne s'impose ainsi comme une écriture de l'entre-deux régie par des tensions, transitions et rencontres. À la fois produite par et produisant un sujet multiple et dynamique, elle s'avérera un vecteur de déterritorialisation des catégories génériques sclérosées, qu'elles soient du 'genre' littéraire ou sexuel. Afin de mieux cerner l'esthétique trans-

---

1 Paru en 1999 chez Présence Africaine sous le label de roman, *Riwan ou le chemin de sable* fut couronné du Grand Prix littéraire d'Afrique noire en 2000. Dans le présent article, nous citons de la réédition de 2001.

2 Nous entendons ici la transgénéricité comme une subversion des genres sexuels, c'est-à-dire comme une subversion des identités sexuelles façonnées par des mécanismes de construction et de reproduction sociale. Nous rappelons que le genre sexuel (*gender*) constitue une catégorie sociale et n'est pas à confondre avec le sexe biologique.

générique de *Riwan ou le chemin de sable*, nous recourrons dans nos analyses à la notion derridienne d'*hymen* qui permettra de conjuguer les deux formes de transgénéricité identifiées dans ce roman. L'*hymen*, notion de déconstruction, nous permettra d'illustrer la démarche de l'auteure qui consiste à subvertir les modèles sociaux référentiels.

L'*hymen* ou la production des espaces sexués

Les géographes et sociologues Doreen Massey, Daphne Spain, Gillian Rose et Shirley Ardener ont démontré qu'une société patriarcale produit des sphères masculines et féminines le plus souvent séparées et hiérarchisées. S'y pratiquent des activités (sexuées) selon des règles de comportements prescrits (Spain 1992, Ardener 1993, Rose 1993, Massey 1994, Duncan 1996). Selon l'idéologie phallogocentrique, l'homme serait doué de capacités supérieures et associé à l'espace public et ouvert, à la culture, à la production, à la mobilité, à la conquête, au pouvoir et au savoir. La femme, quant à elle, est placée dans un lieu opposé à celui de l'homme, devant intégrer l'espace domestique de la reproduction (Rose 1993 : 73, Duncan 1996 : 128). Exclue du monde des événements publics, de la compétition, de la rationalité et du travail 'sérieux' des hommes, elle occupe ainsi un espace restreint qui lui est imposé. La production d'espaces masculins et féminins contribue, à son tour, à consolider les identités sexuées et les relations de pouvoir, car « Once in place, they become taken for granted, unexamined, and seemingly immutable » [une fois en place, (les espaces sexués) sont pris comme acquis, non-examinés et apparemment immuables] (Spain 1992 : 29, notre traduction, A.Z.). Fatima Mernissi, Naoual El Saadaoui et Malek Chebel affirment, à leur tour, que les sociétés musulmanes sont d'ordre patriarcal et privilégient l'homme au détriment de la femme (El Saadaoui 1980, Mernissi 1983, Chebel 1999). L'inégalité n'est toutefois pas imposée par l'Islam ni par le Coran, ainsi que le soulignent certaines féministes islamiques (lire : non séculières), mais résulte plutôt des interprétations masculinistes des écrits religieux (Badran 2010). Il s'agit donc, pour les femmes musulmanes, non pas de mettre en question leur religion, mais de « mobilise[r] le capital symbolique de l'Islam afin de construire une rhétorique revendiquant sa réinterpretation au féminin et visant à établir l'égalité entre les sexes » (Thiébaut 2010 : 46). Étant donné que le patriarcat et son interprétation de l'Islam et de ses lois ont longtemps empêché la femme d'exercer certaines fonctions spirituelles, politiques ou juridiques, Fatima Mernissi conclut que l'espace dans une société musulmane (traditionnelle) se divise, d'un côté, en un « univers des hommes […] qui va de pair avec religion et pouvoir », et, de l'autre, en un « univers des femmes qui est celui de la sexualité et de la famille » (Mernissi 1983 : 155).

Ces considérations théoriques peuvent nous permettre d'analyser les relations sociales entre hommes et femmes au sein de l'espace domestique de la concession du Serigne sise en milieu rural et traditionnel. À petite échelle s'y expriment et s'y reproduisent certains mécanismes inhérents à la confrérie mouride. Cette communauté se définit à partir du concept de *Ndigueul*, c'est-à-dire à partir de la soumission totale à l'autorité religieuse (pour les hommes) et à l'autorité patriarcale (pour les femmes). L'appartement du Serigne est le centre de la vie villageoise mouride en cela qu'il accueille chaque jour disciples et visiteurs. Il s'ouvre d'un côté sur l'entrée principale et de l'autre côté sur un petit atrium intermédiaire, caché derrière un rideau, qui donne sur la cour des épouses. De par sa proximité avec l'extérieur, l'appartement du Serigne symbolise un carrefour où s'entrecroisent le privé et le public. C'est un lieu multifonctionnel à la fois chambre à coucher, salle à manger, salle d'étude et salon (Ziethen 2006). La cour des femmes, en revanche, se trouve à l'autre extrémité de la maison et ainsi éloignée de la chambre du Serigne et de l'entrée de la concession. À l'exception de Riwan et de l'Homme-Gardien, nul n'accède à cette partie de la maison. Même les visites du Serigne y sont extrêmement rares. Il est interdit aux femmes de quitter la cour, sauf pour se rendre chez leur époux et ceci exclusivement sur son ordre. Le seul personnage féminin franchissant, de façon légitime, le seuil de la concession est la domestique Bousso Niang, issue d'une caste inférieure et, selon la narratrice, « libérée de l'appartenance à une structure familiale codée et codifiée par des attitudes et des comportements rigides et figés » (Bugul 2001 : 88). Et la narratrice de conclure : « Bousso Niang était une femme libre. Ce qui n'était pas le cas des épouses du Serigne » (Bugul 2001 : 88).

Ce premier regard à l'intérieur de la concession du Serigne permet de constater que l'autorité patriarcale s'est transposée dans l'architecture. Cette dernière 'sexualise' et hiérarchise l'espace domestique en reproduisant à l'intérieur de la maison l'ordre social qui règne au sein de la communauté (Wigley 1992 : 336). Le Serigne, plus haute instance sociale et religieuse dans le village, occupe un espace qui reflète son rôle, voire le renforce. Ouvert au public, son appartement constitue un lieu d'échange et d'enseignement, un lieu du Salut par lequel les disciples doivent passer pour atteindre le Paradis. La cour des femmes, quant à elle, constitue un espace secondaire où se déroulent des activités profanes telles que l'éducation des enfants, la cuisine, la broderie et l'agriculture. Exclues des discussions et de l'interaction avec les visiteurs, les épouses ne peuvent accéder à l'appartement du Serigne qu'à l'occasion de repas ou de nuits d'amour. Se pratiquent dans la maison non seulement la ségrégation des sexes mais également la valorisation des zones masculines où circule et se transmet le savoir (religieux). L'espace domestique, habituellement associé au féminin, est ici de toute évidence lui-même subdivisé en deux sphères sexuées placées sous l'autorité patriarcale.[3]

---

3   Il est nécessaire de préciser ici avec Fatima Mernissi que « [l]a ségrégation des femmes, que les Occidentaux ont tendance à considérer comme une source d'oppression, est ressentie par de nombreuses femmes [musulmanes] comme un objet de fierté » (Mernissi 1983 : 161-162). Elle signale en effet un standing social élevé en cela qu'elle constitue un privilège « réservé aux femmes qui ont un mari fortuné » (Mernissi 1983 : 162). L'ordre

Cependant, l'autorité patriarcale s'y manifeste à des degrés variables. En effet, l'absence du mari dans la cour fait en sorte que les épouses mènent une vie plus ou moins indépendante. La partie de la maison qui leur est réservée se présente plutôt comme « [T]he site of female society, structured by its own internal hierarchies […] » [le site d'une société de femmes, structurée par sa propre hiérarchie interne] (Lewis/Mills 2003 : 15, notre traduction, A.Z.) et rythmé par des activités quotidiennes qui leur apportent des revenus personnels dont elles disposent à leur gré. Étant donné leur nombre élevé, force est de constater que les relations qui se nouent entre les femmes sont nettement plus approfondies que celles que chacune d'entre elles entretient avec le mari. La narratrice précise à ce propos : « Il était notre Serigne, nous étions avec lui mais il n'était pas notre vie » (Bugul 2001 : 177). S'applique ici la notion d'« homo-socialité » forgée par Fatima Mernissi, c'est-à-dire le propre d'une « société qui opte pour la ségrégation sexuelle, et donc un appauvrissement du rapport hétérosexuel » (Mernissi 1993 : 159). Les occasions de rencontrer l'autre sexe étant restreintes, les femmes – tout autant que les hommes – passent la plupart du temps avec les individus du même sexe.[4] Toutefois, en dépit de l'absence des hommes, l'autorité patriarcale se ramifie encore dans cet univers exclusivement féminin car les jeunes épouses reproduisent les schémas de comportements inculqués par leurs mères et tantes, complices du patriarcat. De plus, les femmes de la cour, par émulation et surveillance réciproques, se surveillent et s'encouragent mutuellement à ressembler au modèle de l'épouse mouride idéale.

La ségrégation sexuelle au sein de la concession du Serigne ne se lit pas seulement dans l'espace mais également sur le corps féminin. Le passage entre les univers masculin et féminin est en effet marqué par des variations dans les gestes corporels et les habitudes vestimentaires. Dans l'appartement du Serigne, le corps féminin est intrus, étranger. Il faut le dissimuler pour ne pas déranger l'ordre religieux. Pour cette raison, il doit obéir à des paramètres très précis qui ne s'appliquent pas dans la cour des femmes. Dans l'Islam, ainsi que nous le rappelle Malek Chebel, le corps est « un corps livré au dogme, mais sur lequel la foi et la spiritualité, le sacré, en somme, vont inscrire leurs protocoles de ritualisation » (Chebel 1999 : 15). La pénétration, d'ailleurs sporadique, dans l'univers des hommes est régie par des règles de conduite précises visant à rendre la femme invisible. Ainsi, en présence du mari, les épouses restent à distance, agenouillées, la tête baissée et couverte d'un voile. Elles n'ont le droit ni de parler ni de se lever, à moins que le Serigne ne leur en donne la permission. La narratrice évoque également l'interdiction du « regard baladeur » (Bugul 2001 : 125), raison pour laquelle une épouse doit « apprendre à contempler ses mains, en connaître

---

patriarcal n'est donc pas la seule raison de l'isolement des épouses du Serigne. Leur statut social, voire leur classe, entrent également dans cette équation.

4   Mernissi souligne que l'homo-socialité n'est pas le seul attribut de la société musulmane mais de toute société qui pratique la ségrégation de certains groupes sociaux (Mernissi 1983 : 159).

tous les plis et replis, tous les grains de peau » (Bugul 2001 : 125). La décorporalisation de la femme mouride dans ce lieu 'sacré', son existence d'ombre parmi les hommes, consolide le constat de Chebel suivant lequel le corps masculin et le corps féminin ne sont pas soumis aux mêmes doctrines (Chebel 1999 : 47) dans l'Islam. Sous 'l'œil du pouvoir' religieux et patriarcal, les femmes se meuvent dans un espace confiné où elles doivent apprendre à se situer en positionnant leur corps de façon calculée. De cette manière, elles ne risquent pas de transcender les limites du corps-objet, c'est-à-dire d'un corps inactif et statique. Leur existence spatiale et leur comportement sont encadrés par un système de paramètres qui leur est extérieur, voire artificiel et contre-nature (Mills 2003 : 697).

Les règles rigides qui 'neutralisent' le corps féminin dans l'univers des hommes se relâchent cependant une fois le seuil franchi en sens inverse. En riposte au mutisme vécu de l'autre côté du rideau, se produit, dans la cour des femmes, une véritable érotisation de l'espace. Reprenant les mots de Malek Chebel, nous le désignerons comme un « espace érogène », c'est-à-dire un espace « saturé en sexualité » (Chebel 1999 : 154).[5] Le jeu de séduction permanent rapporté par la narratrice transforme cet espace homo-social en un espace homo-érotique, car il y circule une énergie sexuelle/érotique débordante – expression (ambiguë) de la féminité chez Bugul.[6] Quoique leur époux les néglige, les femmes, quant à elles, ne se négligent pas. Afin de le séduire, le cas échéant, lors d'une visite, elles se font belles tous les jours, se parfument, s'habillent de couleurs qui attirent l'œil, engendrent la rêverie et le désir.

> [Q]uand les appartements du Serigne étaient fermés et que l'obscurité semblait tout recouvrir sauf les démons d'Éros qui les taquinaient, […] elles s'adonnassent à des danses plus vicieuses que celles de Bousso Niang le jour. Il faut dire que ces femmes, souvent oubliées par le corps de leur époux, n'avaient pu assouvir depuis plusieurs mois, voire plusieurs années, leur envie de passer de l'autre côté du rideau. Elles exécutaient des danses qui imitaient l'acte sexuel et à qui mieux mieux, des mouvements lents et denses qui faisaient traîner à la jouissance rapide et foudroyante. (Bugul 2001 : 88-89)

---

5   Chebel compte parmi ces espaces surtout la rue, les salons de thé et les salles de cinéma. Il exclut les lieux privés, dont le harem, en raison de la « sexualité dite légitime ou légale » matrimoniale (Chebel 1999 : 157). Cependant, nous considérons le harem dans *Riwan* comme un espace érogène ainsi que le montre le comportement homo-érotique des épouses. Le terme homo-érotique s'applique au harem pour une autre raison : à maintes reprises, la narratrice se dit atteinte elle-même par le pouvoir érotique suggestif de ses coépouses (Bugul 2001 : 33, 107, 69).

6   Le récit de la narratrice donne souvent l'impression que l'interaction entre les hommes et les femmes se limite au jeu de séduction et aux rapports sexuels. La femme est souvent réduite à son corps et à la fonction qu'il doit remplir sur le marché matrimonial. Les tentatives de Bugul de revaloriser l'image de la femme insistent, à notre avis, beaucoup sur son pouvoir érotique (Bugul 2001 : 184).

Contraint à une double posture partagée entre l'appartement du Serigne et la cour des femmes, le corps féminin, dans le roman de Bugul, se charge de significations quasiment antithétiques. Il est tiraillé entre séduction et chasteté, jouissance et tempérance, à la fois sexué et asexué, vénéré et diabolisé (El Saadaoui 1980 : 113). La narratrice évoque d'ailleurs le paradoxe que vivent les jeunes filles (dont le personnage Rama) qui, d'un côté, sont initiées très tôt à l'art de séduction et à la sexualité (Bugul 2001 : 201) mais, de l'autre côté, reçoivent une éducation morale/corporelle très stricte (Bugul 2001 : 57). Les connaissances des plaisirs charnels ne sont mobilisées que dans l'objectif d'un mariage, car il est le seul moyen, pour une fille, d'intégrer la communauté mouride à part entière : « À partir du moment où une femme rejoignait le domicile conjugal, elle justifiait son existence » (Bugul 2001 : 108).

Dans *Riwan*, le corps féminin est omniprésent malgré, ou peut-être à cause, des tentatives du pouvoir patriarcal et religieux de le dissimuler. Plus encore, il devient porteur de sens, voire signifiant, par les gestes qui l'animent. Dans cette perspective, Malek Chebel proclame que le corps en Islam est « loin d'être neutre » (Chebel 1999 : 47), qu'il participe à l'organisation sociale et structure la société (Chebel 1999 : 9). Pour Chebel, la partie du corps féminin la plus puissante, la plus surveillée et symboliquement chargée, est l'hymen. Il semble en être ainsi également dans le roman de Bugul où l'hymen est un motif récurrent. La narratrice s'arrête, *in extenso*, sur l'épreuve de la virginité, la plus importante pour une jeune mariée car sa vie ou sa mort (sociale) et, *a fortiori*, la réputation de sa famille en dépendent (Bugul 2001 : 46-49, 76-77). Dans ce contexte, elle évoque également les conséquences de l'absence de cette partie du corps, provoquant l'ostracisme et parfois même le suicide chez les jeunes filles dont l'hymen n'est plus intact (Bugul 2001 : 76). Le pouvoir de l'hymen d'engendrer la vie ou la mort découle de sa polysémie, son envergure signifiante. Il est non seulement le symbole de la virginité de l'épouse, mais aussi de l'honneur de la famille et de « la puissance reproductive du mari » (Chebel 1999 : 83). L'hymen « détermine un rapport particulier de la mère (préservatrice morale de sa virginité) à sa fille (préservatrice réelle), de la fille au garçon, de l'homme à sa femme, de la belle-famille à sa bru » (Chebel 1999 : 84). Ainsi, il remplit une fonction sociale, déterminant à la fois les relations familiales et celles entre les deux sexes. Tout en dépend, d'où le chaos causé par son absence. Un corps féminin sans hymen est un corps asocial, qui n'a pas le droit d'exister au sein de la communauté, sauf si le déchirement est dû à la consommation du mariage. Vie et mort, vice et vertu, fille et femme, Éros et Thanatos ne sont séparés que par ce voile diaphane.

C'est cette image de l'hymen comme espace interstitiel et paradoxe qui anime les réflexions de Jacques Derrida dans *La Dissémination* (1972).[7] L'hymen s'y métamor-

---

7 « Rappel : l'hymen, confusion entre le présent et le non-présent, avec toutes les indifférences qu'elle commande entre toutes les séries de contraires […], produit un effet de milieu (milieu comme élément enveloppant les deux termes à la fois : milieu se tenant

phose. D'un côté, dieu du mariage dans la mythologie grecque et de l'autre, membrane, il se fait notion philosophique désignant l'*entre*, l'entre-deux, le milieu qui « 'à la fois' met la confusion *entre* les contraires et se tient *entre* les contraires » (Derrida 1972 : 39). L'hymen assume ainsi les deux significations du mot « entre », au sens de milieu et au sens de séparation. Cependant, « ce milieu de l'*entre* », précise Derrida, « n'a rien à voir avec un centre » (Derrida 1972 : 240). Écran, paroi qui sépare le dedans et le dehors, « ayant lieu » entre l'homme et la femme, le désir et le plaisir, l'hymen combine les conjonctions *ni... ni, et... et*. Sur ce voile diaphane convergent et se disputent le sexe masculin et féminin, la violence et la tendresse, Dieu et le Diable. L'hymen est autant la scène potentielle du pouvoir de l'homme et de sa conquête que celle de son impuissance et de son humiliation. Il témoigne autant de la soumission de la femme que de la puissance qu'elle exerce sur l'autre sexe. Il est ni ségrégation ni mélange, ni célibat ni mariage, mais *entre* tous et tout à la fois. De par sa nature, l'hymen, tel que le postule Derrida, contourne en quelque sorte, sans pour autant l'abolir, la dialectique.

L'*hymen* derridien nous ramène du corps féminin aux espaces sexués par lesquels a débuté notre analyse, car il se manifeste, spatialement, en un rideau interposé *entre* les sphères masculine (l'appartement du Serigne) et féminine (la cour) de la concession du Serigne. Tel l'*hymen*, ce rideau *à la fois* désunit et unit ces univers opposés. À travers son voile translucide, se laisse deviner le monde de l'Autre. La narratrice est attirée d'emblée par ce morceau de tissu si lourd de sens : « Ah, ce rideau, que de choses se passaient à travers son voile ! » (Bugul 2001 : 131). Il évoque simultanément la proximité et la distance des deux espaces sexués. Dispositif de fermeture et d'ouverture, voilant et dévoilant, le rideau est à la fois imperméable (au savoir religieux) et perméable (aux besoins alimentaires et sexuels). Signe polysémique et ambivalent, le voile remplit donc deux fonctions apparemment contradictoires. D'une part, il détache la sphère religieuse/masculine des activités profanes effectuées dans la cour des femmes, et, de l'autre, il permet l'interpénétration. Paradoxalement, de par sa fonction ségrégative même, le voile diaphane attise l'imagination et la curiosité des deux côtés tout en intensifiant de la sorte l'attrait exercé par l'univers limitrophe. À l'intérieur de la concession du Serigne s'alimentent ainsi deux images de l'espace – l'esprit et le corps, le sacré et le profane, l'ordre et le chaos – ségrégués et mariés par le voile-hymen. La fonction de ce dernier est de générer et maintenir un déséquilibre, un manichéisme autant spatial que social. Toutefois, la fragilité du voile diaphane rappelle simultanément la précarité et la dimension artificielle de l'entreprise.

---

entre les deux termes). [...] Ce qui compte ici, c'est l'*entre*, l'entre-deux de l'hymen » (Derrida 1972 : 240).

Chemin faisant. L'émergence d'un espace transgénérique

Il s'agira maintenant de montrer dans quelle mesure la narratrice de *Riwan* bouscule l'ordre établi à travers un comportement spatial transgressif qui la positionne *entre*. Elle parcourt et re-parcourt le chemin de sable qui relie sa demeure à celle de son mari, symbolisant de la sorte l'écart entre sa vie de femme éduquée en Europe et celle d'épouse soumise aux lois du mouridisme. Qui plus est, contrairement à ses coépouses, la narratrice traverse de façon répétitive le seuil séparant les sphères masculine et féminine dans la maison du Serigne. À nos yeux, elle va jusqu'à se confondre, métaphoriquement, avec le voile diaphane, voire l'*hymen*. Cette déambulation permanente, exercice physique et intellectuel, perméabilise, sans les ôter, les frontières érigées entre les espaces masculin et féminin, sacré et profane, public et privé. Cette zone intermédiaire se révèlera un milieu paradoxal mais dynamique au sein duquel la narratrice peut espérer guérir son malaise existentiel, accepter sa double altérité (par rapport à l'Europe et à l'Afrique) et inspirer des changements auprès de sa communauté. Cependant, le chemin de sable ne se fait pas pour autant espace dialectique où se neutraliserait enfin le conflit, dans un mouvement de relève hégélienne. Il est plutôt composite, dialogique. Chemin faisant, ne se produit pas une union synthétique qui dépasse les contradictions mais se déploie, dans l'intervalle qui les sépare, une aporie qui force la narratrice à confronter, en permanence, l'impasse dans lequel elle se trouve placée. Elle négocie et renégocie sans cesse son identité, oscillant entre deux points fixes tel le nomade deleuzien. L'absence de la synthèse, au sens hégélien, ne signifie pas pour autant une régression ou une stagnation mais bien une progression en spirale.

Les contradictions qui alimentent la déambulation de la narratrice-protagoniste résultent de son « retour en catastrophe au terroir » (Sagarra 2006 : 215) après « avoir joué le numéro de la femme émancipée, soi-disant moderne » (Bugul 2001 : 111). Fuyant l'Europe et la violence que son amant français lui faisait subir, elle amorce une « quête prospective et rétrospective d'un destin à bâtir ou à reconstruire » (Sagarra 2006 : 215) dans son village d'origine au Sénégal. Malgré le désir de renouer avec ses racines, elle ne parvient pas à se distancer de son vécu, ayant intériorisé certaines valeurs européennes qui empêchent sa pleine réintégration dans la communauté mouride. Ses retrouvailles avec elle-même se heurtent à la difficulté à réconcilier les deux aspects de son existence : « J'avais l'impression de mener une double vie. Je n'avais plus le choix pour m'en sortir. Je voulais mener une seule vie remplie de toutes ces différentes vies de mon existence » (Bugul 2001 : 160). Le dilemme identitaire prend de l'ampleur face aux origines du mouridisme, né de la résistance au colonisateur européen. Cheikh Ahmadou Bamba, fondateur de la confrérie mouride, s'est en effet opposé à la domination coloniale au Sénégal, raison pour laquelle il a été persécuté et déporté au Gabon en 1895. De ce point de vue, le départ de la narratrice en Europe se situe donc à contrecourant des luttes et des convictions de sa communauté. De plus, l'expérience aliénante de l'errance, non seulement géographique mais psychologique, rend toute marche arrière impossible. La distance spatiale a généré une distance intérieure empêchant que les retrouvailles avec le passé se fassent comme s'il n'y avait jamais eu de départ. La rupture est irréversible. Le retour ne se fera pas sur un mode de familiarité mais s'avérera énigme.

Le déchirement du personnage se traduit, nous l'avons précédemment mentionné, par un comportement spatial transgressif et répétitif qui permet d'accommoder le Moi doublement décliné. La narratrice évolue quotidiennement entre sa demeure et celle de son mari, toutes deux séparées par le chemin de sable dont il est fait référence dans le titre. D'un pôle à l'autre, s'opposent l'altérité du personnage et son identité, sa non-appartenance et son appartenance. Parcourant jour après jour la distance entre ces deux points fixes, la protagoniste s'installe dans l'interstice. La marche donne ainsi lieu à son identité composite qui échappe aux contraintes sociales et spatiales. Sa situation exceptionnelle lui permet d'esquiver l'isolement de ses coépouses et de revendiquer, au contraire, la participation active aux conversations entre le Serigne et ses disciples. Dotée d'une mobilité exceptionnelle, elle circule entre les espaces masculin et féminin, entre l'extérieur et l'intérieur, le public et le privé. En transgressant les frontières et dissociant les structures pour accommoder son être hétérogène, la narratrice ébranle la 'géométrie du pouvoir' pour occuper désormais un espace qui coïncide partiellement avec ceux de ses coépouses et du Serigne. « [P]rivilégiée parce que différente » (Bugul 2001 : 213), la narratrice se fait médiatrice entre le Serigne et les femmes de la cour.

> [A]u fur et à mesure que je représentais le pont entre ces femmes et le Serigne, pour pas-ser la nuit, pour obtenir quelque chose, je redoutais un peu les sentiments que cela pouvait susciter chez ces femmes qui devaient envier quelque part ma position de privilégiée. (Bugul 2001 : 172)

Elle est la seule à avoir accès à la fois à l'appartement du Serigne et à la cour des femmes, espaces autrement séparés par le rideau de voile diaphane. Ni invisible, ni muette dans la sphère des hommes à l'instar de ses coépouses, la narratrice y est même invitée à faire part de son avis et à participer aux rites de guérison. Certes, certaines restrictions continuent de s'appliquer telles que la position du corps (agenouillé, la tête baissée) ou l'interdiction de prendre la parole sans la permission du Serigne, etc., mais les rôles masculins et féminins rigides et prescrits semblent devenus malléables afin de se manifester, ensemble, dans un seul individu. Ce faisant, se rencontrent les deux sphères dans un geste d'affluence, créant une géographie alternative du dialogue. Se dessine alors un modèle de l'*Umma* (communauté musulmane) moins hiérarchisé et plus flexible. L'oscillation spatiale et générique de la narratrice pousse les frontières d'un côté comme de l'autre, amorçant une déterritorialisation des espaces sexués en redéfinissant ce qui est masculin et féminin. La narratrice se fait ainsi 'transgénérique', c'est-à-dire épouse 'masculine' ou Serigne 'féminin'. La narratrice dit d'elle-même que « [l]'épouse si proche intellectuellement du Serigne était presque un Serigne » (Bugul 2001 : 168). C'est ce 'presque', signifiant à la fois distance et proximité, qui ré-sume ici la situation extraordinaire de la narratrice. Ni féminin ni masculin, ni Serigne ni disciple, ni épouse ni mari, tels que les définit le code social mouride, elle se distribue dans leur entre-deux et renvoie ainsi à l'image du voile et de l'*hymen*.

Le chemin de sable, lieu d'une traversée répétitive, constitue l'espace dans lequel circule la narratrice en tant que sujet nomade (Deleuze/Guattari 1980). La notion philosophique de nomadisme implique un mouvement perpétuel à la frontière entre les espaces 'striés' (structurés et hiérarchisés) du sédentaire. Tandis que « l'espace sédentaire est strié, par des murs, des clôtures, […] l'espace nomade est lisse, seulement marqué par des 'traits' qui s'effacent et se déplacent avec le trajet » (Deleuze/Guattari 1980 : 472). Sujet hétérogène et marginal qui mène une vie dans les interstices, puisque toujours oscillant entre les points fixes du sédentaire, le nomade traduit, par une image spatiale, l'ébranlement d'un système figé, qu'il soit politique, social ou idéologique. Sa mobilité rend les frontières établies perméables et instables, créant ainsi un espace osmotique ouvert à l'échange et au changement. Cet espace 'lisse' deleuzien apparaît tantôt sous forme de sable, tantôt sous forme d'eau ou de neige. Rosi Braidotti précise que la notion de nomadisme n'est pas pour autant synonyme de fluidité sans frontières mais « rather an acute awareness of the nonfixity of boundaries » [plutôt une conscience lucide de la non-fixité de frontières, notre traduction, A.Z., Braidotti 1994 : 36] et le désir de les transgresser. Tel le nomade deleuzien, le personnage principal de *Riwan* se distribue dans l'espace de l'entre-deux où sont contestées les limites. L'espace strié de la maison du Serigne aménagé selon des règles rigides contraste ainsi fortement avec la souplesse du chemin de sable balayé chaque matin. S'y effacent les traces laissées par la narratrice pour que son identité renaisse chaque jour – corollaire d'une renégociation identitaire, idéologique et culturelle incessante.

Le chemin de sable – interstice où deux univers se rencontrent sans jamais se confondre – oriente sans pour autant limiter ou imposer. Il est « lieu d'exercice de la déambulation » (Reichler 2007 : 33) et donne accès à soi-même et aux autres. Il lie le passé à l'avenir, l'ici à l'ailleurs (Reichler 2007 : 41). La marche de la narratrice, aller-retour tant physique qu'intellectuel, est un geste de survie et remplit un rôle thérapeutique à travers la recherche d'une identité positive et non-immuable (Lévy 2007 : 65-66). Son cheminement traduit un processus en progrès, un changement permanent de position qui génère à son tour un changement de perspective. Chemin faisant, la narratrice produit un espace à sa mesure, paradoxe mais dynamique, marginal mais propice à la création. À l'instar du voile et de l'hymen, cet espace – le chemin sablonneux – rattache et détache, déployant en son sein un monde de possibles en perpétuelle mutation.

Ceci n'est pas un roman ou la traversée des genres

La poétique du chemin, du rideau et de l'*hymen* comme espaces frontaliers, conflictuels mais dialogiques, nous amène enfin au texte lui-même, c'est-à-dire à son genre (littéraire) dont Ken Bugul fait l'objet de ses expérimentations. Nous démontrerons que le va-et-vient spatial de la narratrice sur le chemin de sable se dédouble au niveau du texte puisque ce dernier constitue une traversée des genres. Sous l'angle de la pensée de Derrida, il participe de plusieurs genres sans appartenir à aucun (Derrida 1986 : 256). Se pose d'abord la question schaefferienne « Qu'est-ce qu'un genre ? », à laquelle l'auteur lui-même esquisse la réponse suivante : le genre est un modèle normatif de lecture, un fait prescriptif, une classification rétrospective, une relation d'appartenance (Schaeffer 1986 : 198). Toutefois, notre analyse déplacera l'accent du 'genre' à la 'généricité' afin de tenir compte des glissements et tensions génériques qui animent *Riwan*. Ainsi sera mis en évidence le caractère créatif et indiscipliné de l'écriture bugulienne. Elle s'empreint d'influences multiples, les retravaille poétiquement, se les approprie afin de former un ensemble textuel organique. Plus que mimer les conventions littéraires par un simple acte d'imitation, elle dépasse et transforme à son tour. En insistant sur ce que nous appelons la 'transgénéricité' de *Riwan*, nous révélerons que Ken Bugul tisse un texte où tous les éléments, aussi hétérogènes qu'ils soient, sont liés les uns aux autres et trouvent leur pleine expression dans la poétique de l'espace interstitiel – l'*hymen*.

Explorons d'abord le lien entre le genre et la généricité. Jean-Marie Schaeffer affirme que « *tout* texte modifie 'son' genre » (Schaeffer 1986 : 197). Le genre, en tant que norme classificatoire, est construit rétrospectivement à partir d'un ensemble de textes qui partagent certaines marques génériques. Or, remarque Schaeffer, dès que surgit un nouveau texte, il n'appartient pas au genre tel que défini antérieurement. Ceci signifie que « le modèle générique textuel n'est jamais […] identique au modèle générique rétrospectif » (Schaeffer 1986 : 198). Les textes qui constituent le genre sont certes présents dans le texte qui vient d'émerger mais implicitement, c'est-à-dire à travers une relation architextuelle pour reprendre une expression de Genette. Parce qu'il modifie le modèle générique rétrospectif, chaque texte a, en quelque sorte, son propre genre. Ce qui distingue maintenant le 'genre' de la 'généricité' c'est la notion d'autorité, de hiérarchie et de fixation, car la généricité désigne plutôt le caractère dynamique des textes qui renouvellent constamment les modèles prescrits. Malgré ces différences, les deux notions se conditionnent mutuellement. Todorov explique à ce sujet : « Que l'œuvre 'désobéisse' à son genre ne rend pas celui-ci inexistant […]. D'abord parce que la transgression, pour exister comme telle, a besoin d'une loi – qui sera précisément transgressée » (Todorov 1978 : 45). Bref, le genre ne devient visible – ne vit – que grâce à la généricité, et vice-versa. Cette équation s'applique à *Riwan et le chemin de sable*, texte produit par une écriture protéiforme qui s'exprime dans sa participation au roman, à l'autobiographie, à la légende, au conte, et plus encore. C'est ce pluralisme qui nous a incité à le désigner de 'transgénérique'. Telle qu'explicitée par Schaeffer et Todorov, la (trans)généricité du texte bugulien ne peut véritablement se manifester que par l'entremise d'une identification des genres présents au texte, ce que nous nous proposons de faire ici.

Qu'en est-il d'abord du genre 'roman' dont *Riwan ou le chemin de sable* serait un représentant, tel que le revendique le paratexte du sous-titre ? La mention 'roman' n'est-elle pas fausse, inadéquate, imposée, dans un geste autoritaire (de l'éditeur ou de l'auteure) qui censure la lecture ? La marque générique 'roman', ici explicite, serait, selon Jacques Derrida, à l'origine de la généricité même, puisqu' « [e]n se marquant de genre, un texte s'en démarque » (Derrida 1986 : 264). La mention 'roman', paratextuelle, se situe à la frontière de l'œuvre à laquelle elle se réfère. Par sa nature même, elle est ni exclue ni incluse, mais à la fois exclue de et incluse dans l'œuvre littéraire. Cette position formellement interstitielle l'est aussi sur le plan du sens, dans la mesure où la marque générique « roman » s'applique à une œuvre qui précisément la récuse. « [Elle] rassemble le corpus et du même coup, du même clin d'œil, [elle] l'empêche de se fermer, de s'identifier à lui-même » (Derrida 1986 : 265). La mention « roman » est « clôture qui s'exclut de ce qu'elle inclut », « elle déclasse ce qu'elle permet de classer » (Derrida 1986 : 265). Elle retourne le genre contre lui-même, le fait naître et mourir. Du point de vue de la pensée derridienne et schaefferienne, *Riwan* serait donc un roman qui n'en est pas un. Mais d'après leurs observations, ce constat s'appliquerait forcément à n'importe quel autre roman doté d'une mention générique implicite ou explicite. Ce qui nous intéresse pourtant ici, c'est la particularité du texte bugulien et sa manière de contourner le genre littéraire. En effet, la spécificité première de *Riwan* est de mélanger des traits romanesques et autobiographiques par le biais d'un foisonnement de personnages fictifs et de métadiégèses.

Le paratexte de la quatrième de couverture annonce que *Riwan ou le chemin de sable* est « puisé aux sources d'un vécu authentique ». Ce texte rompt cependant avec certaines marques du genre autobiographique (européen) et découle d'une pratique d'écriture différente. Selon Philippe Lejeune, l'autobiographie est un « [r]*écit rétrospectif en prose qu'une personne réelle fait de sa propre existence, lorsqu'elle met l'accent sur sa vie individuelle, en particulier sur l'histoire de sa personnalité* » (Lejeune 1996 : 14, italiques dans l'original). *Riwan* pourtant, se situant entre le 'je' individuel de la narratrice et le 'nous' collectif de sa communauté, conjugue le vécu de l'auteure à la fiction. Ici, l'autobiographie n'en est pas une puisqu'elle se mue graduellement en autre chose. Plus le texte défile, plus le 'je' autobiographique se retire et cède la place au 'nous' fictif. Ce 'nous' est constitué d'une multitude de figures féminines – Rama, Sokhna Mame Faye, Nabou Samb, etc. – auxquelles Bugul rend hommage. Le rapprochement du 'je', initialement solitaire, au 'nous' fait éclater le texte en une polyphonie où « l'aspect autobiographique n'est qu'un élément parmi d'autres » (Gehrmann 2006 : 186). Oscillant constamment entre la narratrice et les autres personnages principaux, le texte témoigne de leur évolution simultanée (Gehrmann 2006 : 192-193). Dans cette perspective, il s'avère que le vécu ne fait sens que par l'interférence avec l'imaginaire. L'autobiographie au féminin de Bugul dépasse son genre en s'intégrant dans un univers fictif. Paradoxalement, le 'je' se dessine en s'immisçant peu à peu, dans d'autres histoires de femmes sénégalaises. Or, la fusion totale ne se produisant pas, le 'je' demeure. On dirait que ce procédé reflète à la fois la volonté et l'impossibilité de la narratrice de s'intégrer complètement à la communauté mouride. Amorcée, la construction du 'je' et, par extension, de l'identité de la narratrice reste inachevée dans *Riwan*, évoquant ainsi le processus, lent et éprouvant, de défragmentation du sujet parlant. Ainsi que le fait remarquer Susanne Gehrmann, « les femmes thématisent souvent la catégorie du genre comme un élément important de la construction d'identité » (Gehrmann 2006 : 181). Le principe dialogique reliant le 'je' au 'nous', les faits autobiographiques à la fiction, dit ainsi le dilemme de représenter le sujet multiple à travers un seul genre (Gehrmann 2006 : 173), qu'il soit littéraire ou, tel que montré auparavant, sexuel.

Le texte bugulien 'transgénérique', ni roman, ni autobiographie et pourtant les deux à la fois, recourt également à la légende et au conte. Ainsi, le texte se déploie entre la double convocation de la légende de Rama que l'on racontait dans le village de Ken Bugul pour effrayer les jeunes filles : « À la limite, je ne sais plus si cette histoire a réellement existé, ou alors s'il s'agit d'une légende. C'est pour cela qu'à la fin, le narrateur dit : la légende de Rama devient une vraie légende » (Mongo-Mboussa 2000 : 104). Au début et à la fin du roman, la transmission orale de la légende est mise en scène sous forme de conversation entre deux ou plusieurs personnages. Le récit s'avère de la sorte circulaire – le point d'arrivée coïncidant avec le point de départ. S'ajoutent à la légende de Rama les marques génériques du conte populaire car le texte évolue en échange entre la narratrice et une autre personne à laquelle elle raconte son histoire. Ce dialogue rappelle la situation du conteur de village entouré de ses auditeurs, lesquels participent activement à la genèse même du récit. De fait, à maintes reprises, la narratrice s'adresse directement à son public en ajoutant des formules comme « vous voyez bien » (Bugul 2001 : 114) ou « et tu sais » (Bugul 2001 : 156). Parfois, elle interrompt même son discours afin de répondre aux questions de l'auditoire, qui ne se satisfait pas des informations données.

Des incantations répétées tout au long du texte s'y glissent également, encadrant l'intrigue ou annonçant des changements. Le roman s'ouvre de la sorte sur un incipit, « Un lundi. / Jour de marché. / À Dianké » (Bugul 2001 : 9) et se termine par les mêmes phrases dont l'ordre est inversé, « À Dianké. / C'était jour de marché. / Un lundi » (Bugul 2001 : 230). Nombreuses sont aussi les autres formules propres à ce genre comme « [e]t un beau jour » (Bugul 2001 : 101) ou de petits refrains qui donnent au texte un certain rythme et un aspect musical. L'écriture de Ken Bugul donne également lieu à un style poétique (Bugul 2001 : 99, 26) et parsème ici et là des interjections tant en français qu'en langues wolof ou anglaise. Sont insérées régulièrement des digressions quasi sociologiques voire, par moments, ethnologiques, décrivant les différentes étapes d'un mariage traditionnel – de la dot à l'épreuve de la virginité, de la préparation de certains plats typiques du pays à l'utilisation du *xala*, potion pour rendre impuissant l'époux le jour de ses noces. À d'autres reprises, la narratrice se livre à des réflexions sur le système des castes, la politique et le rôle de la famille. Il nous semble sur ce point que la convocation de plusieurs genres littéraires et modes de discours répond au besoin de l'écrivaine de s'exprimer sans censure. Dans ce roman qui n'en est pas un, l'écriture bugulienne se déploie sans retenue et raconte, purgée de toute contrainte artificielle, l'individu occupant l'entre-deux.

En guise de conclusion, nous nous référerons une dernière fois à Jacques Derrida, lequel écrit dans *Parages* que le mot 'genre' implique une limite. Et le philosophe de poursuivre : « quand une limite vient à s'assigner, la norme et l'interdit ne se font pas attendre : 'il faut', 'il ne faut pas', dit le 'genre' [...] » (Derrida 1986 : 252). Le genre – tant sexuel que littéraire – implique l'interdiction de franchir, de déborder, de brouiller. *Riwan et le chemin de sable* transgresse toutefois les frontières en conjuguant la répétition à la transformation, voire le genre à la généricité. Tout en reproduisant certaines marques génériques préexistantes et prescrites, le texte, simultanément, donne lieu à des déviations, des impuretés. Il convoque donc plusieurs genres au lieu de se limiter à un seul. *Riwan* est donc un texte-frontière, un texte-*hymen*, d'après le vocabulaire de Derrida, car en tant qu'exception à la norme, il abolit cette dernière tout en la révélant. Par le biais de son texte transgénérique, Ken Bugul fait dialoguer deux espaces et visions du monde investis par le sujet postcolonial féminin tiraillé entre doxa et paradoxe, entre l'ici et l'ailleurs. Caractérisés par des passages, croisements, interférences et interactions mais aussi par des emprunts et des répétitions, ce roman-*hymen*, cette autobiographie-*hymen*, à la fois, génèrent et dégénèrent leur genre. Cet acte démiurgique se fait dans la douleur et la jouissance, car le sujet féminin s'exprime avec tous ses contradictions, peurs, doutes, désirs et espoirs. L'écriture bugulienne de *Riwan* dévoile ainsi la possibilité de repenser le monde autrement qu'à travers des structures déjà en place. *Riwan ou le chemin de sable* constitue de ce point de vue un entre-deux, une convergence de perspectives, un brouillage de frontières, un pêle-mêle de faits réels et de fiction, de discours critiques et élogieux sur son pays. L'univers de Ken Bugul est décidément pluriel.

Ouvrages cités

Ardener, Shirley. 1993. *Women and Space. Ground Rules and Social Maps.* Oxford, Providence : Berg Publishers Inc.

Badran, Margot. 2010. « Où en est le féminisme islamique ? » In: *Critique internationale* 46, 25-44.

Braidotti, Rosi. 1994. *Nomadic Subjects : Embodiment and Sexual Difference in Contemporary Feminist Theory.* New York : Columbia University Press.

Chebel, Malek. 1999. *Le corps en Islam.* Paris : Quadrige/Presses Universitaires de France.

Deleuze, Gilles/Guattari Félix. 1980. *Mille plateaux.* Paris : Les Éditions de Minuit.

Derrida, Jacques. 1986. « La loi du genre ». In : *Parages.* Paris : Éditions Galilée, 249-287.

Derrida, Jacques. 1972. *La dissémination.* Paris : Seuil.

Dion, Robert/Fortier, Frances/Haghebaert, Élisabeth. 2001. « Introduction : La dynamique des genres ». In : *Enjeux des genres dans les écritures contemporaines*, éd.

par Robert Dion/Frances Fortier/Élisabeth Haghebaert. Québec : Éditions Nota bene, 5-25.

Duncan, Nancy. 1996. « Renegotiating Gender and Sexuality in Public and Private Spaces ». In : *Bodyspace : Destabilizing Geographies of Gender and Sexuality*, éd. par Nancy Duncan. New York : Routledge, 127-145.

El Saadaoui, Naoual. 1983. *La face caché d'Ève : Les femmes dans le monde arabe.* Paris : Des femmes.

El Saadaoui, Naoual. 1980. *The Hidden Face of Eve*. London : Zed Press.

Gehrmann, Susanne. 2006. « Constructions postcoloniales du Moi et du Nous en Afrique : L'exemple de la série autobiographique de Ken Bugul ». In : *Les EnJEux de l'autobiographique dans les littératures de langue française*, éd. par Susanne Gehrmann/Claudia Gronemann. Paris : L'Harmattan, 173-195.

Genette, Gérard. 1986. « L'introduction à l'architexte ». In: *Théories des genres*, éd. par Gérard Genette et al. Paris : Seuil, 89-159.

Ken Bugul. 2005. *Rue Félix-Faure*. Paris : Hoëbeke.

Ken Bugul. 2001. [1999]. *Riwan ou le chemin de sable.* Paris : Présence africaine.

Ken Bugul. 2000. *La folie et la mort*. Paris : Présence africaine.

Ken Bugul. 1994. *Cendres et braises.* Paris : L'Harmattan.

Ken Bugul. 1982. *Le baobab fou.* Dakar : Nouvelles Éditions Africaines.

Lejeune, Philippe. 1996. *Le pacte autobiographique*. Paris : Seuil.

Lévy, Bertrand. 2007. « 'La promenade' de Robert Walser ». In : *Marche et paysage. Les chemins de la géopoétique*, éd. par Bertrand Lévy/Alexandre Gillet. Genève : Métropolis, 65-110.

Lewis, Reina/Mills, Sara. 2003. « Introduction ». In : *Feminist Postcolonial Theory : A Reader*, éd. par Reina Lewis/Sara Mills. New York : Routledge, 1-22.

Massey, Doreen. 1994. *Space, Place and Gender*. Minneapolis : University of Minnesota Press.

Massey, Doreen. 1993. « Power Geometry and a Progressive Sense of Place ». In : *Mapping the Futures*, ed. par Jon Bird, Barry Curtis/Tim Putnam/George Robertson/Lisa Tickner. London : Routledge, 59-69.

Mazauric, Catherine. 2006. « Fictions de soi dans la maison de l'autre (Aminata Sow Fall, Ken Bugul, Fatou Diome) ». In : *Dalhousie French Studies* 74-75, 237-252.

Mernissi, Fatima. 1983. *Sexe, idéologie, Islam*. Paris : Éditions Tierce.

Mills, Sara. 2003. « Gender and Colonial Space ». In : *Feminist Postcolonial Theory : A Reader*, éd. par Reina Lewis/Sara Mills. New York : Routledge, 692-719.

Mongo-Mboussa, Boniface. 2000. « La passion de la liberté. Entretien avec Ken Bugul ». In : *Notre Librairie* 142, 104-106.

Nagel, Caroline. 2005. « Introduction ». In : *Geographies of Muslim Women : Gender, Religion, and Space*, éd. par Ghazi-Walid Falah/Caroline Nagel. New York : The Guilford Press, 1-15.

Reichler, Claude. 2007. « Le marcheur romantique et la phénoménologie du chemin ». In : *Marche et paysage. Les Chemins de la géopoétique*, éd. par Bertrand Lévy and Alexandre Gillet. Genève : Métropolis, 31-64.

Rose, Gillian. 1993. *Feminism and Geography. The Limits of Geographical Knowledge*. Minneapolis : University of Minnesota Press.

Sagarra, Catalina. 2006. « Le point de vue interstitiel comme espace de subversion dubitative. 'Riwan ou le chemin de sable' de Ken Bugul ». In : *Dalhousie French Studies* 74-75, 215-36.

Schaeffer, Jean-Marie. 1989. *Qu'est-ce qu'un genre littéraire*. Paris : Seuil.

Schaeffer, Jean-Marie. 1986. « Du texte au genre. Notes sur la problématique générique ». In : *Théories des genres*, éd. Par Gérard Genette et al. Paris : Seuil, 179-205.

Soja, Edward. 1989. *Postmodern Geographies. A Reassertion of Space in Critical Social Theory*. London : New York, Verso.

Spain, Daphne. 1992. *Gendered Spaces*. Chapel Hill : University of North Carolina Press.

Thiébaut, Azadeh Kian. 2010. « Le féminisme islamique en Iran : Nouvelle forme d'assujettissement ou émergence de sujets agissants ? ». In : *Critique internationale* 46, 45-66.

Todorov, Tzvetan. 1978. *Les genres du discours*. Paris : Seuil.

Wigley, Mark. 1992. « Untitled : The Housing of Gender ». In : *Sexuality and Space*, éd. par Beatriz Colomina. New York : Princeton Architectural Press, 327-389.

Ziethen, Antje. 2006. « L'espace sexué dans 'Riwan ou le chemin de sable' de Ken Bugul ». In : *Présence francophone* 67, 80-92.

Par-delà le manichéisme générique :
Georges Ngal et Boubacar Boris Diop

Valentina Tarquini, Università Roma Tre/Université de Strasbourg

À l'aube des années 1980, les romanciers d'Afrique noire francophone semblent attirés par le besoin de réélaborer la notion d'hybridité, largement représentée auparavant, à travers une écriture fort peu conventionnelle. L'emploi d'un certain langage travaillé et de techniques narratives dérivant de modèles différents, montre leur volonté d'interpeller le roman africain contemporain et de mettre en débat son statut. La question identitaire se déploie dorénavant plus volontiers dans la forme – et la structure – que dans le fond, du moins chez Georges Ngal et Boubacar Boris Diop.

L'introduction dans le roman du conte, du mythe, des devinettes, des proverbes n'est pas une pratique récente ni même rare chez les écrivains africains. Au contraire, l'abondance de cette pratique a convoqué au fur et à mesure plusieurs facteurs interprétatifs souvent en contraste. À partir des années 1970, de nombreux travaux de recherche s'orientent vers le démantèlement de la « critique coloniale »,[1] selon laquelle le roman africain est un calque du roman français, et vers une relecture des romans 'classiques' sous l'angle de l'autonomie des auteurs africains s'inspirant de leur propre héritage, ou, également, d'autres modèles non traditionnels.[2]

L'aisance avec laquelle les écrivains des années 1980 utilisent les techniques romanesques – plutôt inexplorées chez leurs prédécesseurs – avec l'objectif, parfois provocateur, de désarticuler le texte, induit à repenser le registre traditionnel africain et celui romanesque tel qu'on le connaît, par exemple, en Europe au XXe siècle. Comme Georges Ngal le fait dire à son personnage Giambatista Viko, on assiste au triomphe du « texte hétérogène » (Ngal 2003 : 48), en nette rupture avec la structure classique du roman de l'époque antérieure. Par la mise en scène dans ses romans expérimentaux

---

1 Nous empruntons l'emploi de l'expression « critique coloniale » à Christiane Ndiaye (2001 : 46) qui, dans son article sur la relecture critique des classiques africains, passe en revue les représentants significatifs des différents courants critiques en recoupant l'analyse de Josias Semujanga. De ce dernier, une illustration synthétique de l'analyse est repérable dans l'article « De l'africanité à la transculturalité : éléments d'une critique littéraire dépolitisée du roman » (2001 : 133-156). Pour une analyse plus détaillée voir du même auteur *Dynamiques des genres dans le roman africain* (Semujanga 1999 : 14-26).

2 Un troisième courant que Semujanga identifie comme « critique scientifique » vise à dépasser la critique « eurocentriste » et « africaniste ». Cette approche privilégie l'analyse textuelle et la création littéraire sans donner jugement de valeur (Semujanga 1999 : 25-26 ; 2001 : 140).

de 1975 et de 1979 de ce personnage problématique, Ngal[3] anticipe la tendance qui caractérisera les années 1980-90, à vouloir exaspérer le renouveau du roman jusqu'à abolir le « carcan espace-temps » et le « carcan personnage » (Ngal 2003 : 15), notions qui correspondent, comme nous le savons, aux caractéristiques principales du roman en Occident. Le premier roman de Boris Diop, *Le Temps de Tamango* (1981), par exemple, rend compte de manière évidente du brouillage des paramètres qui assuraient l'ordre – l'espace et le temps – aussi bien que des voix narratives et des points de vue multipliés.

Il est nécessaire de comprendre quel est le point d'équilibre ou le point de fracture entre les genres littéraires, africain et européen, qui se rencontrent et semblent donner naissance à un genre nouveau et hybride s'interrogeant sur ses nouvelles formes. Le roman africain vise donc à surmonter le 'manichéisme générique' – fort simpliste – du roman occidental et du conte africain, afin de s'imposer de par son nouveau statut.

Quand on parle d'hybridation du roman il serait imprudent d'y penser comme à l'assemblage tout-court des spécificités africaines dans le modèle romanesque occidental. En effet, les expérimentations romanesques de Ngal et Boris Diop expriment et problématisent l'effet de compénétration intime de différents modes d'expressions et de styles. Dans ce sens l'identité hybride du genre narratif correspond plutôt à un système dans lequel s'établissent de nouvelles relations internes entre les éléments hétéroclites qui, dans leurs multiples combinaisons, forment un tissage panaché, d'où le texte rénové (du lat. *textus*, tissu). À ce propos, avec Ngal nous nous référons à Ricœur qui observe que seule la fiction est capable de narrativiser l'histoire d'un personnage ou d'une communauté. En d'autres termes, c'est bien par la connaissance des récits d'une personne ou d'un peuple qu'il est possible de discerner leur histoire. Ricœur rajoute à sa définition de l'identité narrative que cette entité, le « rejeton fragile issu de l'union de l'histoire et de la fiction » (Ricœur 1985 : 442), est loin d'être stable et intacte car tiraillée d'un côté par la composante documentaire de l'histoire et de l'autre par la composante imaginative de la fiction (Ricœur 1985 : 446). En définitive, la narration, en tant qu'espace du récit et acte énonciatif en même temps, est le lieu de rencontre de l'identité, personnelle et collective, avec l'histoire. Selon une élaboration qui n'est pas inconnue à Boubacar Boris Diop, Ngal en tant que critique joint Ricœur quand il affirme que le roman africain explore son identité se percevant comme « sujet de connaissance de soi grâce à une capacité narrative constamment renouvelée. Grâce à la médiation de la narration, le roman se prend pour un sujet de l'écriture, s'interroge lui-même dans l'acte même de la narration » (Ngal 1994 : 75).

---

3   Ce n'est pas sans intérêt de relever son double rôle de romancier d'avant-garde et, ensuite, de théoricien de nouveaux procédés romanesques précédemment explorés dans *Création et rupture en littérature africaine* (1994) et *Esquisses d'une philosophie de style : autour du champ négro-africain* (2000).

En nous limitant au dyptique ngalien, *Giambatista Viko* (1975) et *L'Errance* (1979), et à deux romans de Boubacar Boris Diop, *Le Cavalier et son ombre* (1997) et *Les Petits de la guenon* (2009), nous essaierons de montrer qu'au-delà de leur approche subversive dans la création romanesque, les deux romanciers tâchent d'atteindre le lecteur à travers, au moins, deux stratégies. En premier lieu, par la célébration du personnage de l'écrivain africain élaborant un discours qui réfléchit au récit même et à l'acte de la narration ; ensuite, par le travail sur le langage symbolique des images capable d'exprimer au mieux l'espace de la recherche identitaire que les mots, par contre, ne parviennent à expliciter que partiellement.

En considérant les nombreuses évocations ici à peine croisées – dichotomies des registres européens et africains, subversion des genres canoniques, autoréflexion et métadiscours, langage de l'imaginaire – que le sujet du renouvellement générique entraîne, nous proposons l'un des parcours possibles qui, quand bien même non exhaustif, rend l'idée de la réflexion sur l'identité narrative opérée par Ngal et Boris Diop au double niveau, narratif et idéologique. Notre propos est de montrer que le parcours fait par les personnages-narrateurs de Ngal et de Boris Diop va en direction de la profondeur. Ce parcours se développe dans leurs romans tant sur le plan structurel que sur le plan des images, ce qui indique une écriture deux fois 'en abyme'. L'optique que nous adoptons valorise le processus de mise en abyme comme jeux de miroirs qui pointe davantage à l'effet de profondeur, produit par la mise en perspective, qu'à l'effet aplati de la superficie plane du miroir, préférant à l'effet d'*élargissement* celui d'*approfondissement* (Magny 1950 : 247) pour illustrer « la réflexion à l'infini » (Dällenbach 1977 : 36).[4] Conscients que notre lecture implique des plans différents du roman, nous partons du constat que, dans cette étude, le passage d'un argument à l'autre est dicté par une logique d'implications dans la mesure où le plan textuel engendre le sens profond niché dans le discours symbolique des images. Nous voudrions enfin mettre en relief que sans ce travail d'élaboration formelle qui vise les abîmes du discours, une réflexion sur l'identité renouvelée perdrait de son intensité. Analysons les recours formels qui suggèrent la structure de l'emboîtement et le récit autoréflexif – ou métarécit –, avant de sonder les profondeurs de l'imaginaire où se situe le lieu de la quête identitaire menée par ces écrivains-chercheurs ngaliens et diopiens.

---

4   Cette démarche n'ignore point la tendance stéréographique du processus de 'reconstruction' de l'esthétique critique moderne si bien mis en exergue par Josias Semujanga à propos du projet de Georges Ngal (cf. Semujanga 1999 : 161, note 4). Nous essayons de proposer une lecture qui vise à concilier les deux approches méthodologiques – celui de la surface plane de la déconstruction structurale et celui de la mise en profondeur comme technique formelle – permettant de mieux accéder au sens global. Il convient de rappeler que dans son étude méticuleuse, Dällenbach (1977 : 32-41) s'en prend à la notion quelque peu vague et 'fourre-tout' de *mise en abyme* employé par C. E. Magny, inventeur de l'expression (Magny 1950 : 247).

Autoréflexion du récit

Georges Ngal dans son dyptique et Boris Diop dans ses romans, confèrent un rôle central à la figure de l'homme de science, de l'intellectuel, de l'historien, du chercheur de vérité. Dans *Giambatista Viko*, le héro éponyme est un intellectuel illuminé claire-ment inspiré du grand humaniste italien. Sa recherche intellectuelle, qui se poursuit jusqu'à *L'Errance*, est encouragée par la présence de Niaiseux, son disciple et alter ego dialogique. Chez Boris Diop on a plusieurs déclinaisons du chercheur de vérité : dans tous ses romans les voix narratives sont attribuées à des chercheurs qui sont censés assurer la vérité des événements racontés. Dans *Le Cavalier et son ombre* il y a une recherche de la performance orale de l'héroïne Khadidja engagée comme conteuse auprès d'une ombre. Dans *Les Petits de la guenon* le narrateur est un grand-père scolarisé qui, pour combattre l'oubli de l'histoire, s'improvise écrivain par nécessité de communication avec Badou, son petit-fils absent depuis des années.

La mise en récit du narrateur, créateur d'art, lie Ngal et Diop dans une recherche des techniques employées pour établir une relation nouvelle entre l'écrivain et son public. Les stratégies de Ngal et Diop relèvent d'un constat. La relation entre les spécificités du modèle romanesque occidental et les spécificités du modèle traditionnel africain modifie l'identité narrative du roman africain dans la mesure où chaque modèle est porteur d'une articulation de composantes entourant l'énonciation littéraire. Cette der-nière naît comme conséquence de l'éclatement des signes culturels du milieu africain (Semujanga 1999 : 163 ; 2004 : 36), et fait entrer en jeu la relation entre le locuteur et le récepteur. La communication littéraire dans le contexte africain peut être illustrée, nous rappelle Ngal essayiste, à travers la « représentation théâtralisée » (Ngal 1994 : 122) de l'acte créateur, par mimesis du code culturel local. La mise en scène de l'émetteur – narrateur, conteur ou énonciateur réfléchissant à haute voix – qui interagit avec son interlocuteur – lecteur ou auditeur – emprunte bien des fois le langage du théâtre. Dans *Giambatista Viko* de Georges Ngal, Viko est obsédé par l'idée d'écrire un roman « sur le modèle du conte » où l'on assisterait à la « fécondation du roman par l'oralité » (Ngal 2003 : 13). Il est interprète audacieux et très critique envers l'élite in-tellectuelle. Par sa hardiesse il compte en effet dépasser « l'écrivain contemporain [qui] n'est pas allé jusqu'au bout de son entreprise » (Ngal 2003 : 15). Plus précisé-ment, Ngal met en œuvre les réflexions du héros Viko sur les théories critiques du roman africain[5] qui vont de pair avec la création du roman dont il rêve et qu'il a du mal à faire naître. Il est très conscient qu'

---

5 Voir l'étude proposée par Josias Semujanga sur la mise en scène des théories sur la littérature africaine écrite en débat dans *Giambatista Viko*. Outre la réfutation des théories critiques en vigueur, il relève aussi que l'importance de ce roman consiste dans la pro-duction d'une forme d'écriture à mi-chemin entre le roman et l'essai critique (Semujanga 1997 : 167-178).

Accoucher d'un roman (!) c'est en effet tenir un discours occidental. C'est évoluer dans l'espace visuel. Faire évoluer un récit dans la dimension spatio-temporelle. Carcan qui limite étrangement la liberté de l'écrivain ; les possibilités du discours. Le pouvoir du mot très amoindri perd de cette efficacité que lui connaît l'univers magique de l'oralité.

[…] Il faudrait une *Scienza nuova* pour redécouvrir ces puissances spirituelles que l'univers technologique a perdues et que les sociétés orales désinvoltement appelées primitives, ont conservées. Puissance et faculté de déchiffrer le langage enfui dans les profondeurs du symbolisme ; de décrypter les intentions malveillantes de l'ennemi. Les secrets découverts constituaient des grandes épiphanies du divin sous le voile des environnements : domaine essentiellement du voyant.

– Votre enfance a baigné dans cet univers !

– Mais nous avons été très tôt arrachés et plongés dans celui de l'écrit. Nous avons besoin de le redécouvrir. L'espace acoustique ou plus exactement audio-visuel. Celui du conteur ! Quelle richesse indéfinie ! Quelle liberté dans l'évolution du récit ! Aucune rigidité pareille à celle du roman ! Véritable cercle infernal, l'espace romanesque ! (Ngal 2003 : 12-13)

On assiste à la genèse de l'union entre l'énonciation et l'énoncé préfigurant la « dialectique conversationnelle » entre sujet et objet, qui est à la base de la « dynamique du discours » (Bisanswa 2004 : 80). Par ailleurs, le roman en gestation de Viko vise à mettre en œuvre l'enjeu existant entre le narrateur et le narrataire, juge dernier de son emprise scripturale. Son intention est clairement d'inciter le lecteur passif à réagir aux propos provocateurs. Il veut aussi que son roman révolutionnaire soit le produit de la participation active et directe du narrataire : « Le public devenu co-auteur avec l'écrivain, l'abîme qui sépare les deux enfin franchi » (Ngal 2003 : 78). Voilà enfin que les nombreuses tentatives de co-écriture de Viko avec son public potentiel, nous mettent en présence de véritables mises en scène théâtrales qui sont censées constituer ce que Viko propose d'appeler « l'écriture gestuelle, matrice de liberté et d'initiative tant pour l'écrivain que pour le lecteur » (Ngal 2003 : 78). Nous remarquons avec Silvia Riva que la dimension corporelle de la théâtralité a un poids considérable chez le romancier bien avant que chez l'essayiste d'*Esquisse d'une philosophie de style* (Riva 2004 : 111-113). C'est effectivement par la corporalité, en interpellant des passants au hasard, qu'il pense réussir à faire jouer le nouveau protagoniste incorporant les trois personnes de la chaîne littéraire : « l'auteur écrivain-public » (Ngal 2003 : 61). Évidemment, ses tentatives de démocratisation de l'écriture échouent. Et pendant son procès sous l'égide des Anciens, il se rend compte qu'il n'est plus le « meneur de jeu », mais c'est lui qui reste « placé au milieu de la scène » (Ngal 2003 : 100). De marionnettiste ou chef d'orchestre, il est devenu marionnette et prisonnier du monde ancien. En effet, pendant les longs réquisitoires des sages, Viko devient spectateur de son propre procès. De cette manière, l'auteur reproduit une autre forme d'autoréflexivité narrative : Viko fait le récit de son procès mis en scène par les sages auquel il assiste lui-même en tant que spectateur. En définitive, il est créateur et spectateur en même temps à la manière dont l'écrivain africain est le tout-puissant devant son œuvre, soudaine-ment immobilisé par l'impuissance d'une impasse.

Chez Boris Diop la réflexion sur l'écrivain et sur les possibilités de l'écriture est une véritable inquiétude tempérée par la fiction. Mais nous pouvons sans doute mieux comprendre sa démarche si nous convenons avec Jean Sob que « Boubacar Boris Diop, avant d'être romancier, est d'abord scénariste » (Sob 2007 : 89) et que « c'est le scénariste qui est le maître d'œuvre du dispositif narratif et scriptural dans chaque roman » (Sob 2007 : 89). Nous pouvons repérer un exemple patent d'autoréflexivité théâtralisée dans *Le Cavalier et son ombre* dont la « valeur théâtrale » (Bisanswa 2004 : 82) qualifie le « discours dynamique » (Bisanswa 2004 : 85) produisant, au fur et à mesure, des glissements de registres. Les expérimentations narratives de l'art du conte pratiquées par l'héroïne Khadidja, conteuse de fortune, sont mises en scène selon les règles dictées par la tradition :

> Il ne fallait surtout rien omettre. De la question de savoir si la conteuse avait été réelle-ment témoin d'événements aussi lointains (« Ba mu amee yaa ko fekke ? ») au constat que l'histoire était enfin allée se jeter dans la mer (« foffu la leeb doxee tàbbi gèèj »), nous savourions les délices d'une sorte de danse amoureuse. Nous veillions avec beau-coup de soin à respecter toutes les règles, si subtiles, de l'art du conte. (Diop 1999 : 59-60)

Pendant les phases préparatoires de ses performances, Khadidja se prend au sérieux et devient actrice de sa pièce qu'elle joue devant Lat-Soukabé, le narrateur homodié-gétique du roman. Malheureusement son entreprise n'est pas des plus faciles, du fait que son interlocuteur n'est qu'une ombre. De même que dans *Giambatista Viko*, le créateur – conteuse chez Diop, écrivain chez Ngal – se trouve obligé d'incarner le public. Seul le silence répond à ses interpellations. C'est pourquoi

> Elle fut prise de peur en s'apercevant qu'elle était condamnée à être à la fois la conteuse et le public. Elle commença à délirer un peu, contrefaisant sa propre voix pour répondre aux questions qu'elle posait à elle-même, se traitant de menteuse et jurant sur tous ses ancêtres que jamais l'enfant, qu'elle n'hésitait pas à tutoyer affectueusement, n'entendrait une aussi belle histoire. Elle n'obtint jamais le moindre écho et cela finit par la mettre dans une rage folle contre la personne qui se trouvait de l'autre côté de la porte. (Diop 1999 : 61)

Il est ici question de l'absence d'un interlocuteur reconnaissable. La parole orale est menacée et elle finit par provoquer chez Khadidja une folie obsessionnelle, préfigurant la préoccupation de l'écrivain africain. D'une part, Daniela Mauri y relie « le cauche-mar de tout écrivain : celui d'être le seul public de ses ouvrages » (Mauri 2010 : 98) ; d'autre part, et plus précisément, c'est la question de l'écrivain africain incapable de s'adresser à son public potentiel qui est soulevée (Gehrmann 2005 : 167. cf. 173-174). Faut-il donc reconnaître dans cette œuvre la problématique, répandue en Afrique et chère aux écrivains africains tel Boris Diop, de la parole de l'artiste en quête de son destinataire naturel ? Ainsi la tradition est revisitée 'sur scène' et relue dans sa relation avec d'autres traditions, soit-elle d'Occident, d'Afrique ou d'ailleurs.

En effet, chez Georges Ngal et Boris Diop, les références intertextuelles et interculturelles sont abondantes et produisent un effet de renvois et de réélaborations de textes connus – il suffit de penser, par exemple, à la reprise de Mérimée dans *Le Temps de Tamango* de Boris Diop ou aux références à *Cahier d'un retour au pays natal* de Césaire dans le dyptique ngalien. Outre la pratique de l'intertextualité, Ngal et Diop mettent en œuvre l'hybridité narrative exploitant des techniques bien connues dans la tradition littéraire occidentale de la mise en abyme comme reflet de l'écriture et de l'écrivain, préparant l'avènement du texte « transgénérique » (Semujanga 1999 : 11). Revenons sur *Giambatista Viko* en guise d'exemple. Pour réfléchir à sa propre condition de génie littéraire, l'intellectuel Viko prend comme modèle le génie de Proust. De même que Proust dans sa *Recherche* a fait de son œuvre un miroir de sublimation, il identifie également son propre génie dans « le pouvoir réfléchissant et non dans la qualité intrinsèque du spectacle reflété » (Ngal 2003 : 38-39). Ici le métadiscours du narrateur sur le génie créateur est explicite. S'identifiant à Proust, Viko se reflète dans le miroir de la personnalité du génie qui a affaire à l'intensité de l'acte créatif plus qu'au produit de la création, c'est-à-dire au roman.

En ce qui concerne Boubacar Boris Diop, les nombreuses mises en récit dans son œuvre ramènent également à la réflexion du récit romanesque sur la forme du récit, écrit ou oral, nous induisant à poser l'attention sur l'obsolescence des genres canoniques vus isolément – le roman d'un côté, le conte de l'autre – et à nous interroger sur l'apparition inévitable d'une écriture hybridée et fragmentée. Dans ce sens, une élaboration fictionnelle de la construction du roman en train de se faire, et, par là, la reconstruction de l'histoire constitue une étape fondamentale du parcours de l'auteur. Dans *Le Cavalier et son ombre*, la conteuse Khadidja invente un conte ayant un titre identique à celui du roman dont elle est l'objet. Mais son pouvoir créateur dépasse le simple artifice. L'ombre, celle qui était censée être son auditeur, devient à son tour l'objet de création de Khadidja qui, dit le narrateur, « lui avait créé, de toute pièce, une véritable vie » (Diop 1999 : 62). Soit, le narrataire, au lieu d'être le destinataire final, devient sujet du créateur-narrateur. Le narrateur, Lat-Soukabé, nous avoue que malgré les nombreuses créations de la conteuse « cet enfant inconnu fut, en réalité, la plus puissante et la plus authentique des fables de Khadidja » (Diop 1999 : 62). Cela montre que l'une des obsessions des écrivains africains modernes est précisément ce manque de public qui, comme l'affirme Boris Diop dans l'essai « Génocide et devoir d'imaginaire », est presque inexistant car les Africains sont trop soucieux de leur survie (Diop 2007 : 28). De ce fait, pour résister au déclin de la littérature en Afrique, Boris Diop invente dans *Le Cavalier et son ombre* une narratrice qui doit faire face au néant ; et malgré la conscience que personne au-delà de la porte n'écoute ses histoires, Khadidja, comme l'écrivain africain contemporain, ressent le devoir de continuer à inventer et à raconter. De même, dans *Les Petits de la guenon*, le narrateur Nguirane

Faye destine à son petit-fils l'écriture de ses Carnets malgré l'absence de son destinataire qui, en vérité, n'apparaîtra jamais.

L'importance conférée aux récits en abyme par Boris Diop suggère, de notre point de vue, que par l'emploi de cette stratégie son objectif consiste à dépasser le simple jeu textuel et formel. Le procédé métatextuel vise, certes, à signifier le processus de production littéraire (cf. Gehrmann 2004 : 154) [6], mais aussi le récit de Khadidja, « Le cavalier et son ombre », semble, lui, avoir donné le nom[7] au roman de Boris Diop et non pas le contraire, comme si un fragment du roman accomplissait la « révolte structurelle » (Ricardou 1967 : 181) et engendrait l'œuvre même par contestation contre l'hégémonie du Roman. Et ce dans la mesure où le récit de Khadidja est mis en profondeur par rapport au récit principal : c'est dans son invention, souvent folle et invraisemblable, que se trouve le sens du récit premier. Le récit enchâssé semble être le lieu – quoiqu'imaginaire – de la quête de vérité de Khadidja révélant, dans son langage symbolique et à travers un processus de dramatisation (cf. Ricardou 1967 : 184), le sens du récit-cadre, celui raconté par Lat-Soukabé. Ou encore, comme le suggère Justin Bisanswa, le récit enchâssé s'insinue dans le roman comme « une feinte pour explorer la face cachée du pouvoir » (Bisanswa 2004 : 79). Cela signifie, à notre sens, que Boris Diop a choisi de donner du *relief* à la 'mise en profondeur', entraînant le récit enchâssé à baptiser l'œuvre. Cela peut sembler un paradoxe, les deux termes étant antinomiques. Pourtant, ils constituent les deux pôles de l'axe d'un même mouvement. Selon cette lecture, à travers le récit mythique, héroïque et fantastique, Khadidja indiquerait son chemin de la quête d'un salut à l'intérieur d'un monde imaginaire. Au cœur de ce récit se trouve Tunde, l'enfant miraculeux qui naîtra pour sauver le peuple noir. Tunde, ce personnage mythique réinventé par la narratrice Khadidja, répond aux exigences de l'auteur Boris Diop de vouloir créer des personnages qui nous entraînent dans les espaces symboliques, mythiques ou légendaires, comme le fait le narrateur Nguirane Faye dans *Les Petits de la guenon*.

Originairement écrit en wolof sous le titre de *Doomi Golo* (2003), ce roman à deux voix est composé des confessions d'une vie, adressées à l'absent Badou, contenues

---

6   Dans son étude sur les instances narratives dans le processus de subversion chez Boubacar Boris Diop, Susanne Gehrmann se penche surtout sur trois œuvres du romancier sénégalais : *Le Cavalier et son ombre*, *Les Tambours de la mémoire* (1990) et *Les Traces de la meute* (1994).

7   La dénomination *de* la fiction *par* la fiction chez Boris Diop, nous paraît plus claire à la lumière d'une importante observation de Bisanswa selon laquelle on assiste à un processus « qui est l'inverse de celui de la nomination courante qui consiste à mettre un nom sur une chose préexistante. Dans le cas du roman africain, la chose ne préexiste pas au mot, elle est créée par lui » (Bisanswa 2009 : 24). Ainsi, par ce mécanisme formel, Boris Diop met en œuvre une « réalité produite par le langage » (Bisanswa 2004 : 24) vouée à signifier la revendication du roman africain capable de produire un discours ne découlant pas de données préexistantes.

dans les Carnets de Nguirane Faye, le premier narrateur. À son récit de l'histoire de la banlieue Niarela et de la famille, succédera le récit d'Ali Kaboye en guise d'épilogue. Eu égard à la structure du roman nous déduisons qu'après la mort du vieux Nguirane, Ali Kaboye s'est préoccupé de réorganiser les Carnets et d'établir, à sa discrétion, la séquence des récits fragmentaires de son prédécesseur. D'une certaine manière, c'est lui, le fou errant installé à Niarela, le chef d'orchestre de *Les Petits de la guenon* qui prend le dessus sur la narration de Nguirane Faye devenant enfin narrateur unique et metteur en scène de l'histoire du vieux grand-père, comme cela résulte dans les deux grandes parties de la Table : I. Nguirane Faye, II. Moi, Ali Kaboye. Nous pouvons ainsi remarquer que la place et le rôle du narrateur sont déjà problématisés dans la structure du roman. Dans ce roman comme ailleurs, les réflexions du narrateur sur son écriture – Nguirane Faye se déclare écrivain débutant –, sont exposées par des procédés d'enchâssement. Plus précisément, le mécanisme de la mise en récit contribue à éclaircir l'histoire-cadre. Dans son IV Carnet, Nguirane invente une histoire intitulée « La fausse histoire de Ninki-Nanka[8] » qui, a première vue, n'a pas l'ambition d'être prise pour vraie, tout au contraire. Il s'agit d'une invention de toute pièce, comme lui-même tient à le signaler :

> Tu tiens entre les mains un Carnet à part, le seul que j'aie écrit d'un seul trait de plume. Je l'ai appelé *La fausse histoire de Ninki-Nanka*, pour m'amuser un peu. Mais c'est surtout parce que rien de ce qui s'y trouve n'a eu lieu pour de vrai. (Diop 2009 : 143)

Le narrateur opère une mise en abyme antiphrastique – ou une parodie[9] de mise en abyme (cf. Sob 2007 : 16 ss., 122) – dans la mesure où l'emploi de l'adjectif « fausse » cache mal, en vérité, un certain nombre de correspondances avec l'histoire cadre. Dans le récit 'abymé', en effet, l'histoire du vieux Atou Seck – figure peu métamorphosée de Nguirane – nous renvoie aux faits vécus par Nguirane Faye. De plus, par les fréquentes inversions de rôles entre les hommes et les singes – Atou Seck devient l'esclave des deux singes agressifs – l'histoire enchâssée nous éclaire davantage sur le sens métaphorique de *Les Petits de la guenon*. Ce roman fonctionne comme un miroir tendu par Boris Diop aux Africains accusés de mimer la gestuelle de l'Autre occidental et de ne pas prendre conscience de leur propre être. Les échos entre les person-

---

8   La référence au monstre mythique Ninkinanka des épopées d'Afrique de l'Ouest (voir Kesteloot/Dieng cité par Collini 2010 : 231, note 49) semble confirmer le procédé à peine vu dans *Le Cavalier et son ombre* selon lequel le registre pseudo-mythique du récit enchâssé constituerait une clé de lecture de l'histoire contemporaine sous-jacente au récit principal.

9   Jean Sob emploie l'expression « récit parodique » pour désigner l'effet du procédé narratif opéré par Boubacar Boris Diop qui consiste au détournement critique des règles communes de fonctionnement du récit littéraire et, par conséquent, leur contestation (Sob 2007). Quand il parle de parodie de la mise en abyme c'est pour relever le renversement de taille des deux récits – dont l'un est emboîté dans l'autre – dans la mesure où le récit enchâssé phagocyte le récit principal et le remplace.

nages et les événements décrits dans « La fausse histoire de Ninki-Nanka » et ceux du récit premier sont bien mis en relief par Ali Kaboye qui jette un pont entre le récit du mythe réécrit (Ninkinanka) et la réalité du grand-père. Ali Kaboye relate fidèlement les derniers moments de vie de Nguirane frôlant le délire :

> Il a commencé à dérailler pour de bon. Les noms de Ninki et de Nanka revenaient sans cesse dans sa bouche […]. J'ai d'abord pensé qu'il continuait à mener ainsi, avec l'infernal entêtement des vieillards, sa guerre contre les deux petits singes de La fausse histoire de Ninki Nanka. Il n'en était rien. Il leur disait plutôt son amour et tu dois bien savoir ceci, Badou Tall : Nguirane a beaucoup souffert sur le tard de n'avoir pas su ouvrir son cœur à Mbissine et Mbissane. (Diop 2009 : 433-434)

Le fou dévoile ce que le lecteur a soupçonné tout au long du roman. Les deux singes Ninki et Nanka rappellent de très près Mbissine et Mbissane, non seulement fils jumeaux de Yacine Ndiaye – apostrophée comme guenon par son voisinage –, mais petits-fils de Nguirane. L'apprivoiseur des deux petits singes, le vieux Atou Seck, menacé de quitter son logement pendant la guerre civile, a les traits de Nguirane qui a mené ses combats contre la présence étrangère. Aussi, le climat politique trouble où émerge la figure du président Daour Diagne est en relation analogique avec celui de Dibi-Dibi, président-dictateur au nom peu édifiant – si l'allusion au mot wolof *dibi*, 'viande grillée', est vraisemblable, entendons par là 'le responsable d'un carnage'. Finalement, nous avons le sentiment de mieux connaître le vieux narrateur à travers la lecture de cette histoire fictive sur les singes qui révèle du récit premier « ce qui en est *absent* » (Ricardou 1967 : 183) et qui donc, dans sa fausseté, énonce le sens véritable des enseignements de Nguirane.

Dans l'œuvre de Boris Diop, toute histoire emboîtée du narrateur est le symptôme dissimulé de l'approfondissement de l'histoire et de ses falsifications. L'objectif dernier du narrateur-chercheur diopien est d' « extraire la vérité » (Sob 2003 : 432) des profondeurs événementielles dont les effets se manifestent jusque dans la structure du roman. Dans sa quête de vérité – envisageable dans la fiction –, le conteur-romancier de Boris Diop est appelé à reconstituer les strates de l'historicité africaine qui ne doit pas rester ensevelie dans le passé. Bref, Boris Diop et les narrateurs diopiens qui lui sont spéculaires ont le devoir de rendre concret et vivant l'espoir – cf. *Le Cavalier et son ombre* –, de même que la mémoire historique de l'Afrique – cf. *Les Petits de la guenon*.

Une 'réflexion en profondeur' ou une 'profonde réflexion' : de la structure textuelle à l'imaginaire

Notre deuxième étape se distingue de la première par un changement de plan dans lequel se déploie la réflexion des narrateurs. Dans la première partie de cette étude nous avons essayé d'illustrer la 'mise en profondeur' de l'écriture sur le plan du texte et du discours chez les deux romanciers. En d'autres termes, nous avons essayé de parcourir le fonctionnement du métarécit – récit inséré dans le récit-cadre – et du méta-discours – réflexion de l'écrivain ou de l'intellectuel sur l'acte de la création littéraire ou l'acte de l'élaboration critique. Ici, par contre, le débat sur l'identité narrative se poursuit en explorant deux images de la profondeur : l'eau et ses abîmes, l'arbre et ses racines.

L'emploi d'un certain style chez Ngal nous invite à pénétrer dans une dimension nouvelle de l'élaboration de Viko-écrivain à laquelle on accède par le langage symbolique de l'imaginaire à travers « un chemin à rebours qui [...] permettrait à l'homme de *rentrer dans son symbole* » (Riva 2004 : 109). Dans *Giambatista Viko* les dialogues sont entrecoupés par des épisodes oniriques et imaginaires. Dans ces fragments vision-naires Ngal nous donne des indices nous préparant à ce curieux voyage de Viko et de son disciple Niaiseux dans *L'Errance* à travers les Couvents de la culture en Afrique auquel les sages Africains les ont condamnés par impiété envers la tradition africaine. L'extrait suivant contient une anticipation symbolique du voyage en profondeur qui caractérise le deuxième volet du dyptique :

> Nous nous engageons dans un *couloir souterrain* long d'environ deux cent mètres. Nous arrivons dans une *cavité*. Qui semble servir de charnière. Les murs de la *caverne* sont tapissés de peau humaine fraîchement garnis [sic !]. A chaque mètre, est suspendu un *crâne*. [...] Une main me tend une *coupe* remplie d'un liquide rouge.[10] (Ngal 2003 : 27-28)

Ce bref extrait du récit d'initiation (Ngal 2003 : 27-29) attire notre attention sur des aspects multiples. S'il nous est permis de le lire autrement qu'à la lumière d'une « ana-lyse davantage axée sur l'énonciation métatextuelle que sur la substance narrative » (Semujanga 1999 : 157) en vertu des divers univers culturels auxquels le sujet initié appartient, nous pourrions le considérer comme un prétexte pour l'homme de « rentrer dans son symbole », pour reprendre les mots de Silvia Riva à peine mentionnés. De cette manière, l'espace symbolique de l'imaginaire peut être exploré à condition de garder les distances des lieux communs sur l'Afrique et d'une certaine perspective ethnologique chargée idéologiquement par le parrainage colonial (cf. Mouralis 1993 : 20-24). Mis à part la reproduction de l'atemporalité nous rappelant la temporalité cir-culaire de la répétition rituelle (cf. Durand 1992 : 322-323) – « une main me tend une coupe » (Ngal 2003 : 28), et le rite terminé, le cycle recommence : « une main me tend encore une coupe » (Nagal 2003: 29) – nous remarquons avant tout un mouvement lent et profond qui inspire la descente vers la cavité. Le « couloir souterrain » renvoie à la direction de la recherche que les sages des Couvents de la culture indiqueront dans *L'Errance* à Viko et Niaiseux. Cette direction était déjà suggérée une quinzaine de pages plus tôt par Viko même : « Il existe une vie souterraine en nous. Le freudisme l'a apprise aux Occidentaux ; les primitifs, eux, ne l'ont jamais ignorée » (Nagal 2003 : 12). La caverne, le crâne, la cavité et la coupe, tant d'objets sphériques qui ren-voient aux creux de l'abîme dont les deux derniers correspondent aux espaces de

---

10 C'est nous qui soulignons.

Valentina Tarquini

l'intimité. En tant que centre des énergies psychiques et physiques et du principe de vie, le crâne semble être le siège où atteindre l'esprit (Wernert cité par Durand 1992 : 157). Et la « coupe crânienne » (Durand 1992 : 158) est liée aux contenants creux de la caverne et de la coupe, la première étant une cavité aux significations ambivalentes – d'une part l'effroi du piège et de l'inconnu, d'autre part le refuge apaisant (cf. Bachelard 1948 : 194-200). Ces figures fantasmées ont la caractéristique d'être délacées de toute expérience antérieure s'agissant, comme le dit Bachelard (1957 : 209), d'images métapsychologiques qui incitent à la créativité artistique. Les deux isomorphismes de l'abîme et de l'intime sont opposés en termes d'effet, la première renvoyant à la sémantique de la chute, la deuxième dimension s'offrant à la joie de descendre dans l'intériorité qui pérennise l'être. Aussi, la fin et la mort signifiées par la chute sont métamorphosées en découverte et en « mouvement explorateur des secrets du devenir » (Durand 1992 : 227). La charnière qui figure dans la citation, sépare ces deux dimensions correspondant aux deux faces de la profondeur. En somme, il s'agit de passer rituellement par le chaos pour atteindre l'être. C'est pourquoi, en guise d'ouverture de cet épisode onirique, nous assistons au « baptême de la délivrance des Eléments » de sorte que « qui veut devenir lui-même doit passer par cette étape » (Ngal 2003 : 27).

Enfin, sous l'égide des sages des couvents, Viko et Niaiseux aboutiront aux profondeurs des « eaux dormantes » (Ngal 2003 : 22), de la réconciliation avec les origines et la sève africaine. À ce propos, la critique est unanime pour définir le premier roman de Ngal, *Giambatista Viko*, comme « le roman de la rupture » et le deuxième, *L'Errance*, comme « le roman de la réconciliation » (cf. Chevrier 1989 : 235). Ce passage est d'autant plus évident que dans *Giambatista Viko* prévaut l'homme de science, des sophismes et de la séparation, alors que dans *L'Errance* triomphe, de manière moins éclatante mais plus profonde, l'intellectuel introspectif, conscient de soi, qui a finalement eu accès à un code nouveau, celui des symboles pour se réapproprier la pensée africaine précoloniale.

Dans *L'Errance*, c'est à travers le symbolisme de l'eau que s'accomplit le processus de réacculturation de Viko et de Niaiseux. L'eau, protagoniste fréquente des contes, est l'élément purificateur et le symbole du renouveau qui authentifie les relations, les personnes et les rôles. À Ngal de nous rappeler que toute expérience spirituelle ou communautaire se résout par des rituels d'eau. Les exercices quotidiens des deux explorateurs ngaliens consistaient en des séances de contemplation de l'eau, sept fois par jour, parce que – observe Viko – « les couvents de la culture semblent avoir fondé tout leur édifice sur le symbolisme de l'eau combiné au principe d'identification ou d'appropriation des 'images de l'homme' » (Ngal 1999 : 22-23). Le symbolisme de l'eau intervient aussi pour dire la liquidité de la parole romanesque qui se change en parole poétique (cf. Kazi-Tani 2001 : 20-23) et affronte la rupture novatrice du genre. Le voyage de Viko et Niaiseux en pirogue dans les eaux calmes de la surface assume la fonction d'un parcours initiatique pour accéder à la culture au sens plein et à la découverte de la nouvelle création littéraire :

Nous ramons à ciel ouvert, créant des *fêlures* dans les *murs* des *censures* du *discours*. Éclipse des genres rangés, *rupture* des conduites imposées, surgissement enfin de l'impulsion torrentielle d'une praxis hautement révolutionnaire.[11] (Ngal 1999 : 114)

Dans la première phrase, les assonances en « u » et « ou » transmettent l'effet harmonieux de l'eau et les sons ondulatoires des voyelles renvoyant à la liberté du texte qui coule et découle du flux de création. Dans la première moitié de la deuxième phrase par contre nous avons le sentiment de rythmes tronqués dus à la présence de groupes de consonnes (p.ex. « cl » et « ps » dans « éclipses », « pt » dans « rupture ») ou de même sons consonantiques rapprochés (« -enr- », « -ran- » dans « genres rangés ») qui relève de la sémantique de la rigidité et de la rupture. Ensuite la phrase se termine par l'abondance de consonnes doubles et de sons répétés ou prolongés (le son sibyllin de la consonne fricative sifflante « s » en particulier), comme signes marqueurs d'un changement qui s'insinue dans le récit.

Le fleuve et le lac sont des espaces aquatiques présents chez nos deux romanciers comme éléments constitutifs de signification symbolique. Dans *Le Cavalier et son ombre* de Boris Diop, le fleuve constitue la charnière entre le monde réel d'une part, et le monde fictif, mythique et mystérieux d'autre part. C'est cette deuxième dimension que le narrateur Lat-Sukabé veut atteindre comme lieu de l'émergence fictionnel. Le personnage du Passeur, une figure mystérieuse et quelque peu arrogante, est central dans cette dynamique de la traversée du fleuve « apparemment simple [mais qui] n'allait pas être une petite affaire » (Diop 1999 : 17) avoue Lat-Sukabé. Il savait que son « sort était entre les mains du Passeur et il [lui] fallait, avant de le rencontrer, savoir par quel bout le prendre » (Diop 1999 : 17). Le Passeur qui apparaît au début du roman comme un personnage aux traits humains renvoie au monstre fantastique Nkin'tri[12] : « Moi, Nkin'tri, je ne suis qu'un modeste Passeur, celui qui relie les Morts et les Vivants et je suis prêt à me dévouer » (Diop 1999 : 251). Comme Charon, le Passeur est chargé de conduire Lat-Sukabé de l'autre côté de la rive insinuant chez le lecteur des soupçons sur son rôle. Et comme Charon, le monstre-passeur relie le monde des Morts et celui des Vivants. En synthèse, ce personnage protéiforme noue le

---

11 C'est nous qui soulignons.

12 Maria Benedetta Collini renforce cette correspondance en soulignant la coïncidence, à la fin du roman, entre le fleuve que Lat-Sukabé doit traverser à l'aide du Passeur et le lac Tassele dans lequel gît le monstre mythique Nkin'tri (Collini 2010 : 205, 208). Elle distingue d'ailleurs, de manière toujours ponctuelle, les nombreux dédoublements qui intéressent tous les personnages pivots du roman jusqu'à établir, en proposant des couples, des noeuds identitaires de plus en plus complexes : le Passeur/Nkin'tri, Khadidja/Siraa, Dieng Mbaalo/Cavalier, Cavalier/ombre de l'employeur, Lat-Sukabé/Cavalier ou son ombre. Enfin : « Lat-Sukabé est l'ombre du Cavalier, qui est l'ombre de Khadidja, qui est l'ombre de Siraa. » (Collini 2010 : 210) De notre point de vue, ce jeu d'implications sur le plan de la construction de l'imaginaire ne fait que confirmer le mécanisme d'emboîtement déjà relevé sur le plan formel.

monde réel dans lequel Lat-Sukabé se trouve au début du roman à Bilenty, au monde fantastique inventé par Khadidja. Il communique d'un côté avec Khadidja qui « s'imaginait que [le Passeur] pouvai[t] la conduire à Bilenty » (Diop 1999 : 276) ; et de l'autre côté il s'adresse à Lat-Sukabé : « Parlons plutôt de Khadidja. Je te tiens le miroir, et l'autre nom du miroir est l'abîme » (Diop 1999 : 276). Ce passage d'un espace à l'autre – celui 'événementiel' de Lat-Sukabé et celui mythique de Khadidja – illustre bien le rapport emboîtant ou d'implication d'images reflétés qui conduit en profondeur, aux abîmes justement ; et Collini nous le confirme quand elle formule que l'auteur « propose [...] l'enchevêtrement des thèmes du miroir et de l'abîme » (Collini 2010 : 211). Il en résulte que le récit premier de Lat-Sukabé s'ouvre aux récits emboîtés cédant une partie de son espace aux contes créés par l'héroïne. En définitive, le passage sur le fleuve symbolise la traversée des codes et des registres et la possibilité d'atteindre un espace romanesque où des registres différents – réalisme et fantastique, par exemple – peuvent coexister.

Par contre dans *L'Errance* de Ngal ce sont les 'rameurs' sur le lac qui révèlent les secrets aquatiques. Les rameurs exhortent Viko et Niaiseux à ne pas rester à la surface des choses, mais à ramer en profondeur pour accéder à la vérité de l'histoire (Ngal 1999 : 94). Ne pas ramer à contre-courant signifie ne pas nier ses racines mais tirer la sagesse des erreurs du passé :

> Si vous vous retournez en arrière, c'est pour ne plus refaire l'itinéraire des aïeux dans le contexte des perpétuelles alliances avec la nature, les tribus voisines et les phénomènes du temps. À présent l'effort pour exister dans le monde où vous êtes plongés malgré vous doit être repensé par vous, fils et frères de l'Afrique. À partir de notre sous-sol. (Ngal 1999 : 95)

Ramer, creuser : approfondir. Ceci constitue le message didactique pour que Viko fasse un voyage souterrain afin de récupérer la vérité de son histoire ancestrale, non pas pour rester figé dans la nostalgie du passé, mais pour pouvoir la dépasser dans la conscience de soi et de sa propre histoire. Le genre romanesque est définitivement devenu le genre entre-les-deux qui tend vers l'amont et descend vers l'aval (cf. Ngal 1999 : 49) où l'amont est gouverné par la sagesse des Ancêtres et l'aval conduit à la modernité progressiste. L'amont et l'aval trouvent finalement un point commun du fait que l'eau qui coule, la pensée renouvelée, ne peut pas arriver en aval sans venir de l'amont. Le message est passé pour Viko ; à lui et à son disciple cette fois de jouir des profondeurs : « Nous ramons, tels d'intrépides navigateurs, traçant sur l'eau des sillons profonds. Ennemis des surfaces, amis des profondeurs insondables, [...] nous récupérions vingt-cinq siècles d'histoire » (Ngal 1999 : 99).

Comme nous avons pu le remarquer dans les textes étudiés, l'espace aquatique dans sa densité et sa grandeur abyssale est récupéré en tant qu'élément capable de cacher aux regards peu scrutateurs et de garder intimement les secrets dans ses viscères. À Papa Samba Diop de nous rappeler que l'une des principales croyances populaires chez les Wolofs est d'investir les profondeurs marines d'un savoir ésotérique (Diop 2010 :

282). En effet, si dans les premières pages de *Les Petits de la guenon* le narrateur fait allusion aux mystères de l'oralité percevables dans « les signes […] enfouis dans les profondeurs de l'océan » (Boris Diop 2009 : 19), dans *Le Cavalier et son ombre* les contes voués à leur fin se jettent dans la mer (Diop 1999 : 59), comme le veut la tradition. De manière peu différenciée, la terre creusée remplit une fonction semblable.[13]

Ngal propose une catabase dans le creux du discours identitaire également par l'image symbolique de l'arbre en indiquant le sous-sol africain comme le lieu où faire pousser une pensée authentique. Les travaux anthropologiques de Przyluski démontrent que l'arbre est toujours symbole de la totalité cosmique dans sa genèse et son devenir (Przyluski cité par Durand 1992 : 394) en raison de la double tendance, ascendante et descendante, suggérée par la forme de la colonne arbustive. Ses racines enfoncées dans la terre fécondante tiennent l'arbre soudé au 'lieu d'origine' ; et ses branches, telles des racines aériennes, réclament de progresser vers le nouveau, ce qui, du point de vue morphologique, est davantage pertinent en Afrique si nous pensons au baobab, l'arbre séculaire connu pour ses branches en forme de racines. Par conséquent, si Ngal préfère parler d'« arbre de la destinée » (Ngal 1999 : 177) que d'arbre enraciné c'est justement pour montrer le caractère mobile et ouvert de l'identité qui évolue dans la conscience critique du passé. La question de la mobilité par la sève de l'arbre perçu comme symbole se poursuit d'ailleurs dans *Une saison de symphonie* (Ngal 1994 ; cf. Riva 2004 : 116). Dans ce sens, Ngal semble se situer dans la lignée de Deleuze et Guattari avec lesquels il partagerait la critique à la racine totalitaire de la source univoque et du maître modèle hiérarchique, « triste image de la pensée qui ne cesse d'imiter le multiple à partir d'une unité supérieure » (Deleuze/Guattari 1976 : 46).[14] Par ailleurs, la référence à l'espace rhizomatique théorisé postérieurement par Édouard Glissant en termes de pensée relationnelle, prend de l'ampleur dès que l'on se souvient de l'épigraphe dans *Poétique de la relation* : « La pensée dessine l'imaginaire du passé : un savoir en devenir » (Glissant 1990 : 13). Dans une perspective conciliante, l'arbre doublement directionnel tient compte aussi bien du lien physique avec la culture des

---

13 À ce propos, il nous semble intéressant de reprendre une réflexion d'Eliade rapportée par Gilbert Durand relative aux similitudes, dans l'imaginaire humain, entre la terre et l'eau comme les éléments qui par excellence cachent les secrets des hommes : « Primitivement la terre, comme l'eau, est la primordiale matière du mystère, celle que l'on pénètre, que l'on creuse et qui se différencie simplement par une résistance plus grande à la pénétration » (Durand 1992 : 262).

14 L'arbre et la racine sont pour Gille Deleuze et Félix Guattari la structure de l'oppression contrairement à la structure rhizomatique, anti-généalogique, qui s'appuie sur l'hétérogénéité et la simultanéité des possibilités de la connaissance : « Nous sommes fatigués de l'arbre. Nous ne devons plus croire aux arbres, aux racines ni aux radicelles, nous en avons trop souffert. Toute la culture arborescente est fondée sur eux, de la biologie à la linguistique. Au contraire, rien n'est beau, rien n'est amoureux, rien n'est politique, sauf les tiges souterraines et les racines aériennes, l'adventice et le rhizome » (Deleuze/Guattari 1976 : 46).

Ancêtres et la connaissance de l'histoire de sa terre que de la relation avec l'Autre, toujours nouvelle et enrichissante, dont le rhizome constitue la métaphore.

Chez Boris Diop le symbolisme de la terre gardienne des secrets est très subtilement exprimé. Sur la toute dernière page de *Les Petits de la guenon*, lorsque le narrateur Ali Kaboye laisse ses recommandations à Badou attendu à Niarela, il lui annonce avoir bien caché les Carnets écrits par son grand-père, « enfuis sous un canari, bien enveloppés dans un de ces *turki* qu'il [Nguirane] portait si souvent » (Diop 2009 : 438-439). Et, immédiatement, il ajoute que le septième Carnet, *Le livre des secrets*, dont la lecture ne nous est pas destinée étant adressé uniquement à Badou Tall, a été « caché encore plus sous terre » (Diop 2009 : 439). Pour découvrir les aspects inconnus de l'histoire il faudra creuser davantage dans le sous-sol. Ainsi Boubacar Boris Diop fait écho à la phrase célèbre de Birago Diop qu'il aime répéter : « L'arbre ne s'élève vers le ciel qu'en plongeant ses racines dans la terre nourricière » (Diop 2006).[15] De même, la question identitaire est abordée en termes de quête des racines là où, dans l'imaginaire, l'arbre est avant tout généalogique. Nguirane relate à son petit-fils son étrange voyage vers le Sine du Sénégal à la recherche de l'Ancêtre, Mame Ngor Faye. Après s'être illustré de par sa vie d'activiste lors des révoltes ouvrières et de par ses réactions contre la colonisation, Nguirane avoue n'avoir atteint qu'une petite partie de la connaissance de soi :

> Pourtant comment puis-je prétendre me connaître moi-même si j'ignore qui étaient le père et la mère de mon aïeul ? Depuis combien de milliers d'années ai-je pris la route qui m'a mené, moi Nguirane Faye et pas un autre, au pied de cet arbre […] ?
>
> […] Accepter de ne rien savoir, c'est se résigner à mourir avant d'être né. Mais, pour celui qui a l'audace de remonter le cours du temps, ce sera un voyage parmi les défunts : dans chaque recoin de sa mémoire, il entendra leurs lamentations sans fin. (Diop 2009 : 80-81)

Si, comme le dit Christiane Ndiaye, chez Boris Diop la perte des origines n'est pas perte d'identité (Ndiaye 2001a : 335) – et c'est le brouillage des récits enchâssés qui le montre –, c'est surtout dans *Les Petits de la guenon* que cela se révèle. Le parcours du vieil homme exprime l'exigence de la quête du patrimoine identitaire dans sa généalogie qu'il va enfin donner en héritage à Badou par l'écriture. C'est, entre autres, dans ce roman de Boris Diop que nous retrouvons manifestés certains des arguments chers à Georges Ngal sur la nécessité de la mémoire historique et sur l'importance du passé pour la construction à venir :

---

15 Nous signalons que le baobab, l'arbre à fort capital sacré, est lui aussi gardien des secrets d'un peuple, dans la mesure où son tronc est traditionnellement la tombe des griots, les artisans de la parole et les archives humains de l'histoire dont ils gardent les aspects les moins adaptés à une diffusion.

Badou, n'oublie pas que le présent gît au cœur du passé. Si tu ne veux pas que le temps t'échappe de nouveau, laisse-les se poser tous deux au creux de ta main et referme-la bien fort. (Diop 2009 : 81)

À propos de *Doomi Golo*, Papa Samba Diop reconnaît dans ce projet de communication en langue maternelle avec son peuple, un message très fort. Non seulement « la fidélité au passé est un gage de réussite dans l'édification du futur » (Diop 2004 : 100) mais le fait de l'avoir exprimé en wolof atteint un second but : restituer par la création de narrateurs-écrivains la « quintessence des communautés humaines » (Diop 2004 : 100) qui ne peut se passer de la langue ‚maternelle‘,[16] porteuse de la culture d'origine.

Conclusion

Comme Ngal l'explique dans son étude *Rupture et création en littérature africaine* (Ngal 1994 : 7-8), toute rupture dans la production littéraire d'une certaine époque est le signe d'une évolution faite d'alternance de continuité et de discontinuité, de manière à ce que la stabilité ancienne soit brisée non pas pour répudier le passé mais pour assurer la conscience historique et la conscience de soi. Bien qu'en suivant des cheminements différentes, Ngal et Boris Diop parviennent à dépasser les juxtapositions statiques des registres conventionnels pour les articuler en un dialogue perpétuel et indéfinissable mettant en scène, par fragments et alternances, la continuité du discours traditionnel oral au discours écrit que Mohamadou Kane s'efforce de démontrer dans son étude sur le roman africain (Kane 1982 : 19 ; cf. Ndiaye 2001b : 55). Cette approche visant à surmonter l'opposition manichéenne des genres – conte traditionnel africain, roman occidental – aussi bien que de la critique, met en valeur le fait que le texte africain moderne ne peut pas se soustraire au processus d'hybridation des formes, expressives et génériques, tant africaines qu'occidentales. Si Georges Ngal a argumenté la problématique du statut du récit africain – d'abord dans ses romans et ensuite dans ses essais –, Boubacar Boris Diop a fait du genre[17] la base de sa stratégie littéraire non pas pour « africaniser le roman » mais pour « contribuer à l'évolution du genre » (Sob 2007 : 173). À cet égard les réflexions de Josias Semujanga sont explicites :

La littérarité des textes africains n'est plus à chercher dans la spécificité 'africaine' ou dans l'influence 'européenne' comme d'aucuns l'affirment, mais dans tous les effets de

---

16 La composante maternelle qui qualifie la transmission de la langue, Boris Diop le rappelle, est restituée en wolof par l'expression : « la langue que l'on a tétée avec le lait de sa mère » (Nissim 2010 : 31).

17 Par ailleurs Susanne Gehrmann a su montrer que l'emploi de l'oralité dans l'écriture romanesque de Diop n'est pas du froid traditionalisme et conservatisme. Il s'agit, au contraire, d'une synthèse formelle qui lui permet de s'insérer dans un débat plus largement postcolonial et postmoderne, grâce à la réécriture du matériel traditionnel toujours réinventé (Gehrmann 2005 : 178).

sens à reconstruire en relation avec la notion de genre littéraire et la façon dont celle-ci se présente comme consubstantielle à l'écriture littéraire elle-même. Découvrir cette modernité, dont la caractéristique majeure est l'hybridité synthétique des formes esthétiques de la tradition africaine, du roman européen et d'autres genres artistiques comme le cinéma et le théâtre, tel est l'enjeu majeur qui devrait être à la base de la critique littéraire africaine. (Semujanga 1997 : 168)

En définitive le passage du thème identitaire à la forme hybridée comme lieu d'expression de cette identité, nous impose d'expliciter ce qui apparaît en filigrane dans cette étude, que le 'sens' découle des 'formes'. La démarche choisie révèle aussi l'attitude subversive des deux auteurs dans leurs méthodologies: le sens de leur projet doit nécessairement passer par une remise en question des genres en termes de voies d'accès à la connaissance. C'est donc moins par le fond que par la forme que nous pouvons ici acquérir les clés d'accès au sens ou, comme l'entend Semujanga, au lieu de la littérature 'traversée' par les différentes entités culturelles (Semujanga 2004 : 8). Chez Ngal et Diop, du moins dans les textes étudiés, l'impasse des modèles occidental et africain préétablis est surmontée, entre autres, par le rôle conféré à l'imaginaire qui recule devant les catégories d'appartenance se déclarant d'abord au service de l'Homme. Davantage capable que la réalité de nous introduire dans les domaines oubliés et inaccessibles, l'imaginaire – sphère de la « transréalité proche du sacré » (Semujanga 2004 : 8) – peut sonder le 'creux', l'espace de la brisure qui marque la fin du 'figé' et où s'ouvre une nouvelle porte. Pour reprendre une image proposée par Barthes, les deux bords de la fêlure – le bord sage et le bord rebelle – doivent nécessairement exister pour qu'il y ait nouvelle création « érotique » (Barthes 1973 : 13). Le plaisir de la réinvention ne naît guère de la violence, nous rappelle Barthes, mais de la faille, de la coupure, de la perte (Barthes 1973 : 14). À l'intérieur de ce processus créatif de Ngal et de Boris Diop, le dynamisme artistique dû au contact osmotique entre le savoir de l'oralité et la littérature écrite a une implication d'importance capitale qui engendre une grande responsabilité chez l'écrivain.

La manifestation de l'hybridité générique coïncide avec le discours de l'individu en quête de son identité historique en perpétuelle construction. Elle répond ensuite à l'exigence de l'écrivain africain d'affirmer la valeur moderne de la littérature africaine (Sob 2007 : 182). Et loin d'être une notion stable et facile à cerner, comme l'écrit le personnage du lecteur dans *L'Errance* de Ngal, « l'identité de soi ne s'illustre pas [...] mais s'exerce » (Ngal 1999 : 176). Enfin conscient de la « profondeur de son métissage » (Sémujanga 2004 : 32), l'écrivain Viko-Ngal a le devoir de susciter, réveiller, secouer la conscience critique des Africains afin qu'ils soient les premiers acteurs sur la scène de leur propre théâtre : l'Afrique. Aussi, Boubacar Boris Diop est hanté par le même souci de conversation directe avec son lectorat. Depuis l'expérience d'écriture vécue au Rwanda dans le cadre du projet de Fest'Africa « Rwanda : Écrire par devoir de mémoire », ses inquiétudes en termes de sujets et de style contribuent à remettre en question l'écrivain de par ses responsabilités et son rôle. Qu'il ruse avec les artifices littéraires, qu'il « abuse[r] des stupéfiantes images [...] parce qu'en Afrique, la réalité, délirante et cruelle, semble imposer une concurrence déloyale à la fiction » (Diop 2007 : 27), ou qu'il retourne à la simplicité du style par devoir de pudeur envers les Rwandais, Boris Diop sait que la fiction est le seul moyen pour lutter contre l'oubli. Finalement leur quête est destinée à l'éternité, faute de quoi leur rôle d'écrivains africains cesse d'exister.

Ouvrages cités

Bachelard, Gaston. 1957. *La poétique de l'espace*. Paris : PUF.

Bachelard, Gaston. 1948. *La Terre et les rêveries du repos*. Paris : Corti.

Barthes, Roland. 1973. *Le Plaisir du texte*. Paris : Seuil.

Bisanswa, Justin. 2009. *Roman africain contemporain. Fictions sur la fiction de la modernité et du réalisme*. Paris : Honoré Champion.

Bisanswa, Justin. 2004. « Pragmatique de la rumeur dans *Le Cavalier et son ombre* de Boubacar Boris Diop ». In : *Protée* 32, 3, 77-86.

Chevrier, Jacques. 1989. « Les littératures africaines dans le champ de la recherche comparatiste ». In : *Précis de Littérature Comparée*. Paris : PUF, 215-242.

Collini, Maria Benedetta. 2010. « Quand le Mythe s'installe au cœur du Réel : *Le Cavalier et son ombre* ». In : *Interculturel francophonies* 18, 203-232.

Dällenbach, Lucien. 1977. *Le Récit spéculaire : essai sur la mise en abyme*. Paris : Seuil.

Deleuze, Gille/Guattari, Félix. 1976. *Rhizome. Introduction*. Paris : Éditions de Minuit.

Diop, Boubacar Boris. 2009. *Les petits de la guenon*. Paris : Editions Philippe Rey.

Diop, Boubacar Boris. 2007. *L'Afrique au-delà du miroir*. Paris : Philippe Rey.

Diop, Boubacar. 2006. « Interview avec Bios Diallo du 2.1.2006 ». In : *Jeune Afrique* http://www.jeuneafrique.com/Article/LIN25126boubapoidsi0/ (8.3.2012)

Diop, Boubacar Boris. 2003. *Doomi Golo*. Dakar : Editions Papyrus.

Diop, Boubacar Boris. 1999. *Le Cavalier et son ombre*. II édition (I édition : 1997). Abidjan : Nouvelles Éditions Ivoiriennes.

Diop, Boubacar Boris. 1981. *Le Temps de Tamango*. Paris : L'Harmattan.

Diop, Papa Samba. 2010. « Doomi Golo de Bubakar Bóris Jóob. De la traduction littéraire à la traduction française de l'auteur lui-même ». In : *Interculturel francophonies* 18, 265-296.

Diop, Papa Samba. 2004. « Boubacar Boris Diop, entre "langue de cérémonie" et langage maternel ». In : *Notre Librairie* 55-56, 98-100.

Durand, Gilbert. 1992. *Les Structures anthropologiques de l'imaginaire*. XI édition (I édition : 1969). Paris : Dunod.

Gehrmann, Susanne. 2005. « Written Orature in Senegal : from the Traditionalistic Tales of Birago Diop to the Subversive Novels of Boubacar Boris Diop ». In : *Matatu : Journal for African Culture and Society* 31-32, 157-180.

Gehrmann, Susanne. 2004. « *Face à la meute* – Narration et folie dans les romans de Boubacar Boris Diop ». In : *Présence Francophone* 63, 145-159.

Glissant, Édouard. 1990. *Poétique de la Relation*. Paris : Gallimard.

Kane, Mohamadou. 1982. *Roman africain et traditions*. Dakar : NEA.

Kazi-Tani, Nora-Alexandra. 2001. *Pour une lecture critique de l'*Errance *de Georges Ngal*. Paris : L'Harmattan.

Magny, Claude-Edmonde. 1950. *Histoire du roman français depuis 1918*. Paris : Seuil.

Mauri, Daniela. 2010. « Les figures féminines dans les romans de Boubacar Boris Diop ». In : *Interculturel Francophonies* 18, 89-125.

Mouralis, Bernard. 1993. *L'Europe, l'Afrique et la folie*. Paris : Présence Africaine.

Ndiaye, Christiane. 2001b. « De l'écrit à l'oral : la transformation des classiques ». In : *Études françaises* 37, 2, 45-61.

Ndiaye, Christiane. 2001a. « De l'authenticité des mensonges chez Boubacar Boris Diop ». In : *Nouvelles Ecritures francophones, vers un nouveau baroque ?* Montréal : Presses de l'Université de Montréal, 319-337.

Ngal, Georges. 2003. *Giambatista Viko ou le viol du discours africain*. III édition (I édition : 1975). Paris : L'Harmattan.

Ngal, Georges. 2000. *Esquisse d'une philosophie de style : autour du champ négro-africain*. Paris : Tanawa.

Ngal, Georges. 1999. *L'Errance*. II édition (I édition : 1979). Paris : Présence Africaine.

Ngal, Georges. 1994. *Création et rupture en littérature africaine*. Paris : L'Harmattan.

Nissim, Liana/Diop, Boubacar Boris. 2010. « Aller au cœur du réel. Entretien ». In : *Interculturel Francophonies* 18, 23-49.

Ricardou, Jean. 1967. *Problèmes du Nouveau Roman*. Paris : Seuil.

Ricœur, Paul. 1985. *Temps et Récit*, t. III. Paris : Seuil.

Riva, Silvia. 2006. « La Quête de la reconnaissance des pas de l'homme – Mémoire et symbole dans l'œuvre de Georges Ngal ». In : *Croire en l'homme: Mélanges offerts au professeur Georges Ngal à l'occasion de ses 70 ans* éd. par Papa Samba Diop. Paris : L'Harmattan, 107-117.

Semujanga, Josias (num. préparé par). 2004. *Les formes transculturelles du roman francophone*. Numéro spécial de *Tangence* 75.

Semujanga, Josias. 2001. « De l'africanité à la transculturalité : éléments d'une critique littéraire dépolitisée du roman ». In : *Études françaises* 37, 2, 133-156.

Semujanga, Josias. 1999. *Dynamiques des genres dans le roman africain : éléments de poétique transculturelle*. Paris : L'Harmattan.

Semujanga, Josias. 1997. « Écriture romanesque et discours métacritique dans *Giambatista Viko* de Mbwil à Mang Ngal ». In : *Études Littéraires* 30, 1, 167-178.

Sob, Jean. 2007. *L'impératif romanesque de Boubacar Boris Diop*. Ivry-sur-Seine : Éditions A3.

Sob, Jean. 2003. « Fiction et savoir dans l'œuvre romanesque de Boubacar Boris Diop ». In : *L'Afrique au miroir des littératures. Mélanges offerts à V.Y. Mudimbe*, éd. par Mukala Kadima-Nzuji et Sélom Komlan Gbanou. Bruxelles : AML. Paris : L'Harmattan, 429-439.

Les jeunes voix féminines : ruptures et traces dans le roman féminin africain d'expression française

Bernard De Meyer, University of KwaZulu-Natal, Pietermaritzburg

L'objectif de cet article est de d'abord clairement définir ce qu'on voudrait entendre par la littérature romanesque féminine africaine d'expression française et de voir ci cette définition générique contient une base théorique suffisante et opératoire. L'interrogation est double, et même triple : il faudra en premier lieu questionner le 'champ' littéraire africain, en tant que réalité ontologique et épistémologique, ensuite analyser les spécificités de l'écriture féminine, si elles existent, en particulier sur le continent, et enfin s'interroger sur l'importance de la langue, le français, dans cette écriture. Dans cet article, on s'attardera en particulier aux deux premiers questionnements, sans toutefois occulter le troisième. Ce cadre nous permettra de comprendre les innovations, à l'intérieur du genre romanesque, qui semblent caractériser cette littérature. En particulier, l'apparition de l'*autofiction*, comme genre se situant entre le roman et l'autobiographie, élargit considérablement les possibilités narratives des écrivaines. Ce propos sera illustré par les productions de la Camerounaise Calixthe Beyala, la Gabonaise Bessora et la Sénégalaise Fatou Diome. Une analyse un peu plus poussée sera faite d'un roman de cette dernière, *Kétala*.

Champ, courant, esprit

Pour situer la littérature africaine contemporaine, je renvoie ici à l'approche de Pierre Halen, qui, dans un article récent, illustre l'organisation du champ littéraire africain, en prenant comme exemple l'écrivain congolais Pie Tshibanda (Halen 2009).[1] Halen propose d'abord l'appellation de 'système littéraire' pour le domaine littéraire francophone dans son ensemble. En effet, la notion de champ, qui trouve son origine chez le sociologue Pierre Bourdieu, est à la fois trop vague et trop spécifique pour évoquer la complexité des productions littéraires en français, mais « non-françaises [et] concernées par l'attractivité du centre » (Halen 2009 : 98) ; par celle-ci il faut entendre une publication essentiellement parisienne. Toutefois, cette notion de champ, en tant que réseau de relations, est applicable pour ce que Halen nomme ce « centre franco-parisien », qui incorpore les publiccations des grandes maisons d'éditions de la metropole, et pour les « champs locaux » ou les « domaines-satellites » qui « ont leur fonctionnement propre » (Halen 2009 : 100) : que ce soit à Montréal, à Bruxelles, mais également dans les capitales africaines, Dakar, Abidjan, ou encore Kinshasa. Ces champs s'excluent mutuellement, comme le démontre clairement le cas analysé par

---

1 Cet essai est un développement de ses positions antérieures. Voir Halen 2001 et 2003.

Halen de Pie Tshibanda. En réalité, un auteur africain écrivant pour un public local se situe par rapport à ce lectorat même et par rapport à un *habitus* littéraire, constitué de thèmes et de genres, et qui n'est pas forcément le même au Sénégal, en Côte d'Ivoire ou au Congo. L'origine de ces différences se trouve dans la tradition littéraire, souvent orale, particulière à chaque région, à chaque peuple, à chaque langue, et aux développements durant la période coloniale. Pour certains, dont l'ambition est de décrocher la publication parisienne, il s'agit d'un rite de passage, mais ces cas sont en vérité peu nombreux, soulignant le caractère exclusif des deux sphères. En effet, un roman soumis à la lecture auprès des éditeurs de la capitale française, pour qu'il ait une certaine chance d'être publié, doit répondre à des critères de forme et de contenu bien précis, c'est-à-dire à un *habitus* littéraire foncièrement différent de celui du champ local, africain en l'occurrence.[2] La catégorisation générique de 'roman' se trouve obligatoirement sur la page de titre, ce qui implique déjà une certaine conformité, mais qui a comme conséquence insidieuse un contournement indirect du genre même. Par ailleurs, il existe une hiérarchie à Paris même, entre les maisons d'éditions plus concernés par les écritures de la périphérie, et donc moins prestigieuses (L'Harmattan serait un bon exemple, en particulier pour l'Afrique), et les quelques grands éditeurs,[3] l'inclusion de son nom dans leurs catalogues signale la consécration, parfois renforcée par l'obtention d'un quelconque prix littéraire. Ce qui est sous-entendu ici, c'est que l'institution littéraire entrave en quelque sorte la liberté créatrice des écrivains ; ceux-ci se voit obligés de se conformer plus ou moins à certaines contraintes, souvent implicites. Celles-ci peuvent toucher à la forme, comme la longueur ou la division en chapitre, ou à la narration même, et en particulier sa vraisemblabilité.

A cette notion de champ il faudrait ajouter celle de « littérature-monde en français », introduite en 2007 dans un manifeste rédigé principalement par Michel Le Bris et cosigné par quarante-quatre écrivains aussi bien métropolitains que de la périphérie (Le Bris 2007), et qui a provoqué de nouveaux débats sur la littérature francophone.[4]

---

2   Cet *habitus* n'est pas statique et est en évolution constante. On se souvient que les éditions du Seuil avaient refusé *Les Soleils des indépendances* d'Ahmadou Kourouma en 1968, pour une 'question de langue', selon la remarque sardonique de l'auteur. On imagine mal qu'un ouvrage de cette envergure, même provenant d'un auteur débutant, comme c'était le cas pour Kourouma en 1968, soit refusé le jour d'aujourd'hui par Seuil ou Gallimard, pour ne citer que ceux-là.

3   La hiérarchie existe également à l'intérieur des maisons d'édition; citons l'exemple de Gallimard, qui, face à « la Blanche » centenaire, a créé la collection « Continents Noirs » en 2000, consacrée aux jeunes écritures de l'Afrique Noire.

4   Ces débats se sont assez rapidement éteints en France hexagonale, quand la nouveauté avait disparu. Un colloque autour de la littérature-monde a été organisé à Alger en février 2009, mais c'est surtout les chercheurs postcoloniaux des pays anglo-saxons qui ont analysé le phénomène sous tous ses angles, dans des articles et à des colloques ; deux revues y ont même consacré des numéros entiers : *International Journal of Francophone Studies*, 12, 2-3 (2009) et *Contemporary French and Francophone Studies*, 14, 1 (2010). Il faut y

Alors que ce concept remonte à la *Weltliteratur* conçue par Goethe dans la première moitié du XIXe siècle, il est une réponse plus immédiate à la prolifération du préfixe 'world' (comme dans 'world music' et 'world fiction') et à la mondialisation qu'elle sous-tend dans l'actualité critique des pays anglo-saxons. Ce serait une façon de rattraper le retard apparent que la pensée française avait pris, face à cette mondialisation et à la postcolonialité de la production culturelle. Or, cette notion demeure ambiguë, car par littérature-monde en français, les auteurs du manifeste définissent deux choses bien distinctes : d'une part, les littératures issues d'auteurs francophones non-français, et d'autre part les littératures, qui loin des explorations microscopiques du moi et des jeux formalistes, annoncent un retour au monde, au vécu, au quotidien. Avec cette dernière acception Michel Le Bris développe sa pensée antérieure, en particulier le concept de 'littérature voyageuse'. L'apport de la réflexion autour de la littérature-monde permet de mieux situer la spécificité de la littérature africaine contemporaine : loin de se fondre dans une littérature mondialisée qui serait la même partout, elle affirme son originalité et sa force par un retour à un quotidien africain, mais dénué de toute notion d'exotisme, de couleur locale bon marchée, mais aussi d'engagement dans un sens sociopolitique restreint, ce qui était souvent un trait essentiel dans les œuvres des générations précédentes. Cette évolution n'est pas sans conséquences pour le genre romanesque même, qui s'adapte formellement aux nouveaux contenus.

Une autre notion à inclure est celle de 'littérature préemptive', conçue par Patrice Nganang. Dans son essai *Manifeste d'une nouvelle littérature africaine* (Nganang 2007), paru en 2007 également, le penseur camerounais démontre que suite aux événements tragiques qu'a connus le continent, en particulier le génocide au Rwanda en 1994, l'écriture africaine ne peut plus être la même, elle ne peut plus être innocente, et il compare cette prise de conscience à celle, décrite par Theodor Adorno, de l'Europe après la Shoah. Cela ne signifie pas que le roman africain moderne décrit en détail les horreurs subies par les populations, mais que celui-ci transmet un esprit, un humanisme, qui, dépassant les préoccupations d'un sujet individuel, devraient éviter ce genre de catastrophe. Cela se manifeste paradoxalement par une grande liberté de la part des auteurs, une prise de distance par rapport aux évènements et par rapport aux canons africains qui s'étaient lentement installés, mais donc aussi par un esprit, combinant une attitude face à la réalité et face à l'écriture, selon les trois catégories définies par Nganang : le roman de la tyrannie, le roman de l'émigration et le roman des détritus. C'est en particulier cette dernière catégorie qui traduit la nouvelle subjectivité africaine : la verve langagière alliée à des personnages débrouillards vivant aux marges de la société offre un aspect picaresque aux narrations.

---

ajouter un ouvrage qui reprend un certain nombre de communications présentées à un colloque autour du même thème organisé par le Winthrop King Institute for Contemporary French and Francophone Studies à Florida State University : Hargreaves, Alec, Forsdick, Charles et Murphy, David. 2010. *Transnational French Studies. Postcolonialism and Littérature-monde*. Liverpool : Liverpool University Press.

Face à ces engagements critiques, il faut signaler l'apparition du genre de l'autofiction. Cette appellation a été introduite par Serge Doubrovsky pour qualifier une de ses propres œuvres, *Fils* (1977) ; il a connu, et connaît toujours, un parcours fort tumultueux, auquel ont participé des critiques influents, tels Philippe Lejeune ou encore Gérard Genette.[5] Dans le cadre de la présente recherche, il est inutile de tâcher de définir précisément cette forme d'écriture, définition sur laquelle par ailleurs les chercheurs ne s'accordent pas ; il est néanmoins important de souligner que l'apparition d'un genre se nourrissant de la fiction et de l'autobiographie a permis, et en particulier pour les écrivaines africaines, pour qui la tentation de l'écriture du soi n'a en général pas diminué au cours des dernières décennies, de se situer dans une sorte de *no man's land* générique, autorisant du même coup des innovations formelles, sur lesquelles je reviendrai plus loin.

Ajoutons un dernier commentaire, qui porte sur l'utilisation de la langue française. Celle-ci n'est plus considérée comme un apport du colonisateur ou comme un mal nécessaire, mais les écrivains l'utilisent et l'altèrent, dans une approche décomplexée et pragmatique. L'attitude postcoloniale consiste à reprendre à son propre compte cette langue, qui ne charrie plus l'idéologie du pouvoir colonial, mais devient un lieu de transcription d'une authenticité africaine. Cette prise de position trouve son origine chez Léopold Sédar Senghor, mais alors que pour le chantre de la Négritude le français possédait des qualités intrinsèques qui lui permettaient d'exprimer les profondeurs de l'âme, la langue est devenue aujourd'hui un outil de travail, si bien que la francophonie, en tant que regroupement d'écrivains utilisant la même langue, se défait progressivement de son bagage politique et devient un espace culturel où il existe un dialogue d'égal à égal. Cette pensée est résumée par Albert Memmi :

> La vérité toute simple était, est encore, que nous n'avions pas d'autre choix : écrire en français ou nous taire [...] La francophonie signifie simplement aujourd'hui que la langue française réunit miraculeusement un certain nombre d'écrivains de par le monde. (cité par Legras 2003 : sans page)

Grâce à cette triple approche théorique, on peut affirmer l'existence d'une littérature africaine : un champ, un courant, un esprit. La littérature féminine fait partie intégrante de ces débats ; elle a néanmoins certaines spécificités qu'il faut indiquer.

Naissance et développement d'une littérature féminine

Le deuxième aspect est la dimension féminine de cette écriture. Même si la littérature féminine africaine d'expression française ne possède qu'une histoire relativement courte – *Une si longue lettre* (1979) de Mariama Bâ (bien que ce ne soit pas le premier roman écrit par une femme africaine, il se trouve à la base de l'éclosion de l'écriture féminine) vient de fêter son trentième anniversaire –, ce champ a connu des dévelop-

---

5   Cette histoire est détaillée par Gasparini 2008.

pements fulgurants. Cette écriture est née d'un désir de communication, de partage, de dévoilement de la réalité souvent tragique des femmes africaines. Le rôle de la narratrice reflète les conditions d'émergence de l'écriture féminine. Longuement réduites au silence, les premières femmes africaines qui se sont exprimées en littérature se trouvent parmi les rares jeunes filles qui pendant la colonisation ont joui de l'éducation offerte dans les écoles pour institutrices et infirmières, les sages-femmes en particulier. Les premiers écrits sont d'ailleurs très proches d'un point de vue formel des genres qui leurs étaient devenus quotidiens : la lettre amicale et le journal intime. Bien que rédigé pour soi ou pour une confidente attitrée, le but ultime de ces écrits était d'accoucher, d'enseigner, de mettre au monde une réalité que la romancière partage avec ses lectrices. C'est sur ce fond qu'apparaît *Une si longue lettre* de Mariama Bâ, qui reprend le format de ces premières narrations : le mot *lettre* se trouve dans le titre, la narratrice Ramatoulaye se dévoile à une destinatrice privilégiée, Aïssatou, mais l'ensemble, écrit à différentes dates dans deux *cahiers*, prend également la forme d'un journal intime. Elle a ainsi créé une forme hybride, et alors que le récit n'est pas purement autobiographique, le lecteur reconnaît dans le portrait de ces deux femmes l'auteur qui s'est évertuée à améliorer la condition féminine dans son pays et au-delà. Le roman, sous forme de lettre amicale ou journal intime, n'était qu'un des procédés utilisé pour l'émancipation de la femme ; nul besoin d'insister sur la carrière de journaliste et d'activiste de Mariama Bâ, pour qui l'écriture littéraire ne fut qu'une arme parmi d'autres.

Le roman de Mariama Bâ signale le passage du collectif à l'individuel, de l'« auto-ethnographie » (voir Gehrmann 2006 :179), à un discours autobiographique ou auto-fictionnel beaucoup plus riche en possibilités narratives. Comme le souligne Gehrmann, « les textes autobiographiques postcoloniaux jouent avec les conventions, les imitent en partie, mais s'en moquent aussi, réécrivent le genre de façon innovatrice et montrent finalement qu'il n'y a pas *une* autobiographie, comme il n'y a pas *un* concept du Moi et de l'individu » (Gehrmann 2006 : 180). On peut élargir cette réflexion au genre romanesque chez les femmes-écrivains africaines, dans la mesure, comme il a été dit, où la limite entre fiction et réel n'est guère définie.

Cette double catégorisation générique, le journal intime et la lettre amicale, a néanmoins fortement marqué toute l'écriture féminine, et chez la majorité des écrivaines on remarque un jeu continuel entre refus et acceptation de ces formes d'écriture. Celles-ci sont très peu utilisées dans leur forme originale[6], mais une majorité d'ouvrages maintiennent le ton de la confidence. Cette façon de procéder permet d'ailleurs de décrire l'indicible, de dévoiler ce qui a été caché par la voix patriarcale dominante dans ces sociétés. A l'époque de Mariama Bâ, les auteures touchaient bien modestement aux problèmes qui les concernaient immédiatement (comme la polygamie, les mariages

---

6   Un des rares exemples est la lettre utilisée par Calixthe Beyala pour ses deux essais politiques : *Lettre d'une Africaine à ses sœurs occidentales* (1995) et *Lettre d'une Afro-française à ses compatriotes (Vous avez dit racistes ?)* (2000).

forcés, etc.) ; une décennie a suffi pour qu'aucun sujet ne soit tabou et la plume acerbe
des écrivaines a dénoncé tous les maux, réels mais aussi imaginaires, de leurs sociétés ; parallèlement le roman trouve des exploitations inédites. Ce stade correspond à
une politisation progressive des femmes, dans un contexte de féminisme militant,
inspirée par Simone de Beauvoir et Hélène Cixous. C'est ainsi que Werewere Liking
crée le personnage de la misovire, et son 'chant-roman' *Elle sera de jaspe et de corail*
(Liking 1983) est sous-titré *Journal d'une misovire*. Ce récit prend toujours la forme
d'un journal, qui toutefois mélange divers genres expressifs et donne proéminence à
l'oralité. Par ces procédés et par l'utilisation de personnages qui représentent des
notions, Liking dépasse le cadre instauré par Mariama Bâ : le récit autodiégétique,
rectiligne. Dans son ouvrage la narratrice est la misovire, qui ausculte sa société et en
particulier les deux 'intellectuels' Babou et Grozi, se livrant à une « masturbation-
intellectuelle-aride » (Liking 1983 : 21), mais elle est également à l'écoute de Nuit
Noire, un esprit, représentant l'imaginaire africain collectif, qui devient son guide
spirituel. Or, comme l'a indiqué Alice-Delphine Tang, l'écrivaine camerounaise « a
opté pour un mélange de genre » (Tang 2006 :143) qui accorde une part importante au
chant. Cette façon de procéder combine les considérations esthétiques, en particulier
des contes oraux et des dialogues théâtraux, tellement important pour Liking, et des
aspects sociaux et culturels, et devient ainsi, selon Tang, « un moyen de transmission
des savoirs » (Tang 2006 : 143).

La critique elle-même a suivi le pas, et la lecture féministe, dans le contexte postmoderne et postcolonial, s'imposait. Or, le féminisme n'était pas une fin en soi et pourrait
être réducteur quant à l'inspiration littéraire. Néanmoins, ce stade d'émancipation a
permis par la suite à une nouvelle génération d'écrivaines de se présenter essentiellement en tant qu'artistes, et accessoirement en tant que femmes. Je cite ici une dé-
claration de l'auteure malienne Aïda Mady Diallo qui résume, au début du vingt et
unième siècle, parfaitement leur prise de position :

> Je pense que les femmes qui m'ont précédée, notamment les grandes Aminata Sow Fall,
> Ken Bugul, Mariama Bâ... avaient un combat à mener. Parce que c'était l'époque. Elles
> ont déjà fait le travail de combattantes, de militantes. Nous autres, nous avons de la
> chance. On peut maintenant écrire pour le plaisir d'écrire. (cité par Siddick 2003 : sans
> page)

Pour les femmes écrivains contemporaines la fiction n'est plus un véhicule pour la
dissémination d'un vécu ou d'une pensée, ni même le lieu d'une construction de sens à
interprétation unique, mais l'endroit qui leur permet d'affirmer une identité en tant que
différente, en tant qu'autre, de créer une fiction autour du soi. Assia Djebar l'énonce
comme suit dans un texte théorique :

> La nécessité d'affronter les problèmes d'identité, d'élaboration de valeurs nouvelles par la
> contestation intérieure, par la revisitation critique de l'héritage de la culture religieuse,
> surtout par la laïcisation de la langue qui conditionne celle des pratiques sociales, cette
> nécessité d'affronter les crises de sa propre société [...] cette nécessité-là, est, bien sûr, la
> tâche de tout intellectuel : nous ne pouvons y répondre, nous, écrivains, que dans notre

propre langage, qu'il soit roman de fiction, poème d'imprécation ou pièce de théâtre de dénonciation... (Djebar 1999 : 246-247)

Djebar, dans la dernière phrase du passage cité, semble adhérer aux genres tradition-nels ; cependant, ce sont ceux-ci que s'éclatent, en particulier « le roman de fiction » qui ne résiste pas au désir de renouvellement affiché par les écrivaines, séduites par l'aventure de l'autofiction. Ce genre émergent a pour cadre la limite entre écriture de soi et narration de l'autre, qui, d'une frontière délimitée, devient un espace vaste, flou, ce qui autorise un grand éventail d'approches de la part des écrivains. Ce lieu corres-pond à la notion très large proposée par Philippe Gasparini, *autonarration*, pour con-tourner la « viscosité sémantique » (Gasparini 2008 : 296) du terme *autofiction*, qui le rend pour ainsi dire inopérant.

L'écriture fictive semble donc être un développement de l'écriture autobiographique, et les caractéristiques de celle-ci influent sur celle-là. Certaines constantes carac-térisent l'écriture féminine du soi – Michael Sheringham (2000 : 188) en distingue quatre, qu'on retrouve par extension dans le roman féminin en général, et pas seule-ment africain. Tout d'abord, au niveau thématique, l'écriture féminine du soi accorde une importance considérable aux relations avec les autres, en particulier les parents et les autres membres de la famille. Il suffit de voir par exemple les titres des romans de Calixthe Beyala pour trouver la confirmation de cette affirmation : on pense ici à *Maman a un amant* (1993) ou encore *Comment cuisiner son mari à l'africaine ?* (2000). Ensuite, l'écriture est pour les femmes une façon de s'affirmer, de prendre po-sition, d'être reconnues dans la société dominée par les hommes ; les commentaires faits plus haut sur Mariama Bà montre cela à souhait. En troisième lieu, au niveau formel, cette écriture recherche, toujours selon Sheringham, de nouvelles formes d'écritures du soi, la lettre et le journal intime étant remplacés par des formes beau-coup plus complexes d'autonarration. Finalement, l'écriture est un moyen de posi-tionner l'expérience individuelle (réelle ou fictive) dans l'histoire et dans la réalité vécue. Cette quatrième constante, comprise dans les autres tout en les développant, est plus récente et Sheringham situe son apparition dans les années 1980, époque qui correspond à l'essor du roman féminin francophone en Afrique.

Malgré – ou : grâce à – ces constantes, la littérature féminine africaine, le roman en particulier, fait preuve d'un dynamisme remarquable et elle est en évolution conti-nuelle. En effet, bien qu'il s'agisse de constantes, elles sont marquées par des ruptures, elles sont l'emplacement même de la transgression et de la destruction. Ainsi les relations familiales peuvent être fort complexes et peu stables, comme chez Bessora, ce qui donne une forme décousue à ces romans. Les causes de la transformation sont multiples et liées à une nouvelle conception de la littérature de la part des écrivaines ; elle ne doit plus simplement exprimer un engagement, mais une importance grandis-sante est donnée à l'inspiration créatrice. On dépasse également la thématique pure-ment féminine, et féministe, pour intégrer d'autres préoccupations actuelles. L'aspect autobiographique, par l'utilisation de ces nouvelles formes, tend à décroître, sans toutefois disparaître, grâce en particulier à l'essor de l'autofiction. Un autre aspect essentiel est que les romancières elles-mêmes sont devenues des itinérantes, et demeurent souvent en dehors du continent africain, ou y reviennent, dans un pays qui n'est pas toujours le leur. Le parcours d'une Véronique Tadjo, qui réside et travaille maintenant en Afrique du Sud, est exemplaire à cet égard.

Les romancières d'aujourd'hui

Passons, dans ce contexte, à l'analyse de plusieurs romancières publiant actuellement dans des maisons d'éditions de la capitale française. Le parcours de chaque écrivaine est évidemment singulier ; or, dans leurs divergences mêmes il souligne le désir d'atteindre le centre. Il s'agit d'une part d'un positionnement dans le système, en particulier par des procédés paralittéraires, allant du choix du titre jusqu'à la forme de la campagne publicitaire, et d'autre part d'une écriture qui affirme son identité par la thématique choisie bien sûr, mais aussi par le rôle du narrateur et l'emplacement géographique de la diégèse, principalement entre l'Afrique et la France. Il s'agit aussi et surtout d'une conception à chaque fois renouvelée du genre romanesque ; chaque rupture affichée révèle la trace, le lien avec l'ensemble de cette écriture féminine. Deux sortes d'analyses s'imposent : celle plus large qui suit le parcours d'un écrivain ou compare plusieurs œuvres, et celle plus pointue d'un ouvrage unique. Dans le cadre de cet article, on se limite à la proposition de plusieurs pistes de recherche, en parcourant en un premier lieu l'œuvre de trois écrivaines, et, en un deuxième temps, en situant un ouvrage particulier à l'intérieur du genre romanesque.

Un premier cas d'exemple serait celui de Calixthe Beyala, qui peut-être plus que toute autre écrivaine, a permis l'éclosion du roman féminin d'Afrique noire. Ses trois premiers ouvrages, *C'est le soleil qui m'a brûlée* (1987), *Tu t'appelleras Tanga* (1988) et *Seul le diable le savait* (1990), connus aussi sous l'appellation de trilogie africaine, combinent savamment l'exotisme et le scandale, aussi bien à l'intérieur des pages des romans que dans la vie fictionnalisée de l'auteure, une jeune fille, comme elle se plaisait à le rappeler, sortie des bidonvilles de Douala. Il est évident qu'elle en fait un atout, jouant sur l'ambiguïté qu'elle réussit à créer entre vie et œuvre. Sa notoriété précoce l'a autorisée de converger sur Paris, aussi bien par les thèmes (le monde de l'immigration, à Belleville en particulier), que par sa reconnaissance. Les titres de ses romans y contribuent et ce n'est peut-être pas tout à fait un hasard qu'elle ait obtenu sa récompense suprême, le Grand Prix pour le roman de l'Académie française avec un titre on ne peut plus balzacien, *Les Honneurs perdus* (1996). Cette distinction lui a permis de trouver un créneau bien à elle dans le centre, d'où elle peut contempler à sa guise le reste du monde, y compris l'Afrique, comme elle l'a fait dans *La Plantation* (2005), qui se situe parmi les fermiers blancs au Zimbabwe, pays où elle n'a jamais mis les pieds.

Beyala maintient néanmoins tout au long de son œuvre une narration à la première personne, qui prend la forme d'un témoignage d'une personne quelque peu marginalisée, une jeune femme ou parfois un petit garçon. Par différents procédés cette voix est doublée par d'autres discours, comme dans *Comment cuisiner son mari à l'africaine* (Beyala 2000) : alors que la narratrice présente « [son] histoire » à elle – ne dit-elle pas : « moi qui vous raconte cette tranche de ma vie » (Beyala 2000 : 11) – le roman contient une série de recettes, toutes africaines, dont une des fonction est de structurer l'ensemble. La recette de cuisine est un propos caractérisé par sa neutralité : les verbes sont à l'infinitif et l'on y présente une suite de procédés, avec des structures et une terminologie consacrées. La touche personnelle est en quelques sortes neutralisée par l'objectivité apparente de la recette, bien que l'artificialité du procédé est fort apparente. Toutefois, la narratrice, qui s'appelle Aïssatou, en souvenir, on peut se l'imaginer, du personnage de Mariama Bâ, y ajoute quelquefois des commentaires personnels et, par ailleurs, ces recettes ont une ascendance féminine : elles proviennent de sa mère et de sa grand-mère. Il s'agit donc d'un autre discours féminin qui a une emprise sur la narration, et, à travers celle-ci, par les petits plats que l'héroïne prépare pour l'homme de ses rêves, sur le personnage masculin.

Fort différent de celui de Beyala, le cas de Bessora est également pertinent pour cette étude. Fille de l'émigration (née en Belgique de parents diplomates, elle est d'ordinaire qualifiée de suisso-gabonaise, sa mère étant suisse et son père gabonais), son œuvre semble particulièrement atypique ; l'humour introduit beaucoup de distance par rapport aux évènements et les personnages à l'identité peu stable y foisonnent : la plupart sont soit hypocondriaques, misanthropes ou excessivement philanthropes, parmi les maux les moins sévères. Pour ceux qui possèdent une histoire, elle se caractérise par des voyages, des rencontres inattendues, dans lesquelles le hasard joue un rôle prépondérant. Il existe une continuelle confusion entre les sexes, les peuples, et la dénomination est désordonnée. Ainsi, dans *Les Taches d'encre* (2000), Fanon et Hegel sont les noms de poissons rouges, alors que, dans un curieux retournement, un des couples centraux mis en scène, Bernard et Bianca, renvoie à des personnages de BD popularisés par Walt Disney. Ce roman qu'on pourrait qualifier de noir est l'histoire d'un meurtrier en série ; or celui-ci n'est pas l'inconnu, l'autre, car il est un des protagonistes, Bernard justement. Les identités sont ainsi superposées, et les faux noms foisonnent, comme dans *Deux bébés et l'addition* (2002), où chaque sage-femme en grève et les membres du personnel médical possèdent au moins un surnom, allant de Bokassa ou Guevara, à cause d'une vague ressemblance, à l'abréviation MQZ, signifiant 'moins que zéro'. L'œuvre est toutefois rattachée aux grands mythes de l'antiquité, de Prométhée – dans *Et si Dieu me demande, dites-Lui que je dors* (2008) – ou encore de Médée – dans *Petroleum* (2004) –, ainsi qu'à la littérature féminine qui lui a précédé. Malgré le ton souvent délirant, les grands problèmes de la société moderne, tel l'immigration, le racisme ou le sida, sont commentés, pas toujours de façon révérencieuse. De plus, la narration continue la lignée de l'écriture féminine. Son premier roman, *53cm* (1999), semble garder l'instance narrative simple, où l'héroïne raconte ses déboires administratifs et autres dans le but d'obtenir une « ca't de séjour ». Mais cette voix est doublée par des bruits, comme des messages publicitaires, procédé qui revient régulièrement dans son œuvre. A l'instar de la recette chez Beyala, l'intrusion d'extraits d'un genre non-littéraire offre un caractère décousu à l'œuvre, permettant de présenter des personnages atypiques dans des situations cocasses. Ainsi, dans *Deux bébés et l'addition*, c'est le désordre auditif, l'acouphène, du personnage principal qui interrompt le discours par ses propres messages. Ce roman montre toute l'ambiguïté que l'auteure gabonaise se plaît à introduire dans le héros : il s'agit d'une sage-femme masculine, d'origine gabonaise mais ni blanc ni noir.

D'un point de vue géographique, il existe un perpétuel va-et-vient entre l'Afrique et Paris. Le Gabon, et plus généralement l'Afrique centrale y est ou bien le lieu d'action (en particulier dans *Petroleum*), un passé ou un horizon d'attente. Le récit se termine ainsi dans *Deux bébés et l'addition* dans un vol intercontinental, dans un 'no man's land' sans limites qui exprime la complexité du personnage, représentant ainsi le troisième espace, tel qu'il a été décrit par Homi Bhabha (1994)[7], comme champ des possibles, lieu de créations culturelles. La disjonction qui s'ensuit entre expression et contenu, qui serait une sorte de déterritorialisation, comme définie par Deleuze et Guattari (1980 : 112 e.s.), devient pour Bessora la manière d'exprimer sa réalité, qui combine un ancrage dans un vécu, une culture, principalement gabonaise, et la liberté de s'immerger dans des mondes possibles, ou pour reprendre une de ses propres images, elle a des racines avec de petites ailes. En bref, les romans de Bessora, souvent divisés en chapitres courts aux titres évocateurs, peuplés de personnages à la fois hauts en couleur et avec peu de consistance, proposent une esthétique de l'aléatoire ; la fictionnalisation se fait au niveau des détails, qui s'enchainent dans une combinatoire farfelue, dans laquelle aucun élément ne semble primer. Il faut signaler en dernier lieu que son parcours éditorial illustre l'attraction du centre : ses premiers romans étant publiés chez Le Serpent à Plumes, qui promeut les littératures périphériques, elle est désormais, après un bref passage chez Denoël, pensionnaire de l'illustre maison de la rue Sébastien-Bottin, Gallimard.

Un dernier exemple d'écrivaine proposé dans cet article est celui de Fatou Diome. Son premier roman *Le Ventre de l'Atlantique* (2003) a connu un énorme succès, qui a été confirmé par ses romans successifs. Écritures du soi, elle se met en scène, mais en tant qu'autre, et cela par différents procédés. Diome s'est fait connaître par une collection de nouvelles, *La Préférence nationale* (2001), qui narre, de façon à peine fictionnalisée, ses expérience en France, celle d'une jeune Africaine instruite qui fait le ménage chez des Français pour subvenir à ses besoins. Dans le *Ventre de l'Atlantique*, la narratrice Salie est un *alter ego* de l'auteure, une écrivaine résidant en France. Resté au

---

7   Voici la description du troisième espace selon Bhabha: « The non-synchronous temporality of global and national cultures opens up a cultural space – a third space – where the negotiation of incommensurable differences creates a tension peculiar to borderline existences » (Bhabha 1994: 218).

pays, son jeune frère Madické, passionné de football, tente d'émuler la carrière de Paolo Maldini, le célèbre défenseur italien. La communication entre ces deux personnages est établie par les média : les appels téléphoniques et la vision des mêmes rencontres à la télévision, en particulier les matchs entre la France et l'Italie. Or, bien que la narratrice demeure présente, une distanciation est créée par un thème éminemment masculin : le football. De plus, le voyage envisagé par Madické, dont l'ambition est de jouer pour une grande équipe professionnelle de l'Europe, est remplacé par le voyage de sa sœur au pays natal. Un moment fort du roman est d'ailleurs ce pèlerinage de la narratrice sur la côte sénégalaise, d'où Salie et Fatou Diome sont originaires. Dans *Kétala* (2006) cette distanciation est encore accrue car la voix est attribuée à des objets, tels le masque, la montre, le collier de perles, etc. ayant appartenu à l'héroïne décédée, et ce sont ces objets qui narrent la vie de celle-ci. Le lecteur a du mal à reconnaître Fatou Diome dans ce personnage, dont seul le parcours géographique – du Sénégal à Strasbourg – est similaire.

Kétala de Fatou Diome ou le roman d'objet

La lecture rapprochée et analytique d'un roman permet également de le situer par rapport aux ouvrages canonisés, en particulier *Une si longue lettre* (1979) de Mariama Bâ et *Le Baobab fou* (1982) de Ken Bugul, qui se trouvent, jusqu'au jour d'aujourd'hui, à la base de tout parcours féminin en littérature africaine : d'un côté la femme restée en Afrique, et de l'autre la femme qui a connu l'exil européen. Prenons l'exemple de *Kétala* de Fatou Diome, dont on vient de voir la position dans l'œuvre de l'écrivaine. Tout comme dans le premier roman de Mariama Bâ, *Kétala* est le récit d'un 'post mortem', d'une période de deuil officiel, à la fin de laquelle les biens du défunt seront répartis. Ramatoulaye, la protagoniste de Bâ, qui est une porte-parole des opinions féministes de l'auteure, se bat pour qu'elle puisse obtenir le dessus, aussi bien matériel que moral, représenté, d'une part, par la maison et ce qu'elle contient, et de l'autre, par les enfants de la narratrice. Dans le roman de la jeune compatriote de Bâ, ce n'est plus le mari, incarnation de la société exploitatrice, qui meurt, mais l'héroïne elle-même ; elle est déjà décédée quand l'histoire commence. En conséquence, ce n'est plus la femme qui parle, qualifie, porte son jugement sur le monde qui l'entoure, mais c'est elle qui devient l'objet de tout discours, doublement objectivisé, car décrite par les objets qui l'ont entourée. Ces objets cependant tâchent de maintenir l'unité du personnage, comme le dit un de ceux-ci, Montre : « Face au deuil, nous devons rester unis et continuer à rassembler nos souvenirs afin d'aboutir à la biographie complète de Mémoria » (Diome 2006 : 170). Cette opération semble avoir réussi, grâce à la narration même qui retrace le parcours de l'héroïne défunte, car les biens ne seront pas éparpillés à la fin du roman.

Les liens avec *Le Baobab fou* sont également évidents. Il s'agit d'un *Bildungsroman*, d'un voyage qui commence en Afrique, parcourt l'Europe avant de revenir sur le continent. Or, tandis que Ken Bugul, aliénée dès sa jeunesse par l'école française et ses tribulations en Belgique, retrouve en fin de compte une unité symbolique avec le baobab ancestral, Mémoria, l'héroïne de Diome, revient minée par la maladie qu'elle a attrapée durant son périple européen. L'expérience de la prostitution, si essentielle dans le parcours des deux femmes, devient un moment critique pour la première, un tournant qui lui montre la voie à suivre. Pour l'autre, cependant, elle accélère la dégénérescence du corps – le sida n'existait pas à l'époque du *Baobab fou* – et de l'esprit, qui mène inéluctablement vers une fin tragique, bien qu'elle tâche d'émuler sa grande sœur : « pendant ces moments d'angoisse, l'Afrique devenait son arbre de bonheur » (Diome 2006 : 234).

Des allusions plus subtiles se font aux deux romans. Ainsi le personnage principal de Diome s'appelle Mémoria, qui est une anagramme presque parfaite de Mariama. Son mari, Makhou, fait écho à Modou, le mari infidèle de Ramatoulaye. Inutile de prolonger cette liste. Néanmoins on peut ajouter que le prénom Mémoria renforce l'idée que tout le roman est une histoire de la littérature féminine africaine, en mettant l'accent sur l'élargissement des thèmes et l'approfondissement de l'analyse sociale et psychologique. Fatou Diome s'ajoute ainsi à la liste des écrivaines, réclamant une position de choix sur celle-ci, se légitimant dans la création littéraire. Elle demeure ainsi à l'intérieur du genre romanesque, tout en déplaçant les frontières. En effet, par l'usage de la *prosopopeia*, elle désubjective la narration et par l'abondance des narrateurs qui possède leurs particularités (ainsi, la montre est ponctuelle, le masque est à l'écoute des ancêtres, etc.), elle accumule des procédés autofictionnels qui, dans un faux paradoxe, présentent une subjectivité démultipliée. La fragmentation qui en découle, et dont un des points de rattache est le canon littéraire, est devenue une caractéristique du roman contemporain d'écrivaines de l'Afrique francophone.

Conclusions

Une approche globale, qui contextualise et donne des paramètres, n'empêche pas des lectures d'ouvrages particuliers, dont nous avons tenté une ébauche, avec *Kétala* de Fatou Diome. Au contraire, elle offre des pistes d'interprétation et permet par la suite d'inclure cette lecture dans un ensemble. C'est d'ailleurs grâce à ces lectures qu'on peut affirmer ici que, malgré sa diversité dans les genres, les thèmes, les styles d'écritures, on peut faire remonter toute écriture féminine, et cela sans être réducteur, aux premiers romans des pionnières sénégalaises, Mariama Bâ et Ken Bugul. Ces deux ouvrages, auxquels on pourrait ajouter la production plus atypique pour l'époque (années 70 et 80) d'Aminata Sow Fall, qui la première a élargi la thématique et l'écriture féminine, continuent, jusqu'à présent, à faire partie du bagage littéraires des jeunes auteures ; celles-ci ont toutes lu *Une si longue lettre* et *Le Baobab fou*, qui, dans un mélange d'admiration et de rejet, font partie de leur horizon littéraire.

Or, cette inscription dans une ascendance n'exclut pas la dissidence, dont l'objet est précisément le roman. La mise en question de ce genre devient une mise en question d'un système culturel. Le roman féminin africain francophone, comme pratique d'écriture, trouve moins son origine dans un quelconque canon occidental que les romans écrits par des hommes, qui possèdent d'ailleurs une histoire plus ancienne. La notion de champ, introduite au début de cette réflexion, prend ainsi un sens particulier, bien qu'elle demeure un acquis, pour traiter de la littérature féminine ; un champ, qui dans ses traces même, prône la rupture. Celle-ci ne se manifeste pas seulement dans le contenu des romans, mais aussi dans ses aspects formels. Comme cet article a voulu le démontrer, l'instance de narration souligne la rupture et la continuité. En effet, alors que les romans féminins francophones des années soixante-dix et quatre-vingts avaient comme narratrice une femme qui semblait narrer sa propre histoire (à l'exception notable d'Aminata Sow Fall), on note une extrême diversité dans la production actuelle : que ce soit la narration à la troisième personne, l'accumulation de narrateurs dans un même récit ou encore la voix attribuée à des objets (comme on vient de le voir dans *Kétala* de Fatou Diome), les variations sont multiples. Mais à chaque fois aussi, des clins d'œil sont faits, dans un jeu intertextuel, aux aînées de ces écrivaines, et, par extension, à toute l'histoire de ce champ littéraire.

Ouvrages cités

Bâ, Mariama. 1979. *Une si longue lettre*. Dakar : NEA.

Bessora. 2008. *Et si Dieu me demande, dites-Lui que je dors*. Paris : Gallimard.

Bessora. 2004. *Petroleum*. Paris : Denoël.

Bessora. 2002. *Deux bébés et l'addition*. Paris : Le Serpent à Plumes.

Bessora. 2000. *Les Taches d'encre*. Paris : Le Serpent à Plumes.

Bessora. 1999. *53 cm*. Paris : Le Serpent à Plumes.

Beyala, Calixthe. 2005. *La plantation*. Paris : Albin Michel.

Beyala, Calixthe. 2000. *Comment cuisiner son mari à l'africaine*. Paris : Albin Michel.

Beyala, Calixthe. 1996. *Les Honneurs perdus*. Paris : Albin Michel.

Beyala, Calixthe. 1990. *Seul le Diable le savait*. Paris : Pré aux Clercs.

Beyala, Calixthe. 1988. *Tu t'appelleras Tanga*. Paris : Stock.

Beyala, Calixthe. 1987. *C'est le soleil qui m'a brûlée*. Paris : Stock.

Bhabha, Homi. 1994. *The Location of Culture*. New York: Routledge.

Deleuze, Gilles/Guattari, Félix. 1980. *Mille plateaux*. Paris : Minuit.

Diome, Fatou. 2006. *Kétala*. Paris : Flammarion.

Diome, Fatou. 2003. *Le Ventre de l'Atlantique*. Paris : Anne Carrière.

Diome, Fatou. 2001. *La Préférence nationale*. Paris : Présence Africaine.

Djebar, Assia. 1999. *Ces voix qui m'assiègent... en marge de ma francophonie*. Paris : Albin Michel.

Gasparini, Philippe. 2008. *Autofiction. Une aventure du langage*. Paris : Seuil.

Gehrmann, Susanne. 2006. « Constructions postcoloniales du Moi et du Nous en Afrique. L'exemple de la série autobiographique de Ken Bugul ». In : *Les EnJEux de l'autobiographie dans les littératures de langue française*, éd. par Susanne Gehrmann et Claudia Gronemann. Paris : L'Harmattan, 173-195.

Halen, Pierre. 2009. « Adaptation et recyclage de l'écrivain en diaspora : réussir le jeu de l'oie avec Pie Tshibanda ». In : *Du nègre Bambara au Négropolitain. Les littératures africaines en contexte transculturel*, éd. par Désiré K. Wa Kabwe-Segatti/Pierre Halen. Metz : Université Paul Verlaine-Metz, 93-113.

Halen, Pierre. 2003. « Le 'système' littéraire francophone ». In : *Les Études littéraires francophone : état des lieux*, éd. par Lieven D'Hulst/Jean-Marc Moura. Lille : éd. du Conseil scientifique de l'Université Charles de Gaulle – Lille 3, 25-38.

Halen, Pierre. 2001. « Notes pour une topologie institutionnelle du système littéraire francophone ». In : *Littératures et sociétés africaines*, éd. par Papa Samba Diop/Hans-Jürgen Lüsebrink. Tübingen : Gunter Narr Verlag, 55-68.

Ken Bugul. 1982. *Le Baobab fou*. Dakar : NEA.

Le Bris, Michel et al. 2007. « Pour une 'littérature-monde' en français ». *Le Monde des livres*, 16 mars, page inconnue.

Legras, Michel. 2003. « Francophonie... et enseignement du français au lycée », http://www.weblettres.net/spip/article.php3?id_article=33 (10.2.2010).

Liking, Werewere. 1983. *Elle sera de jaspe et de corail*. Paris : L'Harmattan.

Nganang, Patrice. 2007. *Manifeste d'une nouvelle littérature africaine*. Paris : Homnisphères.

Sheringham, Michael. 2000. « Changing the script : Women Writers and the Rise of Autobiography ». In : *A History of Women's Writing in France*, éd. par Sonya Stevens. Cambridge : Cambridge University Press, 185-203.

Siddick, Minga S. 2003. « Aïda Mady Diallo, l'Africaine de la série noire », http://www.bamako-culture.org/rencontres/aida.html (10.2.2010).

Tang, Alice-Delphine. 2006. « L'Esthétique du "chant-roman" chez Were Were Liking ». *Revue de l'Université de Moncton*, 37, 1, 131-145.

Contributors

Philip Amangoua Atcha (PhD. Université de Cocody, Abidjan) is a lecturer in African and Francophone literatures at the department of modern literatures at Université de Cocody-Abidjan.

Viviane Azarian (PhD. Université de Cergy-Pontoise) teaches French and Francophone African literatures at the department of Romance literatures at Universität Bayreuth.

Marie-Françoise Bidault (PhD. Université de Rennes) is a senior lecturer in Lusophone literatures at Université de Haute Bretagne, Rennes 2.

Cécile Bishop is a doctoral candidate at the chair for French and postcolonial studies at King's College, London.

Jane Bryce (PhD. Obafemi Awolowo University, Ile-Ife) is professor of African literatures and cinema at the University of the West Indies, Cave Hill, Barbados.

Ibrahima Diagne (PhD. Universität des Saarlandes) is a lecturer at the department of German studies at Université Cheikh Anta Diop, Dakar.

Susanne Gehrmann (PhD. Universität Bayreuth) is professor of African literatures and cultures at the department of African studies, Humboldt-Universität, Berlin.

Mikhail D. Gromov (PhD. Russian Academia of Sciences) is associate professor of Swahili and literature at the United States International University in Nairobi.

Olga Hél-Bongo (PhD. Université Laval, Québec) is assistant professor of Francophone literatures at the department of literatures at Université Laval, Québec.

Rusell Kaschula (PhD. Rhodes University, Grahamstown) is professor of African languages at Rhodes University, Grahamstown.

Kathryn Lachman (PhD. Princeton University) is assistant professor of French and Francophone studies at the University of Massachusetts Amherst.

Bernard de Meyer (PhD. University of Capetown) is professor of French and Francophone literatures at the University of KwaZulu-Natal, Pietermaritzburg.

Ineke Phaf-Rheinberger (PhD. Freie Universität Berlin) is an associated researcher at the department of African studies at Humboldt-Universität, Berlin.

Ksenia Robbe (PhD. Justus-Liebig-Universität Giessen) holds a research and teaching position at the chair for English, postcolonial and media studies at Universität Münster.

Fabrice Schurmans is a doctoral candidate at Universidade de Coimbra, where he also teaches Francophone and Lusophone literatures.

Valentina Tarquini is a doctoral candidate at the departments of comparative literatures at Università Roma Tre and Université de Strasbourg.

Dominique Traoré (PhD. Université Paris III) is a lecturer in theatre studies at Université de Cocody-Abidjan.

Flora Veit-Wild (PhD. Goethe-Universität Frankfurt) is professor of African literatures and cultures at the department of African studies at Humboldt-Universität, Berlin.

Antje Ziethen (PhD. University of Toronto) is a postdoctoral fellow at the department of English at McGill University, Montréal.